원본

초한지

2

원본

초한지

西漢演義

견위 지음 · 김영문 옮김

2

교유서가

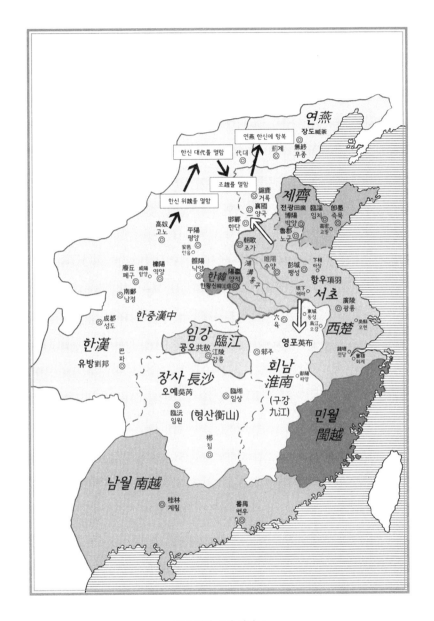

초한 쟁패 중기 형세도

**원본
초한지 1** | 차례

원본
초한지 3 | 차례

제34회

나무꾼을
죽이다

한신이 길을 물은 뒤
나무꾼을 죽이다
韓信問路殺樵夫

한신은 추격병 하나와 관문 군사 다섯을 죽인 뒤 생각했다.

'만약 지방 관아에서 내가 하급 장수를 죽인 사실을 알면 틀림없이 이 길로 쫓아올 것이다. 사로잡히기라도 하면 큰일을 그르치지 않겠나?'

그는 서둘러 산 입구를 휘돌아 궁벽한 사잇길을 따라 서남쪽으로 방향을 잡았다. 양쪽은 모두 산이었고 그 중간에 작은 오솔길이 나 있었다. 계곡물은 졸졸 소리내며 흘렀고 깎아지른 절벽은 높이가 1000척에 달해 매우 험준했다. 한신은 이곳에 이르러 말을 치달릴 수 없어서 오로지 말고삐를 당겨 잡고 한 걸음 한 걸음 천천히 전진해야 했다. 진창도 입구가 어딘지는 전혀 알 수 없었다. 한신이 머뭇거리는 사이에 저쪽 산비탈에서 나무꾼 하나가 돌아오는 것이 보였다. 이에 한신이 물었다.

"이보시오, 나무꾼! 이 길이 진창도로 가는 길이오?"

나무꾼은 나뭇짐을 내려놓고 산길을 가리키며 말했다.

"이 산언덕을 돌아가면 작은 소나무 숲이 있소. 숲을 지나면 그 아래쪽이 바로 난석탄(亂石灘)이오. 그곳에 돌다리가 있고, 돌다리를 건너면 바로 아미령(峨嵋嶺)인데, 아미령으로 오르는 길은 정말 험난하오. 반드시 말에서 내려 끌고 가야 하오. 그곳을 지나면 바로 태백령(太白嶺)이고, 그 아래에 인가가 있소. 그곳에서 요기하고 고운산(孤雲山)과 양각산(兩脚山)을 지나 흑수(黑水)를 건너고 한계(寒溪)를 통과하면 바로 남정(南鄭)이오. 장군께선 밤길을 가서는 안 되오. 아마도 호랑이가 있을 것이오."

나무꾼이 말한 산길을 지도와 대조해보니 털끝만큼도 차이가 나지 않았다. 한신은 나무꾼에게 감사 인사를 하고 말에 채찍질을 가했다. 나무꾼은 바로 나뭇짐을 지고 산비탈을 내려가려 했다. 한신은 마음속으로 의구심이 들었다.

'장함은 내가 자신의 군사를 죽인 사실을 알면 틀림없이 이 길로 추격해올 것인데, 이 갈림길에서 나무꾼을 만나면 내가 가는 길을 알려줄 것이다. 그럼 이 길을 따라 추격해올 것이고, 내 말은 지친 상태라 반드시 그에게 사로잡힐 것이다. 차라리 나무꾼을 죽이는 편이 더 낫겠다. 그럼 군마가 추격해오더라도 잔도를 따라갈 테니 이 길이 있는 줄은 전혀 알지 못할 것이다.'

한신은 말고삐를 잡아당겨 방향을 돌리고는 바로 나무꾼을 불러 세

한신이 나무꾼에게 길을 묻다

웠다. 나무꾼은 다시 길을 묻는 줄 알고 고개를 돌려 기다렸다. 한신은 나무꾼에게 다가가 머리를 잡고 단칼에 베어 죽였다. 한신은 시신을 산비탈 우묵한 곳으로 끌고 온 뒤 흙으로 덮었다. 그러고 나서 말에서 내려 고개를 숙이고 축원했다.

"저 한신이 비열한 것이 아니라 진실로 어쩔 수 없는 일이었습니다. 뒷날 제가 땅을 얻으면 틀림없이 다시 와서 그대를 후하게 장사 지내고 은덕에 보답하겠습니다."

한신은 눈물을 흘리며 말에 올라 서쪽으로 길을 재촉했다. 후세에 사관이 이 일을 시로 읊었다.

초나라를 버리고 서(西)로 오다 험한 길 맞닥뜨려,　　棄楚西來阻道難,
나무꾼을 문득 만나 말발굽을 멈추었네.　　忽逢樵者住征鞍.
포중 길을 물어보니 손가락으로 가리키는데,　　問渠指說褒中路,
감사의 절 올리고 두 줄기 눈물 흘리네.　　一拜空垂兩淚潸.

한신은 뒷날에 미앙궁에서 참수될 때,　　韓信他年斬未央,
원통하고 한스럽게 한 고조를 원망했네.　　含怨飮恨怨高皇.
가을바람 스산하게 시든 낙엽 휘날릴 때,　　秋風颯颯飄黃葉,
진창도 나무꾼이 억울한 죽음 보복했네.　　爲報陳倉樵者亡.

한신은 나무꾼을 죽이고 산언덕을 넘어 소나무 숲을 지나 난석탄을 건넜다. 어느 날 태백령에서 내려오자 산 가까이에 주점이 있어 말에서 내려 그곳으로 들어갔다. 그는 주점 점원을 불러 산짐승 고기와 탁주를 시켰다. 술을 몇 잔 마시자 자기도 모르는 사이에 나무꾼이 떠올랐다.

'나는 초나라 군사가 추격해올까 두려워서 부득이하게 그를 죽였지만 나는 본래 박정한 사람이 아니다.'

그리고 마침내 노래 한 수를 지어 붓을 들고 흰 벽에 가사를 적었다.

저 산길 험한 곳을 오르노라니,	陟彼山路難,
울퉁불퉁 험준함을 예측할 수 없네.	崎嶇不可測,
등 넝쿨은 층층 봉에 마구 얽혔고,	藤蘿結層巒,
여우, 토끼 어둑한 곳에 깊이 숨었네.	狐兔藏幽黑,
기괴하고 기괴하다 이 험한 산이여,	怪哉此山險,
높은 산비탈 억만 개나 겹쳐져 있네.	峻阪有萬億,
하늘까지 거리가 손이 닿을 정도,	去天手可攀,
빙빙 돌아 오르느라 힘줄 지치네.	回轉苦筋力,
어둑한 곳 헤매며 어디로 가나?	迷黯竟何往,
길 물어볼 시골 사람 하나 없네.	無由問鄕識,
불현듯 나무꾼을 만났더니,	忽見采樵人,
그대 어디로 가는가 질문을 하네.	問君將安適,
말고삐 끌어 잡고 산 앞에 서서,	勒馬立山前,
서천으로 간다고 대답했다네.	乃云西川國,
나무꾼은 요로를 가리키는데,	樵人指要路,
지도와 맞추어보니 틀림이 없네.	按圖無差忒,
충직한 사람임을 알 수 있나니,	足知爲忠亮,

공자께선 덕으로 보답하라 했네.　　　　　孔云宜報德.

추격병이 갑자기 쫓아올 텐데,　　　　　追兵恐忽至,

내 잡히면 그대는 적이 되겠네.　　　　　受擒反自賊.

그대를 참하여 종적 끊은 것은,　　　　　斬汝絶蹤跡,

진실로 내가 각박한 탓이 아니라네.　　　　實非我薄刻.

그대는 산골 나무꾼으로 남겠지만,　　　　留汝特山樵,

나는 황제 보좌할 신하 되려 하네.　　　　存我爲帝翊.

많은 사람의 희망을 내가 맡으면,　　　　　我當萬夫望,

사람들도 진실로 의심 않으리.　　　　　群殆良不惑.

죄도 없이 서리 같은 칼날 맞았으니,　　　　無罪遭霜鋒,

그대 위해 내 마음 슬픔에 젖네.　　　　　我心爲君惻.

그대 덕에 끝까지 보답할 테고,　　　　　君德終圖報,

그대 뒤를 내 다시 보살펴주리.　　　　　君後我更植.

푸르른 가을 하늘 저 밝은 달이,　　　　　蒼蒼秋月明,

그대 얼굴을 비추는 듯하네.　　　　　疑照君顏色.**1**

한신이 벽에 가사를 다 쓰자 뒤편에서 한 장사가 걸어나오며 한신을 향해 말했다.

"당신은 초나라를 배신하고 한나라에 귀의하다 나무꾼을 죽이고 우

1_ 이 시는 매우 세련된 오언고시다. 중국에서 오언시는 대체로 한(漢)나라 악부시(樂府詩)에서 기원하여 후한 「고시십구수(古詩十九首)」에 이르러 어느 정도 정형화된 것으로 알려져 있다. 따라서 이처럼 세련된 오언고시가 초·한 쟁패 시기에 창작된다는 것은 상상할 수 없는 일이다. 명나라 시대 저자의 창작력이 가미된 것으로 보아야 한다.

리집 벽에다 이 시를 썼구려. 내가 당신을 잡아가면 후한 상을 받을 수 있을 것이오."

한신은 몸을 일으키며 말했다.

"장사께서는 이미 한나라 땅에 거주하며 포중의 백성이 되셨는데, 어찌하여 그런 말씀을 하시오?"

그 장사는 껄껄 웃으며 땅바닥에 엎드려 절을 올리며 말했다.

"제 조부님은 주(周)나라 신하로 성은 신(辛)이고, 이름은 뢰(雷)입니다. 대대로 부풍에 거주하다 부친 신금(辛金)에 이르러 진시황이 폭정을 펼치자 마침내 태백령으로 집을 옮기고 술을 팔며 생계를 유지해왔습니다. 아무개의 이름은 신기(辛奇)인데, 가업에 종사하지 않고 오로지 사냥만 좋아하며 무예를 익혔습니다. 지금까지 밝은 주인을 만나지 못해 이곳에서 자취를 감추고 살았습니다. 어젯밤 꿈에 비호(飛虎)가 동북쪽 높은 산에서 내려와 이곳 초가지붕 위에 누웠습니다. 저는 꿈에서 깨어 오늘 틀림없이 귀한 손님이 이곳을 지나리라 예상했습니다. 이 때문에 사냥도 나가지 않고 한나절을 기다렸는데, 마침 현공께서 말을 타고 산에서 내려오시어 이 초가집에 왕림하셨습니다. 제가 벽 안에서 살펴보니 현공께선 보통 분이 아니셨습니다. 이에 이곳으로 나와 배례를 드리며 공을 뵙습니다. 마침 제가 불손한 말로 공을 모독했으니 저의 죄를 용서해주시기 바랍니다."

한신은 장사를 부축하여 일으키며 물었다.

"그대는 이처럼 당당한 용모에다 충렬(忠烈)의 마음마저 품고 있소. 지금 한왕께서 관대하고 어진 도량으로 천하의 호걸을 초청하고 있는데, 어찌하여 마음을 기울여 그분에게 투신하지 않으시오? 제후로 봉해져 절개를 세우면 가문의 혁혁한 전통도 잃지 않을 것이오."

장사가 말했다.

"아무개도 그런 마음을 품은 지 오래입니다. 공께서도 한왕에게 투신하면 틀림없이 고귀하게 되실 것입니다. 그때 군사를 거느리고 초나라를 격파하러 갈 때 몰래 이곳 길로 오십시오. 길이 궁벽하고 가까워서 삼진에서는 한나라 군사가 어디로 올지 모를 겁니다."

한신은 매우 기뻐하며 장사의 손을 잡고 말했다.

"다른 사람에게 그 말을 가볍게 발설해서는 안 되오. 내가 초나라를 정벌하러 갈 때 그대도 나를 따라 공을 세워야 하오. 그때 길잡이가 되어야 하니 그 기회를 놓치지 마시오."

장사는 마침내 한신을 자신의 집에 묵게 했다. 그날 그의 어머니와 아내 모두 초가집에서 나와 한신에게 인사했다. 한신은 이처럼 충성스러운 장사의 모습에 자신의 마음을 일일이 알려준 뒤 마침내 결의형제를 맺었다.

다음날 한신이 떠나기 위해 인사하며 몸을 일으키자 장사가 말했다.

"저 앞이 고운산과 양각산입니다. 길이 매우 험하고 호랑이가 많습니다. 형님께서 혼자 넘기 어려우실 듯하니 이 아우가 무기를 준비하여 형님을 한계까지 배웅해드리겠습니다. 그곳이 바로 남정 땅입니다. 이 아우는 거기서 돌아오겠습니다."

한신은 사양하며 말했다.

"멀리까지 수고할 필요 없네."

장사는 거듭 한신의 말을 들으려 하지 않았다. 그는 자신의 어머니와 아내에게 주점을 잘 지키라고 분부하고, 주점 점원에게도 이전대로 손님을 잘 보살피라고 말했다.

"나는 형님을 한계까지 배웅하고 바로 돌아오겠다."

그는 짐을 꾸리고 긴 창을 들었다. 그리고 활과 화살, 요도(腰刀)를 차고 한신을 수행하여 곧바로 고운산을 바라보며 길을 잡았다. 그는 함께 길을 가며 한신에게 병법을 이야기하거나 무예에 대해 토론했다. 하루 이틀 만에 한계에 도착하자 저멀리 남정 땅이 바라보였다. 장사가 손으로 가리키며 말했다.

"형님, 이곳에서 남정으로 가시면 멀지 않습니다."

한신은 말에서 내려 장사와 시냇가 곁의 한 주점으로 들어가 마주앉 았다. 점원을 불러 음식과 술을 시키고 장사와 함께 마셨다. 한신이 말 했다.

"아우는 집으로 돌아가게. 조만간 내가 포중에서 나올 때 소식을 줄 테니 그때 급히 나를 맞으러 오게."

"이 아우는 집으로 돌아가서 오직 형님의 깃발이 보이기만 고대하겠 습니다. 만약 소식이 있으면 한밤중에라도 맞으러 달려오겠습니다."

한신은 매우 기뻤다. 두 사람은 또 술 몇 잔을 마셨다. 장사가 말했다.

"제 마음은 형님을 포중까지 모셔다드리고 싶지만 노모께 말씀을 드 리지 않았습니다. 아마 집에서 제가 돌아오기만을 학수고대하실 것입 니다. 여기서 형님께 하직 인사 드리겠습니다."

한신은 차마 손을 놓지 못했다. 두 사람은 각각 눈물을 흘리며 이별 했다. 장사는 다시 태백령으로 돌아갔고, 한신은 남정을 향해 길을 나 섰다. 한왕에게 투신하여 어떻게 등용될지는 다음 회를 들으시라.

고금을 꿰뚫은
지혜

한신이 포중에서
등공을 만나다
韓信褒中見滕公

한신은 장사와 이별하고 말에 채찍질을 하며 남정으로 들어갔다. 그곳
풍속은 한왕의 교화를 받아 저절로 달라지고 있었다. 늙은이는 편히
쉬었으며 젊은이는 짐을 지고 부지런히 일을 했다. 행인들은 서로 길을
양보했고 길에 떨어진 물건은 줍지도 않았다. 집집마다 즐거움이 가득
했고 곳곳마다 음악소리가 넘쳤다. 들판은 개간이 잘 되어 뽕나무와
삼이 무성했다. 한신은 매우 기뻤다. 성안으로 들어가자 여섯 갈래 거
리와 세 곳의 시장1에 의관과 문물이 가득했고 풍경도 매우 특별했다.

1_ 육가삼시(六街三市): 흔히 고대 대도시의 번화한 거리와 시장을 일컫는 말이다. 육가는 가
로 세 갈래와 세로 세 갈래의 큰길이 교차하는 거리를 말한다. 삼시는 아침, 점심, 저녁
에 모두 시장이 열리는 것을 말한다.

하늘이 탄생시킨 천지간 200리에 일망무제의 평지가 펼쳐져 있었으며 그곳에는 한 자 높이의 언덕길도 없었다. 한신은 여관을 찾아 쉬면서 자신의 짐을 수습하여 여관 주인에게 잘 지켜달라고 부탁했다. 여관 주인이 말했다.

"나리! 안심하십시오. 우리 여관은 다른 곳과 다릅니다. 길에 물건이 떨어져도 주워가는 사람이 없는데, 여관 안의 짐을 어찌 잃어버릴 수 있겠습니까?"

한신은 여관에서 나와 천천히 거리를 거닐며 한중을 구경했다. 남쪽은 검문(劍門)이 험준했고 동쪽은 잔도로 막혀 있었다. 앞으로는 여섯 갈래 길목을 관할하고 뒤로는 큰 강물에 의지하고 있어 형초(荊楚)와 양양(襄陽)의 목구멍이요,[2] 진(秦, 산시성陝西省) 땅과 농(隴, 간쑤성甘肅省) 땅의 요처라 할 만했다. 백성은 편안하고 물산은 풍부했으며 토지는 기름졌고 풍속은 순후했다. 그곳 사람들은 일찍이 이렇게 말했다.

"봄에는 푸른 복숭아와 붉은 살구가 나고 여름에는 연근과 해바라기, 석류가 난다. 동쪽 울타리에는 황금처럼 국화가 만발하고 남쪽 고개에는 눈처럼 매화가 활짝 핀다. 맛있는 술과 물고기가 풍성하고 향기로운 귤과 늦벼도 생산된다. 석정관(石頂關), 폭포천(瀑布泉), 반운오(盤雲塢), 천한루(天漢樓), 규석당(硅石堂), 사조정(四照亭)도 있고, 아미산(峨嵋山), 청성산(靑城山), 금병산(錦屛山), 무산(巫山), 적갑(赤甲), 백염(白鹽) 등 수많은 절경이 펼쳐져 있어 이루 다 구경할 수 없을 정도다."

한신이 또 어떤 관아 앞에 이르니 '초현관(招賢館)'이라는 편액이 걸려

2_ 한중을 통과하는 한수(漢水) 물줄기를 통해 연결된다.

있었고 양쪽에는 모두 방문이 붙어 있었다. 그 위에 13가지 사안을 써 놓고 군사와 백성 등이 잘 알 수 있게 깨우쳐주고 있었다.

첫째, 병법을 익숙하게 깨우치고 책략을 깊이 아는 사람은 대장으로 삼는다.

둘째, 남보다 뛰어난 용기로 적장을 베고 군기를 빼앗는 사람은 선봉장으로 삼는다.

셋째, 무예가 출중하고 재주가 임무를 감당할 만한 사람은 산기(散騎)[3]로 삼는다.

넷째, 천문에 밝고 점술에 뛰어나며 바람과 기후를 잘 살피는 사람은 모사로 삼는다.

다섯째, 지리에 소양이 있어서 지형의 험하고 평탄함에 통달한 사람은 길잡이로 삼는다.

여섯째, 마음씀이 공평하고 사람됨이 정직한 사람은 기록을 관장하게 한다.

일곱째, 임기응변에 능하고 동정을 잘 파악하는 사람은 군사 회의에 참여하게 한다.

여덟째, 언어가 예리하여 남을 감동시킬 수 있는 사람은 유세객으로 삼는다.

아홉째, 계산에 정통하여 털끝만큼도 틀림이 없는 사람은 서기 일을 관장하게 한다.

3_ 산기상시(散騎常侍)다. 『원본 초한지』 1 제1회 각주 18 참조.

열째, 시서(詩書)를 많이 읽어 자문에 대답을 잘하는 사람은 박사로 삼는다.

열한째, 의학에 밝아 신령하고 교묘한 의술을 발휘하는 사람은 국가 전문의로 삼는다.

열두째, 달리기를 잘하고 기밀 염탐에 뛰어난 사람은 세작으로 삼는다.

열셋째, 돈과 식량을 관장하며 출납에 법도가 있으면 보급 담당관으로 삼는다.

사람들이 이 13가지 사안을 보고 한 가지라도 뛰어나면 바로 초현관으로 들어가 등록할 수 있다. 말을 듣고 증거를 낱낱이 검사하여 과연 사실에 부합하면 중용될 수 있도록 주청을 드릴 것이다. 현인을 천거할 때는 한 가지 방법만 따지지 않을 것이며, 귀천에 구애되지 않을 것이다. 나랏일에 마음을 다하고 은혜 갚기를 기약하여 공적을 드러내기 위해 노력하는 사람은 차례와 관계없이 발탁하여 제후에 봉하고 재상에 임명할 것이다. 이 일을 삼가 알리는 바다.

한신은 방문을 다 읽고 나서 주민에게 물었다.

"현인 초빙을 관장하는 사람이 누구요?"

"바로 등공(滕公) 하후영이오. 한왕께서 그를 여음후(汝陰侯)에 봉하셨는데, 사람됨이 지체 낮은 선비를 좋아하고 사소한 예절을 따지지 않소."

한신은 매우 기뻐하며 마음속으로 생각했다.

'내가 만약 승상부에서 소하를 만나면 장량의 각서를 바칠 것이고, 그것은 장량이 나를 천거한 문서이기에 내 마음속 포부를 보여주지 않아도 된다. 따라서 나는 잠시 이 각서를 숨기고 먼저 등공을 만난 다음에 소하를 만나리라. 평소에 배운 학문을 모두 밖으로 드러내어 다른 사람이 알게 하면 한왕에게 아뢸 필요도 없을 것이다. 그런 뒤에 각서를 바치면 내가 추천자에게만 기대 벼슬을 받으려는 녹록한 사람이 아니라는 사실을 보여줄 수 있다. 옛사람이 말하기를 벼슬자리에 나가기는 어렵고 물러나기는 쉽다고 했다. 만약 나가기가 쉬우면 끝내 크게 쓰일 수 없을 터이니, 반드시 시작을 어렵게 해야 나중에 사람들이 나를 가볍게 보지 않으리라.'

한신은 마침내 본적과 이름을 써내고 등공을 만났다. 등공은 한신의 겉모습이 평범하지 않은 것을 보고 생각했다.

'이 사람의 이름은 일찍이 들은 적이 있다. 본래 초나라 신하라 했는데, 어찌하여 천릿길을 멀다 하지 않고 이곳으로 온 것인가? 틀림없이 까닭이 있을 것이다.'

그리고 바로 물었다.

"현사(賢士)께선 어디서 오셨습니까? 이전에 벼슬을 하신 적이 있습니까?"

한신이 대답했다.

"아무개는 초나라 신하입니다. 패왕이 중용해주지 않아 어둠을 버리고 밝음을 찾으러 함양에서 왔습니다."

"잔도는 불태워 끊었고 산길도 매우 험할 텐데 어떻게 이곳으로 오실 수 있었습니까?"

"제 힘을 다 바칠 마음을 먹으니 먼길을 달려오는 것이 아깝지 않았습니다. 등나무와 칡 덩굴을 잡고 올라서 산길을 따라왔습니다. 기약한

한신이 등공 하우영을 만나다

바가 이곳에 있어서 힘든 노정을 잊을 수 있었습니다."

"그 뜻이 장하십니다! 현사께선 방문을 보셨습니까? 과연 어떤 항목에 통달하셨습니까? 한마디 말씀으로 가슴속 포부를 보여주십시오."

"13가지 항목을 모두 알고 있습니다. 그러나 이 밖에도 한 항목이 있는데, 그것은 아직 써놓지 않았더군요."

"어떤 항목을 써놓지 않았습니까?"

"문무겸전한 재능을 갖고 천지의 이치를 관통하여 조정 밖으로 나가서는 장수가 되고 조정 안으로 들어와서는 재상이 되어 중원을 진압하고 편안하게 하는 것입니다. 백 번 싸워 백 번 승리하며 마치 손바닥을 뒤집듯 천하를 취합니다. 초나라를 격파할 원수직도 감당할 수 있습니다. 이 항목 하나가 빠졌습니다. 만약 하문하신다면 제가 이 일을 명공께 말씀드리겠습니다. 이런 일을 그럭저럭 잘할 뿐입니다. 방문에 써놓은 13가지는 각각 한 가지 일에 능한 것에 불과하므로 제가 아는 것을 모두 다 발휘하기에는 부족합니다."

등공은 한신의 말을 듣고 깜짝 놀라 서둘러 계단 아래로 내려와 한신의 손을 잡고 대청 위로 이끌었다. 그리고 머리를 조아리며 말했다.

"평소에 현사의 성함을 듣고 있었지만 만나 뵙지 못했는데, 오늘 다행히 천릿길을 오셨습니다. 이는 저 한 사람의 행운일 뿐 아니라 진실로 천하 사직의 행운이기도 합니다. 좋은 계책을 듣고 싶으니 주옥같은 말씀을 아끼지 말아주십시오."

"지금 세상의 장수라는 자들은 한갓 병법만 알고 그것을 잘 쓸 줄 모릅니다. 비록 손자와 오자에 정통하여 날마다 책략을 이야기한다 해도 취할 만한 것이 없습니다. 반드시 병법을 알고 그것을 잘 쓸 줄 알아야 훌륭한 장수가 될 수 있습니다. 옛날 송(宋)나라에 손이 얼어터지는 걸 방지하는 약이 있었습니다. 그것을 바르면 한겨울 심한 추위에도 손이 얼어터지지 않습니다. 그 집안은 대대로 강가에서 솜을 빨아 가업을 이었습니다. 삼동 추위에도 손이 얼어터지지 않아 장사가 아주 잘되었습니다. 그러나 그 약의 비법은 바깥으로 알려지지 않았습니다. 어떤 과객 두 사람이 그곳을 지나다 은 100량을 내고 그 비법을 사려고 했습니다. 그 집안사람들은 어떻게 할지 상의했습니다. '종일 솜을 빨아보아야 잠시 따뜻함과 배부름을 얻을 수 있을 뿐이다. 우리라고 어찌 많은 은을 쌓아두고 집안을 부양할 수 없겠는가? 차라리 비법을 과객들에게 알려주는 것이 더 낫겠다.' 과객 두 사람은 비법을 얻어서 오나라로 갔습니다. 그때 마침 월왕(越王)이 군대를 동원하여 오나라를 공격하고 있었습니다. 날씨가 너무나 추워 오나라 군사들은 무기도 들 수 없었습니다. 과객 두 사람은 마침내 대책을 바치고 손이 얼어터지지 않는 약을 군사들의 손과 발에 바르게 했습니다. 오나라 군사는 추위를 두려워하지 않고 단 한 번의 전투로 월나라에 승리하여 마침내 큰 전공을 세웠습니다. 오왕은 매우 기뻐하며 두 과객에게 후한 상을 내렸습니다. 이는 모두 손이 얼어터지는 걸 방지하는 약 덕분입니다. 송나라 사람은 그것을 사용하여 솜을 빠는 데 그쳤지만 두 과객은 그것을 사용하여 적군을 격파할 수 있었습니다. 그러므로 장수의 길은 병법을 읽어야 할 뿐 아니라 그것을 잘 운용할 줄 알아야 합니다."

"현사께서 이와 같은 큰 재능을 갖추고 계신데도 초나라에서 중용되지 못하신 까닭은 무엇입니까?"

"백리해(百里奚)[4]가 우(虞)나라에 있을 때는 중용되지 못했고, 그 결과 우나라는 멸망했습니다. 그가 진(秦)나라에 있을 때는 목공이 그를 중용하여 천하의 패자가 되었습니다. 현명한 선비는 나라를 유익하게 하지 않는 경우가 없습니다. 다만 그것은 나라의 군주가 그를 중용하느냐, 하지 않느냐에 달려 있습니다. 저 한신은 초나라에서 누차 말씀을 올렸지만 제 대책을 써주지 않았습니다. 나중에 범증도 거듭 저를 천거했지만 패왕은 고집스럽게 저를 중용하지 않았습니다. 저는 패왕이 절대 저를 중용하지 않을 거란 사실을 알고 결국 초나라를 버리고 한나라에 귀의하여 제 능력을 다 바칠 생각입니다."

"현사께선 초나라에서 중용되지 못하여 그 재주를 모두 드러내실 수 없었습니다. 그럼 만약 이제 한왕께서 중용하신다면 무슨 방략을 내놓으시겠습니까?"

"한왕께서 저를 등용하시면 온 나라의 군사를 통솔하고 이름 있는 이를 천거하여 동쪽으로 초나라 정벌에 나서 먼저 삼진을 탈취하고, 다음으로 육국을 흡수하여 패왕의 날개를 꺾겠습니다. 이로써 범증은 속수무책의 지경에 빠질 것이니 몇 달도 되지 않아 손바닥을 뒤집는 것처럼 함양을 수복할 수 있습니다. 그러나 아마도 명공께서 저를 천거하지 못할 듯하니 한왕께서도 저를 등용하지 못하실 것입니다."

"현사께선 지금 큰소리를 치시는데 견실한 학문은 없는 듯합니다. 패왕이 분노하여 소리치면 만 명의 군사가 모두 쓰러집니다. 그는 3년

4_ 백리해(百里奚, 기원전 700 ~ 기원전 621). 춘추시대 진 목공의 현신(賢臣)이다. 본래 우나라 대부였으나 우나라가 진(晉)나라에 멸망한 뒤 포로가 되었다. 나중에 목공 부인의 노예가 되었다가 초나라로 망명하여 소 먹이는 일을 했다. 목공이 그가 현명하다는 소문을 듣고 양가죽 다섯 장을 주고 그를 방면하여 재상에 임명했다. 따라서 흔히 오고대부(五羖大夫)라고 부른다.

사이에 천하를 휩쓸었습니다. 옛날부터 무예에 뛰어난 사람도 패왕과 같은 사람은 아직 없었습니다. 현사께선 이처럼 쉽게 말씀을 하시는데, 이는 너무 과장된 말씀이 아닙니까?"

"그렇지 않습니다! 아무개는 위험을 무릅쓰고 천릿길에 고통을 당하며 이곳으로 왔습니다. 만약 진실한 견해 없이 한 치 혀로만 큰소리를 치며 사람을 속인다면 이는 미치고 망령된 언행으로 죄를 짓는 일입니다. 여기 한나라 사람들이 볼 때는 패왕을 어떻게 할 수 없다고 하지만 제가 볼 때는 어린아이보다 못한 자일 뿐입니다. 어찌 그의 무예가 고금을 꿰뚫었다고 말할 수 있겠습니까?"

"현사의 말씀이 그러하다면 『육도삼략』을 읽으셨습니까?"

"장수의 재능을 가졌다면 시서(詩書)를 숙독하여 국가 대사의 성패를 깊이 알아야 합니다. 위로는 천문과 아래로는 지리에 이르기까지 어느 한 가지 일도 몰라서는 안 되고, 어느 한 가지 사물도 몰라서는 안 됩니다. 어찌 『육도삼략』만 읽었겠습니까?"

등공은 곧 초현관 서가에서 『육도삼략』을 가져와 한신으로 하여금 암송하게 하면서 대조했다. 한신은 처음부터 끝까지 폭포수처럼 도도하게 암송을 그치지 않았다. 또 음양오행, 의술, 점술에 관한 책을 가져와 한신의 암송과 대조해보아도 기억하지 못하는 것이 한 글자도 없었다. 또 각종 무기를 어떻게 사용하는지 물어볼 때도 한신은 그 무기의 기원과 사용법을 일일이 진술했다. 모르는 것이 없었다. 아침부터 정오까지 등공은 한신과 수많은 주제를 토론했지만 조금의 착오도 없었다. 등공이 말했다.

"현사께선 정말 천하의 기재이며 고금을 통틀어보아도 찾아보기 힘든 인재이십니다!"

등공은 그를 잡아두고 음식을 마련하여 조용하고 은근하게 대접했다. 그의 가슴속에 얼마만한 학문이 들어 있는지 모를 정도였다. 질문을 하면 할수록 더욱 무궁무진한 지식을 뽑냈다. 등공은 매우 기뻐하며 말했다.

"제가 내일 아침에 한왕께 아뢰어 반드시 현사를 중용하도록 하겠습니다."

"명공께서는 아직 한왕께 알리지 마시오. 저는 먼저 소하 승상 만나기를 청합니다. 두 분께서 약속을 하고 함께 저를 추천해주면 한왕께서도 저 한신을 무겁게 알고 크게 써주실 것입니다."

"현사의 견해가 지당하십니다. 오늘밤 바로 소하 승상과 약속하고 현사를 초청하여 만나 뵙게 하겠습니다. 소하 승상께서도 틀림없이 감히 현사를 경시하지 못하실 겁니다."

이에 한신은 등공과 헤어져 여관으로 돌아왔다.

등공은 저녁 무렵 곧바로 소하의 저택으로 가서 그를 만나 그간의 일을 자세히 말했다.

"한신이 초나라를 버리고 포중으로 왔소. 논리가 출중하고 학문이 깊고 넓어서 정말 천하의 기재였소."

소하가 말했다.

"한신에 대해서는 아무개도 명성을 들은 적이 있소. 그 사람이 평소 빈천할 때 회수에서 낚시를 하다 빨래하는 아낙네의 밥을 얻어먹었다 하오. 그리고 백정들에게 모욕을 당하면서도 그들의 가랑이 아래로 기어나가 온 시장 사람들의 비웃음을 샀다 하오. 그후 검을 차고 초나라에 투신했고 초나라에서는 지극낭관의 벼슬만 주었을 뿐 중용하지 않았다 하오. 오직 범증만 여러 번 천거했지만 패왕은 중용하지 않았소. 생각건대 초나라에서 그를 중용하지 않았기 때문에 마침내 그곳을 버리고 이곳으로 온 듯하오. 하지만 한왕께서도 그 사람의 그런 행적을 알고 중용하지 않으실까 두렵소."

"애석하게도 그 사람은 아직 알아주는 사람을 만나지 못했소. 만약 중용하면 반드시 뛰어난 공을 세워 천거한 사람을 저버리지 않을 것이오."

"내일 불러서 만나봅시다."

등공은 소하와 헤어져 집으로 돌아왔다. 어떻게 만나는지는 다음 회를 들으시라.

소하를 만난
한신

소하 승상이 한신을
매우 뛰어난 인재로 인정하다
蕭相國深奇韓信

다음날 등공은 여관으로 사람을 보내 한신을 초청하여 함께 소하를 만나러 갔다. 소하가 거처하는 승상부는 대문 경비가 삼엄했고 대청 계단과의 거리도 꽤 멀었다. 먼저 내방객을 맞이하는 담당관이 들어가 보고한 연후에 문지기가 나와서 이름을 묻고 승상에게 알렸다. 그러자 하급 관리 한 사람이 나와서 한신에게 승상부로 들라고 했다. 한신이 대청 아래에 이르자 소하가 처마 아래로 나와서 한신을 대청 안으로 이끌었다. 안쪽에는 자리가 마련되어 있지 않아서 서로 서서 대화를 나누게 되었다.

소하가 말했다.

"등공이 대학자를 극찬했는데, 오늘 다행히 만나 뵙게 되었습니다."

한신이 말했다.

"저 한신이 초나라에서 소문을 들으니 한왕께서는 성스럽고 밝으시다 했으며, 승상께서도 현명하고 사리에 통달하신 분이라 했습니다. 마치 목마른 사람이 물을 찾듯 인재를 구하시고 예절과 몸을 낮추신다고 하기에 이처럼 불원천리하고 달려왔습니다. 이곳에 도착한 지 며칠 만에 등공을 처음 뵈었습니다. 어제 등공을 만나 뵈었지만 아직도 제 마음이 기울지 않았습니다. 그런데 오늘 승상을 뵙고 나니 제가 고향으로 돌아가야겠다는 생각이 듭니다. 차라리 맑은 샘물과 기이한 바위를 즐기며 다른 사람 밑에서 뜻을 굽히지 않는 편이 좋겠습니다."

"현사께서는 아직 주머니에 든 송곳 끝을 내보이지도 않으셨는데, 어찌 제 얼굴만 보고 안색을 바꾸십니까?"

"어려운 일을 맡지도 않았고 아직 삽혈하는 회맹에 나가지도 않았는데, 어찌 낭중지추[1]의 고사처럼 자신을 천거할 수 있겠습니까?"

"바라옵건대 현사께서 고담준론을 펼치시면 저 소하가 손을 모으고 듣겠습니다."

"옛날에 제왕이 슬(瑟)[2] 연주 듣기를 좋아했습니다. 그때 진(晉)나라에 슬을 잘 타는 현사가 있어서 제왕이 여러 번 방문을 요청했습니다. 어느 날 현사가 제나라에 오자 왕은 대청 위에[3] 앉아서 현사에게 슬을

1_ 낭중지추(囊中之錐): 뛰어난 인재는 조용히 있어도 그 능력이 저절로 드러나 보임을 비유한다. 중국 전국시대 조(趙)나라 평원군(平原君)의 문객 모수(毛遂)가 자신을 추천하며 한 말에서 비롯되었다. "이 모수로 하여금 일찌감치 주머니 속에 들어가게 했다면 송곳 자루까지 주머니를 뚫고 나왔을 터이니, 겨우 송곳 끝만 보이는 데 그치지 않았을 것입니다(使遂蚤得處囊中, 乃穎脫而出, 非特其末見而已)."(『사기』「평원군열전(平原君列傳)」)
2_ 흔히 큰 거문고로 번역하지만 거문고는 우리나라 악기이므로 원문 그대로 슬로 번역한다.
3_ 원본에는 아래(下)로 되어 있지만 앞뒤 문맥을 보면 위(上)가 확실하다.

타게 했습니다. 그러자 현사가 불쾌한 기색으로 말했습니다. '대왕께서
신의 슬 연주를 즐기지 않는다면 신이 어찌 감히 대왕의 대청에 올라
지척의 거리에서 대왕을 뵐 수 있겠습니까? 만약 대왕께서 슬을 좋아
하고 그 연주를 즐겨 들으신다면 마땅히 향을 피우고 신에게 자리를 하
사하신 뒤 신의 연주를 들으십시오. 그럼 신은 마음을 다해 대왕을 위
해 슬을 연주하겠습니다. 그런데 지금 대왕께서는 앉아 계시고 신은 서
있습니다. 이는 마치 노예를 대하는 태도와 같은데, 신이 어찌 스스로
를 비천하게 만들며 대왕을 위해 슬을 탈 수 있겠습니까?' 슬을 타는
사람도 왕의 곁에 서 있는 걸 부끄럽게 여겼습니다. 하물며 승상께서는
먹던 밥을 뱉어내고, 감던 머리를 움켜쥐고서라도 인재를 맞이하고,[4]
또 나라를 위해 현사를 구해 치국의 요점을 들어야 하는 때에 오히려
거만한 태도로 현사를 맞이하고 계십니다. 이 때문에 저 한신이 떠나려
하는 것입니다. 저는 이 나라에 머물고 싶지 않습니다!"

소하는 한신의 말을 듣고 그를 상좌로 인도하여 배례를 올렸다.

"이 소하가 무지하여 손님맞이하는 예절을 잊었습니다. 부디 저의 죄
를 용서해주십시오."

한신이 말했다.

"승상께서 인재를 구하는 건 진실로 국가를 위한 일입니다. 이제 승
상을 뵈오니 제 마음이 기울어져 국가 대사를 돕고 싶습니다. 이는 제

4_ 토포악발(吐哺握髮): 어진 인재를 등용하기 위해 힘쓰는 모습을 비유한다. 주(周) 주공(周
公)은 손님이 찾아오자 밥을 먹다가도 입안에 든 밥을 뱉어내고 뛰어나가 맞았고, 머리를
감다가도 물이 흐르는 머리칼을 움켜쥐고 달려나가 마중했다고 한다.(『사기』 「노주공세가
(魯周公世家)」)

개인을 위한 사사로운 욕망이 아닙니다."

이에 소하는 손을 앞으로 모아잡고 물었다.

"현사께선 천하의 형세를 논하고, 천하의 안위를 결정하고, 천하의 치란을 밝히고, 천하의 강약을 자세히 살핀 연후에야 천하를 도모할 수 있을 것입니다."

"관중은 산하가 험준하여 하늘이 내린 곳간입니다. 이 때문에 옛날부터 제왕들이 그곳에 도읍을 세웠습니다. 그런데 패왕은 그곳에 거주하지 않고 팽성으로 천도하려 합니다. 이는 천하의 우세한 형세를 잃는 일입니다. 한왕은 비록 포중에 좌천되어 있지만 위력을 기르고 예리함을 축적하여 호랑이와 표범이 산에서 군림하는 모습을 보이고 있습니다. 이 때문에 비록 지혜로운 사람이라 해도 그를 해칠 방법이 없으니 이 또한 이득이 되는 일이 아닙니까? 패왕은 가는 곳마다 대적할 자가 없어서 천하 제후들은 그 강력한 힘을 두려워합니다. 그러나 배반하려는 마음을 감추고 있으니 밖으로는 편안한 듯하지만 안으로는 재앙이 숨어 있습니다. 따라서 지금 초나라는 한나라가 멀리 궁벽한 곳에서 민심을 수습하고 현인과 백성을 부양하면서 제후들이 침략하지 못하게 하는 것보다 훨씬 나쁜 상황에 처해 있습니다. 또 패왕은 강 가운데에서 의제를 시해하는 등 무도한 짓을 함부로 자행하고 있습니다. 형양과 호남의 백성은 힘을 합해 그 죄를 토벌하려 합니다. 머지않아 큰 동란이 일어날 것입니다. 그런데도 저들은 막연한 상태로 아무것도 알지 못한 채 스스로 강하다 여기고 있으니 이는 필부의 용기일 뿐입니다. 어찌 천하의 민심이 귀의하길 바랄 수 있겠습니까? 한왕은 '약법삼장'만 시행하여 진나라의 가혹한 법률을 폐지했습니다. 남정에 좌천되어 있지만 천하의 여망이 쏠리고 있습니다. 만약 군사를 일으켜 동쪽으로 향하면 목을 빼고 귀의하지 않는 백성이 없을 것입니다. 지금 천하에서는 한왕이 진왕(秦王)에 등극하길 바라지 않는 사람이 없습니다. 장함 등 세 사람에 대해 진(秦) 땅의 백성은 골수에 사무치도록 원한을 품고 있습니다. 그런데도 패왕은 그들을 삼진의 왕으로 봉하여 한나라 군사를 가로막고 있으니 이는 실로 적국을 이롭게 하는 일입니다. 만약 우리가 군사를 거느리고 동쪽으로 향하면 그곳 백성은 모두 우리를 위해 싸울 것이니 삼진 땅은 격문을 전하는 것만으로도 평정할 수 있습니다. 지금 천하의 형세, 즉 편안한 곳과 위태로운 곳, 다스려지는 곳과 혼란한 곳, 강한 곳과 약한 곳은 지혜로운 사람의 논의를 기다리지 않고도 금방 알 수 있습니다. 승상께서는 또 무엇을 근심하십니까?"

"현사의 말씀에 근거해보면 초나라를 정벌할 수 있단 말씀이십니까?"

"지금 이런 시기에 패왕이 동쪽으로 천도하면 제후들이 이반할 것입니다. 또 백성은 고통으로 울부짖고 새 임금을 그리워하며 삼진 땅을 엄격하게 방비하지 않을 것이니 이때가 바로 한나라 군대가 거병할 수 있는 기회입니다. 이 기회를 놓치면 동쪽으로 출정하지 못할 것입니다. 만약 제나라, 위나라, 조나라, 연나라에 혹시라도 어떤 지혜로운 사람이 한마디 대책을 올리고 군사를 일으켜 서쪽으로 진출하면 먼저 함양을 탈취하고 다음에는 삼진을 빼앗을 수 있습니다. 그러고 나서 요충지를 가로막으면 한나라 군사는 늙어 죽더라도 포중에서 벗어날 수 없습니다."

소하는 한신의 말이 여기에 이르자 앞으로 다가가서 귓속말로 속삭였다.

"이전에 잔도를 이미 불태워 끊었습니다. 이에 한나라 군사를 급하게 동원하여 원정에 나서기 어렵습니다. 이를 어찌합니까?"

한신이 웃으며 말했다.

"승상께서 어찌 사람을 이처럼 속이십니까? 이전에 잔도를 불태운 것은 틀림없이 어떤 지자(智者)와 승상께서 계획한 일일 것입니다. 한나라 군사가 통과할 수 있는 또다른 길이 있으니 잔도를 불태웠겠지요. 이것은 초나라로 하여금 서쪽으로 진출할 마음을 먹지 못하게 하고, 한왕이 동쪽으로 돌아갈 마음을 먹지 못하게 하는 계책에 불과합니다. 이 계책으로 패왕을 속일 수는 있지만 지혜로운 사람에게는 간파당하므로 속일 수 없습니다."

소하는 한신의 말이 폐부를 찌르자 자신도 모르는 사이에 얼굴 가득 웃음을 머금고 자리에서 일어나 절을 올리며 말했다.

"제가 포중으로 들어온 이래 아직 다른 사람과 이런 일까지 논의하지는 못했습니다. 오늘 현사의 말씀을 듣고 보니 마치 술에 취했다가 깨어난 것 같아서 제 마음이 통쾌하여 헤어질 수 없습니다."

그러고는 연이어 좌우 시종을 불러 말을 대령하라 하고 한신과 자신의 저택으로 돌아가 잠시 앉아 이야기를 나누겠다 했다. 그러고는 먼저 사람을 보내 술자리를 준비하게 했다.

소하는 한신과 함께 자택에 도착하여 각각 주객의 자리에 나누어 앉아 다시 술을 마련하여 환대했다. 그리고 내친김에 장수의 도리에 대해 토론했다.

"무릇 장수란 삼군의 명령자로 국가의 안위가 그에게 달려 있습니다. 그 도리를 들을 수 있겠습니까?"

한신이 말했다.

"장수에겐 다섯 가지 재능과 열 가지 허물이 있습니다. 이른바 다섯 가지 재능, 즉 오재(五才)는 지(智), 인(仁), 신(信), 용(勇), 충(忠)입니다. 지혜로우면 속일 수 없고, 어질면 사람을 사랑할 수 있고, 신의가 있으면 약속을 어기지 않고, 용기가 있으면 범할 수 없고, 충성스러우면 두 마음을 먹지 않습니다. 장수된 자는 이 다섯 가지 재능을 갖춘 연후에야 장수 노릇을 할 수 있습니다. 그리고 열 가지 허물, 즉 십과(十過)는 이렇습니다. 용기만 갖고 죽음을 가볍게 여기는 것, 성격이 성급하여 졸속으로 일을 처리하는 것, 탐욕에 젖어 이익만 좋아하는 것, 어진 마음만 있어서 차마 사람을 죽이지 못하는 것, 지혜로우나 마음이 비겁한 것, 신의가 있으나 사람을 함부로 믿는 것, 깨끗함만 좋아하고 사람을 아끼지 않는 것, 꾀는 있지만 마음이 너무 느긋한 것, 성격이 강하여 자신의 계책만 사용하는 것, 마음이 유약하여 남에게 일을 맡기기 좋아하는 것이 그것입니다.5 장수에게 이 열 가지 허물이 있으면 장수가 될 수 없습니다. 이 때문에 군사를 잘 거느리는 사람은 다섯 가지 재능은 갖추되, 열 가지 허물은 버려야 합니다. 그렇게 되면 공격하여 격파하지 못할 적이 없고, 싸워서 이기지 못하는 경우가 없으며, 도모하여 성공하지 못할 일이 없으므로 천하에 대적할 자가 없어집니다."

"지금 장수된 자들은 어떻습니까?"

"지금 장수된 자 중에는 용기만 있고 꾀가 없는 자도 있고, 꾀만 있

5_ 이 대목의 오재와 십과는 현재 전해지는 『육도(六韜)』「논장(論將)」에 나온다. 이 책 원본의 잘못된 글자는 『육도』「논장」 해당 부분에 근거하여 교정한 후 번역했다. 나관중(羅貫中)의 『수당야사(隋唐野史)』 제30장에도 같은 대목이 인용되어 있다.

한신이 소하를 만나다

고 용기가 없는 자도 있습니다. 또 자신의 능력에만 의지하여 남들의 의견을 용납하지 못하는 자도 있고, 밖으로는 공손하면서도 안으로는 오만한 자도 있습니다. 또 고귀한 지위만 뽐내면서 비천한 사람들을 미워하는 자도 있고, 성격이 교만하여 아랫사람에게 묻기를 부끄러워하는 자도 있습니다. 그리고 자신의 장점만 자랑하며 남의 장점은 덮어버리는 자도 있고, 자신의 허물은 감추면서 남의 잘못은 드러내는 자도 있습니다. 이 모든 것은 장수의 병폐인데, 지금 모두 그 길을 따라 걷고 있으니 장수 노릇을 잘하지 못하는 것입니다."

"만약 현사께서 장수가 되면 어찌하시겠습니까?"

"제가 장수가 되면 감히 스스로 과장하지 않고 진실로 옛 병법을 쓰면서도 다른 사람이 모르게 할 것입니다. 문(文)으로 계책을 쓰고, 무(武)로 군사를 다스리고, 지킬 때는 고요하게 하고, 출병할 때는 씩씩하게 하겠습니다. 아직 군사를 움직이지 않을 때는 산악과 같이 무겁게 하고, 군사를 움직일 때는 강물처럼 세차고 질서 있게 하겠습니다. 천지와 같이 변화하고, 천둥처럼 호령하고, 사시처럼 분명하게 상벌을 시행하겠습니다. 귀신같이 병법을 운용하면 망해가는 것도 흥하게 할 수 있고, 죽어가는 것도 살릴 수 있고, 약한 것도 강하게 할 수 있고, 부드러운 것도 단단하게 할 수 있고, 위기에 처한 것도 안정시킬 수 있고, 재앙도 복이 되게 할 수 있습니다. 임기응변이 변화막측하므로 1000리의 전장에서도 승리를 거둘 수 있습니다. 하늘 위에서 땅 아래에까지 모르는 것이 없고, 안으로부터 밖에 이르기까지, 밖으로부터 안에 이르기까지 혹시라도 명령을 어기는 군사도 없을 것입니다. 10만의 군사든 100만의 군사든 잘 변별하여 다스리지 못할 것이 없을 것입니다. 또 낮에서 밤까지나 밤에서 낮까지 두루 대처하지 못할 것도 없을 것입니다. 넓은 범위에서 다양한 방법으로 성취를 이루게 하여 각각 그 기묘한 재주를 다 발휘하도록 하겠습니다. 그리고 저는 고금에 통달하고 역학(易學)에 정통했으므로 안정과 위험의 이치를 판정하고, 승리와 패배의 기미를 결단하고, 군사 운용의 권한을 신묘하게 발휘하고, 무궁한 지혜를 감추고, 정규전과 유격전을 서로 엇섞어 음양이 시작되고 끝나는 이치를 밝게 알고 있습니다. 그런 뒤에 인으로 널리 포용하고, 예로 바로 세워주고, 용으로 과감하게 판단하고, 신으로 일을 이룰 것입니다. 그러므로 탕왕(湯王)의 재상 이윤, 무정(武丁)의 재상 부열(傅說),6 위수에서 낚시하던 강태공, 연나라의 장수 악의(樂毅)7가 모두 저의 스승입니다. 이것이 제가 알고 있는 장수의 도리로 평소에도 수양하고 있는지라 감히 사실대로 말씀드리지 않을 수 없습니다.”

소하는 한신의 논리가 큰 강물처럼 한 번 터지자 만 리에 이르는 것을 보고 마음으로 매우 기이하게 생각했다. 또 한왕에게 복이 있어서 이런 호걸이 투항해왔고 초나라를 격파하기 위한 원수로는 한신보다 더 뛰어난 사람이 없다고 생각했다. 그리고 칭찬을 아끼지 않고 마침내 한신을 자신의 저택에 머물러 쉬게 하고 심부름하는 아이 둘에게 아침부터 저녁까지 시중들며 응대하게 했다. 이때부터 한신은 소하의

6_ 부열(傅說, 기원전 1335? ~ 기원전 1246?)은 무정(武丁) 때의 명신이다. 본래 노예 신분으로 부암(傅巖)에서 판축 일을 하다 등용되어 승상이 되었다. 부패한 정치를 개혁하여 무정의 중흥시대를 이끌었다.

7_ 악의(樂毅, ? ~ ?). 본래 전국시대 위(魏)나라 명장 악양(樂羊)의 손자다. 당시 연 소왕(昭王)의 초빙에 응하여 아경(亞卿)에 임명되었다. 제나라를 평정하고 창국군(昌國君)에 봉해졌다. 소왕이 죽은 뒤 조(趙)나라로 망명하여 망제군(望諸君)에 봉해졌고 조나라에서 죽었다.

저택에서 묵었다. 하지만 장량의 각서는 몸에 감추어두고 꺼내려 하지 않았다. 다만 자신의 학문에 의지하여 소하와 등공에게 포부를 이야기 할 뿐이었다. 그는 때가 되어 등용될 무렵에 각서를 바칠 심산이었다.[8] 후세에 사관이 이 일을 시로 읊었다.

한 번 만난 이후로는 뜻이 깊이 일치하여,　　一自相逢契合深,
병법과 장수 논하며 마음 더욱 알게 되었네.　談兵論將更知音.
소 상국이 부지런히 세 번 추천 안 했다면,　若非相國勤三薦,
한나라 호걸 높은 명성 어찌 오늘에 전해올까?　漢傑高名豈到今.

소하는 한신을 얻고 나서 기쁨으로 잠을 이루지 못했다. 또 이렇게 생각했다.

'장량이 일찍이 각서를 써서 반드시 초나라를 격파할 대원수[破楚大元帥]를 찾은 뒤 각서와 함께 그 사람을 천거하겠다고 했다. 그런데 지금 대원수감인 한신을 버려두고 천거하지 않으니 장량이 이 사람을 일찍이 만나지 못한 듯하다. 내가 내일 아침에 등공과 함께 한신을 극력 천거해야겠다.'

한왕이 한신을 등용할지는 다음 회를 보시라.

8_ 원본에는 이 대목에 다음과 같은 '역사 논평'이 달려 있다. "여기에서도 옛사람들이 인재를 등용할 때 겪는 어려움이 이와 같았음을 알 수 있다. 이는 지금 사람들이 때를 만나지 못했을 경우에는 간절하게 벼슬을 구하다가 등용되고 나서는 쉽게 물러나지 않는 모습과는 다르다. 지금 한신은 장량의 각서를 갖고 있으면서도 그것을 내놓지 않고 오직 자신의 능력에만 의지하고 있다. 이 때문에 뒤에 대장에 임명되고 제후왕에 봉해진 이후 천하의 안위가 한신 한 사람에게 의지하게 된 일이 어찌 우연이겠는가?"

큰 능력
작은 자리

한신이 치속도위가 되다
韓信爲治粟都尉

다음날 소하는 등공과 함께 조회에 참석했다. 조회가 끝나자 두 사람은 관료들 대열에서 나와 한왕에게 아뢰었다.

"신들이 초현관에서 한 현사를 만났습니다. 『육도삼략』에 정통했으며 식견도 높고 원대하여 초나라를 격파할 원수직을 감당할 만했습니다. 대왕마마께서 중용해주십시오."

한왕이 말했다.

"그 현사는 어디 사람이오? 벼슬한 적이 있소? 이름을 알려주면 짐이 등용하겠소."

소하 등이 아뢰었다.

"그 사람은 본래 회음 사람으로 성은 한이고, 이름은 신입니다. 일찍이 초나라에서 지극낭관 벼슬을 했는데, 패왕에게 여러 번 상소문을 올렸으나 중용되지 못하여 초나라를 버리고 우리 한나라에 귀의했습니다. 1000리를 멀다 하지 않고 달려왔습니다. 어제 그가 품은 소양을 시험해보았더니 이윤, 강태공, 손자, 오자, 사마양저라 해도 그를 넘어설 수 없었습니다."

한왕이 웃으며 말했다.

"그 사람은 내가 패현에 있을 때 소문을 들은 적이 있소. 다른 사람의 가랑이 밑으로 기어가는 치욕을 당했고, 또 빨래하는 아낙네에게 밥을 구걸하여 온 고을 사람들이 천시했다는구려. 승상께서 이런 사람을 천거하여 장수로 삼는다면 삼군이 불복하고 제후들이 비웃을 것이오. 또 항우도 소문을 듣고 틀림없이 나를 앞 못 보는 소경으로 여길 것이오."

소하가 말했다.

"옛날 대장은 한미한 출신이 많았습니다. 어찌 가문으로 사람을 판단할 수 있겠습니까? 이윤은 신야의 필부였고, 태공은 위수에서 낚시하던 늙은이였고, 영척(甯戚)¹은 수레를 끌던 상놈이었고, 관중(管仲)²은

1_ 영척(甯戚, ? ~ ?). 본래 위(衛)나라 사람으로 제 환공의 행차 옆에서 소에게 여물을 먹이다 관중의 눈에 띄어 추천되었다. 대사전(大司田)에 임명되어 관중, 포숙아(鮑叔牙) 등과 함께 환공을 보필하여 패자의 지위에 오르게 했다.

2_ 관중(管仲, 기원전723? ~ 기원전 645?). 제 환공의 재상이다. 본래 관중은 제나라 공자 규(糾)를 보필했고, 포숙아는 공자 소백(小白)을 보필했다. 규와 소백이 제나라 보위를 놓고 다투는 과정에서 관중이 화살로 소백을 쏘아 혁대 고리를 맞추었고, 이로 인해 관중은 소백의 원수가 되었다. 소백이 마침내 제나라 보위에 오르자 포숙아는 자신의 친구 관중을 환공에게 추천했다. 환공은 관중이 자신의 원수임에도 식견이 대단함을 보고 그를 재상에 임명하고 제나라의 정사를 모두 맡겼다.

함거(檻車)에 갇힌 죄수였지만 나중에 자신들의 능력을 펼쳐서 모두 큰일을 이루었습니다. 한신은 미천한 출신이지만 가슴속에 품은 학문은 천하의 기이한 선비라 할 만합니다. 그를 버려두고 등용하지 않아서 만약 다른 나라로 투항한다면 이는 값비싼 구슬을 내버리고 화씨벽을 깨부수는 격입니다. 대왕마마! 부디 미천한 신하의 간언을 들으시고 서둘러 한신을 등용해주십시오. 그렇게 되면 항우를 멸망시킬 수 있고 함양을 수복할 수 있을 것입니다. 만약 신들이 천거한 사람이 기대를 저버린다면 신들의 죄를 엄히 다스리시옵소서."

한왕이 말했다.

"이미 경들이 천거했으니 한신을 불러 만나보도록 하겠소."

소하는 명령을 전하고 궁궐 문을 지키는 관리를 시켜 한신을 궁궐 안으로 들여보내 한왕을 알현하게 했다.

한신은 생각했다.

'한왕이 이처럼 경솔하게 나를 부르는 걸 보니 중용하지 않을 게 뻔하다. 하지만 잠시 궁궐 안으로 들어가 한왕이 나를 어떻게 대하는지 살펴보리라.'

한신은 궁궐로 들어가 한왕을 알현했다. 한왕이 물었다.

"너는 천릿길을 달려왔지만 아직 재능을 보여주지 않았으니 중용하기는 어려울 듯하다. 지금 창고지기 자리가 비었으니 너를 연오관(連廒官)3으로 삼고 일을 어떻게 하는지 살펴보겠다."

한신은 은혜에 감사 인사를 하며 별로 성난 기색을 보이지 않았다.

3_ 양곡 창고를 관리하는 말단 관직.

소하와 등공은 매우 불안했다.

한신은 창고로 물러나 관리 인원을 조사하고 창고를 점검하여 양곡 수량을 헤아렸다. 주판을 가져다 쌀더미의 많고 적음에 맞추어 한 번 계산하는 데 털끝만큼의 착오도 없었다. 창고를 관리해온 노인이 한신의 조사와 계산이 분명한 것을 보고 땅에 엎드려 절을 올리며 말했다.

"이전에 창고를 관리한 대인들 중에는 현공처럼 정확하고 신묘하게 계산하는 분이 없었습니다."

한신이 웃으며 말했다.

"이런 계산은 노예 한 사람이 해도 될 일이오. 어찌 내 능력을 다 발휘할 만한 일이겠소?"

소하는 몰래 사람을 보내 상황을 알아보다가 한신이 그처럼 정확하게 쌀 수량을 계산했다는 소식을 듣고 그를 불러와 얼굴을 보며 말했다.

"아무개는 현사를 대원수로 천거했는데, 한왕께서는 현사께서 그 중임을 감당할 수 없을까 두려워 단지 말단 관직에 임명하고 어떻게 일을 처리하는지 살펴보려 하신 것입니다. 마침 들리는 소문에 현사께서 부임하여 쌀더미를 헤아리며 단 한 번의 계산으로 빠짐없이 점검했다는데, 저는 무슨 방법으로 그처럼 큰 수량을 금방 파악했는지 모르겠습니다."

"계산에는 소구(小九)법이 있고, 대구(大九)법이 있습니다.[4] 이런 계산법에 정통하면 사해와 구주의 만물도 이 계산법을 벗어날 수 없습니다. 그까짓 창고 안의 쌀더미 수량이야 말해 무엇 하겠습니까? 옛날에 복

4_ 소구와 대구가 어떤 계산법인지는 분명하지 않다.

한신이 양곡 수량을 정확하게 계산하다

희씨(伏羲氏)는 『주역』의 괘(卦)를 그렸습니다.5 비록 64괘에 불과하지만 그것을 확장하여 사물에 적용하면 천변만화의 원리가 되어 천지간의 숫자가 모두 그것에서 벗어날 수 없습니다."

소하는 감탄을 금치 못했다. 한신이 또 말했다.

"창고 안의 쌀은 시간이 오래되면 썩게 되므로 응당 묵은 것은 방출하고 새것으로 바꾸어 백성을 구제하는 데 써야 공사(公私)가 모두 편리합니다. 이 또한 재상이 해야 할 일입니다. 승상께선 지금 이 일을 시행하십시오."

소하는 그 말을 듣고 감사 인사를 했다.

"지금 현사께서 하신 말씀은 참으로 시의적절합니다. 내일 한왕께 아뢰어 반드시 가르침대로 시행하겠습니다."

한신은 소하와 헤어져 창고로 와서 관리 인원 네 사람에게 숙직하며 창고를 지키라 하고 그곳의 담장 주변과 관문에 화재를 조심하고 양곡을 잘 봉하여 단속하면서 각자가 모든 사태를 두루 방비하라고 일렀다. 소하는 그 사실을 알고 더욱 기뻐했다.

한왕은 연이어 며칠 동안 조회를 열지 않았다. 이 때문에 소하는 아뢰는 글을 짧게 써서 환관에게 대궐 안으로 전해달라고 부탁했다. 그러자 한왕이 명령을 전해왔다.

"연일 동쪽으로 나갈 생각을 하고 있지만 좋은 방책이 없소. 이런 연

5_ 『주역』 「계사(繫辭)」 하(下)에 의하면 "상고시대에는 새끼줄 매듭으로 세상을 다스렸고, 후세에는 성인이 문자로 그것을 대신했다(上古結繩而治, 後世聖人易之以書契)"라고 했다. 중국 전설에 의하면 삼황(三皇)의 한 사람인 복희씨가 팔괘(八卦)와 문자를 만들어 새끼줄 매듭을 대신했다고 한다.

유로 조회를 열지 않았소. 내일 만나도록 합시다."

다음날 소하는 백관을 이끌고 조회를 마쳤다. 한왕은 편전으로 물러나 소하 등을 안으로 불러들여 국가 대사를 의논했다.

"짐이 이곳에 머문 지 이미 오래요. 동쪽으로 나가려 하지만 좋은 방책이 없으니 어찌하면 좋소?"

소하가 말했다.

"동쪽으로 나가는 일은 어렵지 않습니다. 초나라를 쳐부술 파초원수(破楚元帥) 한 사람만 임용하면 바로 거행할 수 있습니다."

"짐의 생각도 바로 그러하오."

"대왕마마! 너무 많은 생각하실 필요 없이 한신을 중용하시면 큰일을 이룰 수 있습니다."

"한신은 빈천할 때도 자신의 생계를 위해 좋은 대책을 마련하지 못했는데, 지금 이처럼 중대한 소임을 맡기면 과연 항우와 대적할 수 있겠소?"

소하는 한신의 계산법과 새 양곡으로 바꾼 일을 한왕에게 아뢰었다. 한왕이 말했다.

"그건 한 가지 작은 능력일 뿐이오!"

"그 한 가지를 보면 나머지 능력도 알 수 있습니다. 한신은 진실로 대장 재목입니다. 놓치셔서는 안 됩니다!"

"그렇다면 한신을 치속도위(治粟都尉)[6]로 승진시키시오."

근신이 한왕의 명령을 전하자 한신은 기쁘게 그것을 받아들였다. 그

6_ 도위(都尉)는 장군이나 태수의 업무를 보좌하던 중간급 관직이다. 치속도위는 식량이나 염철(鹽鐵)을 관리했다.

는 옛 장부를 처음부터 끝까지 죽 조사했다. 새로 들여온 수량은 얼마인지, 앞서 관리한 수량은 얼마인지, 방출한 수량은 얼마인지, 현재 남아 있는 수량은 얼마인지 각각 장부를 작성했고, 그 수량을 곡(斛)7과 말로 재었다. 숫자를 넣고 빼는 데도 일정한 이치가 있었고 곡식 현물을 수납하고 방출하는 데도 법도가 있었다. 지난날 도위가 부임하면 창고의 각 부문을 관리하는 인원이 도위를 알현하는 예가 있었다. 도위가 이 예를 받으면 마침내 그곳 관리들에게 얽혀 양곡을 방출할 때 그들 마음대로 수량을 조작할 수 있게 했고, 이에 백성들 사이에 원망이 많았다. 한신은 부임한 뒤 바로 고시(告示)를 내붙이고 먼저 오랫동안 창고에서 적폐를 조장한 자들을 모두 조사하여 내치고 충실하고 정직한 사람을 뽑아 추호도 사사로운 거래를 하지 못하게 했다. 곡식을 방출할 때도 모두 공평하게 처리했고 양곡을 받을 때도 더이상 돈을 함부로 허비하지 못하게 했다. 이렇게 하자 양곡을 바치는 사람들도 그 분량에 맞는 금액에 만족했다. 반달 만에 백성이 한신의 통쾌한 일처리를 칭송하며 앞다퉈 양곡을 바치고 싶어했다. 이로써 양곡 징수가 지연되던 폐단이 사라졌다. 사람들이 말했다.

"오늘날 이처럼 현명한 대인께서 윗자리에 계시니 우리가 서둘러 양곡을 바치고 많은 경비를 절약할 수 있게 되었다."

한 달 사이에 창고가 가득찼고 창고 문의 경비도 삼엄해졌다. 많은 백성이 우두머리 몇 명을 뽑아 승상부에 가서 연명으로 한신을 보호하며 말했다.

7_ 열 말을 담는 용기다.

"우리는 지난날 돈을 허비하면서도 욕을 많이 먹었습니다. 양곡 수납을 반년이나 늦추면서도 바칠 수 없었고, 양곡을 바쳤다 해도 오랫동안 돈을 받지 못했습니다. 그런데 이제 한 대인께서 부임하고 나서는 많은 근심을 덜었습니다. 근래에 소문을 들으니 승상께서 그분을 다른 자리로 승진시킨다 하시는데 바라옵건대 그분을 창고에 머물게 하시어 2, 3년만 양곡을 관장하게 하시면 우리는 무궁한 은혜를 입게 될 것입니다."

소하가 웃으며 말했다.

"한 대인은 큰 재목인데 지금 잠시 작은 곳에 등용했을 뿐이오. 게다가 곡식을 관리하는 관직으로 어찌 그의 재능을 다 발휘하게 할 수 있겠소?"

사람들은 다시 간절하게 애원했다. 소하가 말했다.

"여러분! 돌아가시오. 내가 상의하여 다시 방안을 마련해보겠소."

사람들이 승상부를 나가자 소하는 생각에 잠겼다.

'한신은 보통 사람이 아니다. 큰일에도 쓸 수 있고, 작은 일에도 쓸 수 있으니 쓰지 못할 곳이 없다. 내가 극력 보증하고 천거해야 한다.'

다음날 소하는 궁궐로 들어가 한왕을 만났다. 조회 인사가 끝나자 한왕이 소하를 대전 위로 불러서 일렀다.

"짐은 근래에 흉몽을 자주 꾸고 팽성에 있는 부모님과 식솔 생각을 많이 하오. 언제 만나볼 수 있겠소? 울적한 마음이 여기에 미치니 이곳에 오래 머물 생각이 없소."

소하가 아뢰었다.

"옛날 제 경공(景公)이 사냥을 하고 돌아오다 안자(晏子)에게 말했습니다. '과인은 매번 불길할 꿈을 꿀 때마다 마음이 불쾌해지오.' '불길한 꿈을 말씀해주시옵소서.' '산에 올라가서는 호랑이를 만나고, 습지로 들어가서는 뱀을 만나는 꿈을 꾸었소.' '산은 호랑이가 사는 곳이고, 습지는 뱀이 숨는 곳인데 무엇이 불길합니까? 지금 기실 나라에는 세 가지 불길한 조짐이 있습니다. 대왕마마께서는 아시는지 모르겠습니다.' '모르겠소.' '나라에 현명한 선비가 있는데도 그것을 모르신다면 이것이 첫번째 불길함입니다. 그를 알고도 등용하지 않으신다면 이것이 두번째 불길함입니다. 등용하고도 중임에 발탁하지 않으신다면 이것이 세번째 불길함입니다.'8 지금 대왕마마께서 흉몽을 꾼 것은 현명한 선비가 있는데도 그를 중용하지 않았기 때문입니다. 신은 패왕이 범증의 계책을 좇아 군사를 일으켜 서쪽으로 진격해올까 두렵습니다. 그때 대왕마마께서는 누구를 등용하여 막으시겠습니까? 이것이 신이 밤낮으로 근심하는 일입니다."

"나라 안에 현인이 있다면 짐이 어찌 중용하지 않을 리가 있겠소? 내가 포중으로 온 지 이미 많은 날이 지났지만 어찌 현인이 있다는 걸 알고도 등용하지 않았겠소?"

"지금 위대한 현인을 한 분 만나고도 중용하지 않으셨습니다. 이것은 눈앞에서 원대한 구상을 내버리는 일이니 또한 잘못된 생각이 아닙니까?"

"위대한 현인이 어디 있단 말이오? 승상께서 말씀하시면 짐이 발탁하겠소."

8_ 『안자춘추(晏子春秋)』 「내편간하(內篇諫下)」에 나온다.

"신이 천거하고 싶지만 대왕마마께서 또 그의 가문이 한미하고 출신이 비천하다고 싫어하실까 두렵습니다. 천거했는데도 중용하지 않으시면 현명한 선비의 마음을 얻을 수 없습니다. 그렇게 되면 사방에 호걸이 있다 해도 대왕마마를 위해 재능을 쓰려 하지 않을 것입니다."

"경은 여러 말 할 필요 없이 지금 당장 현사의 이름을 알려주시오."

소하는 한왕 앞으로 다가가 머리를 조아리며 말했다.

"온 나라를 통틀어 가장 현명한 선비는 오직 회음 사람 한신뿐입니다."

"전에 경이 두 번이나 천거했기에 이미 치속도위로 임명했는데, 어찌 등용하지 않았다 하오?"

"치속도위는 한신의 재능을 다 발휘하기에 부족한 자리입니다. 반드시 대원수직에 봉한 연후에야 한신을 잡아둘 수 있을 것입니다. 그렇지 않으면 한신은 틀림없이 이곳을 떠날 것입니다."

"벼슬은 함부로 높여줄 수 없고 권력은 경솔하게 나누어줄 수 없소. 한신은 한 달 사이에 두 번이나 승진했소. 지금 한 치의 공도 세우지 못했는데 또 대원수직에 임명한다면 풍패에서부터 나를 따른 장수와 병졸 들은 모두 내가 상벌을 타당하게 시행하지 못한다고 원망하며 물러나 뒷말을 할 것이오."

"자고로 성스러운 황제나 현명한 임금이 사람을 등용할 때는 그 재능에 따라 임용하고, 사람에 따라 관직을 주었습니다. 신은 한신이 나라의 동량 노릇을 할 수 있는 큰 재목이라고 생각합니다. 대왕마마께서 지금 그를 하찮게 보고 계신지라 신이 누차 말씀을 올리는 것입니다. 풍패에서부터 함께 수행한 장수와 병졸 들도 물론 고생을 많이 했지만 그들은 모두 한신과 비견할 수 없습니다. 대왕마마께서는 어찌하여 그들과 한신을 비교하시며 사람의 경중을 제대로 따지지 못하십니까?"

"잠시 승상의 말을 따르겠지만 한신을 중용하는 일은 몇 달 늦추는 것이 좋겠소. 장량이 혹시 대원수직을 감당할 만한 현사를 천거하면 짐이 지난날 각서에 적은 약속을 어기지 않기 위해서라도 그를 중용해야 하오. 만약 장량이 인재를 천거하지 못하면 그때 한신을 중용해도 늦지 않을 것이오."

소하는 어쩔 수가 없어서 승상부로 돌아와 한신을 초청하여 이야기를 나누었다. 그가 물어본 내용은 대개 이러했다. 어떻게 삼진 땅을 항복하게 할 수 있는가? 어떻게 잔도로 나갈 수 있는가? 어떻게 육국을 포용할 수 있는가? 한신은 자리에서 일어나 정색을 하며 말했다.

"저는 승상께서 병법을 아신다 생각했는데, 이 말씀을 듣고 보니 대체로 모르시는 듯합니다. 병가에서는 기회를 보아 움직이고 때에 따라 변화를 추구합니다. 먼저 방법을 전할 수 없고 멀리까지 헤아릴 수 없습니다. 그것은 물이 흐름에 따라 모양을 바꾸고 전쟁은 싸움 상황에 따라 승리가 결정되는 것과 같습니다. 귀신도 기묘한 변화를 예측할 수 없고 부자간에도 그 뜻을 전달할 수 없습니다. 사안에 맞닥뜨리면 저절로 기묘한 대책을 낼 수 있습니다. 승상께서는 어찌 그런 질문을 하며 제 말을 들으려 하십니까?"

소하는 크게 기뻐하며 한신을 더욱 존경했다.

한신은 소하와 헤어져 공관으로 돌아왔다. 이후 며칠 동안 아무런 동정도 없었다. 한신은 생각에 잠겼다.

'만약 지금 소하를 자극하지 않으면 아마 한왕이 나를 중용하지 않을 것이고, 이곳 사람들도 나에게 복종하지 않을 것이다. 이런 상황에서 설령 각서를 바친다 해도 백관을 굴복시킬 수 없다.'

마침내 한신은 한 가지 계책을 생각하여 문지기에게 지시했다.

"빠른 말을 준비하라. 내일 오경에 먼 곳으로 가야 한다."

문지기는 명령에 따라 빠른 말을 준비했다. 한신은 본래 가져온 행장을 잘 싼 뒤 말을 타고 동문으로 먼길을 나섰다. 한신의 좌우에서 보좌하던 사람들은 한신이 떠난 것을 알고 곧바로 승상부로 달려가 보고했다. 소하는 방금 조회에서 돌아와 한신이 동문으로 떠났다는 말을 듣고 대경실색하며 말했다.

"만약 한신이 떠나면 우리는 포중에서 늙어 죽어야 한다!"

한신이 어디로 갔는지 궁금하면 다음 회를 들으시라.

의심받는 한신

소하가 달빛 아래에서
한신을 뒤쫓다
蕭何月下追韓信

소하는 한신이 떠났다는 소식을 듣고 급히 한신의 공관으로 달려가 상황을 살폈다. 좌우 수하들이 말했다.

"어젯밤 말을 준비하라고 하면서 먼 곳으로 간다고 하기에 우리가 감히 뒤쫓지 못했습니다. 그런데 뜻밖에도 하룻밤 사이에 짐을 다 꾸리고 벽에 시 한 수를 남겨놓았습니다. 오늘 새벽 오경에 출발하여 동문으로 길을 나섰는데, 어디로 갔는지 모르겠습니다. 우리는 승상께서 한 대인이 혹시 외출하거나 어떤 말을 하면 일일이 보고하라 분부하셨기에 오늘밤 그가 멀리 떠난 뒤 보고를 올리지 않을 수 없었습니다."

소하는 벽에 써놓은 시를 보았다. 짧은 가사 한 편이었다.

날은 아직 밝아오지 않고,	日未明兮,
별들만 다투어 반짝이네.	小星競光.
좋은 운을 아직 맞이할 수 없어,	運未逆兮,
재능은 깊이 숨어 있네.	才能隱藏.
나귀는 발굽을 절뚝이는데,	驢蹄蹇滯兮,
이 몸은 타향에 빌붙어 사네.	身寄殊鄕.
용천검은 땅속에 묻혀 있어,	龍泉埋沒兮,
칼날도 없이 무딘 듯하네.	若鈍無鋼.
지초는 막힌 계곡에서 자라는데,	芝生函谷兮,
누가 와서 찾아주리?	誰爲與探.
난초는 깊은 숲에서 자라는데,	蘭長深林兮,
누가 그 향기 알아주리?	孰識其香.
어떻게 미인을 얻어,	安得美人兮,
함께 놀 수 있으랴?	願從與遊.
마음을 합하면 무쇠도 자르나니,	同心斷金兮,
난새되고 봉새되고 싶네.	爲鸞爲凰.

소하는 노래 가사를 보며 발을 굴렀다.

"누차 한신을 천거했지만 한왕께서 그를 중용하지 않아 바로 떠나고 말았다! 만약 뒤쫓아가서 돌아오게 하지 못하면 날마다 편안히 잠을 잘 수 없고 밥도 먹을 수 없을 것이다."

그는 즉시 시종 대여섯을 불러 각각 역마(驛馬)를 준비하게 했다. 그리고 조복도 벗지 않고 한왕에게 알리지도 않은 채 시종을 데리고 황급히 동문으로 달려가서 문지기 관병에게 물었다.

"너는 어떤 장군이 은색 갈기의 말을 타고 검을 멘 채 문을 나서는 걸 보았느냐?"

문지기가 서둘러 대답했다.

"오늘 새벽 오경에 문을 열 때 그 사람이 동문을 지나갔습니다. 지금은 벌써 50리는 갔을 겁니다."

소하는 그 말을 듣고 말에 채찍질을 하며 뒤쫓았다. 한 마을에 이르러 그곳 주민들에게 물었다.

"여러분! 어떤 장군이 지나가는 것을 보았소?"

"오늘 새벽 어떤 사람이 은색 갈기 말을 타고 등뒤에 검을 멘 채 서쪽에서 왔습니다. 지금 벌써 5, 60리는 갔을 겁니다."

소하는 조정에서 나온 이후 밥도 먹지 못하고 한신을 추격했다. 밥때가 다가오자 몹시 허기가 졌다. 그는 말에서 내려 어떤 마을로 들어가 밥을 먹고 곧바로 다시 추격에 나섰다. 날은 벌써 저녁 무렵이 되어 하늘에는 밝은 달이 환한 빛을 비추고 있었다. 소하는 달빛을 타고 한계 강변에 도착했다. 때는 7월 초순이라 밤의 정적 속에서 차가운 강물만 조용히 흐르고 있었다. 그러나 산은 깊고 길은 험했으며 계곡에는 가을 물이 새로 불어나 말이 건널 수 없었다. 그때 저멀리서 말을 탄 어떤 사람이 강물을 따라 건널 곳을 찾는 모습이 어른거렸다. 소하는 너무나 기뻤다.

"틀림없이 한신이다!"

그는 마침내 시종들에게 뒤쫓으라고 명령을 내리고 큰 소리로 불렀다.

"한 장군! 어떻게 사람 관계를 이렇듯 단호하게 끊으실 수 있습니까?

소하가 달밤에 한신을 뒤쫓다

우리가 함께한 시간이 벌써 몇 달인데 하루아침에 인사도 없이 떠나시고도 홀로 참으실 수 있단 말입니까?"

드디어 시종들이 달려가 말고삐를 잡았다. 서로 실랑이를 하는 사이에 뒤편에서도 말 한 필이 황급히 달려왔다. 등공 하후영이었다. 소하는 매우 기뻐하며 물었다.

"공은 무슨 연유로 뒤쫓아왔소?"

하후영이 말했다.

"아무개도 조회에서 돌아왔다가 한 장군이 말을 타고 동문으로 나갔다는 창고지기의 보고를 받았소. 나도 한왕께서 중용하지 않으셔서 현사가 다른 나라로 간다고 짐작하고 서둘러 뒤쫓아왔소. 그러다가 마침 한 장군을 뒤쫓는 승상을 만나게 된 것이오. 오늘 저는 승상께서 현인을 추천하려는 충정을 넉넉히 알게 되었소. 험한 산길도 마다하지 않고 힘든 노고도 아끼지 않고 한밤중에 이곳까지 오셨으니 참으로 훌륭하신 재상이오!"

한신은 소하와 하후영이 이처럼 은근하고 간절하게 성의와 애정을 보이자 감탄하며 말했다.

"두 분께서는 정말 순수한 신하라 할 만합니다. 세상에서 재상 노릇을 하는 자들 중에는 현명한 사람을 시기하기도 하고, 유능한 사람을 질투하는 사람도 있습니다. 홀로 권력을 오로지하며 사사로운 문호를 활짝 열고 굽은 사람을 천거하여 곧은 사람 위에 올려놓기도 합니다. 또 아첨과 달콤한 말만 좋아하며 자신의 견해만 한사코 고집하기도 합니다. 누가 기꺼이 권력자의 안색을 범하며 간절한 간언을 올려 힘을 다해 현인을 천거하고 충심을 다해 나라를 위하면서 지위가 낮은 선비에게 자신의 몸을 굽히려 하겠습니까? 두 분과 같은 신하는 세상에 드뭅니다. 이로써 한나라의 대업이 흥성하여 이런 어진 재상을 탄생시켰음을 넉넉히 알 수 있습니다. 저와 같은 비천한 재주를 가진 사람이 마음을 기울이고 명령에 따르며 어찌 감히 문하의 현사가 되기를 원하지 않을 수 있겠습니까?”

소하와 하후영은 환한 달빛 아래에서 한신의 손을 잡고 말했다.

“옛사람이 말하기를 ‘선비는 자신을 알아주는 사람을 위해 죽는다’라고 했습니다. 우리 두 사람은 현사께서 이윤, 강태공과 비견할 만하고 관중, 악의에 필적할 만하며 이제 충분히 삼진 땅을 정벌하고 초나라를 격파할 수 있다는 사실을 깊이 알고 있습니다. 틀림없이 그렇게 될 것입니다. 그러나 한왕께서는 평소 현공의 가문이 미천하다 여기며 그 현명함을 깊이 알지 못하고 계십니다. 현사께서는 잠시만 참으십시오. 우리 두 사람이 모든 힘을 다해 천거해드리겠습니다. 만약 한왕께서 여전히 중용하지 않으시면 우리도 벼슬을 버리고 고향으로 돌아가겠습니다. 더이상 이 포중에서 오래 곤욕을 당하지 않을 것입니다.”

한신은 두 사람의 말을 듣고 감사의 배례를 올리며 말고삐를 당겨 포중으로 되돌아왔다. 그리고 잠시 소하의 집에 머물렀다.

한편, 한왕이 조회를 열 때 주발 등이 아뢰었다.

“관동 출신 여러 장수가 고향으로 돌아가겠다고 노래를 불러왔습니다. 그러다가 이미 떠난 자가 10여 명이나 됩니다. 승상 소하까지 인사도 하지 않고 떠났는데 오늘 벌써 이틀째입니다!”

한왕은 깜짝 놀라 화를 내며 말했다.

“소하는 내가 풍패에서 봉기할 때부터 한시도 내 곁을 떠난 적이 없다. 떠나간 여러 장수는 더러 규합과정에서 온 자도 있고 중도에 따라 온 자도 있다. 그들이 오늘 떠난 것은 그리 심하게 탓할 일이 아니다. 그러나 소하는 나와 비록 군신관계로 신분이 나뉘어 있지만 기실 부자 관계와 같다. 그런데 그가 어찌 나를 버리고 떠났단 말이냐?"

한왕은 자리에서 일어나 전전긍긍하며 불안해했다. 식음을 전폐하고 궁중으로 들어갔다가 다시 편전으로 나왔다. 조급하고 초조한 마음을 드러내며 마치 두 손을 잃은 사람처럼 행동했다. 어떻게 해야 할지 생각하는 사이에 궁궐 문지기가 달려와 보고했다.

"소 승상과 등공이 돌아왔습니다!"

한왕은 그들을 보자 기쁘면서도 분노가 치밀어올라 심하게 욕을 했다.

"이놈아! 너는 나를 따른 지 여러 해 동안 하루도 나를 떠난 적이 없다. 근래에 여러 장수 놈이 도망간다고 네놈이 어찌 나를 떠날 수 있단 말이냐?"

소하가 말했다.

"신은 대왕마마께서 알아주신 은혜를 입고 한 나라의 승상직에 올랐습니다. 대왕마마께서 신에게 무슨 섭섭한 일을 하셨다고 신이 도망가겠습니까? 신이 이틀 동안 이곳을 떠난 것은 밤새도록 도망치는 사람을 뒤쫓았기 때문입니다. 이는 대왕마마의 동쪽 귀환 계획을 이루기 위한 것으로 관중을 회복하고 천하를 쟁취하려는 일입니다."

"도망자가 어떤 놈이냐?"

"도망자는 한신입니다."

한왕은 또 비웃으며 욕을 했다.

"여러 장수 놈이 도망가도 뒤쫓지 않더니 한신이란 놈을 뒤쫓아간 것은 무슨 까닭이냐?"

"여러 장수는 쉽게 얻을 수 있지만 한신 같은 사람은 나라 안에 둘도 없기 때문입니다.[1] 만약 대왕마마께서 한중에서 보통 임금 노릇을 하며 동쪽으로 돌아가고 싶지 않으시면 한신이 이곳을 떠나든, 떠나지 않든 경중을 따질 필요가 없고 대왕마마께서도 그를 중용할 필요가 없습니다. 그러나 만약 항왕과 경쟁하며 동쪽으로 가서 천하를 도모하고 싶으시면 한신이 아니고는 더불어 의논할 사람이 없을 것입니다. 지금 대왕마마께서 한신을 중용하지 않으시면 신은 관복을 벗어 대왕마마께 드리고 전원으로 돌아가서 뒷날 항우의 포로가 되는 일을 모면하고자 합니다."

하후영도 아뢰었다.

"소 승상의 말은 진실로 국가를 위한 일이지, 한신을 위한 일이 아닙니다. 충심으로 주군에게 보답하려는 마음이니 대왕마마께서 소중함을 알아주셔야 합니다."

한왕이 말했다.

"경들은 다른 사람의 말만 듣고, 또 그에게 한 가지 능력만 있는 것을 보고 중용할 만하다 여기고 있다. 짐이 생각하는 건 장수의 도리로 여기에 매우 중요한 일이 달려 있다. 국가의 안위와 삼군의 존망을 한 사람에게 의지해야 한다. 만약 한순간 경솔한 믿음으로 그를 장수로 임명하면 30만 병마가 그의 통솔을 받아야 하고, 70명의 장수가 그의

1_ 국사무쌍(國士無雙): 나라 안의 선비들 중에서 둘도 없는 인재라는 뜻이다. 식견, 재능, 용력이 뛰어나 비견할 만한 인물이 없음을 비유한다.(『사기』「회음후열전」)

단속을 받아야 한다. 지금 승상의 말에 의지하면 삼진을 함락시킬 수 있고, 항우도 격파할 수 있을 것이며, 오늘 그를 천거한 덕을 깊이 볼 수도 있을 것이다. 그런데 혹시라도 말만 능하고 행동은 무능하여 잡담은 잘하지만 일 처리에 계책이 부족하다면 우리가 포로로 잡히는 데 그치지 않고 30만의 생명이 무고하게 죽어갈 텐데, 승상이 그때 가서 후회한들 어떻게 돌이킬 수 있겠는가? 짐이 한신을 경솔하게 중용하지 못하는 까닭은 바로 이 때문이다. 짐이 소문을 듣건대 한신은 부모가 죽고도 장례를 치르지 못했다 하니 계책이 없는 자다. 정장(亭長)에게 빌붙어 살고, 빨래하는 아낙에게 밥을 빌어먹었다 하니 능력이 없는 자다. 백정의 가랑이 아래로 기어나가는 치욕을 당해 고향 사람들이 그를 천시했다 하니 용기가 없는 자다. 초나라를 3년 동안 섬기면서도 벼슬이 지극낭관에 그쳤다 하니 쓸모없는 자다. 옛사람이 이르기를 '마음에 품은 것이 있으면 반드시 밖으로 드러난다'[2]라고 했다. 만약 증명할 만한 공적이 있으면 한신을 등용할 수 있지만 헛소문을 들었다면 그걸 증거로 삼기는 어려울 것이다. 승상은 깊이 생각해야 할 것이다!"

소하가 말했다.

"대왕마마의 말씀에 근거하면 확실히 그런 듯하지만 신의 소견은 더러 그렇지 않은 점도 있습니다. 옛날에 공자께서 진(陳)나라와 채(蔡)나라에서 곤경에 처한 건 능력이 없었기 때문이 아닙니다. 또 광(匡) 땅사람들에게 포위를 당한 건 용기가 없었기 때문이 아닙니다. 끝내 길위에서 늙은 건 쓸모가 없었기 때문이 아닙니다. 오늘날 한신이 모욕을

2_ 『맹자』 「고자(告子)」 하(下)에 나온다. "有諸中必形諸外."

당하고 밥을 빌어먹은 건 군자가 때를 만나지 못했기 때문입니다. 벼슬이 지극낭관에 그친 것은 자신의 주군을 만나지 못했기 때문입니다. 신은 한신과 이야기를 나누면서 그의 폐부를 꿰뚫어보았습니다. 그는 진실로 쓸모 있는 인재이며 천하의 뛰어난 선비이지 말만 앞세우는 사람이 결코 아닙니다. 신은 대왕마마를 보좌하는 관직에 있으면서 늘 대죄하는 심정으로 현인을 구하는 데 진력하고 있습니다. 그러므로 지금 대왕마마께서 현인을 보고도 천거하지 않으시고 현인을 천거하고도 중용하지 않으시니 신이 밤낮으로 불안하게 생각하는 까닭이 바로 이 때문입니다. 이에 신은 죽음을 무릅쓰고 대왕마마께 말씀을 올립니다."

한왕이 말했다.

"지금 벌써 날이 저물어가니 내일 조회에서 경들과 의논하도록 하겠소."

소하와 등공은 물러나와 다시 한신과 만났다.

"한왕께서 내일 회의를 하여 공을 대장에 임명하실 것이오."

한신이 말했다.

"한왕께서 아직도 주저하고 계신 듯하니 두 분께서 공연히 마음만 쓴 듯합니다."

소하가 말했다.

"한왕께서 공을 중용하지 않으시면 우리는 반드시 벼슬을 버리고 떠날 것이오. 감히 공을 속이지 않겠소."

잠시 뒤에 등공은 두 사람에게 인사를 하고 집으로 돌아갔다. 한신은 소하가 이처럼 나라를 위해 현인을 구하려 하는데도 한왕이 여러 번 자신을 중용하지 않은 것은 자신의 가문이 빈천하기 때문이라고 생각했다.

그는 문득 마음에 느낀 바가 있어 우연히 시를 지었다.

조괄은 진나라 장수가 되어,[3]	趙括爲秦將,
부친의 병법 책을 독파했다네.	曾聞讀父書.
대대로 명문세가 전통을 이어,	世家循閥閱,
한심한 유학자를 비웃었다네.	門第笑寒儒.
토끼떼가 싸우는 걸 범은 비웃고,	虎笑爭群兎,
용은 숨어 어린 고기 노려본다네.	龍藏見小魚.
풍운이 아직도 일어나지 않을 때,	風雲未遭際,
경략가는 교외에 숨어 있다네.	經濟隱郊墟.
성군은 앞자리를 비워놓았고,	聖主空前席,
원로는 원대한 계책 생각한다네.	元臣遠慮攄.
슬프다 내 능력은 보잘것없어,	嗟予駑力蹇,
품은 뜻 아직까지 펴지 못했네.	懷抱未曾舒.
어느 날 임금의 수레를 밀며,	何日推輪轂,
칙서 받고 낚시질 그만두려나?	絲綸釣罷漁.
격문 전해 삼진 땅을 평정하고,	三秦傳檄定,
군대 지휘해 도적떼를 제거하려네.	群寇指揮除.
초나라를 격파하고 천하 청소해,	破楚清寰宇,
으뜸가는 공훈을 쇠에 새기리.	銘勳首獨居.

3_ 조괄은 진(秦)나라 장수가 아니라 조(趙)나라 장수다. 원본의 오류다. 그는 조 혜왕(惠王) 때 명장 조사(趙奢)의 아들이다. 자신의 병법 실력을 과신하다가 진나라에 대패했다.

바야흐로 잠을 청하려는데 어떤 사람이 보고하는 소리가 들렸다.

"승상께서 현공을 뵈러 나오셨습니다."

한신은 옷을 단정히 입고 나와서 소하를 맞았다. 한신이 말했다.

"승상께선 이 늦은 시각에 아직도 침소에 들지 않았습니까?"

소하가 대답했다.

"나랏일이 마음에 걸려 있는데, 어찌 편히 잘 수 있겠습니까? 이 때문에 또 이런 생각이 들었습니다. 현공께서 초나라에 계실 때 범증은 사람을 알아보는 능력이 지극히 뛰어난 사람이라 당시에 틀림없이 현공을 천거했을 것입니다. 그때 현공께서 틀림없이 좋은 대책을 바쳤을 것인데, 지금까지 언급하시는 걸 들어보지 못했습니다."

"초나라에서 범증은 저의 지극한 지기(知己)였습니다. 여러 번 저를 천거했지만 패왕이 듣지 않았습니다. 나중에 한나라에서 잔도를 불태워 끊었다는 소문을 듣고 제가 상소문으로 간언을 올렸습니다."

한신은 마침내 당시의 상소문을 처음부터 끝까지 외워서 들려주었다. 소하는 다 듣고 나서 경악했다.

"만약 패왕이 공의 상소문에 따랐다면 우리는 죽을 때까지 포중에서 나갈 수 없었고 서초의 천하가 반석처럼 굳어졌을 것입니다."

"패왕은 제 말을 따르지 않았지만 그때까지도 저는 아직 초나라를 배반할 마음을 먹지 않았습니다. 그뒤 범증이 진평의 계책에 따라 마지못해 팽성으로 출발할 때 세 가지 일을 패왕에게 아뢰었습니다. 첫째, 한왕을 포중으로 들여보내지 말 것. 둘째, 함양을 떠나지 말 것. 셋째, 한신을 중용하되 만약 중용하지 못하면 죽일 것. 저는 패왕이 절대 저를 중용하지 않을 것임을 알았고, 결국 범증에게 상해를 입을까 두려워 초나라를 배반하고 한나라에 귀의한 것입니다. 다른 뜻은 없습니다! 승상께서 이 깊은 밤에 다시 일어나 이런 질문을 하시는 것을 보니 틀림없이 고요한 생각 속에서 제가 범증의 심복이 아닐까 의심이 드셨겠지요? 또 어제 제가 필마단기로 도주하는 것을 보고 아마도 포중의 허실을 염탐하여 범증에게 보고하는 것으로 짐작했을 겁니다. 이 때문에 지금 이런 질문을 하시는 것이겠지요. 승상께선 밤낮으로 나라를 위해 심신을 다 바치며 이런 의심을 하고 계시니 제가 지금 어떤 물건 하나를 승상께 보여드리겠습니다. 한왕으로 하여금 여러 가지 의심을 풀 수 있게 해주고 승상께서도 지극하게 간언을 올리는 수고를 덜 수 있을 것입니다."

소하가 바로 물었다.

"어떤 기묘한 물건입니까? 한 번 보여주셔서 제 마음 깊은 곳의 의혹을 풀어주십시오."

한신이 꺼낸 물건을 소하가 어떻게 여기는지는 다음 회를 들으시라.

제39회

천명을 받들어
정벌을 행하라

각서를 맞추어보고 단을 쌓아
대장을 임명하다
會角書築壇拜將

한신은 마침내 주머니에서 장량의 각서를 꺼내 소하에게 건네고 개봉하여 읽어보라 했다. 등불 아래에서 소하는 각서를 보고 그것이 본래 장량이 약속한 문서임을 알았다. 그는 경악을 금치 못하고 땅에 엎드려 절을 올리며 말했다.

"현공께서는 이곳에 오랫동안 머무셨는데 어찌하여 이 각서를 내놓지 않고 제가 온종일 간절한 간언을 올리며 심신의 힘을 모두 허비하게 하셨습니까? 한왕께서 이 각서를 보시면 진정으로 수많은 성과 맞먹는 보배를 얻었다고 생각하시며 다시는 의심하지 않으실 것입니다."

한신이 말했다.

"아무개는 어려서 빈천했습니다. 이에 처음 한나라에 투항했을 때는 아직 작은 장기도 드러내지 못했으므로 승상께서도 절대 저를 만나보려 하지 않으셨을 겁니다. 이 때문에 자방의 각서는 잠시 숨겨두고 보여주지 않았을 뿐입니다. 공께서 극력 추천해주시고, 저도 어리석은 생각이나마 조금 드러낸 뒤에야 이제 서로 마음이 통했습니다. 그러고 나서 각서를 받들어 올렸으니 승상의 마음이 비로소 환하게 풀리신 것입니다."

소하가 또 절을 올리며 말했다.

"현공에서는 진정 천하의 호걸이십니다. 식견이 보통 사람들과 확연히 다르십니다. 아무개는 더욱더 공을 중용해야 함을 알았습니다. 절대 다른 곳으로 떠나보낼 수 없습니다."

두 사람은 서로 헤어져 각각 침소에 들었다.

다음날 소하는 만면에 웃음을 띠고 각서를 가지고 조정에 나왔다. 마침 등공을 만나 이 일을 이야기하자 등공도 기쁨을 감추지 못했다. 함께 들어가 한왕을 뵙고 장량의 각서를 바쳤다. 한왕은 각서를 받아 읽어보고는 깜짝 놀라며 말했다.

"한신은 이미 각서를 갖고 있으면서도 무슨 연유로 지금까지 보여주지 않았소?"

소하는 한신의 지난 일을 자세히 아뢰었다. 한왕은 기뻐하며 말했다.

"경이 여러 번 한신을 천거했지만 나는 믿을 수 없었소. 그런데 뜻밖에도 장자방도 각서로 천거했구려. 그를 천하의 호걸로 인정하는 것은 서로의 견해가 대략 같소. 이 점에서도 한신이 진실로 위대한 인재임을 알 수 있소. 짐은 소견이 어두워서 오랫동안 경의 충성스런 마음을 멀리했소. 짐은 오늘에야 비로소 그동안의 잘못을 알게 되었소! 한신을 바로 대장에 임명하라고 명령을 내려 경이 천거한 뜻에 따르도록 하겠소."

소하가 말했다.

"신이 현인을 천거한 건 나라를 위한 일이지, 제 개인의 사사로운 이익을 위한 일이 아닙니다. 이제 장량의 각서에 근거하여 대왕마마께서도 신에게 진실로 사람 보는 눈이 있다는 사실과 함부로 사람을 천거하지 않는다는 사실을 알게 되셨습니다. 그러나 지금 한신을 대장에 임명하시면 한신이 어쩌면 끝까지 이곳에 머물지 않을지도 모릅니다."

"대장에 임명해도 한신을 경시할까 두렵다면 대장에 임명하고 봉작을 더해주겠소. 그럼 한신을 머물게 할 수 있지 않겠소?"

"만약 대장에 임명하시면 한신은 이곳에 머물 것입니다. 그러나 대장을 임명하는 전례(典禮)를 어떻게 거행해야 할지 모르겠습니다."

"지금 불러와서 대장에 임명하고 봉작을 내리면 될 것이오."

"대왕마마께서는 평소에 예의 없이 행동하십니다. 지금 대장에 임명하시는 건 어린아이를 부르는 것과 같습니다. 대왕마마의 입장에서 임명을 중시하여 한신을 신하로만 보신다면 한신은 다시 떠날 것입니다."

"그럼 어떻게 해야 하오?"

"한신을 대장에 임명하려면 반드시 길일을 받아 목욕재계하시고 단을 쌓아 하늘과 땅에 제사를 올리십시오. 마치 황제(黃帝)가 풍후(風后)[1]를 봉하고, 주 무왕이 여망(呂望)을 봉한 것처럼 하셔야 대장을 임명하는 전례를 행했다 할 수 있을 것입니다."

1_ 『사기』「오제본기」에 "(황제가) 풍후, 역목, 상선, 대홍을 등용하여 백성을 다스렸다(擧風后, 力牧, 常先, 大鴻以治民)"라는 기록이 있다. 풍후는 천문을 관장하던 관직으로 추정된다.

"경의 의견에 따르겠소."

소하는 한왕의 은혜에 감사의 절을 올리고 집으로 돌아갔다. 그는 한신을 만나 한왕이 단을 쌓고 대장을 임명하는 전례를 시행할 것이라고 자세히 알려주었다. 한신은 절을 올리며 감사의 마음을 표했다. 열흘 내에 소하는 단을 쌓고 대장을 봉하는 도본(圖本)을 그려서 한왕이 살펴볼 수 있도록 바쳤다. 도본의 내용은 이러했다.

단은 3장 높이로 쌓고 천(天)·지(地)·인(人) 삼재(三才)의 모습을 본뜬다. 넓이는 24장으로 하여 24절기의 모습을 본뜬다. 단 가운데에는 25명을 늘여 세워 각각 황색 옷을 입게 한다. 손에는 표범 꼬리가 달린 황색 깃발과 부월(鈇鉞, 임금의 권위가 담긴 도끼) 등을 든다. 중앙은 무(戊)와 기(己)로 토(土)에 해당하므로 북극성의 형상을 만들어둔다. 단의 동쪽에도 25명을 늘여 세워 각각 청색 옷을 입게 한다. 손에는 청색 깃발을 들게 한다. 동쪽은 갑(甲)과 을(乙)로 목(木)에 해당하므로 청룡의 형상을 만들어둔다. 단의 서쪽에도 25명을 늘여 세워 각각 백색 옷을 입게 한다. 손에는 백색 깃발을 들게 한다. 서쪽은 경(庚)과 신(辛)으로 금(金)에 해당하므로 백호의 형상을 만들어둔다. 단의 남쪽에도 25명을 늘여 세워 각각 홍색 옷을 입게 한다. 손에는 홍색 깃발을 들게 한다. 남쪽은 병(丙)과 정(丁)으로 화(火)에 해당하므로 주작(朱雀)의 형상을 만들어둔다. 단의 북쪽에도 25명을 늘여 세워 각각 흑색 옷을 입게 한다. 손에는 흑색 깃발을 들게 한다. 북쪽은 임(壬)과 계(癸)로 수(水)에 해당하므로 현무(玄武)의 형상을 만들어둔다. 단은 3층으로 만들고 각 층마다 제기(祭器)와 축문을 마련한다. 주위에 잡색 깃발을 든

자 365명을 세워 365도에 맞춘다. 잡기를 든 사람 이외에도 73명을 세운다. 그들은 모두 몸집이 큰 장사로 각각 검과 창을 들고 72후(候)[2]의 의미에 맞춘다. 단 앞에는 북쪽에서 남쪽으로 좌우에 문신과 무장이 늘어선다. 중간에는 돌을 깐 통로를 만들어 직선으로 단 아래에 닿게 한다. 사방 가장자리에 사방을 진압하는 팻말을 세운다. 각 팻말 아래에는 아장(牙將) 한 명과 20명의 갑사(甲士)를 세워두고, 소란을 피우고 대오를 이탈하는 자가 있으면 즉시 잡아들여 군법에 따라 참수한다. 또 상장(上將) 한 명을 등용하여 수레를 몰게 한다. 서문에서 10리 되는 곳에 단을 설치한다.

한왕은 도본을 다 보고 나서 매우 기뻐하며 바로 관영에게 명령을 내려 공사를 관리하게 하고 한 달 안에 완공하라 당부했다. 후세에 사관이 이 일을 시로 읊었다.

남쪽 고을 성 서쪽에 대장단을 쌓아놓고,	南鄉城西築將臺,
용호 같은 군사들이 사방 성문 활짝 여네.	風雲龍虎四門開.
향기 가득한 큰길에는 관리들이 인도하고,	香生滿路衣冠引,
자줏빛 기운 충천하는데 어가 행렬 다가오네.	紫氣當天御仗來.
맹수 같은 십만 군사 모두 나서 호위하고,	十萬貔貅皆拱護,
갑옷 입은 삼천 군사 더욱더 늠름하다네.	三千甲士更崔嵬.
임금께선 무슨 일로 손수 나서 수레 미나?	君王何事親推轂,

2_ 중국 고대 역법에 의하면 5일은 1후(候), 3후는 1기(氣), 6기는 1시(時), 1세(歲)는 4시가 된다. 따라서 1년 24절기는 모두 72후가 된다.

아끼는 영웅이 큰 재주 갖추었기 때문.　　　　　爲愛英雄有大才.

관영은 군사를 거느리고 성문 서쪽에서 대장단을 쌓기 시작했다. 단에 도열할 각 인원과 복장도 차례대로 준비했다.

소하가 한신을 천거할 때도 줄곧 외부에 말을 퍼뜨리지 않았기 때문에 외부 사람들은 그 사실을 알지 못했다. 그러나 단을 쌓는 것을 보고 사람들은 틀림없이 대장감을 얻었다고 여기면서도 논란이 분분했다. 번쾌는 이렇게 말했다.

"나는 대왕마마와 풍패에서 함께 봉기하여 마침내 관중까지 얻었고, 홍문에서 대왕마마를 구했으며, 군사를 따라 한중으로 들어왔으니 그야말로 사직지신(社稷之神)으로 대왕마마와 동고동락한 사람이다. 오직 나만이 대장을 맡을 수 있다."

사람들이 말했다.

"지금까지 소문을 들으니 소 승상이 대현(大賢)을 천거했다 하는데 누군지 모르겠다. 애초의 공신으로 말하면 번쾌, 주발, 등공 등이 여기에 해당할 뿐이지만, 이들 외에 또 누가 있는지 예상할 수 없다."

이때 관영만 한왕에게 와서 이렇게 아뢰었다.

"단을 쌓고 장소를 마련하는 일이 벌써 끝났으니 대왕마마께서는 길일을 받으시어 대장을 임명하십시오."

한왕이 말했다.

"소 승상을 불러 의논해야겠소!"

소하가 말했다.

"길일은 이미 받아놓았고 각각의 인원도 갖추어 파견했습니다. 바라옵건대 대왕마마께서는 하루이틀 궁궐에서 목욕재계하시고 백관을 시켜 백성에게 알리십시오. 그리고 어가가 지나가는 길을 깨끗이 청소하게 하시고 사람을 시켜 임명할 대장을 보살피게 하십시오. 각 관아에서는 사람을 구금하지 말고, 형벌을 행하지 말고, 제수로 쓸 가축을 잡지 말고, 술을 마시지 말고, 육식을 하지 말아야 합니다."

한왕은 문무백관과 함께 사흘 동안 재계했다.

날짜가 되어 한왕의 어가가 출발하여 승상부 앞에 이르자 한신을 수레 위로 모시라고 어명을 전했다. 그러고는 방향을 바꾸어 곧바로 서문으로 나섰다. 길 양쪽의 깃발은 햇볕을 받아 반짝였고 징과 북 소리는 하늘까지 진동했다. 문신들은 우뚝한 관을 쓰고 넓은 관대(冠帶)를 맨 채 왼쪽에 줄을 서서 행진했다. 무장들은 단단한 투구를 쓰고 갑옷을 입은 채 오른쪽에 줄을 서서 행진했다. 먼지도 일지 않고 향기로운 안개가 거리를 가득 메웠다. 처음에 장수들은 단을 쌓고 대장을 임명한다는 소식을 듣고 모두 대장감을 얻었다고 생각했다. 그런데 한왕이 승상부에 이른 것을 보고는 대장에 임명될 사람이 바로 회음 사람 한신임을 알았다. 삼군은 모두 깜짝 놀랐다. 무양후 번쾌는 한왕의 수레 뒤를 따르며 주발 등과 이야기를 나누었다.

"우리는 온갖 고생을 하며 주군을 따라 여기까지 온 지 벌써 3년이나 되었네. 그런데 어찌하여 저 굶주린 놈에게 제재를 받아야 하나? 대장부가 어찌 이런 굴욕을 참을 수 있겠나? 무슨 말이라도 해서 우리 마음을 보여줘야 하지 않겠나?"

그는 급히 말에서 내려 한왕의 어가 앞으로 다가가 머리를 조아리며 고함을 질렀다.

"대왕마마! 어가를 잠시 멈춰주십시오. 한마디 드릴 말씀이 있습니다. 한신은 회음 땅의 굶주린 필부로 빨래하는 아낙에게 밥을 빌어먹었고, 백정의 가랑이 사이를 기어나가는 치욕을 당했습니다. 초나라에서는 지극낭관을 하다가 그곳을 버리고 이곳으로 왔습니다. 공연히 혓바닥만 놀릴 뿐 한 치의 공도 세우지 못했습니다. 대왕마마께서는 지금 그를 어가에 태워 대장에 임명하려 하십니다. 패왕이 이 소식을 들으면 틀림없이 비웃을 것이고, 천하의 제후들도 우리 한중 땅에 사람이 없어서 굶주린 필부를 대장에 임명했다고 생각할 것입니다. 그럼 적을 맞아 무기를 부딪치지 않고도 사람들은 우리의 허실을 알게 될 것입니다. 이는 우리 삼군의 씩씩한 용기를 가로막고 적의 과감한 기운을 길러주는 일입니다. 이렇게 해서는 삼진 땅을 절대 함락시킬 수 없고 강력한 초나라도 절대 격파할 수 없습니다. 이는 사소한 일이 아니므로 대왕마마께서는 깊이 생각해주십시오!"

한왕은 번쾌의 말을 듣고 어가 위에서 주저하며 아무 말도 하지 못했다. 그러자 소하가 성큼성큼 번쾌 앞으로 다가와 꾸짖었다.

"불가하오! 그대 번쾌 등이 적의 예봉과 부딪쳐 그들을 격파해야 한다면 그대의 힘을 사용할 수 있을 것이오. 그러나 병법을 운용하여 계책을 마련한 뒤 백전백승하는 일은 귀신도 예측할 수 없고 적과 나도 그 내막을 알 수 없소. 이런 일은 한 장군이 아니면 감당할 수 없소. 그대는 오직 지휘를 받아야 할 뿐이오. 어찌 감히 경솔하게 말을 하여 군사들의 마음을 어지럽히는 것이오? 나는 지금 외람되게도 승상의 자리에 앉아 있지만 대장을 임명하는 일은 이미 결정되었소. 그대는 대왕마마 앞에서 미미한 공로에 의지하여 자신의 자리를 벗어나 망언을 일삼으며 군법을 따르지 않고 있소. 대왕마마! 당장 저자를 잡아들여 수레 뒤로 보낸 뒤 대장 임명이 끝나면 목을 잘라 국법을 바로잡으십시오."

등공 하후영도 아뢰었다.

"대왕마마께서 이미 명령을 내렸으니 모두가 법을 지켜야 합니다. 그런데도 번쾌는 어가 앞에서 망언을 늘어놓고 있습니다. 만약 모두 저자의 허물을 본받는다면 대왕마마께서 어떻게 동쪽 땅으로 정벌을 나갈 수 있고 한 원수가 어떻게 법을 집행할 수 있겠습니까? 어찌하여 번쾌 한 사람을 아끼시어 국가 대사를 망치십니까?"

한왕은 두 사람의 말을 듣고 화를 내며 마침내 번쾌를 사로잡아 수레 뒤로 보내고 처분을 기다리라 했다.

한왕과 한신, 문무백관은 대장단에 도착했다. 한왕은 먼저 재궁(齋宮)에 들어가 손을 씻었다. 그리고 문무백관과 각급 집행관에 명령을 전하여 본래 정해진 의례에 맞추어 각자의 자리에서 예를 행하게 했다. 만약 소란을 피우며 예의를 어기는 자가 있으면 군법에 따라 처벌하게 했다. 문무 장사들은 모두 엄숙하고 조용하게 예법에 따랐다. 축포 세 발을 쏘자 길 가득 향기가 넘쳐흘렀다. 전례를 인도하는 관리가 한신을 이끌고 1층으로 올라갔다. 그곳에 있던 여음후 하후영은 서쪽을 향해 섰고 한신은 북쪽을 향해 섰다. 태사관이 축문을 읽었다.

한나라 원년, 초하루가 무인일(戊寅日)인 8월 병자일(丙子日)[3]에 포중의

3_ 초하루가 무인일이라면 그달에는 병자일이 있을 수 없다. 무진일(戊辰日)을 잘못 쓴 것이 아닌지 의심된다.

한왕은 여음후 하후영을 시켜 감히 오악(五嶽)⁴과 사독(四瀆)⁵ 명산대천의 신령님께 고합니다. 아! 하늘은 뭇 백성을 탄생시켜 목사(牧使)에게 그들을 다스리게 했습니다. 목사의 다스림이 좋지 못하면 그 죄가 누구에게 돌아가겠습니까? 여정(呂政)⁶은 포악하여 백성에게 독을 퍼뜨렸습니다. 그 보위가 항적에게 이어지자 생존자를 남기지 않았습니다. 임금을 시해하고 병졸을 생매장하면서 대역 행위도 마다하지 않았습니다. 신 유방은 참을 수 없어서 의로운 깃발을 특별히 세웠습니다. 이제 한신을 대장에 임명하여 백성을 구하고 나라의 기틀을 세우려 합니다. 신령님께서 도움을 주시어 이곳을 굽어살피시고 함께해주십시오. 이 제수를 흠향하시옵소서.

태사가 축문을 다 읽자 하후영이 한신에게 활과 화살을 바치며 말했다.

"한왕이 명령을 내리며 활과 화살을 하사하노라. 대장은 정벌을 행하라."

한신은 무릎을 꿇고 활과 화살을 받아 좌우의 아장에게 주었다. 원

4_ 고대 중국의 다섯 명산이다. 동악 태산(泰山), 서악 화산(華山), 남악 형산(衡山), 북악 항산(恒山), 중악 숭산(嵩山)을 가리킨다.

5_ 고대 중국의 네 줄기 큰 강이다. 황하(黃河), 장강(長江), 회수(淮水), 제수(濟水)를 가리킨다.

6_ 진시황 영정(嬴政)이다. 중국 춘추전국시대 진나라의 왕실 성은 영(嬴)이지만 여불위가 자신의 자식을 임신한 조희를 진나라 공자 이인에게 바쳤고, 이인이 나중에 보위에 올라 장양왕(莊襄王)이 되었으며, 장양왕 사후 조희가 낳은 아들 정이 보위에 올라 진시황이 되었다. 이 때문에 후세에는 진시황의 성을 흔히 여불위의 성으로 부르는 경우가 많다. 『원본 초한지』 1 제4회에서는 조희를 주희(朱姬)로 표기하고 있다.

쪽 아장은 활을 잡았고, 오른쪽 아장은 화살을 잡았다. 한신은 그 중간에 우뚝 섰다. 전례를 인도하는 관리가 한신을 이끌어 2층으로 오르게 했다. 승상 소하가 서쪽을 향해 섰고 한신은 북쪽을 향해 섰다. 태사관이 축문을 읽었다.

한나라 원년, 초하루가 무인일인 8월 병자일에 포중의 한왕은 승상 소하를 시켜 감히 해, 달, 별, 우레, 비, 역대 열성조 밝으신 신령님께 고합니다. 오직 신령님들께서만 흥망성쇠를 아시고, 성패를 인식하시고, 치란에 통달하시고, 거취에 밝으십니다. 운수는 비록 정해진 것이지만 천명은 덕이 있는 사람에게 돌아갑니다. 이 때문에 강한 진나라가 포악하게 굴자 신령님은 그 제사를 끊으셨습니다. 지금 항적이 흉악한데 하늘이 어찌 그들을 돕겠습니까? 백성은 도탄에 빠졌고 토지는 황폐해졌습니다. 임금 된 사람이 거꾸로 가는 세상의 액운을 풀려면 세상의 보기 드문 인재에게 의지해야 합니다. 오로지 정벌을 수행할 직무에는 한신만한 사람이 없습니다. 우러러 신령님의 도움에 의지하여 대신을 이끌고, 바람과 구름을 부리고, 변화를 호흡하고, 백성을 구제하고, 제업(帝業)을 바르게 지탱하려 합니다. 정성을 다했으니 흠향하시고 이곳으로 밝게 강림하십시오. 이 제수를 흠향하시옵소서.

태사관이 축문을 다 읽자 소하가 부월을 받들어 올리며 말했다.

"한왕께서 명령을 내리며 장군의 부월을 하사하노니, 지금 이후로 하늘을 받들고 정벌을 행하여 저 무도한 자를 주살하고 백성을 위해 해악을 제거하며 천하를 위해 복을 지으라!"

한신은 무릎을 꿇고 부월을 받았고 다시 좌우 아장들에게 그것을 받들어 따르게 했다. 전례를 인도하는 관리가 한신을 이끌어 3층으로 오르게 했다. 그곳에서는 한왕이 북쪽을 향해 절을 올리며 제왕의 칙령을 받들었다. 평화로운 음악을 노래하고 온갖 악기를 연주하니 풍악 소리가 맑게 울리며 위아래에까지 두루 퍼졌다. 음악이 끝나자 태사가 축문을 읽었다.

한나라 원년, 초하루가 무인일인 8월 병자일에 포주(褒州)의 한왕 유방은 감히 하늘의 상제님과 땅의 신령님께 밝게 고합니다. 신 유방은 우러러 천지의 덕과 수많은 신령의 위엄에 의지하여 사해를 숙청하고 만백성을 진무하려고 나라를 위해 현인을 구하여 세 번 제례 올리는 예를 행합니다. 옛사람이 이르기를 '군사가 강하더라도 지혜로운 장수가 없으면 어찌 민심을 수습하고 팔방에 교화를 행할 수 있겠는가'라고 했습니다. 그런 까닭에 한신을 대장에 임명하고 아울러 정벌의 권한을 모두 맡겨 진실로 백성을 위한 계책으로 삼고자 합니다. 천하의 요사한 기운을 쓸어내고 천지의 정기를 북돋우려는 것입니다. 이에 황제가 풍후를 임명하고, 전욱(顓頊)이 무고(武告)를 등용하고,[7] 제곡(帝嚳)이 축융(祝融)[8]을 임명하고, 순임금이 고요(皐陶)[9]를 임명하고, 탕왕이 이윤을 임명하고, 무왕이 강태공을 임명한 일을 본받겠습니다. 옛

7_ 전욱이 무고를 등용한 일은 출전이 불분명하다.
8_ 중국 삼황오제 시대의 관직 명칭으로 병무를 관장하는 사마(司馬)에 해당한다. 흔히 남방을 주재하는 불의 신[火神]으로도 추앙된다.
9_ 순임금 때 형벌 담당 관리인 이관(理官)직을 역임했다고 한다. 동이족 소호(少昊)의 후손으로 전해진다. 후세에는 옥신(獄神)으로 추앙되었다.

한왕이 한신을 대장에 임명하다

날부터 나라가 혼란에 빠져 쇠미할 때 장수를 임명하고 군사를 일으켜 무도한 자를 정벌하지 않은 적이 없습니다. 지금 항적은 멸망한 진나라를 이어받아 서초에서 횡포를 부리고 있습니다. 사나운 기세를 타고 붕괴한 나라의 전철을 밟으며, 함부로 흉악한 짓을 행하고, 방자하게 미친 짓을 일삼고, 약속을 어기며 패왕이 되었고, 자기 임금을 시해한 뒤 혼자 패권을 차지했고, 진시황의 묘를 도굴하여 재물을 취했고, 궁궐을 열고 궁녀들에게 연연하고 있습니다. 함양을 도륙하자 100리에 걸쳐 불화살이 날았고, 아방궁을 불 지르자 만백성이 공포에 떨었습니다. 진실로 강포하게 횡행하며 독불장군이 되었습니다. 하늘도 혐오하고 신령도 분노하므로 그의 목숨을 빼앗아도 죄가 남을 정도입니다. 신 유방은 의군(義軍)의 깃발을 세워 한신을 대장에 임명하고 활과 화살을 주어 사방을 평정하고, 부월을 주어 오직 정벌을 행하려 합니다. 한신은 예측할 수 없는 귀신의 기지를 갖고 있고, 헤아리기 어려운 바다의 뜻을 품고 있으므로 나라 안 선비들 중에서 짝할 사람이 없는 인간 세상의 호걸입니다. 이제 그를 중용하여 대장으로 삼아 진실로 공론에 부합하려 합니다. 하늘로부터 칙지를 반포하나니 하늘이시여 천명을 보우하소서. 이 제수를 흠향하시옵소서.

태사관이 축문을 다 읽은 뒤 한왕은 전례를 마치고 한신을 파초대장군(破楚大將軍)에 임명했다. 한왕이 서쪽을 향해 서자 한신은 북쪽을 향해 섰다. 한왕은 친히 호부(虎符) 옥절(玉節)[10]과 금인(金印) 보검을 들

10_ 옥으로 만든 호랑이 모양의 부절이다. 군사를 동원할 수 있는 신표다.

어 한신에게 주며 말했다.

"지금부터 위로는 하늘에서, 아래로는 황천에 이르기까지 모두가 장군의 제재를 받을 것이오. 적의 빈 곳을 보면 공격하고, 적의 꽉 찬 곳을 보면 멈추시오. 삼군의 수가 많다고 적의 세력을 경시하지 말고, 목숨 바치는 것이 높은 절개라고 반드시 죽으려 하지 말고, 신분이 고귀하다고 사람을 천시하지 말고, 혼자서 계책을 세우다가 뭇 사람의 의견을 어기지 말고, 억지 변론으로 자신을 분식하지 마시오. 병졸들과 고락을 함께하고 삼군과 추위, 더위를 함께하시오. 이와 같이 하면 병졸들이 윗사람과 친하고 대장을 위해 목숨을 바치면서 자신의 힘을 다하지 않는 자가 없을 것이오. 장군은 공경스럽게 이 명령을 받으시오!"

한신이 명령을 받들자 한왕은 남쪽을 향해 앉았고 한신은 임금의 은혜에 감사하는 절을 올리고 무릎을 꿇은 채 아뢰었다.

"신은 듣건대 나라는 바깥에서 다스릴 수 없고, 군대는 대열 가운데서 제어할 수 없으며, 두 마음으로 임금을 섬길 수 없고, 의심을 품고 적에 대항할 수 없다고 합니다. 신은 이제 어명을 받아 부월의 권위를 혼자서 담당하게 되었으니 감히 우둔한 능력이라도 다 발휘하여 대왕 마마께서 신을 알아주신 은혜에 보답하지 않을 수 있겠습니까?"

한왕이 크게 기뻐하며 다시 한신에게 말했다.

"승상이 장군의 능력을 자주 말했소. 이제 장군께서 무슨 방책으로 과인에게 가르침을 내려주시겠소?"

한신은 다시 감사의 절을 올리며 한왕에게 물었다.

"대왕마마께서는 이제 동쪽을 향해 천하를 다투려 하시는데, 이 어찌 항왕과 적대하려는 행동이 아니겠습니까?"

"그렇소!"

"대왕마마께선 스스로 용력과 사나움과 인정과 강함을 항왕과 비교하면 누가 더 낫다고 생각하십니까?"

한왕이 한참 생각하다가 말했다.

"내가 항왕만 못하오!"

"신도 대왕마마께서 항왕보다 못하다고 생각합니다. 그러나 신이 일찍이 항왕을 섬긴 일을 대왕마마께 말씀드리고자 합니다. 항왕이 고함을 지르며 꾸짖으면 수많은 사람이 모두 꼼짝하지 못합니다. 하지만 현명한 장수를 임용하지 못하니 이는 단지 필부의 용기일 뿐입니다. 항왕은 사람을 보고 자애와 공경을 드러내며 말을 매우 부드럽게 합니다. 또 아픈 사람이 있으면 문득 눈물을 흘리며 자신의 밥을 나누어줍니다. 그러나 어떤 사람이 공을 세워 봉작을 수여해야 할 때는 관인의 끈이 떨어질 정도로 만지작거리면서도 그것을 하사하지 않으니, 이런 마음은 소위 아녀자의 인정일 뿐입니다. 항왕은 비록 천하를 제패하고 제후들을 신하로 거느렸지만 관중에 거주하지 않고 팽성에 도읍을 정했습니다. 또 방자하게 의제를 시해했으므로 그 죄과가 파멸에 이르지 않을 수 없게 되었습니다. 이름은 패왕이지만 진실로 천하의 민심을 잃었습니다. 지금 대왕마마께서 항왕의 방법과 반대로 하여 천하의 무장(武將)을 임명하면 누구를 주살하지 못하시겠습니까? 또 천하의 성읍에 공신을 봉하면 누구를 복종시키지 못하시겠습니까? 또 의로운 군대를 일으킨 뒤 동쪽으로 가려는 군사를 따르면 누구를 해산하지 못하시겠습니까? 또 지금 삼진의 왕들이 진나라 자제들을 죽인 수는 이루 헤아릴 수 없을 만큼 많고, 또 항왕은 군사를 기만하여 제후를 항복하게 한 뒤 진나라 병졸 20만을 생매장하여 죽였습니다. 오직 장함, 사마흔, 동예만 살아남았습니다. 진나라 부형들의 원망이 골수에 사무쳐 있는데도 강한 초나라는 위력으로 그 셋을 진나라 땅에 왕으로 봉했습니다. 이에 진나라 백성은 아무도 그들을 사랑하지 않습니다. 대왕마마께서는 관중으로 들어가신 뒤 백성에게 털끝만큼의 피해도 끼치지 않고 가혹한 법률을 없애고 '약법삼장'을 시행하셨습니다. 이 때문에 진나라 백성 중에서 대왕마마를 진왕으로 옹립하려 하지 않는 사람이 없습니다. 지금 대왕마마께서 군사를 일으켜 동쪽으로 나가면 저 삼진 땅은 격문을 전하는 것만으로도 바로 평정하실 수 있습니다."

한왕은 한신의 말을 듣고 기뻐하며 말했다.

"장군을 늦게 만난 것이 너무나 한스럽소!"

이에 한왕은 한신의 계책을 총괄한 뒤 그와 함께 단을 내려와 조정으로 돌아갔다. 한신이 어떻게 초나라를 정벌하는지는 다음 회를 들으시라.

공적이 크다고
날뛰지 말라

소하가 번쾌의 죄를 논의하여
풀어주다
蕭何議罪釋樊噲

문무백관의 하례가 끝나자 무사들이 조정 문밖으로 번쾌를 압송해왔다. 그들은 그를 어명에 따라 처리할 심산이었다. 한왕이 말했다.

"번쾌는 짐의 인척이 되는 신하이나[1] 스스로 공적이 높다고 뻐기며 짐의 의장대와 충돌했고, 아울러 어가를 가로막고 망언을 했으니 신하로서 전혀 예절이 없는 자다. 어제 이미 잡아들였으니 즉시 처형하여 삼군의 경계심을 높여라."

이때 소하가 앞으로 나가 한왕의 귀에 대고 나직이 속삭였다.

"법으로 따지면 번쾌를 죽이는 것이 마땅하나 그는 죽일 수 없는 큰

---

1 번쾌는 여후(呂后)의 여동생에게 장가들었으므로 유방의 손아래 동서다. 『원본 초한지』 1 제10회 참조.

공을 세웠습니다. 게다가 한신이 바야흐로 대장에 임명된 때에 큰 공을 세운 사람을 죽이면 군사들 사기에 불리합니다. 그러나 번쾌는 마음으로 불복하고 있기 때문에 한신이 군법으로 그를 처리하기는 참으로 어렵습니다. 이제 대왕마마께서 칙지를 내려 번쾌의 죄를 밝히시고 신들은 회의를 하여 대왕마마의 결단을 주청하도록 허락해주십시오. 이렇게 하면 국법을 거스르지 않고 한신의 명령으로 장수들을 단속할 수 있을 것입니다."

"좋소!"

그리하여 다음과 같은 조서를 내렸다.

짐이 한신을 대장으로 임명한 것은 소하의 천거에 근거하고 장량의 각서를 맞추어본 뒤 그의 포부를 헤아리고 그의 논리를 듣고 나서 그가 유용하고 진실한 인재임을 알았기 때문이다. 이제 그에게 오로지 조정 밖의 일을 관장하라 명령을 내리고 동쪽으로 초나라 정벌에 나서게 한 것은 진실로 여론에 합치되고 공론과 부합하는 일이다. 단을 쌓고 예를 행할 때 앞을 인도하는 대열이 정숙했고, 또 이미 엄명이 전해졌는데도 번쾌가 홀로 높은 공적만 믿고 방자하게 미친 짓을 했다. 그는 국법에 반항하며 거의 거리낌 없이 행동했다. 한 사람이 소리치면 많은 사람이 마음을 정하지 못하게 되고 이런 행동으로 군사들의 마음을 어지럽히면 국가의 큰 틀이 무너진다. 승상 소하 등에게 조서를 내린다. 공론에 따르면 번쾌는 그의 공적으로도 죄를 가리기 어려울 것이다. 국법에 따라 응당 주살하라. 이 한 사람을 징벌하여 나라의 기율을 밝히라. 이에 너희에게 조서를 내려 사태를 잘 알게 하노라.

소하 등이 조서를 받들고 나왔다.

어떤 사람이 이 소식을 일찌감치 번쾌에게 전했다. 번쾌는 소식을 듣고 대경실색하며 자신의 잘못을 알게 되었다. 그는 바로 무신 주발 등에게 이 일을 잘 상의해달라고 부탁했다.

"내가 한순간 상황을 잘못 판단하고 법령을 위반하여 한왕께서 조서를 내려 나를 단죄하셨소. 공들은 나를 위해 승상에게 잘 이야기해주시오. 내가 홍문에서 세운 공을 감안한다면 사면받을 수 있을 것이오."

주발이 말했다.

"주상께서 대장을 임명하신 건 실로 천하와 국가를 위해서지, 한 개인의 사사로움을 위한 것이 아니오. 어제 한신의 말을 들어보니 참으로 대장감이었소. 그런데 장군께서 고의로 항거한 건 너무 꼴사나운 모습이었소. 이제 조서를 내려 공의 죄를 문책하려 하시나 승상에게도 틀림없이 자신의 대책이 있을 것이고 우리도 승상에게 공의 죄를 사면해달라고 간절히 부탁하면 생각건대 무사할 듯싶소. 공은 안심하시오. 하물며 주상께서도 장군의 공을 염두에 두고 계실 터이니 어찌 주살당할 리가 있겠소?"

많은 사람이 승상부로 달려와 소하에게 애원했다.

"번쾌는 건국 공신으로 홍문에서 폐하를 구출했습니다. 잠시 금령을 어겼지만 큰 악행은 아닙니다. 승상께서 그를 풀어주지 않으면 아마 민심을 잃을 것입니다."

소하가 말했다.

"주상께서 포중에서 곤경을 당하시며 온종일 대장을 구할 생각에 전

전긍긍하셨소. 이제 한신을 얻었으니 실로 국가의 큰 행운이오. 공들도
동쪽으로 돌아갈 수 있게 되었소. 번쾌는 무지하여 그런 미친 말을 내
뱉으며 주상 전하를 노엽게 했소. 이제 조서가 반포되어 아마 구하기가
어려울 듯하오. 하지만 번 장군이 지난날 세운 공과 우리와 함께 풍패
에서 봉기한 일을 생각한다면 내가 힘을 쓰지 않으면 누가 그를 구할
수 있겠소? 번 장군에게 마음놓으라고 하시오. 나는 공론을 따르겠소."

　사람들은 감사의 절을 올리고 승상부를 나갔다.

　소하와 역생은 조서에 답하는 글을 써서 아뢰었다.

　승상 소하 등은 번쾌가 범한 죄를 논의했습니다. 어명으로 조서를 내
려 이미 국법을 분명하게 밝혔습니다. 군사 업무는 중대하므로 범할
수 없습니다. 그런데도 번쾌는 마음대로 경솔하게 행동하며 의례 대열
에서 뛰어나와 기강을 어지럽히는 말을 쏟아내어 군사들의 마음을 미
혹되게 했습니다. 이는 국법에 귀속되는 일이니 그의 죄는 주살해야
마땅합니다. 그러나 그는 풍패의 으뜸 공신이고 홍문에서는 어가를 보
호했습니다. 잠시 관용을 베푸시어 포상의 업적을 밝게 드러내십시오.
만약 다시 법을 위반하면 부월을 피하기 어려울 것입니다. 바라옵건대
성상께서 올바른 판단을 내려주십시오.

　한왕은 신하들의 논의를 살펴본 뒤 바로 칙지를 내렸다.

　"번쾌는 자신의 공적을 믿고 미친 짓을 했으니 용서받기 어렵소. 그
러나 아래에서 논의하여 사면해달라고 하니 잠시 그 의견에 따르겠소.
이제 대죄하며 정벌에 나서 군문의 통제를 받도록 할 테니 원수부로 보

내 등록하게 하시오."

근신이 칙지를 전하고 번쾌를 석방한 뒤 원수의 막하로 보내 대기하
게 했다.

번쾌는 어명을 듣고 곧 감사의 예를 마치고 한신을 만나러 갔다. 한
신이 말했다.

"큰 공을 세운 신하의 직분과 대의를 지키는 신하의 절개를 행해야
지, 공이 있다고 어찌 마음대로 행동할 수 있겠소? 다행히 대왕마마께
서 관대하게 은혜를 베푸시어 장군의 중죄를 사면하셨소. 지금 이후로
는 더 조심하고 힘쓰길 바라오. 일찌감치 뛰어난 공적을 세우고 금석에
이름을 새겨 나라와 함께 편안한 세월을 누린다면 이 어찌 아름다운
일이 아니겠소? 장군은 이후 마음을 다해 나라의 은혜에 보답하시오.
나도 장군의 공적을 절대 시기하지 않겠소."

번쾌는 그 말을 듣고 감사의 절을 올리고 즉시 궁궐로 들어가 한왕
에게 사은숙배(謝恩肅拜)의 예를 올렸다. 한왕이 번쾌를 앞으로 부르고
말했다.

"자네는 짐을 따라 풍패에서 봉기하여 여러 번 큰 공을 세웠네. 짐은
그 공을 끝내 잊을 수 없네. 그럴수록 겸손하고 삼가면서 군신 간의 우
호를 영원히 보존하기 위해 다른 사람들보다 더욱 힘써야 할 것이네.
하물며 자네의 식견은 장량보다 못하고 사람을 알아보는 능력은 소하
보다 못하네. 소하가 여러 번 한신을 천거한 걸 보면 그가 뛰어난 인재
임이 확실하네. 그러나 그때 자네는 한 마디 간언도 올리지 않았네. 그
러다가 짐이 어제 수레를 타고 나올 때 내 수레를 가로막고 미치광이처
럼 소리를 질렀네. 이는 참으로 신하로서의 예의를 잃은 행동이었네.

한왕이 번쾌의 죄를 용서하다

만약 소하가 공론에 부치지 않았거나 혹시라도 내가 한순간 분노하여 자네를 죽였다면 여러 해 동안 부지런히 쌓은 공로는 허사가 되었을 터이네. 결국 자네가 하루아침에 죽음을 맞았다면 이 어찌 애석한 일이 아니겠는가? 친척 간의 인정도 잃고 군신 간의 의리도 해치는 행동이었네. 자네가 이처럼 중도에 목숨을 잃는다면 나도 평생토록 불안하게 살아갈 것이네. 자네는 이런 심각한 사태를 어찌 몰랐단 말인가?"

한왕은 여기까지 이야기하고는 자신도 모르게 눈물을 흘렸다. 번쾌도 울었다.

"신이 한순간 상황을 잘못 판단했으니 후회해도 미칠 수 없습니다. 신은 이후 마음을 다해 나라의 은혜를 갚고, 또 대왕마마께서 알아주신 은혜에도 우러러 보답하겠습니다."

한왕은 위로의 말을 그치지 않았다. 번쾌는 한왕과 헤어져 밖으로 나왔다. 그는 또 소하를 찾아갔다.

"승상께서 구해주지 않았다면 번쾌가 어찌 주살을 모면할 수 있었겠소?"

소하가 말했다.

"장군께서 제후왕에 분봉되는 일은 조만간 이루어질 것이오. 지금은 마음을 다해 맡은 직분에 전념해야지, 어찌 구구하게 다른 사람과 비교한단 말이오? 그것은 대신의 체통에도 어긋나는 일이오!"

번쾌는 소하의 말에 깊이 감사하는 인사를 했다. 후세에 사관이 이 일을 시로 읊었다.

단 한 번 지은 죄를 세 번이나 교정해주니,　　　　　　一罪三規正,

조정의 법도가 저절로 공평해졌네.　　　　　　朝廷法自公.

소하가 엄격하게 법률을 집행했으니,　　　　　蕭何嚴禁律,

한신은 우뚝하게 큰 공을 세우겠네.　　　　　韓信立奇功.

튼튼한 새장 속에 하릴없이 쓰러졌더니,　　　顚倒牢籠內,

변화하는 세상을 힘차게 치달리네.　　　　　馳驅變化中.

항왕은 부질없이 서초 패왕 노릇 하나,　　　項王空霸楚,

조만간 관동 땅을 한왕에게 빼앗기겠네.　　指日下關東.

이로부터 번쾌가 한신의 통제를 따랐음은 말할 필요도 없다. 한편, 파초대원수직에 임명된 한신은 삼군을 조련하기 전 어느 날 먼저 상소문을 올려 한왕의 은혜에 감사의 예를 올렸다.

한나라 원년 가을 7월 어느 날 파초대장군 한신이 아룁니다. 엎드려 생각하건대 시기를 살펴 변화에 대처한 것은 성덕(聖德)의 큰 규모를 우러르는 일이었고, 항우와 다투지 않고 촉 땅으로 들어간 것은 현명한 군왕의 묘책을 튼튼하게 실현하는 일이었습니다. 지금 고난이 오래 지속되는 상황임을 생각하여 잠시 동정(東征)의 대의에 따라 바야흐로 큰 방략을 펼치니 여론도 모두 기뻐하고 있는 것 같습니다. 몰래 생각하건대 항적은 진나라의 잔당이고 초나라의 독불장군입니다. 제후들을 좌천시키고, 의제를 추방하여 시해하고, 분수 넘치게 천자의 보위를 도모하여 팽성에 도읍을 정하고, 대권을 마음대로 훔쳐 서초라 부르고 있습니다. 지도에서 자영을 주살했고, 신안에서 항복한 병졸을 생매장하여 민심을 크게 잃고 하늘의 분노를 초래했습니다. 성스럽고 현명한 임금을 힘써 살리고, 찬란하고 혁혁한 군대를 일으킨 뒤 대의에 의지하여 명분을 바로잡고, 잔학한 무리를 제거하는 것은 진실로 물과 불 속에서 백성을 구제하는 일이요, 지극한 고통 속에서 사람들을 풀어주려는 의도입니다. 이 때문에 사람들은 보잘것없는 음식이라도 마련하여 우리 군사를 환영하고, 창을 거꾸로 잡고 갑옷을 벗어던지며 항복해오는 것입니다. 삼진 땅은 격문을 전하는 것만으로도 평정할 수 있고, 육국은 싸우지 않고도 함락시킬 수 있습니다. 이것은 강역을 하나로 통일하는 일이요, 만년의 왕업을 이루는 일입니다. 삼가 생각하건대 전하께서는 덕망 있고 인자하며 신령한 무예를 갖추고 계시면서도 사람을 죽이지 않으십니다. 하늘[乾卦]의 강건함을 몸에 지니셨고, 바람[巽卦]의 적절한 변화를 실천하십니다. 한 번 분노하여 백성을 편안히 할 때는 주나라 문왕의 큰 용기를 본받으셨고 삼군에 명령을 시행할 때는 은 탕왕의 정벌에 근거하셨습니다. 강한 초나라도 우리를 감당할 수 없는데, 민심을 배반한 진나라가 어찌 우리에게 대적할 수 있겠습니까? 옥백(玉帛)을 잡고 화친을 도모하는 사람들을 만국에서 불러오니 무기를 잡은 장수들도 양쪽 계단 아래에서 기뻐합니다. 오래 지속되는 치세를 오늘에 볼 수 있게 되었고, 위기와 혼란을 평정한 세상을 목전에서 누리게 되었습니다. 신은 외람되게도 대장직을 맡았지만 티끌만큼의 도움도 드릴 수 없고 전하의 말씀에만 탄복하고 있으니 진실로 군무(軍務)에 부끄러움을 느낍니다. 지척 간에서 우러러 천자의 위엄에 의탁하고 전승의 계책을 마련하여 잠깐 사이에 조정의 의견을 모으고 함부로 전할 수 없는 비밀을 얻어 강적 두령의 목을 베고 악의 원흉을 사로잡은 뒤, 이곳으로 좌천당한 원한을 갚고 선왕과의 약속을 다시 회복하기를 바랍니다. 신은 지금 감격스럽고 간절한 마음 이길 수 없어 삼가 이 글로 감사의 말씀을 올립니다.

한왕도 이 상소문을 읽고 매우 기뻐하며 한신에게 말했다.

"경의 상소문을 읽고 나라 위한 충성심을 충분히 알 수 있었소. 그런데 동쪽 정벌을 위한 군사는 언제 일으키는지 모르겠소?"

"항우가 팽성으로 천도하여 오랫동안 서쪽을 돌아보지 못하고 있습니다. 제후들도 각국에 흩어져 아무 준비도 하지 않고 있습니다. 지금이 바로 군사를 일으키기 좋은 때입니다. 엎드려 바라옵건대 대왕마마께서 일찌감치 출정 명령을 내리시면 신이 군사와 마필을 조련하여 즉시 어가를 따라 출발할 수 있도록 하겠습니다."

"모든 일을 경이 아뢴 대로 하시오."

한신은 번쾌를 선봉장으로, 조참을 군정(軍正)[2]으로, 은개를 감군(監軍)[3]으로 임명하고 한왕의 친정을 준비했다.

한신은 조정을 나와 연병장으로 가서 먼저 군사와 병마를 한 번 훑어보았다. 군대의 대오가 엄정하지 못했고 병졸들도 질서가 없었다. 장수와 그 보좌진이 100명이나 있었지만 진법도 몰랐고 진퇴의 방법도 몰랐다. 군영도 여러 군데 설치되어 있었지만 그 방향도 제대로 강구하지 못해 생기가 전혀 보이지 않았다. 그는 즉시 역생에게 군영으로 와서 대책을 의논하자고 청했다.

"이들 군사와 병마, 진영은 성곽을 방어하기 위한 것에 불과하므로

2_ 중국 고대 군대의 법관.
3_ 군대를 감독하는 관리.

태평 시절에는 이런 진법을 써도 무방하오. 그러나 전투에 임하여 이런 진법을 사용하면 장수는 병사가 어떻게 움직이는지 알 수 없고 병사는 장수가 어디 있는지 알 수 없을 터인데, 군대의 대오를 어떻게 배열하고, 전투의 기세를 어떻게 조절하고, 정규 부대와 유격 부대를 어떻게 운용하고, 움직임과 멈춤을 어떻게 지휘할 수 있겠소? 아마도 적을 만나면 지탱하기 어려울 듯하여 지금 선생과 상의하려 하오. 글씨를 잘 쓰는 사람 40명을 뽑아서 내가 평소에 소집하는 대오의 수, 조절방법, 군영 설치 방향, 출입 규율을 모두 베끼도록 하시오. 밤새도록 한 줄, 한 단락까지 모두 베껴서 20권을 만드시오. 매 권마다 서장관(書狀官) 한 명을 두고 책 속에 기록된 대오의 진법에 맞추어 일제히 연습하도록 하시오. 반달 내에 완전하게 연습해야 하오. 내가 먼저 군사와 병마 한 부대를 보내서 어떻게 대열로 들어가고, 어떻게 대열에서 나오고, 어떻게 군영을 옮기고, 어떻게 군영을 설치하고, 어떻게 적에 대응하고, 어떻게 적을 위협하고, 어떻게 매복하고, 어떻게 공격하는지, 또 각 변화에 따라 어떻게 질서 있게 대처해야 하는지 방법을 가르쳐주겠소. 각 부대가 여기에 맞추어 훈련하면 한 달도 지나지 않아 군사와 병마는 지금과 크게 달라질 것이오. 그때 동쪽으로 정벌을 나서야 군대를 이용하여 승리를 얻을 수 있을 것이오."

역생이 절을 올리며 탄복했다.

"장군의 신기하고 기묘한 생각에 다른 사람은 미칠 수 없을 겁니다."

이에 역생은 한신이 준 원본을 가져와 글씨 잘 쓰는 사람을 뽑아 모두 베꼈다. 이 방법을 어떻게 운용하는지는 다음 회를 들으시라.

추상같은 군율

한신이 군법에 따라
은개를 참수하다
韓信執法斬殷蓋

역생은 한신이 준 원본을 가져와 필사자 40명에게 한밤중까지 베끼게 하여 며칠 만에 초본을 완성했다. 한신은 다시 조정으로 들어가 앞서 있었던 일을 한왕에게 모두 아뢰었다. 한왕은 매우 기뻐하며 말했다.

"짐은 군사가 미약하고 장수가 부족하니 전부 장군의 안배에 따르겠소."

그리하여 한신은 연병장으로 가서 장수들에게 군사와 병마를 책에 쓰인 대로 하나하나 조련시키라고 명령했다. 그중에서 명령을 어기거나 가르침에 따르지 않는 자는 먼저 군법에 따라 한두 명을 참수하여 그 머리를 높이 내걸고 본보기를 보였다. 군영의 모든 군사는 숙연한 모습으로 이제 조심해야 함을 알고 가르침을 따르지 않는 사람이 없었다.

군사를 조련한 지 20여 일이 지나자 각 부대의 대열이 질서정연해진 것이 지난날과 확연히 달랐다. 그런 뒤에 한신은 중군을 세우고 대오 정렬을 가르치면서 각각의 금령을 모두 기록했다. 다음날 그는 한왕에게 연병장으로 왕림하여 삼군을 효유하면서 군영을 살펴볼 것을 청했다.

약속한 날 한왕은 문무백관과 함께 연병장으로 가서 군영의 대오를 살펴보았다. 군영은 이전과 완전히 달라져 있었다. 한왕은 매우 기뻤다. 한신은 갑옷을 입고 투구를 쓴 채 한왕 앞으로 가서 우뚝 선 채 절을 하지 않고 말했다.

"신은 갑옷을 입고 투구를 썼기에 감히 보통 신하의 예를 행하지 않습니다. 다만 작은 책자 한 권을 바칠 터이니 폐하께서 살펴보시기 바랍니다."

그 책자에는 모두 장수와 병사를 효유하는 글자로 가득했다. 한신은 전령에게 큰 소리로 그 책자를 낭송하게 했다.

서초 패왕 항적은 위로 천명을 어기고 의제를 함부로 시해했다. 또 아래로 백성을 포악하게 다루어 그 죄악이 천지에 가득찼으므로 신령과 인간이 모두 분노한다. 짐은 먼저 관중으로 들어갔으므로 약속대로 삼진의 왕이 되어야 했다. 지금 이런 악행과 역적질을 보았으니 정벌하는 것이 마땅하다. 현재 한신을 파초대장군에 임명했으니 너희 대소 장령들은 그의 통제를 받고 그의 지휘에 따르라. 짐의 명령을 대신하여 토벌을 행할 때는 주청하지 않아도 된다. 너희 중에서 명령을 수행하는 자는 영광이 함께할 것이나 명령에 따르지 않는 자는 주살할 것이다. 조정 밖의 일을 오로지하며 마음대로 정벌을 행하라. 너희는 이런 사실을 잘 알고 잘 살펴서 짐의 명령을 어기지 말라!

대소 장령과 군사 들은 이 효유를 듣고 두려워하지 않는 자가 없었다. 그런 뒤에 한신은 원수의 대본영으로 가서 군율 각 조약을 높이 내걸고 그 내용을 분명하게 밝혀 각 장수와 병사 들에게 준수하게 하고 금령을 범하지 못하게 했다.

일. 북소리를 듣고 전진하지 않거나, 징소리를 듣고 후퇴하지 않거나, 깃발을 세워도 일어나지 않거나, 깃발을 눕혀도 엎드리지 않는 것을 패군(悖軍, 군율을 어기는 것)이라 하고 이처럼 군율을 범하는 자는 참수한다.

이. 이름을 불러도 대답하지 않거나, 점호시에도 군영에 도착하지 않거나, 약속 시간을 어기고 오지 않거나, 움직일 때마다 군율을 어기는 것을 만군(慢軍, 군율을 등한히 하는 것)이라 하고 이처럼 군율을 범하는 자는 참수한다.

삼. 밤에 딱따기로 경보를 전할 때 게으르게 보고하지 않거나, 시간 알림을 태만히 하거나, 군호(軍號)를 분명하게 소리치지 않는 것을 해군(懈軍, 군율을 게으르게 집행하는 것)이라 하고 이처럼 군율을 범하는 자는 참수한다.

사. 원망을 많이 하여 대장을 노엽게 하거나, 약속을 따르지 않아 가르치고 다스리기 어려운 것을 횡군(橫軍, 군대에서 횡포를 부리는 것)이라 하고 이처럼 군율을 범하는 자는 참수한다.

오. 큰 소리로 웃고 떠들거나, 금령을 무시하거나, 군문으로 마음대로 뛰어드는 것을 경군(輕軍, 군령을 경솔하게 여긴 죄)이라 하고 이처럼 군율을 범하는 자는 참수한다.

육. 사용하는 무기 중에서 활과 쇠뇌의 줄이 끊어져 있거나, 화살에 깃털과 촉이 없거나, 칼과 창을 날카롭게 갈지 않았거나, 깃발이 너덜너덜해진 것을 기군(欺軍, 군율을 업신여기는 것)이라 하고 이처럼 군율을 범하는 자는 참수한다.

칠. 유언비어를 퍼뜨리거나, 귀신을 날조하거나, 허황한 꿈에 가탁하거나, 사악한 말을 퍼뜨려 관리와 군사를 의혹에 빠뜨리는 것을 요군(妖軍, 군대를 요사스럽게 만드는 것)이라 하고 이처럼 군율을 범하는 자는 참수한다.

팔. 간교한 혓바닥과 날카로운 이로 함부로 시빗거리를 만들거나, 관리와 군사를 이간질하여 화목하지 못하게 하는 것을 방군(謗軍, 군대를 헐뜯는 것)이라 하고 이처럼 군율을 범하는 자는 참수한다.

구. 당도한 곳에서 백성을 능멸하거나 여성을 강간하는 것을 간군(奸軍, 강간하는 군대)이라 하고 이처럼 군율을 범하는 자는 참수한다.

십. 사람들의 재물을 도적질하여 자신의 이익으로 삼거나, 다른 사람이 벤 적의 수급을 빼앗아 자신의 공로로 삼는 것을 도군(盜軍, 공로를 도적질하는 것)이라 하고 이처럼 군율을 범하는 자는 참수한다.

십일. 군중에서 장수들이 모여 작전 회의를 할 때 사사롭게 그 장막 곁으로 다가가 군사 기밀을 엿듣는 것을 탐군(探軍, 군대를 정탐하는 것)이라 하고 이처럼 군율을 범하는 자는 참수한다.

십이. 혹시 들은 아군의 모의나 명령을 외부에 누설하여 적이 알게 하는 것을 배군(背軍, 아군을 배반하는 것)이라 하고 이처럼 군율을 범하는 자는 참수한다.

십삼. 근무지를 옮기라고 할 때 입을 닫고 대답하지 않으면서 고개를 숙이고 얼굴에 난색을 표하는 것을 한군(恨軍, 군대를 원망하는 것)이라 하고 이처럼 군율을 범하는 자는 참수한다.

십사. 대열을 벗어나 앞뒤를 함부로 오가거나, 시끄럽게 떠들며 금령을 지키지 않는 것을 난군(亂軍, 군대를 어지럽히는 것)이라 하고 이처럼 군율을 범하는 자는 참수한다.

십오. 부상을 핑계로 병을 사칭하여 정벌을 회피하거나, 부상을 날조하여 죽은 체하며 앞 대열을 피하는 것을 사군(詐軍, 군대를 속이는 것)이라 하고 이처럼 군율을 범하는 자는 참수한다.

십육. 돈과 양식을 주관하며 상을 줄 때 사사로운 친분관계로 아첨을 일삼다가 병졸들과 원한을 맺는 것을 폐군(弊軍, 군대에 폐단을 만드는 것)이라 하고 이처럼 군율을 범하는 자는 참수한다.

십칠. 도둑을 자세히 살피지 않고 적도(賊徒)를 세밀히 염탐하지 않아 오지 않았는데도 왔다 하거나, 많은데도 적다 하거나, 적은데도 많다 하는 것을 오군(誤軍, 군대에 잘못된 정보를 전하는 것)이라 하고 이처럼 군율을 범하는 자는 참수한다.

이상의 금령을 책 한 권으로 장정하여 원수의 인장을 찍어 한왕에게 진상하여 열람하게 했고, 또 그것을 베껴서 만든 한 권은 군정 조참에게 주어 보관하게 했다. 후세에 사관이 이 일을 시로 읊었다.

호령이 우레 같아 엄숙한 장수 위엄 있고,　　　　　號令風霆肅將威,

가슴속에는 백만 가지 묘한 계책 숨어 있네.	胸藏百萬妙神機.
초나라 군사 이로부터 무기 갑옷 던질 테니,	楚軍自是投金甲,
조만간 삼진 빼앗고 북쪽으로 돌아가겠네.	指下三秦向北歸.

한왕은 군영을 다 돌아본 뒤 한신이 걸어둔 금령을 읽으며 감탄했다.

"이전의 군사훈련은 정말 어린아이 장난이었다! 오늘 이처럼 절도 있는 모습과 이 같은 조치를 보니 삼군이 어찌 엄정하지 않을 수 있으며, 군심(軍心)이 어찌 복종하지 않을 수 있겠는가? 이런 군대로 동쪽으로 정벌을 나간다면 과인도 걱정할 것이 없겠다!"

그리고 마침내 어가를 돌려 돌아왔다.

다음날 한신은 오경이 되자 연병장으로 나와 중군에 자리를 잡았고 장수들도 자신의 장막으로 올라갔다. 사신(司晨, 시간을 알리는 사람)이 시간을 보고하자 한신은 이름을 부르며 장수들을 점호했다. 안에서 감군 은개가 도착하지 않았으나 한신은 추궁하지 않고 각 부대에 분부하여 군사와 병마를 조련하게 했다. 이윽고 오시(오전 11시~오후 1시)가 지난 뒤 은개가 군영 밖에서 돌아와 군문에 이르러 안으로 들어가려 했다. 그러자 군문을 지키는 군사가 말했다.

"대원수께서 북을 치며 군사를 훈련하신 지 한나절이나 지났습니다. 각 진영에 아직 군령(軍令)이 떨어지지 않았는데, 누가 감히 마음대로 들어가려고 합니까? 군영 안으로 들어가려면 깃발 담당병에게 알려야 하고, 깃발 담당병은 군문 수호 아장에게 전해야 하고, 아장은 군정에 전해야 대원수 앞에 소식이 전달됩니다. 대원수께서 들어오라고 하셔야 들어갈 수 있습니다. 우리도 대원수의 허락이 있어야 일을 처리할 수 있습니다."

은개가 고함을 질렀다.

"어찌 이렇게 번거롭게 구느냐? 정말 소인배가 뜻을 얻더니 유세를 부리려 드는구나! 너희가 그렇게 말을 했으니 서둘러 나를 위해 말을 전하다오. 내 지금 군영으로 들어가면서 그자의 호령이 제대로 시행되는지 두고 보리라."

군문을 지키는 병사가 깃발 담당병에게 말을 전하자 정해진 절차에 따라 대원수 막하로 소식이 전달되었다. 한신은 초병(哨兵)을 불러 '進(들어오게 하라)'이라는 글자가 쓰인 긴급 명령장을 전하게 했다. 그 초병이 군문에 도착하여 고함을 질렀다.

"명령을 어기고 늦게 온 자를 군영으로 들여라!"

은개가 눈을 부라리며 군영 안으로 들어와 천천히 발걸음을 떼었다. 공경이나 근신의 기색은 거의 없었다. 대장군의 장막 아래에 이르러 길게 읍을 하고 우뚝 섰다. 한신이 말했다.

"이전에 한왕의 효유가 있었고, 나도 금령을 시행하고 있다. 너는 명색이 감군이면서 지금에야 나타났다. 무슨 이유인가?"

그리고 시간 담당병에게 물었다.

"지금 몇시인가?"

사신관(司晨官)이 대장군 장막으로 올라가서 보고했다.

"오시를 지나서 미시(오후 1시)가 다 되어갑니다."

한신이 말했다.

"일찍이 너희와 약속하기를 오늘 묘시(아침 7시)에 군영에 모이기로 했다. 그런데 너는 오시가 지나서야 도착했다. 군령을 어겼으니 참형에 처해야겠다!"

은개는 대수롭게 생각하지 않고 떠벌렸다.

"소관(小官)은 장군의 말씀을 들었지만 오늘 친척이 우연히 방문했기에 함께 앉아 술을 마시다가 이렇게 늦었습니다. 장군! 한 번만 봐주시지요."

한신이 좌우 병사들에게 호령했다.

"저 감군이란 자를 잡아서 장막 앞에 무릎을 꿇려라!"

그리고 또 소리쳤다.

"너는 장수라는 놈이 어찌 어명을 받은 날 집을 잊어야 하고, 군대에 예속되면 친척을 잊어야 하고, 진군의 북소리가 울리면 자기 몸을 잊어야 한다는 말을 듣지 못했느냐? 네놈은 자신의 한 몸을 나라에 허락했으면서 어찌 부자(父子)나 친척 관계에 연연하느냐?"

그리고 군정을 불러 물었다.

"은개는 명령을 어기고 늦게 도착했소. 금령 어느 조항을 어겼소?"

조참은 금령집을 들고 가까이 다가와 대답했다.

"군대에서 약속을 하고도 시간이 지나서 도착했으니 군율을 등한히 한 죄를 지었습니다. 참수하여 머리를 매달아 본보기를 보여야 합니다."

한신이 말했다.

"좌우 장수들은 은개를 참수하고 보고하라!"

곧바로 장수들이 은개를 군문 아래에 꽁꽁 묶었다. 은개는 혼비백산하여 황급히 번쾌를 바라보았다. 번쾌도 자신의 군영에서 벗어날 수 없어 발을 구르며 조급해할 뿐이었다.

군문 밖에서 일찌감치 이 소식을 들은 사람이 말을 달려 한왕에게

한신이 은개를 처형하다

보고했다. 한왕은 상황을 알고 나서 바로 소하를 불러 물었다.

"한신이 아직 군문 밖으로 나오지 않더니 먼저 내 대장 한 사람을 죽이려 하오. 이는 아마도 우리 군대에 이롭지 못할 듯하오."

소하가 아뢰었다.

"지금 호령이 시행되지 못하면 주상께서 법령을 범하시는 것입니다. 만약 은개 한 사람을 위해 법령을 폐지한다면 삼군을 어떻게 통제할 수 있고, 장수와 병졸을 어떻게 조련할 수 있겠습니까? 한신이 은개를 참수하는 것은 바로 법령을 제대로 시행하기 위해서입니다."

"은개는 과인의 가까운 친척이오.1 잠시 무겁게 꾸짖고 이번 한 번만 사면해주시오. 어찌 바로 죽인단 말이오?"

"왕법(王法)을 시행할 때는 친척이라고 봐주지 않습니다. 이것이 옛사람들이 밝힌 교훈입니다. 대왕마마께서는 천하 국가를 위하셔야지, 어찌 친척 간의 정리만 생각하십니까?"

한왕은 소하를 설득할 수 없자 시간이 늦을까 두려워서 황급히 역생을 파견하며 말했다.

"그대는 말을 타고 한신의 군영으로 치달려가서 내 칙지를 받들어 올리고 은개를 이번 한 차례만 사면해달라고 하라!"

역생은 칙지를 받아서 부하 한 사람을 데리고 나는 듯이 달려갔다. 은개가 군문 아래에 포박되어 곧 목이 잘리려 하는 모습이 보였다. 역생이 고함을 질렀다.

"잠시 멈추시오! 대왕마마의 칙지가 여기 있소."

1_ 정사에는 은개라는 이름이 등장하지 않는다. 이 소설 속 허구의 인물이다.

그는 바로 사람과 부딪치며 군문으로 치달려 들어가려 했다. 그러나 문을 지키는 하급 장수가 그를 가로막고 소리쳤다.

"대원수께서 명령을 내리셨소. 무릇 군영 안에서는 말을 타고 달릴 수 없소."

그리고 역생의 의대(衣帶)를 틀어잡고 대장군 장막 아래로 끌고 와서 아뢰었다.

"역 대부의 말 두 필이 군영 안으로 치달려 들어왔습니다. 저희가 들여놓지 않고 그를 잡아 이곳으로 데리고 왔습니다. 법령에 따라 조치해주십시오."

한신이 명령을 전했다.

"군영 안에서 말을 타고 달려들어오지 못하게 하는 것은 간적들이 갑자기 들이닥쳐 우리 군영을 유린하는 걸 방지하기 위함이다. 역 대부는 평소에 병법에 밝은 분인데, 어찌하여 이 군령을 어겼단 말이냐? 생각건대 대왕마마의 칙지를 갖고 온 듯하다."

군문을 지키는 하급 장수가 말했다.

"지금 칙지를 갖고 바깥에 있습니다."

한신이 군정을 불러 물었다.

"역 대부는 무슨 죄를 범했소?"

조참이 말했다.

"군영 안으로 말을 타고 돌입하면 군율을 경솔하게 여긴 죄에 해당합니다. 마땅히 참수하여 삼군에 보여야 합니다."

한신이 말했다.

"역 대부는 칙지를 갖고 있으므로 본인의 죄는 사면하고 먼저 말을 돌보는 부하를 참수하라. 그리고 은개도 참수하라. 참수한 두 죄인의 머리는 군문 밖에 높이 내걸어라."

대소 장수들은 경악하여 살점까지 부르르 떨었다. 더이상 고함을 지르는 사람은 한 사람도 없었다.

역생은 은개를 구하지 못하고 하는 수 없이 돌아와 한왕을 뵈었다. 그는 땅에 엎드려 머리를 찧으며 죄를 청했다.

"신은 칙지를 받들고 한신의 군영에 갔는데, 말을 타고 군영으로 달려들어가다 군법을 범했습니다. 한신이 신을 참수하려 했지만 다행히 몸에 칙지를 지니고 있어서 사면되었습니다. 그러나 신이 데리고 갔던 부하와 은개는 모두 참수되어 군문 밖에 머리가 매달렸습니다. 신도 칙지가 없었다면 다시 돌아와 대왕마마를 뵐 수 없었을 것입니다."

한왕이 화를 내며 말했다.

"나의 칙지를 갖고 있는데도 이와 같이 처리했느냐? 한신이 어찌 이처럼 함부로 행동한단 말이냐?"

소하가 말했다.

"장수가 군대에 있으면 어명도 받지 않습니다. 이것이 바로 조정 밖의 권한이며 장수의 도리입니다."

"은개를 참수한 것은 무슨 뜻이오?"

"그것이 바로 이른바 권력자를 죽여서 군사들에게 위엄을 보이는 뜻입니다. 이렇게 하면 삼군이 자신들의 대원수만 알고 적군은 안중에도 두지 않습니다. 병법에 이르기를 '안으로 아군의 주장(主將)을 두려워하면 반드시 승리하고, 밖으로 강적을 두려워하면 반드시 위태롭다'라고 했습니다. 이제 한신을 얻었으니 어찌 강한 초나라를 멸하지 못하거나 육국을 복종시키지 못할까 근심할 필요가 있겠습니까?"

역생도 땅에 엎드려 말했다.

"한신의 군대 위세는 정말 엄정하여 군사를 거느리는 법도에 딱 맞았습니다. 비록 한신이 신의 부하를 죽였지만 신은 마음속으로 경탄했습니다. 나중에 초나라를 격파할 사람은 반드시 한신일 것입니다. 폐하께서 직접 칭찬하는 글을 내리시면 여러 장수가 더욱 한신을 존경하고 삼군의 병졸들도 감히 법령을 범하지 못할 것입니다. 그럼 한신의 군대는 그 위엄을 더욱 멀리까지 떨칠 것입니다."

한왕은 분노한 표정을 바꾸며 기쁘게 말했다.

"경도 그렇게 보았구려!"

그리고 마침내 직접 글을 써서 사람을 보내 한신을 칭찬했다. 이후의 일이 어떻게 될지는 다음 회를 들으시라.

험난한
잔도 수리

번쾌를 보내
잔도를 수리하는 체하다
遣樊噲明修棧道

한왕은 직접 글을 써서 근신 주원신(周元臣)을 보내 칙지와 양고기, 술을 한신의 군영에 하사하고 칭찬했다. 한신은 어명이 도착했다는 소식을 듣자 향을 피운 탁자를 설치하고 대소 장수들과 군영을 나와 칙지를 받았다. 주악대가 앞을 인도하며 군영 안으로 맞아들였다. 한신은 절을 올리고 칙지를 개봉하여 읽었다.

장수의 도리는 조정 밖에서 직무를 오로지하는 것이다. 따라서 법이 아니면 삼군을 제어할 수 없고, 법을 밝게 시행하지 않으면 인심을 복종시킬 수 없다. 이 때문에 손무가 오나라 궁녀를 죽여서 군법을 시행한 것은 오나라 궁녀가 오왕의 애첩임을 몰랐기 때문이 아니다. 왕의 애첩에게도 사사로움을 보이지 않았기에 오나라의 군법이 시행될 수 있었다. 그대 대장 한신이 은개를 죽인 것도 그가 짐의 친척임을 몰랐기 때문이 아니다. 왕의 친척에게도 사사로움을 보이지 않았기에 한 사람을 죽여 천만 사람에게 경계를 보일 수 있었다. 그런 군법 시행은 진실로 손무와 부합하므로 장수의 도리를 깊이 얻었다고 할 만하다. 짐은 이를 가상히 여기고 기뻐한다. 이 때문에 근신 주원신에게 양과 술, 칙지를 보내 장려한다. 초심을 더욱 갈고닦아 장졸들의 마음을 단속하라. 그리고 일찍 동쪽으로 정벌을 나서 짐의 소망을 위로하라. 이에 칙지를 전한다.

한신은 칙지를 읽고 나서 사은숙배를 올리고 주원신이 조정으로 잘 돌아갈 수 있게 보살폈다. 다음날 한신은 아침에 조정으로 들어가 감사 인사를 올렸다. 한왕도 그를 위로하며 말했다.

"장군께서 시행하는 군법의 정당함이 이와 같구려."

한신이 말했다.

"조정 밖의 일을 관장하라는 폐하의 어명을 받았으니 수십만 생명이 신 한 사람에게 달려 있습니다. 만약 훈련에 법도가 없거나 명령이 타당하지 못하면 한 사람만 트집을 잡아도 만 사람이 명령을 어길 것이니 신은 법령을 결코 시행할 수 없을 것입니다. 그럼 폐하께서 내려주신 무거운 임무를 어떻게 받들 수 있겠습니까? 어제 칙지를 받고 장졸들은 경계할 바를 알았고, 신은 법령을 시행할 수 있게 되었습니다. 이런 폐하의 은덕은 신이 분골쇄신해도 다 갚을 수 없습니다."

한왕은 한신의 말을 듣고 매우 기뻐했다.

한신은 한왕에게 인사를 하고 조정을 나와 연병장으로 돌아왔다. 삼군 점호를 끝내고 나서 그는 선봉장 번쾌를 장막으로 불러 말했다.

"지금 대왕마마께서 장군을 선봉장에 임명하신 뒤 어가를 몰고 직접 정벌에 나서려 하시오. 그러나 잔도를 장량이 불태워 끊었으니 삼군이 어떻게 그곳을 통과할 수 있겠소? 장군께서 인부 1만을 이끌고 가서 끊어진 잔도를 다시 수리하고 험한 길을 정비하도록 하시오. 강후(絳侯) 주발, 극포후(棘蒲侯) 시무와 함께 수리를 감독하고 한 달 기한을 넘기면 군법에 따라 처리할 것이오. 장군께서는 노고를 아끼지 말고 밤새도록 그곳으로 달려가서 잔도를 수리하고 정비하시오."

번쾌가 말했다.

"원수께서 군령을 내리셨는데, 누가 감히 서두르지 않을 수 있겠습니까? 허나 잔도는 매우 위험하고 끊어진 거리도 300여 리나 됩니다. 그것을 어찌 한 달 안에 수리할 수 있겠습니까? 원수께서 이 번쾌를 죽이려 하신다면 저는 여기 원수가 계신 곳에서 죽겠지만 결코 잔도 수리 명령은 받들 수 없습니다."

"일이 닥치면 어려움을 피할 수 없소. 어려움을 피하는 건 불충이오. 장군께서는 평소에 충의심을 품고 있고 재능도 뛰어나니 이번에 특별한 공을 세워 삼군이 먼길을 전진할 수 있도록 해주시오. 이 한신도 공이 닦아놓은 편한 길을 따라 동쪽으로 정벌을 나갈 것이오."

번쾌는 다시 사양하면 또 금령을 범할까 두려워 한정된 기한에 따라 공사 감독을 떠맡을 수밖에 없었다.

한신은 군사를 조련하고 병마를 일사분란하게 정돈했다. 깃발을 오른쪽으로 흔들면 군사들이 오른쪽으로 움직였고, 왼쪽으로 흔들면 왼쪽으로 움직였다. 또 앞으로 흔들면 앞으로 움직였고 뒤로 흔들면 뒤로 움직였다. 네 진영을 하나로 합쳐서 군사를 일으키니 긴 뱀 모양의 장사진이 되었고 하나의 진을 다시 네 진으로 나누어 멈추게 하니 네 곳에 문이 생겼다. 나아가고 물러남에 법도가 있었고 진영을 열고 닫자 그곳에 길이 생겼다. 기치는 엄정했고 징과 북이 서로 호응했다. 법도에 맞추어 준비된 행동이 털끝만큼의 차이도 없었다. 대소 장졸들은 한신이 군사와 병마를 움직이고 진영을 배치하는 것을 보고 사람마다 탄복했고 모두 존경심을 드러냈다. 이에 한신이 또 한왕을 초청했다.

"신은 어명을 받들고 군사와 병마를 조련하고 갑사를 훈련하여 이제 완비 단계에 이르렀습니다. 바라옵건대 폐하께서 어가를 이동하여 직접 살펴보십시오."

한왕이 말했다.

"전에 군영의 대오를 살펴보고 장군의 준비가 이전과 다르다는 사실을 알았소. 생각건대 장군께서 군사를 조련한 지 한 달이 넘어 틀림없이 규율을 갖추었을 텐데 꼭 가볼 것까지야 있겠소?"

소하가 말했다.

"주상께서 반드시 한 번 가보셔야 합니다. 한 원수의 병마 조련에 규율이 있음을 보시고 주상께서 마음놓고 동쪽 정벌에 나서시면 더이상 의심과 논란이 생기지 않을 것입니다."

한왕은 즉시 연병장으로 가서 군사와 병마를 사열하겠다고 어명을 내렸다. 한신이 먼저 가서 대소 장령들을 거느리고 한왕을 군영으로 맞아들인 뒤 중군에 좌정하게 했다. 한신은 장수들로 하여금 한왕을 알현하게 했고 한왕에게는 장대(將臺, 군사를 지휘하는 단상)로 올라가 군사훈련을 살펴보게 했다. 한왕이 사방을 둘러보니 군대의 대오가 엄정했고 기치가 선명했다. 전후좌우 대열이 질서정연하고 법도가 있었으며 앉고 서고 나아가고 물러남이 먹줄처럼 분명하고 곧았다. 한왕이 감탄했다.

"비록 그 옛날 손자나 오자라 해도 장군의 용병술에는 미치지 못할 것이오!"

그리고 바로 물었다.

"지금 동쪽 정벌에 나설 수 있겠소?"

한신이 말했다.

"번쾌에게 잔도를 수리하라 했습니다만 그 일이 아직 끝나지 않았습니다."

"잔도 수리는 매우 큰 공사인데 장군께서 한 달 기한만 주었다니, 완수하지 못할까 걱정이오."

"가능한 날짜를 잡아 대왕마마께서 출발하실 수 있도록 할 것이니, 대왕마마께서는 잠시 조용히 계시면서 묻지 마시옵소서."

한왕은 그의 뜻을 짐작하고 더이상 날짜를 묻지 않았다. 수행한 좌우 장수들이 한왕에게 장대에서 내려가 음식을 들게 했다. 한왕은 올라온 음식을 보고 몇 가지만 직접 먹고 나머지는 모두 한신에게 하사했다. 이 일을 읊은 시가 있다.

한왕에게 귀의한 한신 위해 대장단을 쌓아주자,	韓信歸劉築將臺,
성곽 서쪽 훈련장에서 기이한 재주 보여주네.	城西演武見奇才.
중군의 한 끼 밥에도 사랑 듬뿍 담아주어,	中軍一飯留餘愛,

해하 땅 대회전에서 승리할 수 있게 했네.　　　　贏得山前大會垓.

한신은 군사를 조련하면서도 번쾌에게 인부 1만을 이끌고 가서 잔도 수리를 한 달 안에 완공하게 했다. 험준한 산길이 구름 끝 하늘에까지 이어져 있었다. 또 잔도를 지탱했던 다리가 모두 불탔고 주변에 잡목이 우거져 삼군은 서 있을 자리도 없었다. 인부들은 도저히 손을 쓰기가 어려웠다. 번쾌는 생각했다.

'한신이 초나라를 정벌할 능력이 없으니까 이 일을 내게 떠넘기고 자신은 날짜를 미루며 군사를 일으키지 않는 것이다. 이런 의도임에 틀림없다.'

그는 마침내 주발, 시무 등과 고운산에 올라 잔도를 바라보았다. 한 줄기 잔도가 험준하게 걸려 있었다.[1]

세 사람은 잔도를 다 살펴보고 나서 서로 얼굴을 바라보며 말했다.

"잔도가 이처럼 험준하니 10만 장정이 나서서 1년을 일한다 해도 수리를 끝내지 못할 것이오."

번쾌가 말했다.

"지금 군령이 지엄하고 주상께서도 그를 심히 총애하고 계시오. 주상께서 그에게 내린 칭찬 칙서를 보았잖소? 우리가 이 일을 어렵다고 하면 바로 군령 위반죄를 범하는 것이 되므로 반드시 그가 내린 군령에 따라 잔도를 수리해야 하오. 한스럽게도 장자방이 잔도를 불태운 일은 아주 쉬웠지만 지금 이 번쾌가 잔도를 수리하는 일은 너무나 어렵소."

병졸들은 높은 절벽에 나무 장대를 박았고 그 험준한 곳 위로 다리를 놓았다. 막힌 곳을 만나면 바위를 깎았고 움푹 파인 곳을 보면 그곳

으로 길을 열었다. 근육은 지치고 힘은 고갈되었으며 기운은 달리고 정
신은 피로해졌다. 인부들은 장량을 심하게 원망하면서도 한신을 두려
워했다. 그들이 잔도 수리를 제대로 할 수 없었던 것은 대체로 절벽과
단애가 험준하고 높아서 병졸들이 고통과 슬픔에 젖어 일을 했기 때문
이다. 그들은 피로한 몸으로 일을 하다 발을 헛디디거나 머리를 부딪쳐
죽기도 하고 부상을 입기도 했다.

번쾌가 수심에 젖어 있을 때 태중대부 육가가 1000여 명의 부하를

1_ 원본에는 이 구절 뒤에 당나라 이백(李白)의 장시 「촉도난(蜀道難)」을 인용하여 잔도의 험
난함을 묘사하고 있다. "어허 / 위험하고도 높다. / 촉도의 험난함이여! / 푸른 하늘에
오르기보다 어렵다! / 잠총(蠶叢)과 어부(魚鳧)가 다스리던 때, / 개국했으니 얼마나 아득
한가? / 그 이후 4만 8000년, / 진나라 변방과 인적이 끊겼다. / 서쪽 태백산으로만 잔
도[鳥道]가 있어, / 아미산(峨眉山) 정상으로 가로질러 갈 수 있다. / 땅이 붕괴되고 산은
무너져 장사들 죽은 뒤, / 하늘 사다리와 돌 잔도를 서로 이어 엮었다. / 위는 여섯 용이
태양을 돌아오는 높은 벼랑이요, / 아래는 계곡물 부딪쳐 휘감아 도는 소용돌이다. / 황
학이 날아올라도 이곳을 넘을 수 없고, / 원숭이도 이곳을 건너려면 잡고 오르길 근심
한다. / 청니봉(靑泥峯) 산길은 어찌 그리 돌고 돌까? / 백 걸음에 아홉 번 꺾이며 바위
봉우리 감아 돈다. / 삼성(參星)을 어루만지고 정성(井星)을 거쳐 고개 들어 헐떡이고, /
가슴을 쓰다듬으며 주저앉아 긴 숨을 뱉어낸다. / 그대에게 묻노니 서쪽으로 떠났다가
언제 다시 돌아오나? / 깎아지른 바위 산길 못 오를까 두렵다. / 다만 저 슬픈 새가 고목
에서 우는 모습만 보이고, / 수컷 새는 날아가고 암컷 새는 뒤따르며 수풀 사이를 휘감
아 돈다. / 또 한밤에 달이 뜨면 두견새 소리 들려오니, / 텅 빈 산이 시름겹다. // 촉도
의 험난함이여! / 푸른 하늘에 오르기보다 어렵다! / 사람들은 말만 듣고도 붉은 얼굴
하얗게 질린다. / 이어진 봉우리는 하늘에서 지척이요, / 거꾸로 자라 마른 소나무 절벽
에 걸려 있다. / 휘날리는 폭포수는 다투어 소리지르고, / 가파른 계곡에 구르는 돌은
온 계곡에 천둥소리를 낸다. / 이와 같이 험난한 곳에, / 아아! 먼길 가는 사람이 어찌하
여 왔는가? / 검각(劍閣)은 가파르고 드높아서, / 한 사람이 관문을 지키면, / 만 명이
와도 문을 못 연다. / 문지기와 친하지 않다면, / 이리와 승냥이로 변한다. / 아침에는
사나운 호랑이 피하고, / 저녁에는 긴 구렁이 피해야 한다. / 이를 갈아 피를 빨고, / 즐
비하게 사람 죽인다. / 촉나라 도성 금관성(錦官城)이 좋다고 하지만, / 일찍 집으로 돌아
가는 것이 더 좋으리라. // 촉도의 험난함이여! / 푸른 하늘에 오르기보다 어렵다! / 몸
기울여 서쪽을 바라보며 긴 한 숨만 내쉰다."

거느리고 나무판자에 격문을 적어왔다.

즉시 대군이 동쪽으로 정벌을 나갈 수 있도록 번쾌는 인부를 재촉하라. 기한에 맞춰 잔도 수리를 완공하여 군사가 출정할 수 있게 하라. 만약 기한이 지났는데도 완공하지 못하면 군법에 따라 용서하지 않으리라.

번쾌는 격문을 다 읽고 괴로움을 호소하며 말했다.

"잔도 수리는 너무나 큰 공사인데, 어떻게 끝내면 좋겠소? 힘들더라도 대부께서 제게 좋은 말씀 한마디 남겨주시오."

번쾌는 육가를 공사 감독처로 데려가서 술을 대접했다. 육가는 곁에 아무도 없자 번쾌에게 귓속말로 속삭였다.

"원수께서 비밀리에 분부하라고 하셨소. 앞으로 이렇게 하시오."

번쾌는 그 말을 듣고 몹시 기뻤다. 그는 밖으로 나가서 일부러 소리를 질렀다.

"이 공사를 어떻게 한 달 만에 끝낼 수 있느냐? 1년이 걸려도 완공할 수 없다!"

그는 투덜투덜 온갖 원망을 늘어놓으며 사람을 한왕에게 보내 인부를 다시 차출하여 도와달라고 요청하려 했다. 육가가 작별 인사를 하고 돌아가면서 출발에 앞서 이렇게 분부했다.

"선봉장께서는 기한을 어기지 마시오. 대원수의 군법이 지엄하오. 군법을 준수해야지, 절대 어겨서는 안 되오! 어기지 마시오!"

육가는 돌아갔다.

번쾌가 잔도를 수리하다

번쾌는 당일 상소문을 써서 사람을 시켜 밤새도록 남정으로 달려가 한왕에게 아뢰게 했다.

잔도 수리는 너무 큰 공사여서 인부들 중에 사상자가 매우 많습니다. 지금 대원수의 명령을 받들고 보니 한 달 안에 수리를 완공하라 했고, 본래의 기한을 어기면 군법에 따라 처리한다고 했습니다. 그러나 생각 건대 신은 풍패에서 봉기한 이래 아직까지 일을 그르친 적이 없지만 지금 이 잔도 공사를 어떻게 기한 내에 완공할 수 있을지 모르겠습니 다. 일이 급박하니 제 목숨도 보전하기 어렵습니다. 엎드려 바라옵건대 대왕마마께서 인근 군현에 사람을 보내 인부를 징발해주십시오. 혹시 1, 2000명이라도 보태주시면 잔도 수리 완공을 위해 눈앞의 불을 끌 수 있을 듯합니다. 신 등은 황공하고 감사하는 마음 이길 수 없습니다. 이에 아장 이륭(李隆)을 보내 상소문을 올립니다.

한왕은 상소문을 다 읽고 황급히 어사 주가(周苛)를 파견하며 말했다.
"부절을 가지고 길을 점검하면서 서둘러 보안군(普安郡)2으로 가 인 부 1000명을 차출하여 번쾌에게 주고 기한에 늦지 않게 잔도를 수리하 도록 하라!"
주가는 칙지를 받고 말을 치달려 앞으로 나아갔다. 산을 지나 계곡 을 넘어 이틀 길을 하루에 내달렸다. 어느 날 보안군에 도착하여 서둘 러 인부 1000명을 뽑아 담당 관리에게 인도했다. 그리고 다시 잔도로

2_ 지금의 쓰촨성 젠거현(劍閣縣)과 쯔퉁현(梓潼縣) 일대다. 치소는 지금의 쓰촨성 젠거현 푸 안진(普安鎭)에 있었다.

보내 선봉장 번쾌에게 숫자에 맞춰 수용하게 했다. 번쾌는 인부가 도착하자 매우 기뻤다. 그는 백성에게서 뽑은 인부를 배갑(排甲)3으로 편성하여 50명을 1갑(甲)이라 하고 총갑(總甲) 한 명과 소갑(小甲) 다섯 명을 두어 각각 수리 공사를 관리하게 했다. 또 인부들을 공사 현장으로 파견하여 작업장 길이를 나누고 각각 나눈 작업량에 따라 공사를 마치게했다. 주가는 조정으로 돌아와 자신의 임무를 마쳤다고 아뢰었다.

번쾌는 사람을 보내 강후 주발과 극포후 시무를 초청했다. 그는 두 사람에게 각각 정예 역사와 인부 50명을 징발하게 하고 귓속말로 속삭였다.

"여차여차 행동하고 이 사실이 새어나가지 않게 해주시오."

두 장수는 그 말을 듣고 황급히 한밤중에 진채에서 나가 옷을 갈아입었다. 그들은 산과 고개를 지나 잔도를 넘어 앞으로 나아갔다. 그들이 어디로 가는지는 다음 회를 보시라.

3_ 고대 주민의 기층 조직이다. 초·한 쟁패 시기에 배갑이란 기층 조직이 있었는지는 분명하지 않다.

몰래
진창도로 나가다

한신이 비밀 계획으로
장평에게 꾀를 쓰다
韓信暗計智章平

두 장수는 명령을 받고 떠났다. 대산관을 지키는 장수는 장함의 부장 장평이었다. 그는 한왕이 번쾌를 보내 잔도를 수리하고 군사를 일으켜 동쪽 정벌에 나선다는 사실을 알고 있었다. 또 일전에 범 아보도 여러 번 격문을 보내 장평에게 주의해서 대산관을 지키고, 소식이 없으면 경솔하게 행동하지 말고, 먼저 삼진에 보고하여 일찌감치 대비할 수 있게 해달라고 당부했다. 그는 번쾌가 잔도를 수리한다는 소식을 들었고, 또 한신을 대장에 임명했다는 소식도 들었다. 그는 급히 옹왕에게 사람을 보내 이 두 가지 사실을 자세히 전하면서 조만간에 한나라가 틀림없이 군사를 일으켜 포중에서 나올 것이라고 말했다. 옹왕 장함은 그 소식을 듣고 매우 기뻐하며 좌우 관리들에게 말했다.

"한신은 초나라에 있을 때 자신의 계책을 한 가지도 펼치지 못하여 초나라를 버리고 한나라로 갔다. 그는 숫자나 계산하는 벼슬아치 정도에 적당한 사람인데, 한왕이 무지하여 그를 대장에 임명했다. 하물며 한신은 평소에 명망이 두텁지 않았지만 하루아침에 대장이 되었다. 따라서 군심이 절대로 복종하지 않을 터인데, 삼군을 어찌 부릴 수 있으며 장졸을 어떻게 쓸 수 있겠는가? 또 불태워 끊은 잔도 수백 리를 짧은 시간에 어떻게 수리할 수 있겠는가? 저들 군대는 어물쩍 세월을 보내며 잔도 수리를 핑곗거리로 삼고 있을 뿐이다."

좌우 측근들이 말했다.

"지금까지 범 아보께서 여러 번 격문을 보내 대왕마마께 한나라 군사가 쳐들어올지 모르니 더욱 엄하게 방비하라고 했습니다. 지금 장평이 보낸 보고를 보아도 상황이 긴급한 듯합니다. 대왕마마께서는 반드시 군사와 병마를 준비하고 다시 대장을 보내 장평과 관문 수비를 함께 하게 하면서 일을 그르치지 않게 하셔야 합니다."

장함이 말했다.

"잔도 수리는 매우 큰 공사이니 군사와 병마가 산을 오르고 계곡을 건너기 지극히 어렵소. 저들이 과연 쳐들어온다면 다시 보고가 있을 것이오. 그때 우리 군사를 움직여도 늦지 않소. 이번 소식은 멀리서 전해온 것에 불과하오. 아마도 사실이 아닌 것 같소."

그러고는 마침내 보내온 문건을 받아두고 심부름꾼을 되돌려 보내며 이렇게 말했다.

"소문이 사실로 확인되면 다시 보고를 올려라."

장함은 옛날처럼 태평하게 아무 대비도 하지 않았다. 되돌아간 심부름꾼은 장평에게 옹왕이 소식을 믿으려 하지 않고 그것이 사실로 확인되면 다시 통보하라고 했음을 자세히 알렸다. 이 때문에 장평도 아무 대비를 하지 않았다.

그때 관문을 지키는 군사가 갑자기 보고를 올렸다.

"지금 한나라의 잔도 수리 인부 100명이 공사가 너무 힘들다고 투항해왔습니다."

장평은 크게 기뻐하며 말했다.

"내가 그자들의 내력을 물어봐야겠다. 어서 관문 위로 데려오라!"

얼마 지나지 않아 문지기 병졸이 인부들을 이끌고 관문 위로 올라와 항복하게 했다. 장평이 말했다.

"너희는 어느 곳 사람이냐? 어째서 도망쳤느냐? 아마 거짓으로 투항한 듯한데 그건 죽음을 자초하는 일일 뿐이다."

투항한 사람들이 울부짖었다.

"우리는 보안군의 장정인데 한왕이 차출하여 잔도를 수리하게 했습니다. 온종일 먹을 것을 아무것도 못 받았습니다. 또 번쾌는 성질이 급한 사람이라 매일 공사를 재촉하며 핍박했습니다. 게다가 잔도는 너무나 험한데도 한 달 안에 공사를 완료하라고 합니다. 그러나 1, 2년 안에도 그것을 완공할 수 없습니다. 또 한왕이 한신을 대장으로 임명하자 군사들이 복종하지 않고 근래까지 많은 사람이 도망갔습니다. 장차 군사를 일으킨다고 헛소리를 하지만 아무 동정도 보이지 않고 있습니다. 생각건대 대사를 이룰 수 없을 듯합니다. 우리는 일반 장정이지만 저 중간에 있는 두 분은 총갑으로 모두 무예에 뛰어납니다. 원컨대 장군의 휘하에 투항하여 작은 공이라도 세우고 싶습니다. 우리에게 밥만

한나라 군사가 거짓으로 장평에게 항복하다

배불리 먹여주신다면 어찌 감히 다른 마음을 먹겠습니까?"

장평은 그 두 사람을 불러서 물었다.

"너희 두 사람은 이름이 무엇이냐?"

두 사람은 앞으로 나와서 아뢰었다.

"우리 두 사람은 본래 보안군의 사냥꾼 출신으로 저는 이름이 요룡(姚龍)이고, 이 사람은 근무(靳武)입니다. 본 군에서 한왕이 인부를 차출한 뒤 압송할 사람이 없었기 때문에 우리 두 사람을 총갑으로 삼아 인부를 관리하면서 인솔하게 했습니다. 그런데 뜻밖에도 잔도에 도착해서야 공사가 그렇게 큰데도 양식이 없다는 걸 알았습니다. 온종일 심하게 구타를 당하고도 감히 보안군으로 돌아갈 수 없었습니다. 이 때문에 인부들을 데리고 장군의 휘하로 도망쳐온 것입니다. 바라옵건대 밤중에 점포를 지키는 일을 하더라도 식량을 좀 얻어 입에 풀칠이나 하다가 태평한 시절이 오면 집으로 돌아갈 수 있게 해주십시오."

두 사람은 말을 마치고 눈물을 비 오듯 흘렸다. 장평이 또 물었다.

"한왕은 어찌하여 한신을 대장으로 임명했느냐?"

요룡이 대답했다.

"한신이 병법을 토론할 때 그의 논리가 매우 타당했기 때문입니다. 또 그뒤 소하가 추천하여 마침내 한왕이 그를 대장으로 삼았습니다. 그러나 군사들이 모두 불복했고 번쾌는 심하게 원한을 품었습니다. 이에 근래에 도주하는 장수들이 많아서 한왕도 후회하고 있습니다."

장평은 그의 말이 진실하며 자신이 탐문한 내용과 일치한다고 보고 마침내 두 사람을 자신의 장막 아래에 기용했다. 두 사람은 모든 일을 신중하고 조심스럽게 처리하여 장평이 한두 가지 일을 맡기기 시작했고 그때마다 매우 훌륭하게 처리했다. 또 그들은 상하 사람들과 화목하게 지내서 그 관문에서 그들을 아끼고 존경하지 않는 사람이 없었다. 이 때문에 장평은 잠시라도 두 사람을 좌우에서 떼어놓지 않았고 열흘 만에 두 사람을 대기패관(大旗牌官, 큰 깃발과 게시판을 관장하는 관리)에 임명했다. 그리고 관문의 대소사를 모두 두 사람과 의논했고 그때마다 일일이 답변을 하면서 조금도 틀리지 않았다. 장평은 매우 기뻤다. 이처럼 투항해온 두 사람에 관한 사실은 장함에게 자세하고도 신속하게 전해졌다. 장함은 그 이야기를 듣고도 전혀 대비하지 않았다.

뜻밖에도 범증이 하루는 팽성에서 천문을 살피다가 서남쪽에서 왕성한 기운이 일어나 하늘을 꿰뚫고 있고 각처의 장군성(將軍星)이 어지럽게 흩어져 있는 모습을 보았다. 이 때문에 범증은 생각에 잠겼다.

'이것은 필시 유방이 한중에서 군사를 일으킬 형상이다.'

그리고 또 생각했다.

'한신이 초나라를 버리고 한나라에 귀의했으므로 틀림없이 중용되었을 것이다. 근래에 패왕은 팽성에서 어진 정치는 펼치지 않고 오로지 살상만 숭상한다. 이에 제후들은 배반하고 육국은 종횡으로 흩어졌는데, 그중에서 제나라가 더욱 심하다. 만약 한왕이 군사를 일으켜 동쪽으로 진격하면 파죽지세처럼 쉽게 승리할 수 있을 것이다.'

다음날 이 일을 패왕에게 아뢰자 패왕은 마침내 계량(季良)과 계항(季恒)을 불러 말했다.

"너희 둘은 군사 3000을 이끌고 폐구로 가서 장함에게 주의해서 관문을 지키며 한나라 군사를 방비해야 한다고 알려라. 또 각 관문의 요충지를 순찰하며 더욱 방비를 엄밀히 해야 한다고 전하라."

두 사람은 명령을 받들고 바로 폐구로 달려갔다. 그들은 폐구에 도착하여 성안으로 들어가 옹왕을 만나 앞의 일을 자세히 이야기했다. 장함이 탄식하며 말했다.

"주상께서 성심을 너무 혹사하고 계시는구나. 범 아보께서도 무슨 생각이 그리 많으시냐?"

그리고 장평이 보낸 글을 계량과 계항에게 주며 말했다.

"이 보고문을 읽어보면 한왕의 군사 상황을 알 것이다."

두 사람도 보고문을 다 읽고 역시 탄식하며 말했다.

"저들의 용병술을 보니 한왕은 절대 우리를 이길 수 없겠습니다. 범 아보께서는 온종일 근심에 젖어 한왕이 한신을 중용한 걸 두려워하십니다. 우리가 생각하기로도 한신은 빨래하는 아낙네에게 밥을 빌어먹었고, 백정의 가랑이 사이로 기어나가는 욕을 당했고, 자신이 먹고사는 데도 아무 대책이 없었고, 초나라에서도 아무 능력도 발휘하지 못했습니다. 그런데도 지금 대장에 임명되었으니 민심이 절대 복종하지 않을 겁니다. 하물며 잔도는 위험하기 이를 데 없는데, 어떻게 짧은 시간에 수리를 마칠 수 있겠습니까? 이런 점을 보아도 한왕의 용인술이 부당하고 군사훈련에 법도가 없다는 사실을 알 수 있습니다. 범 아보께선 어찌 그렇게 먼 일까지 근심하시는지 모르겠습니다. 그러나 우리 두 사람은 패왕의 명령을 받들고 왔으므로 대왕마마께서도 어명을 준수하시기 바랍니다."

장함은 술을 마련하여 두 장수를 대접하고 군사를 이동시켜 또다른 요새에 주둔하게 했다. 그리고 즉시 범증이 보낸 본래의 격문을 서둘러 각 관문 입구 파수꾼에게 보냈다. 또 별도의 문서 한 통을 써서 장평에게 보내 이런 사실을 모두 알렸다.

장함 등이 방비를 강화하는 사이에 한신의 상황은 어떻게 되었을까? 한신은 군사와 병마를 완벽하게 점검한 뒤 한왕에게 길일을 받아 출정하자고 청했다. 그러자 장졸들이 각각 서로의 얼굴을 쳐다보며 한숨을 쉬었다.

"잔도를 아직 다 수리하지도 못했는데 대원수께선 어찌하여 동쪽으로 정벌을 나서려는 것일까? 우리 군사가 어느 길로 나갈 수 있단 말인가?"

각자는 상황을 알지 못한 채 감히 물으려고도 하지 않고 몰래 이런 근심을 한왕에게 보고했다. 한왕은 사람을 보내 소하를 궁궐 안으로 불러들였다.

"한 원수가 오늘 아침 짐에게 출정을 청했소. 번 선봉장은 잔도 수리를 아직 마치지도 못했는데 어느 길로 출병한단 말이오? 경이 한 장군에게 가서 한번 물어보고 짐의 의심을 풀어주시오."

소하는 어명을 받고 그날 밤 바로 한신의 집으로 갔다. 이때 한신은 등불 아래에서 각 부대의 출병 문서를 점검하느라 아직 침소에 들지 않고 있었다. 그는 누군가 대문을 두드리는 소리를 들었다. 문지기가 신분을 확인하고 집안으로 안내했다.

"소 승상께서 오셨습니다."

한신은 서둘러 의관을 단정히 갖추고 소하를 맞아 주객의 자리에 나누어 앉았다. 소하가 앞으로 다가와 귓속말을 했다.

"오늘 아침 대원수께서 대왕마마께 동쪽 정벌을 요청하셨다는데, 대왕마마께선 대군이 어느 길로 전진하는지 모르겠다고 하시며 이 소하를 보내 분명한 상황을 알아보라 하셨소. 방략을 가르쳐주시오."

"승상께서는 지난날 자방과 이별하며 잔도를 불태울 때 틀림없이 그 길을 알고 있었을 터인데, 어찌하여 내게 묻는 것이오?"

"당시에는 길을 알고 있었지만 그 상세한 경로는 아직 듣지 못했소. 또 장군께서 번쾌를 보내 잔도를 수리하라 했기에 의아하게 생각하고 있었소."

"그것은 겉으로 잔도를 수리하는 체하여 장함이 대비하지 못하게 하려는 작전이오. 나는 진창도 오솔길로 진격하여 닷새도 되지 않아 대산관에 도착할 것이오. 그럼 장평은 우리 군사가 하늘에서 내려왔다고 생각할 것이오. 이것이 바로 몰래 진창도로 나가는 계책이오.1 대산관에 도착하는 날 바로 관문을 격파할 것이오. 그럼 대왕마마의 어가는 활과 화살을 쓰지 않고도 저절로 관문을 통과할 수 있을 것이오. 승상께서는 이 말을 대왕마마께 아뢰고 근심하실 필요가 없다고 전해주시오."

소하는 한신의 말을 듣고 기쁨을 금치 못하며 서둘러 돌아와 한왕에게 보고했다. 이때 한왕도 아직 침소에 들지 못하고 있다가 소하가 전하는 말을 듣고 너무나 기뻐했다. 다음날 대소 문무 장졸들에게 명령을 내려 모두 어가의 동정 행렬을 따르라고 했다.

한신은 연병장으로 가서 군사와 병마를 사열했다. 한왕은 본래 20만 군대를 거느리고 한중으로 왔고 계속해서 15만을 늘렸다. 또 한신이 한중과 인근 군현의 군사와 병마를 선발하여 10만을 보태 모두 45만이

1_ 명수잔도, 암도진창(明修棧道, 暗度陳倉): 겉으로는 잔도를 수리하는 체하면서 몰래 진창도로 건너가다. 겉으로 사람들의 눈에 띄는 행동을 하여 상대의 시선을 빼앗고 뒤로는 진실한 의도를 숨기며 상대의 잘못된 대응을 유도하는 것을 비유한다.(『사기』「고조본기」)

되었다. 그는 이들 군사를 모두 네 개의 큰 부대로 나누어 출발하게 했다. 아장 손흥(孫興)은 번쾌를 대신하여 잔도 공사를 관리하게 하기 위해 인부 3000과 함께 그곳에 머물며 잔도를 수리하게 했고, 아울러 촉 땅 사람들의 왕래에 편의를 제공하게 했다. 그 나머지 군사는 모두 돌아와서 정벌 대열에 합류했다. 제1대는 번쾌가 통솔하면서 아장 여덟을 대동하고 군사 10만을 거느리게 했다. 이 부대는 산을 만나면 길을 열고, 물을 만나면 다리를 놓고, 전방에 무슨 동정이 있으면 가볍게 움직이지 않고 서둘러 후군에 보고하여 군령을 기다렸다가 적을 맞아 싸워야 했다. 제2대는 하후영이 통솔하면서 아장 30명과 효장(驍將, 용맹한 장수) 열 명을 대동하고 군사 10만을 거느리게 했다. 이 부대는 선봉 부대가 승리하면 군사를 재촉하여 적을 죽이고, 선봉 부대가 승리하지 못하면 급히 군사를 보내 구원에 나서고, 매우 다급한 상황이 벌어지면 중군에 보고하고 스스로 방략을 마련하되 후퇴는 할 수 없었다. 제3대는 한신 자신이 통솔했고 보좌 장수 40명을 대동하여 군사 15만을 거느렸다. 부대를 40소대로 나누어 전후좌우를 경계하며 상황에 따라 군사를 보내고 조절하도록 했다. 제4대는 한왕과 대소 문무백관이 군사 10만과 함께 통솔하고, 부관(傅寬)과 주창(周昌)으로 하여금 군사를 감독하게 하여 완급을 조절할 상황이 벌어지면 편리하게 군사를 파견할 수 있게 했다. 이 네 부대 안에도 각각 작은 분대가 소속되어 재주에 따라 사람을 썼는데, 그 편제가 각각 상이했다. 이런 상황을 도본에 그려 바치자 한왕은 도본을 다 살펴본 뒤 칭찬을 그치지 않았다. 후세에 사관이 이 일을 시로 읊었다.

바람과 우레처럼 대오 움직이고,　　　　　　　隊伍風雷動,

무기는 해와 달처럼 밝게 빛나네.　　　　　　干戈日月明.

펼친 진영 팔괘로 나뉘어 있고,　　　　　　　陣圖分八卦,

깃발 든 갑사 천 명이나 늘어서 있네.　　　　旗甲列千兵.

산악은 위엄 있게 무게를 잡고,　　　　　　　山岳威儀重,

강물은 늪을 이루어 넓게 흐르네.　　　　　　川江水澤平.

탕왕과 무왕처럼 제때 비 내리니,　　　　　　湯武興時雨,

무지개 바라보며 정신이 맑아지네.　　　　　虹蜺望解醒.

한신은 군사 배치를 끝내고 나서 한왕과 문무백관에게 동문 밖 높은 언덕으로 올라가 앞에서 출정하는 군사 대열을 구경하게 했다. 그 모습이 어떠했는지는 다음 회를 보시라.

한왕이 포중을 떠나다

한왕이 늙은이들을 효유하며
덕을 베풀다
諭父老漢王布德

한왕과 문무백관들은 동문 밖 높은 언덕에 올라 한신의 출정 대열을
구경했다. 그 모습은 이러했다.

구궁(九宮)**1**과 사상(四象)**2**과 팔괘(八卦)**3**에 맞추었고, 오행(五行)과 십
간(十干)과 십이지(十二支)처럼 벌려 세웠다. 대열에는 음양이 있었고,
진법에는 전후가 있었다. 장수에게는 기율이 있었고, 병졸에게는 대오
가 있었다. 깃발은 적색을 숭상하면서도 군사를 이끌고 길을 여는 자

1_ 군대를 우물 정(井) 자 모양의 아홉 개 진으로 질서정연하게 배치한 모습이다.
2_ 동서남북 네 방향을 가리킨다.
3_ 구궁의 중앙은 비워두고 전후좌우를 『주역』 팔괘에 맞춘 모습이다.

는 오방색에 맞추었다. 제재는 비록 왕을 위해 하면서도 그 위엄과 호령은 오로지 사방 정벌을 위한 것이었다. 사람마다 각각 능력이 있어서 그 재능을 헤아려 임용했다. 폐기된 군사도 장점에 따라 취했다. 키가 큰 사람은 활과 쇠뇌를 잡았고 키가 작은 사람은 극(戟, 두 갈래 창)과 창을 잡았다. 힘이 센 사람은 온갖 깃발을 들었고 힘이 약한 사람은 징과 북을 쳤다. 멀리 볼 수 없는 사람은 오로지 호령을 들었고 밝게 들을 수 없는 사람은 오로지 불꽃 신호만 바라보았다. 몸이 살찐 사람은 기병이 되었고 몸이 메마른 사람은 보병이 되었다. 하루에 곡식 한 말을 먹는 사람은 오로지 선봉대가 되었고 하루에 200리를 가는 사람은 오로지 적의 기밀을 탐지했다. 관영은 아장 넷을 거느리고 부대를 좇아 앞 대열을 따랐고 장창은 문사 둘을 거느리고 뒤 대열을 따랐다. 육가는 모사 둘과 함께 지리 상황을 알아냈고 숙손통(叔孫通)은 비장 여덟을 거느리고 행진의 가부를 살폈다. 노관과 근강(靳强)은 대장의 태도를 드러냈고 해구(解駒)와 진패(陳沛)는 중군의 용장이었다. 삼군은 범과 같았고 많은 병사는 구름과 같았다. 신령스러운 위엄을 고무하여 삼라만상을 비추었고 정벌군의 길을 호호탕탕하게 열어 병졸들에게 제공했다.

한왕과 문무백관은 출정하는 군사를 구경하며 모두 기뻐했다. 한신이 앞으로 나와 한왕에게 아뢰었다.

"신의 부대는 이틀 앞서갈 테니 대왕마마께서는 천천히 따라오십시오. 신이 대산관을 지난 뒤 폐하와 만나겠습니다."

한신은 작별 인사를 하고 삼군을 지휘하여 앞으로 나아갔다. 한왕이 어가를 돌려 성안으로 들어가니 구경 나온 남녀노소가 이루 헤아릴 수 없을 정도로 많았다. 그들은 모두 포중에서 나고 자랐지만 일찍이 오늘과 같은 출정 행사는 본 적이 없다고 말했다. 한왕은 그 말을 듣고 더욱 기뻤다.

다음날 한왕은 소하를 불러 물었다.

"짐이 전날 칙지를 전하여 경들로 하여금 문서를 각 군현에 보내 늙은이들을 불러 효유하자고 했는데, 지금 도착했는지 모르겠소?"

소하가 말했다.

"연일 무수한 백성이 대왕마마께서 군사를 일으켜 동쪽으로 정벌 나가는 행사를 구경하면서 모두 이렇게 말합니다. '대왕마마께서 지금 포중을 떠나 초나라를 정벌하고 육국을 격파하여 함양에 도읍을 세우면 우리는 더이상 천안을 뵙지 못할 테니, 조정으로 들어가서 대왕마마를 뵙고 싶다.' 이들이 지금 밖에서 여러 날을 기다리고 있습니다. 신은 폐하께서 아직 여가가 없는 듯하여 감히 아뢰지 못했습니다."

"백성과 늙은이 들이 밖에서 기다리고 있다면 모두 들어오게 하시오."

소하는 어명을 전하며 백성들을 궁궐 안으로 들어오게 했다. 궁궐 문지기도 그 소식을 전하고 백성들을 들어오게 했다. 밖에 있던 늙은이들은 분분히 궁궐 안으로 들어와 한왕을 알현하고 말씀을 들으려 했다. 각각 앞을 다투고 눈길을 던지며 목을 빼고 기다렸다. 명령을 전하는 갑사가 소리쳤다.

"조용히 하시오! 시끄럽게 떠들지 마시오!"

한왕이 말했다.

"어르신들은 이곳 백성이다. 갑사는 놀라게 하지 말라!"

한왕은 마침내 몸을 일으켜 대전 처마 아래로 나서서 백성들을 바라보았다. 그 수가 얼마나 되는지 알 수 없었다. 우두머리로 보이는 늙은이 몇 명이 앞으로 나와 한왕에게 아뢰었다.

"대왕마마께서 포중에 오신 이래로 바람은 조화롭고 비는 순조롭게 내려 만민이 즐겁게 생업에 종사했습니다. 길에 떨어진 물건은 줍지 않았고 밤중에도 대문을 잠그지 않았습니다. 이것이 바로 요순시대입니다! 그런데 대왕마마께서 오늘 군사를 일으켜 동쪽으로 정벌에 나설지 생각지도 못했습니다. 또 언제 다시 천안을 뵐 수 있을지 모르겠습니다."

말을 마치고는 모두 땅에 엎드려 비 오듯 눈물을 흘렸다. 한왕도 백성들이 이처럼 자신을 사랑하는 모습을 보고 눈물을 금치 못했다. 늙은이들이 또 아뢰었다.

"폐하께서 오늘 출정하시면 누가 이곳을 다스릴지 모르겠습니다."

"짐이 소하 승상을 이곳에 남겨서 백성을 편안하게 위무하도록 하겠소."

사람들은 손을 이마에 대고 바라보며 말했다.

"소 승상께서 이곳을 다스린다면 포중 만민의 홍복입니다!"

"여러 백성 중에는 향로(鄕老) 세 분이 있을 것이오. 앞으로 나와 짐의 말을 들으시오."

향로란 옛 제도다. 옛 제도에 의하면 10리에 1정(亭)을 설치하고 1정에는 정장(亭長) 한 사람을 뽑아 관리한다. 10정을 1향(鄕)으로 삼고 1향에는 향로 한 사람을 뽑아 관리한다. 현(縣)에는 향로 세 사람을 두는데, 한 사람은 향약(鄕約)을 관장하고, 또 한 사람은 농사를 관장하고, 다른 한 사람은 소송을 관장한다. 향로 세 사람이 현을 다스린다. 오늘 세 향로가 앞으로 나와서 한왕의 효유를 들었다. 한왕은 그중 한 사람에게 명하여 효유문을 큰 소리로 읽게 했다. 그 내용은 이러했다.

짐이 생각건대 옛날 현명한 왕이 천하를 다스릴 때는 안민(安民, 백성을 편안하게 함)에 힘을 쏟았소. 안민의 길은 교화하여 다스리는 걸 가장 우선시했소. 그런 까닭에 상하가 서로 도와 풍속이 순후해지고 나라가 평화롭게 되어 지극한 치세에 이르렀소. 짐은 나라를 다스린 이래 밤낮으로 전전긍긍하며 나라의 치세를 이루려고 남정에 도읍을 정했소. 백성들과 함께 올바른 도에 도달하고 천하가 통일을 이루도록 노력해왔소. 이 때문에 특별히 백성을 효유하여 가는 곳마다 선행을 하면서 길한 일을 좇고 흉한 일을 피하는 것이 영원히 몸과 집을 보존하는 도리임을 알리려 했소. 예를 들어 가정에는 가장이 있고 향리에는 향장(鄕長)이 있소. 가장이 된 사람은 자제를 가르치며 시서(詩書)를 강독하여 인간 도리를 밝게 드러내야 하오. 부모는 자식에게 자애롭고, 자식은 부모에게 효도하고, 형은 아우를 사랑하고, 아우는 형을 존경하면서 높은 사람과 낮은 사람, 연장자와 연소자 모두 각각 질서에 따르며 서로 능멸하지 말아야 하오. 한 가정 안에서 어질게 양보하고 서로 융화를 이루어 친목을 권장하는 것이 한 가정의 행복이오. 향장이 된 사람은 한 고을 내에서 사(士), 농(農), 공(工), 상(商)을 권장하여 각각 한 가지 생업을 갖게 해야 하오. 선비는 의리를 밝게 닦고 부지런히 학문을 익혀야 하오. 농부는 농사와 사냥에 힘써서 세금 납부를 빠뜨리지 말아야 하오. 공인은 각종 기술 습득에 전념하면서 지나치게 교묘한 물건은 만들지 말아야 하오. 상인은 재산을 모으는 데 마음을 쓰되, 방탕하게 생활하지 말아야 하오. 큰 가문과 작은 가문이 서로 편안하고 연장자와 연소자가 서로 화목해야 하오. 고소하며 다투다가 형벌을 받고 도륙되는 지경에 빠지지 말아야 하오. 도박이나 음란한 생활을 하며 흉한 상황에 빠지지 말아야 하오. 하는 일 없이 놀기만 좋아하며 자신의 생업을 방치하지 말아야 하오. 다른 사람의 재물을 도적질하다가 죽음의 수렁에 빠지지 말아야 하오. 드나들면서 서로 친하고, 지켜보면서 서로 도와주고, 혼례와 장례에도 이웃끼리 서로 도움을 주어야 하오. 이와 같이 하면 한 고을 안에 예악이 조화로워지고 풍속이 아름다워져서 백성이 부유해지고 오래 살게 되어 편안한 생활을 하며 함께 태평성대를 누리게 될 것이니 이것이 한 고을의 행복이오. 이 때문에 짐은 이렇게 말하겠소. 선을 행하면 온갖 상서로움이 이를 것이지만 악을 행하면 온갖 재앙이 닥칠 것이오. 선과 악의 보응은 털끝만큼도 틀리지 않소. 짐은 이제 '약법삼장'에 일정한 규율을 넣었소. 여러분에게 선포하고 간절하게 효유하는 것은 바로 여러분이 법을 지키고 공의(公義)를 받들어 모두 선량한 경지에 귀의하게 하기 위함이오. 짐의 가르침을 따르지 않고 여전히 악에 빠진 자에게는 양으로는 국법으로 대처할 것이고, 음으로는 귀신이 벌을 줄 것이니 죄에서 도망치기 어려울 것이오. 여러분은 공경하고 준수하여 혹시라도 잊지 마시오! 이에 효유하는 바이오.

한나라 원년 을미년 가을 8월 1일. 한왕은 늙은이들을 효유하고 술

한왕이 한중의 늙은이들을 효유하다

과 밥을 대접한 뒤 각각 고향으로 돌아가게 했다. 이어서 소하에게 말했다.

"경은 포중에 남아서 백성을 위로하고 구휼하시오. 농경과 양잠을 권하고, 형벌을 가볍게 하고, 세금을 줄이고, 선한 사람을 추천하고, 악한 사람을 처벌하고, 식량 저축을 재촉하여 군량을 충분히 공급하는 것이 경의 직책이오."

"삼가 어명을 받들겠습니다."

그러고 나서 한왕은 삼군에 출정 명령을 내려 서서히 출발하게 했다. 기한을 넘기고 늦게 도착한 자는 참수했고, 도망하여 숨은 자도 찾아서 참수했고, 부모·처자·친척들 중에서 도망자를 숨긴 자도 참수했고, 이웃 마을에서 도망자를 알고도 신고하지 않은 자도 똑같은 죄로 다스렸다. 그날 바로 어가가 출발하자 소하는 소속 백관을 거느리고 포중을 나가서 전송했다. 각 고을 늙은이와 백성 들이 행군 먼지를 바라보며 길을 메웠고 수레 끌채를 잡거나 수레바퀴 아래 누워 울부짖는 사람들이 길에 가득했다. 한왕도 용포 소매로 얼굴을 가리며 울었다. 군신과 백성들이 아쉬운 마음에 서로 헤어지지 않으려고 했다. 후세에 사관이 이 일을 시로 읊었다.

한 고조는 포중에서 덕과 사랑 깊이 나누었고,   漢帝褒中德愛深,
은근하게 효유하며 민심을 중시했네.   懃懃宣諭重人心.
떠날 때도 더욱더 자상한 뜻 보이니,   臨行更致叮嚀意,
활달하고 어진 마음 지금까지 전해오네.   豁達寬仁說到今.

소하 등은 한왕을 전송하고 포중으로 돌아와 백관과 고을 늙은이들을 이끌고 곳곳을 다니며 백성을 위로하고 군량을 부탁했다. 한왕의 어가는 동쪽을 향해 조용히 행진했다.

한신은 세 부대의 군사를 이끌고 포중을 나와서 잔도로 가지 않고 진창도의 오솔길을 따라 전진했다. 고운산과 양각산 기슭에 이르러 군사들에게 그 산 뒤쪽 외진 길을 따라 진격하게 했다. 앞에서는 이미 번쾌가 길을 열고 있었다. 계곡 사이에 강물이 있었으나 한계(寒溪)가 흐르는 곳에 돌다리를 놓고 건널 수 있었다. 산 가장자리 길은 험했지만 물고기를 꿴 줄처럼 끊기지 않고 계속 이어져 있었다. 3리에서 5리를 가자 넓은 길이 나타났다. 나무가 크게 자라 길을 막고 있었다. 번쾌는 삼군에 명령하여 나무를 베어내고 군사가 통과할 수 있는 길을 열었다. 한신이 장수들에게 말했다.

"아무개가 전에 필마단기로 한밤중에 이 한계 주변까지 왔다가 마침 가을 물이 불어나 건널 수 없었소. 그때 소 승상께서 이곳까지 쫓아와 밝은 달빛 아래에서 다시 만나게 되었소. 만약 이 강물을 건너 멀리까지 갔다면 지금은 벌써 내 고향 회음에 도착했을 것이오."

장수들이 말했다.

"이는 실로 하늘이 대원수를 이곳에 머물게 하여 한나라를 흥성하게 하고 초나라를 멸망시키려는 뜻입니다. 또 우리도 덕분에 포중에서 나갈 수 있게 되었습니다. 잔도를 불태워 길이 끊겨 길도 모르는 상황에서 원수의 이와 같은 큰 재능이 아니었다면 우리는 하릴없이 포중에 갇혀 죽었을 것입니다."

장수들은 비석을 세워 이 일을 후세에까지 전하자고 했다. 마침내 한신은 이곳 산정에 비석을 세우라고 명령을 내렸다. 비석에는 다음과 같이 여덟 자를 새겼다.

漢相國追韓信至此(한나라 승상이 한신을 뒤쫓아 이곳에까지 이르다.)**4**

한신은 삼군을 지휘하여 앞으로 나아가게 했다. 산길은 위험하게 구불구불 이어지며 끝없이 휘어 돌고 있었다. 장수들은 말에서 내려 걸었다. 등넝쿨을 부여잡고 칡넝쿨을 잡아당기며 높은 곳으로 올라가 험한 길을 걸었다. 힘들고 고통스러웠지만 동쪽으로 돌아간다는 마음에 용기를 내며 전진했고 그 고통조차 잊었다. 이렇게 행진하고 있을 때 갑자기 전군(前軍)에서 급보를 보내왔다.

"전진할 수 없습니다. 첩첩산중 계곡에 길이가 여러 장 되는 독사가 두 눈으로 불빛을 쏘며 도사리고 있습니다. 마음대로 산길에 똬리를 틀고 우리의 갈 길을 막고 있습니다. 부디 대원수께서 제거해주십시오."

한신이 말했다.

"독사가 길을 막고 있으면 궁수 100명에게 각각 근처 우묵한 곳에 몸을 숨기고 독약을 바른 화살을 몰래 쏘게 하라. 또 포수는 각각 화포를 장전하라. 독사가 발작하다 뛰어나와 사람을 해치지 못하도록 각

---

4 원본에는 이 구절 뒤에 다음과 같은 '역사 논평'이 달려 있다. "살펴보건대 『방여승람(方輿勝覽)』에는 다음과 같은 기록이 있다. '고운산(孤雲山)과 양각산(兩脚山)은 정상이 서로 이어져 있는데, 가장 높은 곳에 두 봉우리가 나란히 솟아 있다.' 옛말에 이르기를 '고운산과 양각산은 하늘에서 손바닥 하나만큼 떨어져 있다'고 한다. 이는 그 산이 지극히 높다는 뜻이다. 그 위에 '漢相國邀韓信至此'란 석각 여덟 자가 있는데 지금도 그 비석이 존재한다."

각 화포를 쏘아 공격하라. 그럼 무사할 것이다."

군사들은 명령을 받고 바로 손을 쓰려고 했다. 그러자 중군의 어떤 장수 한 사람이 한신 앞으로 다가와 고함을 질렀다.

"뱀 한 마리가 길을 막고 있는데, 어찌 많은 군사를 동원하려 하십니까? 저것은 창해의 교룡(蛟龍)인데, 제가 감히 제거해보겠습니다!"

좌우의 군사들은 그 말을 듣고 깜짝 놀랐다. 이 사람이 누구인지는 다음 회를 들으시라.

제45회

대산관을
깨뜨리다

신기가 호랑이를 죽이고
한신을 만나다
辛奇斬虎遇韓信

독사를 베려고 나선 사람은 누구인가? 그는 바로 신무후(信武侯) 근흡
(靳歙)이었다. 한신이 매우 기뻐하며 말했다.

"장군은 능히 독사를 벨 힘을 갖고 있으나 깊은 산속에 계곡물이 매
우 습하고 오랫동안 사람이 왕래하지 않아 길이 없을까 두렵소."

그리고 바로 군대에 보급된 좋은 술을 내어 큰 잔에 가득 따라 세
잔을 마시게 했다. 근흡에게 내린 상이었다. 근흡은 술을 다 마시고 건
장한 보졸(步卒) 몇 명에게 길을 인도하게 했다. 뱀이 있는 산 앞에 이른
뒤 바위 사이를 뚫고 계곡물을 건너 산사태가 난 곳 옆으로 훌쩍 뛰어
넘어갔다. 근흡이 멀찌감치 서서 바라보니 번갯불이 산 아래로 쏟아지
는 듯했다. 비린내가 훅 끼쳐왔고 차가운 기운이 엄습했다. 한 군사가

물었다.

"저 밝은 것이 무엇이오?"

길잡이가 말했다.

"저 큰 뱀이 두 눈으로 쏘아대는 빛입니다. 사람이 앞으로 가까이 가면 독기를 구름처럼 토해내고 그것을 쐬면 사람이 반드시 죽습니다. 장군께서도 돌아가십시오. 가까이 다가가서는 안 됩니다. 몸이 상할까 두렵습니다."

근흡은 대로하여 고함을 질렀다. 뱀이 바위에서 뛰쳐나왔다. 길이는 여러 장이었고 사람을 향해 독기를 뿜어냈다. 근흡은 번개처럼 몸을 피한 뒤 뱀을 끌어내려 했다. 뱀은 큰 바위에 가로누운 채 고개를 쳐들고 독기를 뿜으며 사람을 해치려 했다. 근흡은 자신의 힘에 의지하여 큰 걸음으로 내달리며 칼을 들고 힘껏 내리쳤다. 뱀은 두 동강이 났고 뱀 머리는 바위 아래로 떨어졌다. 온 산림의 낙엽이 부르르 떨었고 온 계곡물이 붉은 피로 물들었다. 군사들이 앞으로 달려가 살펴보니 뱀은 바위 위에서 이미 죽어 있었다. 이 소식을 서둘러 중군에 보고했다. 한신은 바로 산 앞으로 와서 그 거대한 뱀을 살펴보았다. 바위는 온통 피범벅이었다. 좌우 장졸들은 놀라움을 금치 못하고 한신에게 물었다.

"뱀이 어떻게 이처럼 큽니까? 산속에서 100년은 묵은 것 같습니다. 옛날에도 이렇게 큰 뱀이 있었는지 모르겠습니다."

한신이 말했다.

"아주 오랜 옛날에 곤륜산은 주위가 3만 리였는데, 그곳을 한 번 휘감을 수 있는 뱀이 있었다 하오. 옛날 뱀은 그처럼 컸소. 지금 이 몇 장 안 되는 뱀은 아직 다 자라지 못한 것이오."

또 말했다.

"내가 지난날 필마단기로 한나라에 투항할 때 이 산을 거쳐온 적이 있소. 생각건대 주상의 홍복으로 그때는 이 독사를 만나지 않았소. 만약 그때 만났다면 내가 큰 상처를 입었을 것인데, 어찌 오늘이 있을 수 있겠소?"

좌우 장수들이 말했다.

"주상의 홍복이기도 하지만 또한 원수의 홍복이기도 합니다!"

한신은 마침내 근흡에게 후한 상을 내렸다. 후세에 사관이 시를 지어 이 일을 기록했다.

초나라를 등지고 장검 메고서,	背楚跨長劍,
첩첩산중 필마단기로 넘어갔다네.	千山匹馬行.
독사는 번갯불을 쏘아대는데,	毒蛇正電爍,
장사의 용력은 강력하였네.	壯士力崢嶸.
둘이 싸우면 하나는 상할 것인데,	兩鬪恐一傷,
갑자기 패하면 살기 어렵네.	忽敗難俱生.
당시에 넘어올 때 더 적막했지만,	當時更空寂,
그 길은 평탄하게 느껴졌다네.	其路如坦平.
노래 불러 촉도의 험난함 잊고,	載歌忘蜀險,
깨끗한 사잇길에서 힘을 냈다네.	奮志夾道淸.
먼길을 가는 것도 깨닫지 못해,	不覺竟長適,
두 봉우리 넘으며 포중을 바라보았네.	雙峰望褒城.
오늘은 군대 이끌고 지나가나니,	此日驅兵過,

큰 뱀이 밤 행군을 가로막누나.	蛇乃阻宵征.
병마에 채찍질도 하지 못하니,	萬馬不敢策,
군사의 많고 적음 얼마나 하찮은가?	衆寡何重輕.
칼을 멘 한 용사가 앞으로 나서,	仗劍有勇士,
망탕산에서처럼 큰 뱀을 둘로 잘랐네.	蛇斷碭山橫.
또 한 장사 옛일을 이야기하는데,	將士談往事,
옛 생각하다 한신은 깜짝 놀랐네.	方思爲信驚.
한신의 뜻은 참된 주군 선택한 뒤에,	信志在擇主,
절개 지키며 공명을 드리우는 것.	建節垂功名.
삼진 땅 적의 소굴 들이치고서,	直搗三秦穴,
육국의 깃발을 흡수했네.	平收六國旌.
손바닥 뒤집듯 초나라 취해,	楚疆如反手,
만리 왕국 도성을 결정했다네.	萬里定神京.

한신은 군사를 재촉하여 태백령으로 다가가 노관을 가까이 오게 하여 분부했다.

"내가 지난날 태백령을 지날 때 장사 하나를 만났소. 성은 신이요, 이름은 기였는데 의기가 대단하여 나를 하룻밤 재워주고 의형제를 맺었소. 그 집은 술을 팔아 살아가고 있었소. 그곳을 방문하여 사실을 확인해보도록 하시오. 지나는 길에 내가 직접 가서 지난날 베풀어준 은혜에 보답할까 하오."

노관은 명령을 받고 탐문하기 위해 앞쪽으로 갔다가 얼마 지나지 않아 돌아왔다.

"태백령 아래에는 본래 민가 수십 호가 있었는데, 근래 7월에 계곡물이 범람하여 사람들이 살 수 없게 되었고, 이에 홍수를 피해 산 북쪽 높은 언덕으로 올라갔답니다. 그 사람이 그곳에 있는지는 모르겠습니다."

한신은 한참이나 탄식하다가 마침내 태백령 아래에 이르렀다. 과연 지난날 주민은 한 집도 없었다. 초가집 몇 칸이 남아 있었으나 모두 쓰러지고 엎어져서 거주하는 사람이 없었다. 또 하루를 행진하여 바위 언덕을 지나쳐갔다. 가까이에 무너져가는 석교(石橋)가 있었고 그 산 벼랑 아래에 도착한 선봉대가 앞으로 나아가지 못하고 있었다. 순찰대 장수가 와서 보고했다.

"산비탈 곁에 어떤 장사가 호랑이를 쫓으며 산길을 돌아 나왔습니다. 이에 군사들이 호랑이를 포위했고, 이 때문에 전진하지 못하고 있습니다."

한신은 소식을 듣고 말에 채찍질을 가해 앞으로 달려갔다. 그 장사는 머리에 호피 두건을 썼고, 몸에는 검은 표범가죽을 치마처럼 두르고 있었으며, 손에는 삼지창을 들고 호랑이를 쫓아 계곡가로 와 있었다. 그 호랑이는 장사를 보고 달려들다가 자신을 포위한 삼군의 위용을 보고 바위 위로 뛰어올라가 다시 장사를 덮치려 했다. 장사는 바위 곁에서 몸을 번개처럼 날리며 창으로 호랑이의 정수리를 정통으로 내리쳤다. 호랑이는 다시 뛰어오르다가 장사의 창을 맞고 몸을 움직이지 못했다. 군사들이 앞으로 다가가보니 호랑이는 이미 장사의 창을 맞고 죽어 있었다. 한신이 살펴보니 그 장사는 다른 사람이 아닌 바로 태백령 아래에 살던 옛친구 신기였다. 한신은 아장을 시켜 큰 소리로 부르게 했다.

"신 장사! 한 원수께서 뵙기를 청하십니다."

신기가 삼지창으로 호랑이를 잡다

그 장사는 누군가 자신을 부르는 소리를 듣고 호랑이를 내버려둔 채 바로 계곡을 건너왔다. 산비탈 높은 곳에 있는 사람이 한신임을 알아보고 서둘러 땅에 엎드려 절을 올렸다. 한신도 얼른 말에서 내려 그를 맞았다. 신기가 말했다.

　　"이 아우는 원수께서 잔도를 수리하신단 소문을 들었고, 또 군사들이 잔도로 지나갈 거란 말을 들었습니다. 그래서 연일 그곳에서 마중하려고 노모께 말씀드리지 못하고 기다렸는데, 오늘 원수께서 군사를 일으켜 이곳으로 오실 줄은 생각지도 못했습니다. 그러나 제 소망을 이루어서 큰 위로가 됩니다."

　　한신이 말했다.

　　"아우와 헤어진 지 벌써 오래되었네그려. 국사에 바빠 안부 서찰도 보내지 못했네. 오늘 태백령에 이르러 사람을 보내 아우를 찾아보았으나 물난리를 피해 이사를 갔다고 했네. 어디로 갔는지 몰라 생각에 잠긴 사이에 여기에서 아우를 만날 줄 상상도 못했네. 이 얼마나 큰 다행인가!"

　　한신은 바로 후군(後軍)에 사람을 보내 말을 갖고 오라 하여 신기에게 말을 타게 했다. 그리고 호랑이를 군사들 앞에 끌어오게 하고 물었다.

　　"아우는 지금 어디에 사는가? 어머님을 뵙고 싶네."

　　"대원수께선 이제 옛날과 신분이 다르십니다. 천하의 대원수께서 어찌 가볍게 행동하실 수 있겠습니까?"

　　"옛정을 버리지 않았는데, 어찌 신분을 따지겠는가? 사는 곳을 가르쳐주게."

　　"이 산 입구를 돌아가면 높은 언덕이 있는데, 그곳이 바로 제 누추한 거처입니다. 쑥 덤불 천지라서 대원수의 일산(日傘)을 들이지 못할까 두렵습니다."

한신은 마침내 10여 명의 수행원과 함께 1, 2리도 안 되는 거리를 걸어서 신기의 집으로 갔다. 언덕을 의지하여 10여 호의 민가가 자리잡았는데 모두 초가였다. 신기의 집은 길 입구에 있었고 방은 10여 칸이었다. 한신은 초가 대청으로 들어가 앉은 뒤 신기의 노모와 아내를 만나기를 청했다. 한신은 황금 100량을 노모에게 바쳤지만 신기는 감히 받지 않았다. 한신이 말했다.

"이것은 모두 한왕께서 하사하신 예물이네. 아우가 어머니를 부양하는 자금으로 쓰라고 말일세. 아우는 이제 나를 따라가서 공을 세우고 어버이의 이름을 드날리면 이 어찌 아름다운 일이 아니겠는가?"

그러자 신기는 절을 올리며 황금을 받았다. 한신이 또 말했다.

"이곳은 노모께서 거처하실 만한 곳이 아닐세. 내가 군대의 인장을 찍은 문서를 써줄 테니 노모와 식솔을 남정 승상부로 옮기게. 그곳에서 관가의 숙소 몇 칸을 마련해주고 매달 식량도 제공해줄 것이네. 여기보다는 훨씬 지내기 편할 것일세."

신기는 뛸 듯이 기뻐하며 후한 은혜에 깊이 감사해했다. 한신이 말했다.

"자네의 어머니는 바로 나의 어머니이기도 하네. 아우가 멀리 떠나고 나면 어떻게 이 궁벽한 산골에서 혼자 쓸쓸하게 지내실 수 있겠는가?"

한신은 군정사에게 분부하여 노모에게 문서를 발급해주었다. 신기는 노모에게 절을 올리고 눈물을 흘리며 작별했다. 그리고 아내에게 마음을 다해 어머니를 모셔달라 부탁하고는 한신을 따라 정벌에 나섰다. 한신이 말했다.

"이제 이틀이면 대산관에 도착할 수 있을 것이네. 아우는 즉시 선봉대에서 길잡이 역할을 해주게. 아울러 선봉장 번쾌와 밤새도록 대산관을 공격하게. 만약 함락시키지 못하면 내가 전략을 갖고 갈 때까지 기다리게."

또 제2대 하후영에게 분부했다.

"번쾌의 군사가 대산관을 공격하면 장군은 별도로 군영 하나를 마련하여 군사들을 쉬게 하면서 움직이지 마시오. 대산관을 통과하기를 기다려 장군이 선봉장으로 폐구로 가서 장함과 대적하시오. 그럼 번쾌가 제2대가 되어 장군을 구할 것이오."

두 장수는 명령을 받고 대산관으로 쇄도해갔다.

한신은 군사들에게 한왕의 대오가 어디까지 왔는지 알아보라 하고 한계를 건너 천천히 진군했다. 삼거리에 도착하여 사람을 시켜 자신이 나무꾼을 죽인 곳을 찾게 했다. 군사가 보고하기를 길옆 낮은 평지에 흙무더기 하나가 있는데, 그곳이 나무꾼을 매장한 곳인 듯하다고 했다. 한신은 그곳 마을 사람을 시켜 나무를 베어 관을 마련하고 나무꾼의 시신에 수의를 갈아입혀 삼거리 소나무 숲속에 다시 장사 지냈다. 그리고 돌을 쌓아 무덤을 만들고 석비를 세웠다. 거기에 이렇게 새겼다.

大漢元年乙未秋八月七日, 破楚大元帥淮陰韓信爲義士樵夫立位.

(한나라 원년 을미년 가을 8월 7일, 파초대원수 회음 한신이 의사〔義士〕 나무꾼을 위해 여기에 이 비를 세우다.)

한신은 유사(有司, 의전 담당관)에게 제사를 준비하라고 명령했다. 제물이 마련되자 한신은 친히 장수들을 이끌고 나무꾼의 묘소에서 술잔을 세 번 올리며 제사를 지냈다. 주가가 무릎을 꿇고 축문을 읽었다.

한나라 원년 을미년 8월 13일 임술일(壬戌日)에 파초대원수 한신은 삼가 희생과 제주를 마련하여 삼거리 나무꾼의 혼령에 제사를 올립니다. 슬프다! 나무꾼은 험난한 세상을 만나 자신의 한 몸을 건사할 대책도 없어서 산으로 들어와 나무를 하며 살았습니다. 그러다 길을 묻는 사람을 만나 중요한 길을 가르쳐주었습니다. 초나라 군사가 혹시 닥칠 때 내가 가는 길을 말할까 두려워 마지막 대책으로 그대의 목숨을 빼앗았으니, 이는 실로 마음 아픈 일이었습니다. 흙을 덮고 기억해두었지만 물가임이 염려되었습니다. 가르쳐준 길을 따라 한나라로 가서 이곳에 온 뜻을 펼쳤습니다. 조정 밖 일을 모두 관장하게 되어 이제 군사를 일으켜 삼진을 치러 갑니다. 이제 삼거리 길을 거치게 되어 그대의 시신을 개장(改葬)합니다. 행군이 급박하여 아직 그대에게 보답하지 못했습니다. 그대가 이 사실을 안다면 의롭고 진실한 마음 살펴주십시오. 이 제수를 흠향하옵소서!

제사가 끝나자 축문을 불태우고 예를 마쳤다. 이에 그곳 시골 사람들에게 명령을 내려 사당을 세우고 계절마다 제례를 올리게 했다. 그 유적은 지금도 남아 있다.

한편, 대산관의 장평은 요룡과 근무를 기용하고 나서 온종일 잔도 공사가 완공되었는지 여부만 수소문했다. 염탐하러 갔던 사람이 돌아와 보고했다.

"잔도 수리 담당자가 지금은 번쾌가 아니고 아장 손흥으로 바뀌었으며 인부도 점점 줄어들고 있습니다. 공사도 별다른 진전이 없고, 동정 소식도 별다른 움직임이 없습니다."

요룡이 말했다.

"한왕의 말은 대부분 헛소리이므로 절대로 공격해오지 못할 겁니다."

근무도 말했다.

"포중에 근래 풍년이 들어서 한왕은 그것을 즐길 겁니다. 그자에게는 원대한 뜻이 없습니다."

장평이 말했다.

"그가 한신을 대장으로 임명한 걸 보면 사람 보는 눈이 없음이 분명한데, 어떻게 큰일을 이룰 수 있겠는가?"

관문을 닫고 한담을 나누는데, 초소의 병졸 하나가 달려와 보고했다.

"한나라 군사가 땅을 뒤덮으며 달려오고 있습니다. 관문에서 50리 떨어진 곳에 선봉장 번쾌가 큰 진채를 세웠습니다. 지금 5만 군사가 관문 앞까지 몰려왔습니다."

장평은 대경실색하며 말했다.

"한나라 군사가 어디서 왔단 말이냐?"

요룡과 근무가 말했다.

"아마 보고가 잘못된 것 같습니다. 잔도 수리가 아직 끝나지 않았는데, 저들이 어디로 올 수 있겠습니까? 혹시 번쾌가 고생을 참지 못하고 관문으로 도망 와서 투항하려는 것일지도 모릅니다. 다시 사람을 보내 상황이 어떤지 알아보고 군사를 동원하는 것이 좋겠습니다."

말이 아직 끝나지도 않았는데 또 한 사람이 달려와 보고했다.

"번쾌가 관문 아래에 당도하여 매우 급박하게 공격을 퍼붓고 있습니다."

장평은 한편으로 사람을 시켜 장함에게 급보를 보냈다. 그는 한나라 군사가 이미 잔도를 통과하여 대산관을 급하게 공격하고 있으니 부디 삼진 땅에 소식을 알리고 일찌감치 대비를 하라고 했다. 또 대장께서 이곳으로 달려와 도와주어야 후환이 없을 것이라고 덧붙였다. 그리고 그는 다른 한편으로 요룡, 근무와 상의했다.

"번쾌의 군사가 관문을 공격하니 나는 출정해야 한다. 너희 두 사람은 사방의 관문을 지키며 한나라 군사의 기습에 대비하라."

요룡과 근무가 말했다.

"장군! 안심하십시오. 매 관문마다 군사 1000명을 파견하여 지키겠습니다. 또 밤낮으로 순시하면 아무 일도 없을 겁니다."

장평은 마침내 군사 3000을 거느리고 관문 아래로 진격하여 번쾌와 대적했다. 번쾌의 군사는 무기가 날카로웠고, 대오도 엄정했으며, 용장 신기가 뒤를 받치고 있었다. 번쾌가 소리쳤다.

"장함 등 너희 세 놈은 진나라 병졸 20만을 적의 유인에 빠져들게 하여 항우에게 생매장당하게 했다. 그런데 외람되게도 항우가 주는 제후왕의 작위를 받아 구차하게 부귀를 누리고 있다. 이제 하늘의 군사가 달려왔으니 조만간 관문을 열고 네놈들을 죽일 것이다. 아직도 감히 우리를 막으려 하느냐?"

장평이 말했다.

"너희 한왕이란 자는 패왕이 내린 봉작을 받고도 안분지족하지 않고 망동을 부리며 죄를 짓고 있다. 빨리 죽으려고 환장한 게 아니냐?"

번쾌가 대로하여 창을 들고 곧바로 장평을 죽이려 했다. 장평도 창을 곧추세우고 번쾌를 맞아 싸우러 나왔다. 두 장수가 20합을 겨루자 장평이 번쾌를 당해내지 못하고 패배하여 달아났다. 그러자 신기가 후군을 재촉하여 일제히 쇄도해 나왔다. 장평은 필마단기로 관문 위로 도망쳤다. 번쾌와 신기는 군사를 거두어 군영으로 돌아왔고 장평은 관문을 더욱 단단히 수비했다. 번쾌는 화포와 불화살을 준비하고 온 힘을 다해 공격했다. 그러나 굳게 닫힌 관문은 열리지 않았다. 번쾌는 관문을 격파할 계책을 찾을 수 없었다. 그런 사이에 한신이 당도했다는 보고가 올라왔다. 번쾌와 신기는 군영을 떠나 멀리까지 나가 관문으로 다가오는 한신을 맞이했다. 그들이 높은 곳에 올라가 관문을 살펴보니 이미 암호가 내걸려 있어서 장평이 그들의 계략에 빠진 것을 알았다. 마침내 화포수에게 명령하여 바람을 등지고 화포를 장전하여 연거푸 10여 발을 발사했다. 관문 위는 공황 상태에 빠졌다. 그곳 군사들은 모두 겁을 먹고 관문 위로 올라가 수비하려 하지 않았다. 장평은 초조해져서 직접 군사들을 재촉하여 수비에 나섰다. 요룡과 근무는 자신이 직접 데리고 온 인부 100명에게 성 위로 올라가서 각각 무기를 들고 사방을 방비하라고 몰래 지시했다. 그때 한신이 말에 채찍질을 가하며 앞으로 달려와 고함을 질렀다.

"관문을 지키는 주장은 관문 위로 올라가서 대답하라!"

장평, 요룡, 근무가 모두 관문 위로 올라갔다. 위풍당당한 한신이 채찍을 휘두르며 소리치는 모습이 보였다.

"너희 패왕은 포악무도하여 약속을 어기고 자립한 뒤 마음대로 의제를 시해했다. 이에 천하 사람들이 이를 갈고 있다. 지금 한왕께서 친히 대군을 이끌고 오셨다. 너희는 응당 두 손을 공손히 모으고 투항해야 함에도 감히 하늘이 내린 군대에 항거하며 관문을 닫고 버티고 있다. 관문을 열고 투항하면 목숨만은 살려주겠지만 항복하지 않는다는 말을 감히 한 마디라도 하면 거기 선 채로 피범벅이 될 것이다!"

즉시 장평이 대답했다.

"나는 옹왕 전하의 귀족인데, 어찌 너같이 남의 가랑이 사이를 기어 다니는 놈[1]에게 항복할 수 있겠느냐?"

이 한마디가 끝나기도 전에 요룡과 근무가 앞으로 달려와 장평의 머리를 내리치며 즉시 포박했다. 또 데려온 인부 100명에게 각자 무기를 들고 자신들을 방어하게 했다. 요룡과 근무는 관문 위에서 군사들에게 소리쳤다.

"한왕께선 덕이 있으셔서 천하의 민심이 귀의하고 있다. 너희가 서둘러 투항하면 죽음에서 벗어날 수 있지만, 감히 한 마디라도 투항하지 않겠다고 말하면 모두 죽음을 면하지 못하리라. 지금 대군이 관문 아래를 포위했고, 우리는 관문 입구를 단단히 지키고 있다."

군사들은 장평이 포박된 모습과 한나라 군사가 관문 아래로 대거 몰려온 광경을 보고 땅에 엎드려 여러 번 절을 올리며 말했다.

"우리는 투항하기를 원합니다."

요룡과 근무는 관문을 크게 열고 장평을 꽁꽁 묶어서 내려왔다. 두 장수는 요룡과 근무가 아니라 바로 한나라 장수 주발과 시무로 전에

1_ 원문은 과부(胯夫)다. 남의 가랑이 사이를 기었다는 뜻으로 한신을 욕하는 말이다.

잔도 수리 인부로 가장하여 몰래 대산관으로 잠입한 후 항복한 장수였다. 본래 한신은 공사 재촉을 이유로 육가를 파견하면서 이 계책을 마련하여 몰래 번쾌에게 주발과 시무의 이름을 바꾸게 한 뒤 심복 군사 100명을 잔도 수리 인부로 가장하여 대산관으로 가서 투항하도록 지시했다. 그리고 그들에게 한신의 대군이 당도한 뒤 관문 앞에 돌을 세워 암호로 삼고 이후 화포 소리가 들리면 장평을 사로잡아 관문을 열고 한신을 맞이하도록 했다. 이것이 바로 '겉으로는 잔도를 수리하고 몰래 진창도로 건너가는'[2] 작전이었다. 열흘도 안 되어 지혜로 대산관을 함락한 것은 한신이 동쪽 정벌에서 세운 첫번째 공이었다.

한신은 관문 위로 올라가서 항복한 병졸 5000명을 위로하고 공관을 청소한 뒤 한왕의 어가가 당도하기를 기다렸다. 한신이 말했다.

"너희는 장함의 친족으로 초나라 관직을 받고 험한 요새를 지키며 하늘이 내린 군대에 항거했다. 본래 목을 잘라야 마땅하지만 너희는 단지 개 노릇만 했으므로 내 칼을 더럽힐 수 없다. 군정사로 압송하여 군사 상황에 따라서 처리할 것이다."

그때 벌써 한왕의 어가가 대산관에서 멀지 않은 곳에 도착했다는 보고가 올라왔다. 한신은 대소 장수를 이끌고 군영에서 20리 밖 대로까지 나가 한왕을 영접했다. 한왕은 칙지를 내려 한신과 대소 장수에게 말을 타고 수행하게 하고 일찌감치 관문에 도착했다. 한왕은 한신이 이미 대산관을 격파한 것을 알고 기쁨을 금치 못했다. 그가 공관으로 들어가서 좌정하자 한신과 장수들이 갑옷 차림으로 알현했다. 알현의 예

2_『원본 초한지』 2 제43회 주1 참조.

가 끝나자 한왕이 말했다.

"대산관은 삼진의 요새인데, 장군께선 소리 소문도 없이 와서 바로 함락했소. 삼진에서 소문을 듣고 이미 간담이 다 떨어졌을 것이오."

한신이 아뢰었다.

"대산관은 이제 얻었습니다. 삼진에서는 지금도 대비를 하지 못하고 있을 겁니다. 폐하께서는 잠시 여기 대산관에 머물러 계십시오. 신이 한밤중에 폐구를 깨뜨리고 장함을 사로잡겠습니다. 조만간 삼진을 접수하고 사람을 보내 폐하의 어가를 영접하겠습니다. 폐하께서는 사람을 포중으로 보내 식량을 재촉하여 군량을 대주시고 서둘러 잔도를 수리하여 왕래에 편리하게 해주십시오."

한왕은 한신의 말을 듣고 기쁨을 금치 못했다. 또 한신은 장평을 끌어내서 귀 하나를 자른 뒤 살려서 폐구의 장함에게 보내 그의 분노를 부추겼다. 한신은 한왕과 헤어져 하후영에게 전령을 보내 선봉대를 맡아달라고 하면서 신기를 부선봉장으로 임명했다. 폐구를 향해 쇄도해 온 군사의 승패가 어떻게 될지는 다음 회를 보면 아시리라.

제46회

폐구를
공격하다

한신이 화공으로
장함을 격파하다
韓信火攻破章邯

한편, 옹왕 장함은 폐구에 앉아 연이어 전해진 급보를 받았다. 한나라 군사의 수가 많고 기세가 대단하며 번쾌의 공격이 매우 급박하므로 서둘러 군사를 보내 도와달라는 내용이었다. 장함은 보고를 받고 대경실색하며 말했다.

"이전에 나는 잔도 수리가 끝나지 않아서 한나라 군사가 쳐들어오기 어렵다고 생각했다. 그런데 뜻밖에도 오늘 저들이 이미 대산관에 도착하여 사태가 급박하게 돌아가고 있다. 이제 역양과 고노 두 곳으로 급보를 전하고 일찌감치 대비하게 해야겠다."

그리고 즉시 여마통(呂馬通)[1]과 손안(孫安)에게 명령을 전하여 군사를 점호하고 적을 맞을 준비를 하라고 했다. 말을 아직 다 마치지도 못했는데 장평이 상처 입은 몸으로 들어와 장함을 보고 땅에 엎드려 울며 일어나지 못했다. 장함이 말했다.

"너는 어찌하여 대산관을 잃었느냐? 한나라 군사는 어떻게 잔도로 나왔느냐? 한신은 어떻게 계략을 부리더냐?"

장평은 곧 주발 등이 거짓 투항한 일과 '겉으로는 잔도를 수리하고 몰래 진창도로 건너온' 계책을 하나하나 자세히 설명했다. 장함이 고개를 흔들며 말했다.

"범 아보께서 자주 말씀하시기를 '한신은 아직 진정한 주군을 만나지 못했을 뿐이다. 만약 다른 사람이 그를 중용하면 깊은 후환을 남길 것이다'라고 했으나 패왕은 듣지 않았다. 지금 과연 범 아보의 말씀대로 되었다."

또 말했다.

"너는 잠시 뒤로 물러나 있거라. 내가 남의 가랑이 사이나 기어다니는 놈을 죽여서 네 원한을 갚아주리라."

그러자 좌우 장수들이 말했다.

"대왕마마! 적을 얕봐서는 안 됩니다. 한신은 기이한 계책을 많이 갖고 있습니다. 잘 살피고 생각하셔야 합니다."

장함이 탄식하며 말했다.

"내가 군사를 30년 동안 부리며 100여 전을 치렀는데, 남의 가랑이 사이나 기어다니는 놈을 어찌 두려워할 수 있겠느냐?"

그는 당장 군사를 재촉하기 위해 몸을 일으켰다.

1_ 『사기』에는 여마동(呂馬童)으로 기록되어 있다.

하후영은 먼저 폐구에 도착하여 적에게 싸움을 걸지 않고 폐구 50리 밖에 군영을 세웠다. 한신의 군사가 바로 도착했다. 한신은 하후영과 작전을 약속하기 위해 귓속말로 속삭였다.

"장함은 진나라 명장이니 힘으로 대적해서는 안 되고 꾀를 써서 사로잡아야 하오. 장군은 내일 대적할 때 여차여차하게 행동하시오."

하후영은 명령을 받고 밖으로 나갔다.

다음날 장함은 말을 타고 출전하여 하후영과 맞섰다. 장함이 소리쳤다.

"한왕이 포중에 봉토를 받았으면 자신의 땅뙈기나 보존하면 족할 텐데, 어찌 감히 은혜를 배반하고 도적질을 하며 죽음을 자초하느냐?"

하후영이 맞받았다.

"의제가 처음에 약속하기를 먼저 함양에 들어간 사람을 그곳 왕에 봉한다고 했다. 우리 한왕께선 칼에 피를 묻히지도 않고 대의로 자영의 항복을 받아냈고 천하가 이에 호응했다. 응당 관중의 주인이 되어야 할 분이다. 그런데 항우는 강포하게 약속을 어기고 스스로 왕이 되어 제후를 좌천시키고 함부로 의제를 시해하면서 대역무도한 짓을 저질렀다. 지금 우리 주군께서 친히 대군을 이끌고 동쪽 정벌에 나섰다. 너는 목을 길게 늘어뜨리고 사형을 기다려야 할 놈이 오히려 망언을 일삼는단 말이냐?"

장함이 대로하여 창을 꼬나들고 하후영을 곧추 찔렀다. 하후영은 칼을 들고 반격을 가했다. 10합을 겨루다가 하후영은 짐짓 패한 척하며 황망히 달아났다. 장함은 군사를 휘몰아 추격에 나섰다. 하후영은 산자락을 돌아 말고삐를 당겨 잡고 높은 언덕으로 올라가 고함을 질렀다.

한신이 장함을 유인하다

"장함 이놈아! 다시 여기서 네놈과 승부를 내겠다."

"패배한 놈이 아직도 감히 승부를 운운하느냐?"

"너는 늙어서 가죽 껍데기만 남은 놈이다. 근력이 쇠해 헐떡거리는 놈이 어찌 나를 대적할 수 있겠느냐?"

장함은 더욱 화가 나서 창을 들고 말에 채찍을 가했다. 말이 도약하며 곧장 하후영에게 내닫자 하후영도 다시 칼을 들고 싸움에 나섰다. 10합도 겨루지 않고 그는 또 소나무 숲 오솔길을 향해 달아났다. 숲 근처에 이르자 숲을 사이에 두고 뿌연 먼지가 일었다. 한신의 군사가 도착하여 장함을 막아섰다. 한신이 소리쳤다.

"내가 여기서 네놈을 기다린 지 오래다!"

장함도 맞받았다.

"남의 가랑이 사이나 기어다니던 놈이 나를 오래 기다렸다니, 뒈지고 싶은 게로구나."

한신은 화를 내며 창을 들고 장함을 향해 곧바로 찔렀다. 장함도 창을 들고 응전했다. 몇 합도 겨루지 않고 한신은 패한 척 달아났다. 장함은 삼군을 휘몰아 추격했다. 그 뒤로 계량과 계항도 본부 군사 3000을 이끌고 추격에 나섰다. 그들은 장함을 향해 말했다.

"대왕마마! 깊이 들어가서는 안 됩니다. 유인책에 걸릴까 두렵습니다. 군사를 돌려야 합니다."

"나는 한나라 놈들을 잡으려고 계속 달려왔다. 이제 거의 몰살시킬 수 있게 되었다. 그대도 군사를 독려하여 공격에 진력하라."

이때 문득 한 군사가 보고했다.

"대왕마마께서 바짝 추격하시자 한신이 황급한 나머지 계곡으로 군사를 끌어들였다가 쓰러지고 자빠지며 갈팡질팡하고 있습니다. 하후영 부대 장수들이 구원에 나섰지만 아직 다 구조하지 못했습니다. 대왕마마께서 삼군을 재촉해 달려가시면 금방 저들을 나포하여 완전한 승리를 거둘 수 있습니다."

장함은 부하들에게 높은 곳에 올라 상황을 살펴보게 했다. 그들이 돌아와 보고했다.

"멀리 앞 계곡에 한신의 군사들이 밧줄로 사람을 당겨올리고 있습니다."

장함이 탄성을 내뱉었다.

"남의 가랑이 사이나 기던 놈이 이제 내 손에 죽게 되었도다!"

그리고 마침내 군사를 휘몰아 계곡을 건너 숲을 꿰뚫으며 앞을 향해 치달렸다. 다시 앞쪽 계곡으로 들어서자 양쪽에 숲이 울창했고 적군은 하나도 보이지 않았다. 초나라는 대군이 몰려온 탓에 계곡 사이에 끼어 군사를 돌릴 수 없었다. 또 날이 저물며 점차 어둠이 내려앉기 시작했다. 장함은 의심이 들어 황급히 군사들에게 잠시 진격을 멈추라고 명령했다. 군사들은 앞뒤로 밀고 당기며 서둘러 멈추려 했으나 절반이 계곡으로 밀려들어간 이후에야 겨우 행군을 멈추었다. 그때 산꼭대기에서 한줄기 포성이 울렸다. 사방의 수목에 불이 붙어 불꽃이 하늘 위로 치솟아올랐다. 장함은 불길을 보고서야 자신이 한신의 속임수에 빠진 것을 알았다. 그는 황급히 말고삐를 당겨 계곡을 되돌아 나오려 했으나 빽빽이 몰려든 병졸과 병마에 갇혀 꼼짝달싹할 수 없었다. 뒤쪽에서도 화광이 충천하여 탈출할 길이 없었다. 계량과 계항이 황급히 달려와 소리쳤다.

"앞쪽에 한줄기 오솔길이 있습니다. 비스듬히 올라가면 봉령(鳳嶺)에 닿을 수 있습니다."

장함은 두 장수와 함께 말을 버리고 걸었다. 오솔길을 따라 봉령 정상에 이르러 거친 숨을 몰아쉬었다. 세 사람은 잠시 그곳에 앉아 쉬었다. 산 아래에서는 계속 고함소리가 들려왔고 사방의 불길은 더욱 세차게 타오르고 있었다. 장함이 말했다.

"이곳에서 오래 쉴 수 없다. 한나라 군사가 추격해올까 두렵다. 우리 세 사람은 무기도 없는데 어떻게 적에 대항할 수 있겠느냐? 차라리 달빛을 타고 봉령을 넘어가서 초나라 군영을 찾아 안정을 찾은 뒤 다시 계책을 세우는 것이 더 나을 듯하다."

계량이 말했다.

"대왕마마의 소견이 옳습니다만, 어느 길로 내려가야 합니까?"

계항이 손가락으로 가리키며 말했다.

"저 산 계곡에서 불빛이 새어나오는 걸 보니 인가가 있는 듯합니다."

장함이 말했다.

"저곳으로 내려가서 길을 물어보는 것이 좋겠다."

세 사람은 한 걸음 한 걸음 고개를 내려갔다. 그곳은 꽤 큰 시골 읍의 주점이었다. 주위에 인가가 300여 호나 되었는데, 밤이 깊어 모두 잠들어 있었다. 길 입구에 산신묘(山神廟)가 있어서 세 사람은 그곳으로 들어가 쉬었다. 눈을 붙이고 잠이 들려는 순간 멀리서 달려오는 말발굽 소리가 들렸다. 계량은 문틈으로 밖을 내다보았다. 앞쪽에는 큰 깃발 수십 개가 펄럭였고 뒤쪽에는 각 부대 군사들이 따라오고 있었다. 목소리를 들어보니 모두 초나라 사람들 말이었다. 그중 어떤 사람이 말했다.

"계곡 입구에서 불길이 치솟았으니 섣불리 그곳으로 가지는 않으셨을 것이다. 대왕마마께서 어디로 가셨는지 모르겠다. 혹시 난군 속에서 해를 당하신 건 아닐까?"

계량은 장함을 깨운 뒤 산신묘 문을 열고 군사들을 불렀다. 횃불을 들고 비추어보니 우두머리 대장은 바로 초나라 장수 여마통이었다. 군사들이 일제히 소리쳤다.

"다행이다! 대왕마마께서 여기에 계신다."

여마통은 말에서 내려 산신묘로 들어와 장함을 만났다. 그곳에 있던 세 사람은 너무나 기뻤다. 장함이 물었다.

"너희는 어떻게 내가 여기 있는 줄 알았느냐?"

여마통이 대답했다.

"대왕마마께서 한나라 군사를 너무 멀리까지 추격하시자, 속임수를 자주 쓰는 한신의 함정이 혹시 있을지 모른다고 장평 장군이 거듭 말하며 한 무리의 군사를 이끌고 나가 구조해야 한다고 했습니다. 그래서 신이 본부 군사 1000명을 이끌고 달려왔습니다. 중도에 이르렀을 때 갑자기 앞에서 불길이 치솟았고 돌아오는 군사들이 말하기를 대왕마마께서 적의 속임수에 빠져 이미 계곡 속으로 쇄도해 들어갔다고 했습니다. 신은 감히 전진하지 못하고 서남쪽 갈림길로 찾아 들어왔으나 대왕마마의 종적을 찾을 수 없었습니다. 임시로 계획을 생각하는 사이에 뜻밖에도 이 산신묘에서 대왕마마를 만나 뵙게 된 것입니다. 정말 다행입니다!"

그리고 바로 군사들에게 밥을 지으라고 명령을 내렸다. 장함 등 세 사람이 산신묘에서 밥을 먹고 나자 이미 날이 밝아오고 있었다. 장함은 여마통과 함께 각각 말에 올라 옛길을 되돌아나왔다. 폐구의 큰길로 들어서자 장평과 손안이 군사를 이끌고 영접을 나왔다. 전군(前軍)의 소식을 들으니 군사 절반 이상이 불에 타 죽었고 겨우 1, 2000정도의 패잔병만 도망쳐왔는데, 그들도 대부분 부상을 당했다고 했다.

장함은 후회막심의 심정으로 장졸들에게 명령했다.

"관문을 단단히 닫아걸어라! 우리 군사가 패배했으니 바로 출전하지 말고 며칠 휴식한 뒤에 출전하도록 하자. 한편으로는 역양과 고노에 알려서 급히 구원병을 보내달라고 하라."

말을 아직 다 마치지도 않았는데 한신의 군사가 성을 포위했다는 보고가 올라왔다.

"적군의 왕과 장졸들이 무기를 들고 모두 성 아래에 모여서 온갖 욕설을 퍼붓는데, 너무나 무례합니다."

장함이 그 말을 듣고 대로하여 소리쳤다.

"나는 진나라 장수가 되어 육국을 위엄으로 진압했다. 나를 두려워하지 않은 자가 누구더냐? 또 나는 지금 제후왕이 되어 삼진 땅을 진무하고 있다. 그런데 남의 가랑이 사이나 기던 놈을 만나 문을 닫아걸고 저 욕설을 받다니, 이게 가당키나 한 일이냐?"

그는 마침내 좌우에 명령을 내렸다.

"어서 군사를 정돈하여 성밖으로 나가라! 내가 저 겁쟁이와 한판 승부를 겨루리라!"

계량을 비롯한 장수들이 간언을 올렸다.

"안 됩니다! 저건 한신이 대왕마마의 분노를 불러일으켜 성밖으로 꾀어내려는 수작입니다. 밖으로 나가면 저놈의 간계에 말려듭니다. 잠시 군사들이 며칠 간 휴식하기를 기다렸다 출전해도 늦지 않을 겁니다."

장함은 분을 삭이지 못했다. 또 성 아래에서는 끊임없이 포성이 울렸다. 한 병사가 또 달려와 보고했다.

"한신의 군사들이 땅에 앉기도 하고 성 아래 눕기도 하며 발가벗은 몸으로 온갖 욕설을 퍼붓고 있습니다."

장함은 그 말을 듣고 장수들과 성루에 올라가 살펴보았다. 과연 한나라 군사가 성 아래에서 욕설을 퍼붓는데, 흡사 눈앞에 아무도 없는 듯한 모습이었다. 장함은 곧 장수들에게 귓속말로 속삭였다.

"한신이 어제 승리했다고 마침내 교만을 부리고 있다. 저건 항량이 정도(定陶)에서 행한 모습과 똑같다."

계량이 말했다.

"한신이 용병을 잘한다고 말하는 사람이 있습니다만, 오늘은 대오가 허술하고 병졸이 태만합니다. 저것은 병법에서 꺼리는 모습입니다. 대왕마마께서 지난날 초나라 항량을 깨뜨리셨을 때의 병법을 오늘 다시 쓴다면 매우 훌륭한 전과를 올릴 수 있을 듯합니다."

그러자 손안이 옆에서 말했다.

"한신이 속임수를 쓸까 두렵습니다. 혹시라도 고의로 군사들에게 태만한 모습을 보이게 하여 대왕마마께서 대비하지 못하게 하려는 수작이 아닐지요?"

장함이 말했다.

"어제는 내가 전투를 서두르다 우연히 간계에 걸려들었다. 그건 한신의 능력이 아니다. 오늘 저들의 군영과 대오를 살펴보고 이미 한신의 재능을 알았다. 무엇을 의심하랴?"

그는 마침내 장수들에게 명령했다.

"오늘밤 적진을 공격할 수 있게 준비하라. 계량과 계항은 군사 3000을 이끌고 남문으로 나가 한나라 오른쪽 초소를 들이쳐라. 나는 군사 1만을 이끌고 서문으로 나가 한나라 중군을 공격하겠다. 장평은 부상을 당했으니 출전하지 말고 폐구를 지켜라."

이처럼 군사를 나누어 공격할 경로를 정했다.

한신은 장함이 틀림없이 교만한 마음에 공격에 나설 것이라 짐작하고 아래 장수들에게 명령을 내렸다.

"번쾌 장군과 시무 장군은 군사 3000을 이끌고 초나라 군사의 북쪽 길을 막으시오. 하후영 장군과 주발 장군은 군사 3000을 거느리고 초나라 군사의 남쪽 길을 막으시오. 본영의 군사는 모두 30리 뒤로 물러나 진채를 세우시오."

그리고 한신은 후군을 지키며 신기와 근흡에게 명령을 내려 정예병 5000을 이끌고 본영 왼쪽에 매복하게 했고, 노관과 관영에게는 군사 5000을 이끌고 본영 오른쪽에 매복하게 했다. 장함의 군사가 돌아갈 때 두 갈래로 기습하여 완전한 승리를 거두려는 작전이었다. 군사 배치가 끝나자 벌써 날이 저물고 있었다.

장함의 군사는 이경이 끝나갈 무렵 성문을 활짝 열고 해자를 건너기 위해 조교(弔橋)를 놓았다. 그들은 진군 북소리도 울리지 않은 채 함매(銜枚)[2]하고 성을 나와 한나라 군영으로 쇄도해갔다. 계량 등은 북문으

2_ 소리를 내지 않고 비밀리에 이동하기 위해 군사들이 입에 나뭇가지를 물고 행진하는 것을 말한다.

로 나왔고, 여마통 등은 남문으로 나왔으며, 장함 등은 서문으로 나왔다. 세 갈래 군사가 벌떼처럼 몰려나왔고 장함은 한나라 본영으로 쳐들어갔다. 그러나 적의 본영은 텅 비어 있었다. 장함은 속임수에 빠진 것을 알고 황급히 삼군에 후퇴 명령을 내렸다. 말을 다 마치지도 않았는데 하늘을 뒤흔드는 화포 소리와 함께 한나라 군사가 두 갈래로 들이닥쳤다. 화살이 메뚜기떼처럼 쏟아졌다. 초나라 군사의 대오는 이리저리 흐트러지며 각자 도망치기에 급급했다. 장함은 다행히 좌우 장수들의 도움으로 도주할 수 있었다. 도주중에 적의 화살이 날아와 그의 오른쪽 어깨에 명중했다. 거의 말에서 떨어질 뻔하다 좌우 장수들의 부축을 받고 죽음에서 벗어날 수 있었다. 계량은 북문을 나오다가 갑자기 나타난 번쾌와 시무의 3000군사와 맞닥뜨렸다. 그들은 캄캄한 밤중에 싸움도 해보지 못하고 대패했다. 두 장수가 패주하자 번쾌 등은 초나라 군사를 크게 학살하고 장졸들에게 추격하지 못하게 했다. 여마통과 손안은 남문을 나왔다. 행군 도중에 손안이 말 위에서 여마통에게 말했다.

"한신이 오늘 삼군을 동원하여 욕설을 퍼부은 것은 속임수를 쓰기 위한 것이었소. 저들은 우리의 급습을 기다리고 있을 터이니 우리가 승리하기는 어려울 듯하오. 차라리 군사를 이곳에 주둔시키고 몰래 꼼꼼한 장수를 보내 두 갈래 군사의 상황을 염탐하는 것이 좋겠소. 한나라 군영에 아무 방비도 없으면 그때 진격해도 승리할 수 있을 것이오. 그런데 이런 대비도 없이 간계에 빠져들면 무슨 일을 할 수 있겠소? 나는 잠시 장군과 이곳에서 기다리겠소. 만약 초나라 군사가 이기지 못하면 폐구의 큰길로 돌아가서 구원에 나설 것이오. 그럼 피차 군사를 보전할 수 있소. 나는 이것이 좋은 계책이라 생각하오. 장군은 어떻게 생각하시오?"

여마통이 말했다.

"만약 전황이 우리의 예상과 달리 전개된 뒤 옹왕이 우리에게 군령 위반죄를 물으면 어떻게 변명하겠소?"

"그렇지 않을 것이오. 장수의 도리는 상황 변화에 따라 대책을 마련하는 것이오. 반드시 적을 알고 나를 알아야 하오. 한신의 용병술이 어찌 정도에서 패배한 항량보다 못하겠소? 나는 이미 결정했소. 절대 전진하지 않을 것이오."

이에 여마통과 손안은 군사를 움직이지 않았다. 그들은 정탐병을 보내 상황을 알아보게 했다. 얼마 지나지 않아 군사 몇 명이 나는 듯이 말을 치달려와 외쳤다.

"한나라 군사가 만반의 대비를 하고 있었고, 우리 초나라 군사는 그놈들의 속임수에 빠져 대패했습니다. 장군께서는 어서 군사를 보내 큰길에서 아군을 구조하십시오."

여마통과 손안은 그 말을 듣고 즉시 군사를 돌려 큰길로 달려갔다. 거기서 장함을 추격하는 한나라 군사를 만났다. 위기가 닥친 상황에서 여마통과 손안은 정예병 3000을 이끌고 구조에 나섰다. 햇불을 대낮처럼 밝혀 들고 장함의 병졸을 뒤로 내보낸 뒤 군사를 휘몰아 한나라 군사와 접전을 벌였다. 그들은 싸우면서 도주로를 확보했다.

한신은 초나라 구원병이 달려오는 것을 보고 한나라 군사에게 진격을 멈추고 추격하지 말라고 명령을 내렸다. 장창이 말에 채찍질을 하며 앞으로 달려와 말했다.

"장함은 기세가 꺾이고 힘이 고갈되었습니다. 사로잡을 좋은 기회인데 대원수께선 어찌하여 말고삐를 당겨 잡고 추격하지 않으십니까?"

한신이 말했다.

"궁지에 몰린 적을 추격해서는 안 되오. 그건 병가에서 가장 금하는 일이오. 하물며 한밤중이라 지형을 분별하기도 어렵소. 초나라 군사가 혹시라도 매복하고 있다면 상황을 되돌리기 어렵소. 염려하지 않을 수 없는 일이오."

한신은 징을 울려 군사를 거두어들이고 장수들에게 각각 관할 부대를 인솔하고 성곽 공격을 준비하라고 명령했다. 폐구가 어떻게 될지는 다음 회를 들으시라.

동예와 사마흔을
사로잡다

폐구를 물바다로 만들고
삼진을 모두 평정하다
淹廢丘三秦悉定

그날 밤 장함은 황급히 폐구로 도망쳤다. 화살을 맞은 어깨의 통증이 끊이지 않고 계속되었다. 의원이 약을 바르고 흰 천으로 동여맸으나 침상에 쓰러져 일어나지 못했다. 그 와중에도 삼군에 명령을 내려 각각 서문을 단단히 지키게 한 뒤 밤새도록 각 군현으로 사람을 보내 방어병을 조달하게 했다.

다음날 한신은 군사를 재촉하여 폐구의 서문을 포위하고 장수들에게 각 부대별로 군영을 세우고 공성(攻城) 기구를 준비하여 밤낮 없이 성을 공격하라고 명령을 내렸다. 이 폐구성은 주나라 때의 옛 성이어서 주위가 모두 높은 산이었고 산기슭 아래에는 백수(白水)라는 큰 강이 흘렀다. 성곽과 해자가 견고하고 성안도 넓어서 공격하기가 매우 어려웠다. 숙손통과 장창 등은 중군으로 가서 한신과 대책을 논의하며 말했다.

"폐구를 일시에 함락시킬 수는 없습니다. 각 군현에서 점차 군사를 보내 방어에 나설 것입니다. 만약 동예와 사마흔이 또 군사를 보내 아군을 협공하면 성을 더욱 깨부수기 어렵습니다. 대원수께서 깊이 생각해주십시오."

한신이 말했다.

"이곳에서 쓸 대책도 내 이미 정해두었소. 여러분의 소견도 매우 일리가 있소. 하루 이틀 사이에 폐구를 쳐부술 계책이 있으나 여러분에게 아직 분명하게 말씀드리지 않았을 뿐이오."

숙손통 등은 한신의 장막에서 물러났다. 그날 밤 한신은 조참과 건장한 병졸 몇 명을 대동하고 폐구성 뒤쪽 높은 산으로 올라갔다. 한신은 비밀리에 아래를 가리키며 조참에게 말했다.

"이 성 아래의 물길은 서북쪽에서 와서 동남쪽으로 감돌아 흐르는데, 물살이 매우 급하오. 장군은 군사 1000명을 데리고 가서 모래 가마니로 강물 입구를 막아 물이 흘러나가지 못하게 하시오. 막은 물길을 돌려 폐구로 흘러들게 하면 한 시진도 못 되어 폐구는 물고기 뱃속으로 들어가게 될 것이오."

조참은 명령을 받고 그날 밤 군사 1000명을 데리고 몰래 폐구 동남쪽 강어구로 가서 모래 가마니로 강물을 막았다. 게다가 계절은 8월이라 바야흐로 가을 물이 범람하는 때였다. 막힌 물길은 제대로 흐를 수 없어서 곧바로 폐구성으로 흘러들어갔다. 사방의 성벽은 모두 산속 돌로 쌓아서 세찬 물길이 들이치자 곧바로 허물어지기 시작했다. 사방의 물소리는 천군만마가 치달리는 것 같았으며 그 기세는 산을 쓰러뜨릴 정도였다. 한신은 군사들에게 밤마다 명령을 내려 몰래 서북쪽 높은 곳으로 군영을 옮기게 했다.

장함이 한나라가 군영을 옮긴 소식을 탐문하는 동안 갑자기 사방에서 세찬 물살이 용솟음치며 쏟아져 들어왔다. 도저히 막을 수 없었다. 장함은 대경실색하며 황급히 계량, 계항, 여마통, 손안 등 장수들과 함께 가솔을 데리고 각각 물이 얕은 북문을 통해 말을 버리고 몰려나왔다. 그들은 다시 도림대로(桃林大路)¹를 달려서 도망치기에 급급했다. 한신은 대군을 이끌고 그들을 추격하다 세찬 물살이 점차 다가오는 것을 보고 군사와 병마가 물살에 휩쓸릴까 두려워서 군영을 단단히 단속하라고 명령을 내렸다. 다른 한편으로는 조참에게 막았던 강물을 터뜨리라 하여 물길을 본래대로 흐르게 했다. 한나절 사이에 막혔던 물이 모두 빠지자 한신은 성안으로 들어가 백성을 위로하고 한왕의 어가를 폐구로 맞아들였다. 인근 군현도 한왕의 풍모를 우러르며 항복했다. 한왕도 매우 기뻐했다. 후세에 호증이 이 일을 시로 읊었다.

우임금이 이 물길 뚫은 것은 아니지만,	此水雖非禹鑿開,
폐구 땅 산 아래를 거듭해서 감아도네.	廢丘山下重縈回.
동쪽으로만 이 강물이 흐른다고 말을 말라,	莫言只解東流去,
일찍이 장함을 자살하게 했나니.	曾使章邯自殺來.²

1_ 도림은 지금의 허난성 링바오시 서쪽에서 산시성(陝西省) 퉁관 동쪽 지역이다. 관중에서 중원으로 통하는 간선도로가 있는 곳이다.
2_ 당나라 호증의 영사시 「폐구산(廢丘山)」이다.

한신이 수공으로 폐구를 함락하다

장함은 밤새도록 도림으로 도망갔고 한왕은 폐구로 들어가서 백성을 위무했다. 각 군현도 귀의하여 옹 땅이 모두 평정되었다. 삼진 땅 중앙의 적왕 동예와 새왕 사마흔도 옹왕의 급보를 듣고 군사를 보내 구원하려 했다. 그러나 하루이틀도 지나지 않아서 한신이 수공(水攻)으로 이미 폐구를 무너뜨렸고, 장함은 밤중에 도림으로 달아났으며, 각 군현도 모두 한왕에게 귀의했고, 조만간 진 땅 중앙을 공격할 것이라는 보고가 전해졌다. 동예는 소식을 듣고 모사 이지(李芝)와 대책을 논의했다.

"한신은 애초에 폐구를 격파하고 군대의 기세를 크게 떨쳤소. 하물며 역양에도 군사가 많지 않으니 적과 맞서기 어려울까 두렵소. 반드시 새왕과 힘을 합쳐 두 성이 함께 한나라에 대항해야 하오. 또 사람을 보내 항왕에게도 알리고 일찌감치 구원병을 보내 진 땅 중앙을 보호할 수 있게 해주시오."

말을 아직 다 마치지도 못했는데 보고가 올라왔다.

"한나라 군사가 땅을 휩쓸며 달려오고 있습니다. 저들이 통과한 군현은 저들의 위세를 보고 모두 투항했습니다. 이미 유가진(劉家鎭)에 당도했는데, 그곳은 역양에서 100리밖에 떨어져 있지 않습니다. 대왕마마! 서둘러 나가서 적을 맞아 싸워주십시오."

동예는 대장 경창(耿昌)과 부장 오륜(吳倫)을 보내 군사 1만을 이끌고 성밖 50리 떨어진 곳에 군영를 세우고 한나라 군사를 방어하게 했다. 자신도 군사 1만을 이끌고 성밖 20리 떨어진 곳에 군영을 세웠다. 먼지를 일으키며 한나라 대군이 몰려오자 경창과 오륜도 군사를 이끌고 출전했다. 저멀리 한나라 군문 깃발이 펄럭이는 곳에서 한신이 말을 타고 달려나오는 것이 보였다. 한신이 다가와 고함을 질렀다.

"두 장수는 선 채로 주살당하지 말고 서둘러 항복하라."

두 장수는 버럭 화를 내며 각자 무기를 들고 한신을 향해 달려갔다. 그러나 한신의 등뒤에서 대장 두 명이 일찌감치 칼을 들고 대기하다가 말을 휘몰아나와 싸웠다. 한 명의 깃발은 무양후 번쾌였고, 다른 한 명의 깃발은 강후 주발이었다. 두 장수는 출전하여 경창, 오륜과 맞서 싸웠다. 20여 합을 겨루다가 번쾌는 일부러 허점을 드러내며 경창의 칼을 끌어들였다. 그 틈을 타고 번쾌는 몸을 날쌔게 피하며 손에 든 창으로 경창을 찔러 말 아래로 떨어뜨렸다. 오륜은 경창이 창에 찔린 것을 보고 싸울 마음이 사라져서 말을 되돌려 달아났다. 한신은 삼군을 지휘하여 초나라 군사를 한바탕 살육했다. 그는 곧장 역양성으로 달려가다 동예와 맞닥뜨렸다. 한신이 나서서 먼저 말싸움을 주고받았다. 동예가 말했다.

"옹왕이 간계에 속아 폐구를 잃었구나. 그렇다고 네놈 같은 소인배가 의기양양 이처럼 날뛰느냐? 내가 구원병을 보내 싸웠다면 네놈은 내게 사로잡힌 지 여러 날이 되었을 것이다."

한신이 고함을 질렀다.

"네놈은 장함의 일개 노예일 뿐이다. 장함은 이미 주살되었는데, 네놈이 뭐라고 감히 혓바닥을 놀리느냐?"

동예는 불같이 화를 내며 창을 꼬나들고 말을 휘몰아 한신에게 곧추 달려갔다. 한신도 창을 휘두르며 맞서 싸우러 달려나갔다. 두 장수가 아직 몇 합도 겨루지 않았는데, 번쾌와 주발이 서둘러 달려와 무기를 들고 협공에 나섰다. 동예는 대적할 수 없어서 뒤쪽으로 달아났다. 이때 일찌감치 한나라 장수 신기와 관영이 한신의 비밀 계책을 받아 각각 정예병 3000을 이끌고 역양 동쪽 길을 포위하고 있다가 뒤쪽에서 쇄도해왔다. 동예는 양쪽에서 군사가 포위하는 것을 보았다. 북소리가 땅을 뒤흔드는 가운데 필마단기로 탈출하다가 가까스로 성 아래에 이르렀다. 그때 뒤에서 함성 소리가 크게 울리며 또 한 부대가 포위하며 다가왔다. 겹겹으로 포위한 군사가 모두 한나라 부대여서 도저히 탈출할 가망이 없어 보였다. 한신은 군사를 보내 크게 소리쳤다.

"동예는 어서 항복하라, 목숨만은 살려주겠다!"

동예는 말에서 내려 창을 내던지며 소리를 질렀다.

"힘이 다하여 투항하겠습니다."

군사들이 앞으로 달려가 동예를 사로잡았다. 사방의 군사들은 모두 각자의 대오로 돌아갔다.

한신이 중군으로 돌아가 좌정하자 군사들이 동예를 장막 아래로 데려왔다. 한신은 황급히 장막 아래로 내려가 동예를 부축하여 장막 위로 오르게 하고 좌우에 명하여 자리를 마련했다. 동예는 한신 앞에 엎어져 머리를 조아리며 말했다.

"망국의 포로가 또 대원수의 휘하에 사로잡혔으니, 봉작과 녹봉을 받고 다시 살아난다 해도 어찌 감히 대원수와 주객의 예를 행할 수 있겠습니까?"

한신이 말했다.

"현공께선 진나라 명장으로 봉토를 받아 왕이 되셨습니다. 이제 잊지 않고 한나라에 귀의하여 삼군의 칼날에 사상당하는 일을 피했고, 백성에겐 편안한 복락을 누리게 해주었습니다. 이제 명군(明君)을 섬기며 옛 봉작도 잃지 않아 함께 한나라 신하가 되었는데, 어찌 피아를 구분하겠습니까?"

동예는 이처럼 후덕한 한신의 모습을 보고 마침내 장막 안으로 들어가 자리를 잡고 앉았다. 한신이 또 말했다.

"현공께선 이미 한나라 신하가 되었으니 한마디 말씀만 올리고자 합니다. 지금 새왕 사마흔은 고노에 도읍을 정하고 있으므로, 한나라 군사가 국경으로 다가왔다는 소식을 들으면 틀림없이 군사를 이끌고 환영하러 나올 것입니다. 군대를 동원하여 전투에 나서서 군사를 힘들게 하는 건 병법 운용에서 좋은 대책이 아닙니다. 제가 바라는 것은 번거롭더라도 현공께서 서찰 한 통을 써서 새왕에게 보내 일찌감치 귀순하도록 해달라는 것입니다. 한왕에게 투항하면 여전히 옛 봉작을 그대로 유지해드릴 것입니다. 이렇게 함께 한나라 왕실을 받들면 어찌 아름답지 않겠습니까?"

"바라옵건대 대원수께서는 지금 대군을 지휘하여 역양성으로 들어가 백성을 위무하십시오. 아무개는 서찰을 써서 모사 이지를 고노로 파견하고 새왕에게 한나라에 귀순하도록 유세하겠습니다. 대원수의 뜻은 어떠신지 모르겠습니다."

"대군을 이끌고 바로 성으로 들어가겠습니다."

한신은 바로 명령을 내려 후군 군사에게 모두 성으로 들어가 군영을 설치하라 했고, 그 나머지 군사도 모두 차례대로 성으로 들어가라 했다. 동예는 말을 타고 성 아래에 도착하여 문지기를 부르려 했다. 그때 성 위에는 이미 항복 깃발이 꽂혀 있었고 성문도 활짝 열려 있는 모습이 보였다. 백성들은 향안(香案, 향불을 피운 탁자)을 마련하여 길 양쪽에 향불을 피우고 한나라 군사를 영접했다. 한신은 삼군에 분부하여 백성들을 괴롭히지 말라고 했다. 또 성곽 사방 출입문에 포고문을 붙이고 항복한 군사와 백성 들을 효유했다. 그리고 곧바로 동예에게 서찰을 쓰게 한 뒤 이지를 고노로 보내 사마흔에게 한나라에 귀순하도록 설득했다.

이지가 고노에 도착했을 때 사마흔은 성밖으로 30리 떨어진 곳에 군영을 세우고 한나라 군사를 방어하고 있었다. 이지는 성 아래로 가서 자신이 온 사실을 전하고 성으로 들어갔다. 새왕은 즉시 이지를 불렀다. 이지는 적왕 동예의 서찰을 바쳤다.

적왕 동예는 새왕 전하께 재배하며 아룁니다. 진나라가 무도하여 제후들은 뿔뿔이 흩어졌고 초나라 군사가 서쪽으로 와서 그 세력을 당할 수 없었습니다. 그 무렵 옹왕의 명령에 따라 군사를 이끌고 초나라에 항복한 것은 실로 부득이한 일이었습니다. 그런데 지금 한왕은 관대하고 인자하며 도량이 넓어 천하 민심이 귀의하고 있습니다. 처음 관중으로 들어올 때 왕이 되기로 약속했으나 나중에 초나라가 맹약을 배반하고 남정으로 좌천시켰습니다. 천명은 무상하여 오직 덕이 있는 사람에게 돌아갑니다. 한왕이 군사를 일으켜 동쪽으로 정벌에 나서니 가는 곳마다 대적할 자가 없습니다. 한신의 용병술은 손자나 오자와 방불합니다. 겉으로는 잔도를 수리하면서 몰래 진창도로 건너왔습니다. 지혜로 대산관을 취하고 물로 폐구를 잠기게 했습니다. 땅을 휩쓸며 오는 모습이 마치 파죽지세와 같습니다. 아무개는 하늘의 뜻에 따라 어제 이미 투항했습니다. 손님을 대하는 예로 관대하게 맞아주고 제후왕의 봉작도 빼앗지 않았습니다. 아마 새왕 전하께서도 고립무원이라 끝까지 고노를 보존하기는 어려울 것입니다. 우리는 입술과 이처럼 의지해온 나라로 서로 안부를 물어왔습니다. 같은 배를 타고 강물을 건너며 환난을 생각하는 것이 천명일 것입니다. 빈객 이지를 보내 이 서찰을 올리니 새왕 전하께서는 굽어 살피시고 받아들여주십시오. 나머지 말씀은 다 올리지 못합니다.

새왕 사마흔은 서찰을 다 읽고 나서 불같이 화를 냈다.

"남의 가랑이 사이나 기던 놈과 한 번 싸우지도 않고 속수무책으로 한나라에 귀순하다니, 이 어찌 대장부가 할 짓거리인가?"

그는 마침내 서찰을 찢어버리고 좌우에 명하여 이지를 쫓아냈다. 이지가 탄식하며 말했다.

"대왕께선 군사가 몇만도 되지 않고 장수도 불과 몇 명에 불과합니다. 게다가 이진(二秦)이 이미 함락되어 고노는 고립되었습니다. 패왕은 멀리 팽성에 주둔해 있고, 이웃은 모두 적국이 되었습니다. 대왕께선 지혜가 한신에 미치지 못하고 용기는 번쾌에 미치지 못합니다. 한 번 패배하고 나면 집이 있어도 들어가기 어렵고 나라가 있어도 투항하기 어렵습니다. 그때가 되어 적왕의 말을 돌이켜 생각한다 해도 이미 너무 늦지 않겠습니까? 대왕께선 잘 생각해주십시오!"

사마흔은 칼을 뽑아들고 더욱 화를 냈다.

"네놈은 내가 지혜도 없고 용기도 없다고 여긴다만 내 지금 출전하면 번쾌를 사로잡고 겁쟁이 한신을 즉시 주살할 것이다. 그때는 네놈도 나의 이 칼을 받아야 하리라!"

이지가 말했다.

"대왕께서 한나라 군사와 대적한다면 번쾌를 사로잡고 한신을 죽인

단 말을 해서는 안 됩니다. 만약 저들의 진영으로 돌격하여 병졸 하나라도 잡을 수 있다면 그때 대왕께서 신을 죽여 신이 거짓말을 한 죄를 물으십시오. 신은 절대 원망하거나 후회하지 않겠습니다."

사마흔은 곧 좌우 군사를 불러 이지를 옥에 가두고 즉시 군사와 병마를 점호했다. 그리고 먼저 부장 유림(劉林)과 왕수도(王守道)에게 군사 1만을 이끌고 선봉대를 맡으라고 명령했다. 그 뒤를 따라서 사마흔이 군사 4만을 이끌고 고노를 나서 역양에서 멀지 않은 곳에 군영을 세웠다.

이지를 수행했던 군졸은 사마흔이 서찰을 찢고 이지를 감옥에 가두는 모습을 보고 밤새도록 역양으로 돌아가 모든 일을 자세히 알렸다. 동예는 화가 나서 중군으로 곧바로 달려가 한신에게 알렸다. 한신은 탄식했다.

"저 무지한 필부를 생각하자니 마치 도마 위의 고깃덩이와 같을 뿐이오. 내 반드시 그자를 사로잡겠소."

아직 말을 다 마치지도 않는데 적정을 살피러 나갔던 기마병이 돌아와 사마흔이 역양에서 50리 떨어진 곳에 군영을 세웠다고 보고했다. 번쾌는 동예에게서 사마흔이 자신을 생포하겠다고 말한 사실을 전해 듣고 이를 갈았다. 그는 서둘러 한신 앞으로 달려가서 말했다.

"아무개는 사마흔과 승부를 가려 그놈을 사로잡아 대원수께 바치고 이 원한을 갚겠습니다."

한신이 말했다.

"장군께서 가겠다면 내게 비밀 대책이 있소. 반드시 여차저차하게 해야 승리할 수 있을 것이오."

번쾌는 한신의 명령을 받아 그날 밤 동예의 군영으로 가서 말했다.

"아무개가 생각하기에 사마흔은 심히 무례한 놈입니다. 현공의 서찰을 찢었고 또 이지를 감옥에 가두었습니다. 만약 계책을 마련하여 그놈을 잡아와 입을 막지 않으면 그놈이 우리를 비웃을 겁니다."

"장군에게 무슨 좋은 대책이라도 있소?"

"사마흔을 잡으려면 반드시 공의 혈친을 제가 포박하여 심복 100명과 함께 오늘밤 사마흔의 군영으로 가서 항복해야 합니다. 그럼 그자가 틀림없이 저를 받아들일 것입니다. 그리고 다음날 공은 사마흔의 군영으로 달려가 욕을 퍼부으십시오. 그렇게 하면 그자는 군영을 나가 답변을 할 것입니다. 그때 우리가 뒤에서 일제히 공격하면 반드시 사마흔을 사로잡을 수 있습니다. 저들의 군사들이 장수가 사라져 자중지란에 빠지면 고노 또한 무너뜨릴 수 있을 것입니다."

"내게 맏아들 동식(董式)이 있소. 아주 용맹하니 공이 그 아이를 포박하고 데려가서 거짓으로 투항하면 저들은 틀림없이 믿을 것이오. 나머지 사람은 저들이 믿지 않을까 두렵소."

번쾌는 매우 기뻐하며 즉시 건장한 병졸 100명을 뽑았다. 그리고 시무도 혼란한 병졸 사이에 집어넣고 두 사람 모두 보통 병졸 모습으로 변장하게 했다. 그들은 역양의 외진 길을 따라 50리를 가서 일찌감치 사마흔의 군영에 도착했다. 매복해 있던 말단 장수가 그들의 내력을 묻고 사마흔에게 보고했다. 사마흔이 말했다.

"들여라!"

번쾌는 군영으로 들어가 사마흔을 만나 말했다.

"우리는 본래 초나라 군사로 적왕을 따라 역양을 지키고 있었습니다. 그런데 뜻밖에도 적왕이 한신에게 투항했고, 우리는 온종일 옛 땅을 그리워하며 언제 초나라 땅으로 돌아갈 수 있을까 생각했습니다. 어제 적왕의 맏아들을 성밖으로 보내 대왕마마의 소식을 탐문할 때 우리가 그에게 술을 먹여 인사불성으로 취하게 한 뒤 오늘 사로잡아 대왕마마께 바치러 왔습니다."

사마흔은 동식을 보고 마구 욕을 했다.

"네놈의 아비는 나와 함께 패왕의 봉작을 받았다. 그런데 어떻게 이를 배반하고 한나라에 귀의할 수 있단 말이냐? 여봐라! 저놈을 묶어서 이지와 같은 감옥에 가두어라. 동예를 사로잡아 함께 팽성으로 보낼 것이다. 너희는 오늘밤 군영에 머물러라. 내일 내가 타당하게 처리하겠다."

그들은 절을 올리고 밖으로 나가 조치를 기다렸다.

다음날 아침 동예는 군사를 거느리고 깃발을 흔들며 소리쳤다.

"새왕은 얼른 나와서 대답하라!"

선봉장 유림과 왕수도는 적왕 동예를 보고 감히 막아설 수 없어서 그 소식을 사마흔에게 전했다. 사마흔은 온몸에 관대(冠帶)를 잘 갖추고 말 위에 올라 앞장서서 동예를 만나러 왔다. 동예가 마구 욕설을 퍼부었다.

"네놈은 천시(天時)도 모르고 존망(存亡)도 모르느냐? 항우는 자영을 죽였고, 항복한 진나라 병졸을 생매장했으므로 바로 우리의 원수다. 내가 초나라를 등지고 한나라에 귀의한 것은 천도에 부합하는 일이다. 내가 서찰을 써서 네놈을 효유하려 했으나 네놈은 내 서찰을 찢고 내 모사를 감금했으며, 어젯밤에는 내 맏아들까지 잡아갔다! 이전에 네놈은 감히 번쾌를 사로잡고 한신을 죽이겠다고 말했다. 네놈이 번쾌와 단 1합이라도 겨룰 수 있다면 내가 당장 말에서 내려 포박을 받겠다."

사마흔은 이 말을 듣고 크게 소리를 질렀다.

"네놈이 번쾌를 데려오면 내가 그놈과 대적하겠다."

그 한마디가 끝나지도 않았는데 사마흔의 등뒤에서 한 사람이 달려와 그를 묶어서 말발굽 아래로 끌어내리며 소리쳤다.

"내가 바로 무양후 번쾌다!"

함께 온 병졸 100명도 시무와 함께 각각 무기를 들고 고함을 질렀다.

"병졸들은 들어라! 일찍 항복하는 자는 죽음을 면하리라."

병졸들은 일제히 소리를 질렀다.

"한나라에 투항하겠습니다."

선봉장 유림과 왕수도는 전방의 상황이 나빠진 것을 보고 황급히 삼군을 이끌고 구조에 나섰다. 그러자 번쾌, 시무, 동예는 각각 무기를 들고 두 장수와 싸웠다. 두 장수는 사마흔이 사로잡힌 것을 보고 싸울 마음이 사라져서 달아나기에 급급했다. 그러나 한나라 세 장수가 그들을 호락호락 놓아주지 않았다. 돌아서도 도망칠 길이 없자 그들의 창술은 어지럽게 흐트러졌다. 번쾌는 곧 유림을 찔러 떨어뜨렸고 시무는 왕수도를 사로잡았다. 그러자 사마흔의 삼군은 창을 거꾸로 잡고 갑옷을 벗어던지며 투항하겠다고 애원했다. 한나라 군사들은 사마흔 등을 중군으로 압송하고 공적을 보고했으며 다른 한편으로는 동식을 풀어주었다.

한신이 군사들을 불러 사마흔을 자신 앞으로 압송해오게 했다. 한신이 말했다.

"초왕은 진나라의 원수이지만 한왕은 일찍이 진나라에 큰 은혜를 베풀었다. 너는 진나라 장수였으므로 진나라를 위해 한나라에 귀의하는 것이 마땅하다. 이것이 바로 하늘에 순응하는 자는 번창한다는 의미다. 어제 적왕이 서찰을 전달할 때 너는 감히 미친 말을 내뱉으며 거리낌 없이 굴었다. 그런데 오늘 사로잡혀왔으니 무슨 할말이 있느냐?"

사마흔은 고개를 숙이고 아무 말도 하지 못했다. 동예와 번쾌 등 여러 장수가 한신에게 권했다.

"새왕이 초나라 장수 직책을 잘못 받은 것은 부득이한 일이었습니다. 지금 대원수의 휘하에 잡혀왔으니 관대하게 용서하시고 한왕께 아뢰어 제후왕의 봉작을 다시 수여하게 하시기 바랍니다. 짐작건대 새왕은 마음을 기울여 우리 한나라를 섬기며 절대 두 마음을 먹지 않을 것입니다."

한신은 무사에게 사마흔을 풀어주게 했다. 사마흔은 한신에게 감사의 절을 올리고 여러 장수와 만나 인사를 나누었다. 한신은 한왕에게 사람을 보내 보고했다.

"지금 역양과 고노를 모두 평정했으므로 폐하께서는 삼진을 편안하게 어루만지시고 다시 함양을 취하러 가시기 바라옵니다."

그리고 한편으로 삼군에 명령을 내려 고노성으로 들어가게 했다. 한신은 방문을 크게 내걸어 백성을 효유하고 이지를 석방했다. 그때 사방을 정탐하는 기마병이 달려와 한신에게 보고했다.

"폐하의 어가가 폐구를 떠나 역양에 들러 사흘 동안 백성을 위로했습니다. 이제 고노로 달려와 대원수와 만나신 뒤 다시 함양을 취하겠다고 하십니다."

이후의 일이 어떻게 전개될지는 다음 회를 들으시라.

돌아오지 않는
육가

한신이 계책을 써서
함양을 취하다
韓信用計取咸陽

한왕은 역양을 떠나 고노에 이르러 한신과 만났다. 한왕이 감사의 말을 했다.

"이전에 소하가 장군을 추천해서 짐이 등용했더니 과연 큰 공을 세웠구려. 장군의 교묘하고 신령한 계책이 아니었다면 어찌 이런 경지에까지 이를 수 있었겠소?"

"이것은 신의 능력이 아닙니다. 폐하의 위엄이 널리 미치자 삼진 사람들이 스스로 손을 묶고 항복했기 때문입니다."

"장군께서 이미 삼진을 격파했으니 함양도 조만간 얻을 수 있겠구려. 하나 언제 출병해야 할지 모르겠소."

"함양은 얻기 어렵지 않습니다. 허나 걱정거리는 장함인데, 그는 지금 도림으로 도망쳤고 그곳은 폐구에서 멀지 않습니다. 우리 한나라 군사가 관중으로 들어간 틈을 노려 다시 군사를 일으켜 서쪽으로 나아가면 폐구를 다시 취할 수도 있습니다. 그리고 험한 성에 기대 우리 한나라의 군량 수송을 막는다면 심각한 후환이 되지 않겠습니까?"

"어찌하면 좋소?"

"폐하와 장수들은 잠시 고노에 머물러 계십시오. 신이 직접 군사 한 부대를 이끌고 도림으로 달려가서 장함을 죽이고 후환을 끊겠습니다."

한왕은 매우 기뻐했다. 한신은 다음날 군사 1만을 이끌고 번쾌, 주발, 시무, 신기 네 장수와 함께 도림 정벌에 나섰다.

한편, 장함은 화살에 맞은 상처가 회복되자 사람을 보내 초나라 구원병을 재촉하면서 폐구를 다시 찾으려 했다. 그런데 보고에 의하면 한신의 군사가 도림에서 멀지 않은 곳에 진주했다고 했다. 장함이 말했다.

"전에는 겁쟁이 한신이란 놈의 간계에 속았다. 그놈이 아직도 멈출 줄 모르고 여기까지 와서 나를 핍박하다니. 장수들은 마음을 합치고 힘을 모아 저 한신이란 놈과 자웅을 겨루는 데 힘쓰라!"

손안이 말했다.

"어리석은 신의 견해로는 해자를 깊이 파고 성벽을 높이 쌓아 지키면서 초나라 구원병이 오기를 기다려야 할 듯합니다. 지금 저들과 맞서 싸워서는 안 됩니다. 다시 간계에 말려들까 두렵습니다."

장함이 말했다.

"초왕에게 보고한 지 벌써 오래이건만 구원병은 코빼기도 보이지 않는구나. 만약 포위가 오래 지속되면 병사들이 지치고 식량도 떨어져서 더욱 버티기 어렵게 된다. 나는 군사를 부릴 때 속전속결에 중점을 두지 시간을 끌지 않는다."

그는 결국 손안의 말을 듣지 않고 바로 여마통, 계량, 계항, 손안에게 명령을 내렸다.

"군사 5000을 점검하여 나를 따라 도림성 밖으로 진격하라."

그들은 도림에 당도한 한신의 군사를 보았다. 군문의 깃발이 휘날리는 곳에서 한신이 말을 타고 나와 고함을 질렀다.

"장함! 일찍 항복하면 목숨만은 살려주겠다!"

장함이 화를 내며 말했다.

"남의 가랑이 사이나 기던 놈이 감히 나와 일전을 겨루려 하느냐?"

한신이 그를 맞아 싸우려 하자, 그의 뒤에 있던 번쾌와 주발 두 장수가 각각 무기를 치켜들고 장함과 싸우러 달려나왔다. 그러자 장함 뒤에 있던 여마통 등 네 장수도 일제히 몰려나와 싸움에 나섰다. 양쪽에서 북소리와 뿔피리 소리가 일제히 울렸고 함성이 하늘을 뒤흔들었다. 수십 합도 겨루지 않았는데 한신은 장함의 후군이 점점 밀리는 것을 보았다. 여마통 등은 번쾌 등의 적수가 아니었다. 한신은 곧 한나라 군사를 지휘하여 서둘러 신기와 시무에게 적진 후방으로 짓쳐들어가게 했다. 장함의 군사는 기세가 꺾여서 도망치려 했다. 원기 왕성한 한나라 군사의 돌격을 어찌 감당할 수 있겠는가. 장함은 대패하여 도림으로 도망치려 했으나 이미 신기와 시무에게 퇴로를 차단당한 뒤였다. 한신은 번쾌와 주발에게 적을 추격하여 죽이라고 명령을 내렸다. 장함은 양쪽에 대응할 수 없었다. 한나라 군사에게 사방을 포위당해 물러날 길도 보이지 않았다. 여마통 등 10여 명만 그의 뒤를 따르고 있었다. 게다가 업친 데 덮친 격으로 화살에 맞은 상처가 다시 찢어져서 통증이 그치지 않았다. 그는 한신에게 사로잡혀 명성을 더럽힐까 두려워 마침내 칼을 뽑아 스스로 목을 찔러 죽었다. 계량과 계항도 혼전 속에서 전사했다.

여마통과 손안은 장함이 자결한 것을 보고 서둘러 한나라 깃발 아래로 달려가 항복했다. 한신은 징을 울려 군사를 거두었다. 그는 여마통과 손안을 앞으로 나오게 하여 위로했다.

"두 분은 천명을 안다고 할 수 있소. 장함이 일찍 귀순했다면 어찌 오늘 같은 일을 당했겠소?"

손안이 말했다.

"장 장군은 용기만 믿고 패배를 자초했습니다. 만약 우리 두 사람의 간언을 들었다면 어찌 오늘 같은 지경으로 떨어졌겠습니까?"

한신이 말했다.

"도림성에는 군사와 장수가 얼마나 있소?"

여마통이 대답했다.

"성안의 군사는 500이 안 되고 장수는 없습니다. 나머지는 모두 백성입니다."

한신은 마침내 성안으로 진격하라고 명령을 내리고 직접 성안으로 들어가 백성을 안정시켰다. 다음날 삼군은 출병하여 고노로 돌아왔다. 장수들은 여마통과 손안을 데리고 가서 한왕을 알현하게 했다. 한왕은 그들의 이전 직책을 그대로 돌려주고 한나라 군대에서 복무하라고 분부했다. 그리고 나중에 공을 세우면 다시 봉작을 높여주겠다고 약속했다. 나머지 항복한 병졸들도 각각 적당한 대오에 나누어 배치했다. 한신은 대소 장수들에 대한 점호와 배치를 끝낸 뒤 다시 군사를 일으켜 함양대로를 따라 진격했다.

함양 수비대장 사마이(司馬移)와 여신(呂臣)은 함양에 주둔한 채 여러 번 서찰과 급보를 패왕에게 보내 한왕이 한신을 대장에 임명한 일, 대산관이 함락된 일, 삼진이 모두 무너진 일, 조만간 적이 함양으로 몰려올 일 등을 알리고 구원병을 보내달라고 간청했다. 그러나 구원병은 오지 않았다. 당황하는 사이에 정탐을 나간 기마병이 돌아와 보고하기를 한나라 군사가 이미 부풍을 지났다고 했다. 사마이는 여신과 대책을 논의했다.

"구원병은 아직 오지 않고 우리 군사는 많지 않소. 게다가 삼진조차도 한나라를 대적할 수 없었는데, 우리가 이 함양 땅을 어떻게 지킬 수 있겠소? 근간에 성안 백성이 하는 이야기를 들으니 한왕이 당도하면 모두 항복하겠다고 하오. 어찌하면 좋소?"

여신이 말했다.

"다시 한밤중에라도 사람을 보내 구원병을 요청해야 하오. 범 아보께서는 틀림없이 대책을 마련해주실 것이오."

그리고 다른 한편으로 사마이와 여신은 군사들을 돌보며 성 위로 올라가 방비에 전념했다.

한편, 한신은 군사를 이끌고 함양에 접근하여 먼저 사람을 보내 성안 소식을 탐문했다. 며칠 만에 보고가 올라왔다.

"함양의 사마이와 여신은 구원병이 도착하고 나서 성을 나가 싸우겠다고 합니다. 지금은 함양의 성문을 굳게 닫고 성 위로 군사를 보내 엄밀하게 지키고 있습니다."

한신은 그 보고를 듣고 견고한 함양성을 짧은 시간에 어떻게 무너뜨릴까 고민했다. 그는 시일을 늦추지 않고 꾀를 써서 탈취해야겠다고 생각했다. 그리고 여마통을 지휘부 장막 아래로 불러서 일렀다.

"장군께선 한나라에 귀의하고도 아직 큰 공을 세우지 못했소. 이제 장군께서는 한나라에 항복한 초나라 군사를 이끌고 본래 사용하던 깃발과 패왕에게서 받은 각종 방어용 문서를 몸에 지닌 채 거짓 구원병으로 행세하며 저들을 속여서 함양 성문을 여시오. 그때 내가 군사를 보내 한꺼번에 밀고들어가면 함양성을 쉽게 얻을 수 있을 것이오. 이번 작전으로 장군은 한나라에 귀의한 이래로 첫번째 공을 세우게 될 것이오!"

여마통이 말했다.

"대원수의 명령에 어찌 따르지 않을 수 있겠습니까? 허나 이들 문서의 인장은 진짜라 하더라도 날짜가 다른데 어떻게 해야 합니까?"

한신이 말했다.

"우리 수행원 중에는 원본의 글자를 지우고 고쳐쓰는 데 뛰어난 사람이 있소."

그리고 바로 문서 상자에서 삼진의 원본 문서를 꺼내놓고 역생에게 수문사(水文士, 문서를 지우고 조작하는 전문가) 이우(李禹)를 데려오라고 했다. 이 사람은 솜씨가 매우 교묘했다. 문서를 처음부터 끝까지 한 번 죽 훑어보고 구석자리로 가져갔다. 그리고 얼마 지나지 않아 고친 문서를 한신에게 바쳤다. 날짜를 모두 적당히 고쳐썼으며 각 글자도 지우고 보충하여 한 치의 오차도 없었다. 완전히 새로운 문서였다. 한신은 고친 문서를 보고 매우 기뻐하며 여마통에게 건네주고 항복한 초나라 군사와 본래 사용하던 깃발을 점검하라고 했다. 그리고 손안 등과 함께 항복한 군사 5000을 이끌고 경수와 위수를 따라 북쪽 외진 길로 갔다가 동남쪽으로 돌아나와서 곧바로 패릉으로 진격한 뒤 다시 함양대로로 직진하라고 했다. 또 한신은 번쾌, 주발, 근흡, 시무에게는 여마통의 뒤를 봐주며 천천히 행군하다가 함양 성문이 열리면 그 틈에 한꺼번에 진입하여 성 위에 한나라 깃발을 꽂으라고 했다. 장수들은 명령을 받고 모두 출발했다. 한신은 한왕에게 잠시 군사를 주둔시키고 함양성에서 소식이 오기를 기다리자고 청했다. 한나라 군사가 성안으로 진격하고 급보를 보내오면 어가를 움직일 심산이었다.

여마통은 장수들과 함께 항복한 초나라 군사를 거느리고 비밀리에 경수와 위수를 따라가다가 함양성을 돌아서 동쪽 대로로 진격했다. 성 아래에 도착하여 성안으로 보고 문서를 보냈다. 사마이와 여신은 초나라 구원병이 도착했다는 소식을 듣고 서둘러 성 위로 올라가 초나라 군사의 깃발을 보았다. 그리고 초나라 군사임을 증명하는 문서가 있으면 가져와서 보여달라고 했다. 여마통이 말을 타고 성 아래에 이르러 문서를 성 위로 올려보내 사마이와 여신에게 살펴보게 했다. 그것은 모두 인장이 찍힌 확실한 문서였다. 그들은 즉시 군사들에게 성문을 열고 초나라 군사를 받아들이라고 명령했다. 여마통이 말했다.

"우리 군사가 두 차례로 나누어 출발했습니다. 후군이 곧 도착할 겁니다."

가짜 초나라 군사가 천천히 성안으로 들어간 뒤 해 질 무렵에 후군이 성 아래에 도착했다. 그들이 일으킨 먼지가 하늘을 가득 뒤덮었고 군사들의 기세도 대단했다. 사마이는 그 광경을 보고 바로 명령을 내려 후군은 잠시 성밖에 주둔했다가 내일 성안으로 들어오라고 했다. 그러나 앞쪽 군사들이 이미 들어가려고 움직였기 때문에 전체 대열의 기세를 멈출 수 없었다. 그러자 후군의 군사들도 그런 기세를 타고 한꺼번에 성안으로 진입했다. 전령이 소리쳤다.

"후군 군사들은 잠시 멈추시오!"

그때 후군의 우두머리로 보이는 장수 몇몇이 다섯 명에서 일곱 명의 전령을 칼로 베어 쓰러뜨렸다. 그러자 군사들이 한꺼번에 소리를 지르며 성안으로 쇄도해 들어가기 시작했고 장수들은 성 위로 뛰어올라가 사마이와 여신을 사로잡고 한칼에 한 명씩 죽였다. 그런 뒤 사람들이 잘 볼 수 있게 그들의 머리를 높은 곳에 매달고 소리를 질렀다.

"우리는 한나라 장수 번쾌, 주발, 근흡, 시무다. 한신 대원수의 명령을 받들고 속임수로 성문을 열었다. 사마이와 여신은 이미 죽었다. 너희는 한나라에 귀의하여 살상을 면하라."

사람들이 일제히 응답했다.

"한왕께서 전에 먼저 함양에 도착하셨으므로 관중의 주인이 되셔야 했습니다. 그러나 뜻밖에도 패왕이 약속을 어기고 한왕을 포중으로 좌천시켰습니다. 우리는 날마다 그분을 생각했습니다. 오늘 한왕께서 오신다니 모두 투항하겠습니다."

번쾌는 매우 기뻐하며 바로 한나라의 붉은 깃발을 세우고 빠른 기마병을 보내 한왕에게 이 사실을 보고했다. 그리고 한편으로는 안전하게 군영을 세웠다.

하루이틀이 지나서 한왕의 군사가 도착했다. 함양 백성은 남녀노소 모두 성밖 30리까지 나가서 소쿠리밥과 미숫가루 음료를 들고 한왕을 영접했다. 그들은 땅에 엎드려 말했다.

"폐하께서 포중으로 가신 뒤 온종일 폐하를 그리워했습니다. 그런데

한왕이 함양성을 위무하다

오늘 예기치 않게 다시 함양으로 오시니 이는 정말 우리 만민의 복입니다!"

한왕은 환영 나온 백성들을 모두 위무한 뒤 성안으로 들어갔다. 길 양쪽에 늘어선 백성들은 각각 대문 앞에 향안을 내놓고 한왕을 맞았다. 한왕은 깨끗하게 청소해놓은 함양의 옛 궁전에 이르러 대전으로 올라가 좌정했다. 한신은 대소 장수를 이끌고 알현의 예를 갖추었다. 예를 마치고 한왕은 방문을 크게 내걸고 백성을 안무하라는 칙지를 전하는 한편, 주연을 열어 문무 관료와 장졸 들에게 상을 내리고 위로했다. 잔치가 끝나자 다시 동쪽 정벌 계획을 논의했다.

한신이 말했다.

"함양은 비록 무너뜨렸으나 관동(關東, 함곡관 동쪽 지역)에 위표와 신양이 아직 귀의하지 않고 있습니다. 항왕이 군사를 거느리고 와서 제후왕과 힘을 합쳐 한나라 군사에 대적하면 삼면에서 적을 맞을까 두렵습니다. 이 때문에 아직 그들과 예봉을 다투기는 어렵습니다."

한왕이 말했다.

"그럼 어찌하면 좋소?"

"반드시 기이한 계책을 지닌 선비를 초나라로 보내 그들의 군사를 이동시켜 제나라를 정벌해달라고 유세해야 합니다. 그 틈에 신은 북동쪽으로[1] 평양(平陽, 산시성山西省 린펀시臨汾市)의 위표를 격파하고 동쪽으로 낙양의 신양을 격파하겠습니다. 관동을 평정하고 나면 항왕과 대적하는 것은 어렵지 않습니다."

1_ 원본은 남쪽이나 북동쪽이 되어야 옳다.

한왕이 어떤 선비가 두 제후왕을 설득할 수 있겠느냐고 묻자 태중대부 육가가 아뢰었다.

"지난날 대왕마마께서 서쪽으로 진나라를 정벌하실 때 신은 낙양에서 대왕마마께 투신하여 마침내 포중까지 함께 갔습니다. 그런데 벌써 3년이 지났는데도 고향으로 돌아가지 못했습니다. 신의 부모와 처자는 모두 낙양에 있으므로 생사를 장담할 수 없습니다. 이에 신은 돌아가 부모님을 찾아뵙고 내친김에 신양에게 유세하여 한나라에 귀의하도록 하겠습니다. 그런 뒤 다시 평양으로 가서 위표를 설득하겠습니다. 두 왕이 반드시 저를 만나줄 것이라 생각합니다."

한왕은 매우 기뻐하며 육가에게 황금 10근을 여비로 하사했다.

육가는 그날 바로 한왕에게 작별 인사를 하고 낙양성으로 들어가 집으로 갔다. 부모님과 처자식은 모두 살아 있었다. 부모님께 절을 올리고 아내와 자식을 만나 그동안 어떻게 지냈는지 물었다. 부모님이 말했다.

"다행히 대왕마마께서 네가 한왕을 따라 서쪽으로 간 뒤 매일 사람을 시켜 쌀과 옷을 보내주셨다. 덕분에 우리 일가가 따뜻하게 입고 배불리 먹을 수 있었다. 이 모두는 대왕마마의 은혜다. 너는 대왕마마를 찾아뵙고 우리 가족을 보살펴주신 은혜에 감사 인사를 해야 한다."

육가는 그 말을 듣고 너무나 기뻐서 의관을 잘 갖추어 입고 신양을 알현하러 조정으로 갔다. 신양은 육가가 돌아왔다는 소식을 벌써 전해 듣고 있었다. 신양이 말했다.

"육 대부가 한왕을 따라 서쪽으로 정벌에 나선 지 벌써 3년이 지났구려. 짐은 그동안 국가 대사를 의논하려 해도 함께 말할 사람이 없었소. 지금 다행히 귀향했다 하니 사람을 보내 조정으로 들어오라 하시오."

아직 말을 다 마치지도 않았는데 육가가 신양의 안부를 여쭈러 왔다고 대궐 문지기가 보고했다. 신양이 일렀다.

"어서 뫼셔라!"

육가가 들어가 신양을 알현하자 신양은 얼굴 가득 웃음을 머금고 육가를 부축하여 일으키며 말했다.

"대부께서 한왕을 따라 서쪽으로 가서 오랫동안 돌아오지 않는지라 내가 매번 사람을 보내 대부의 집안을 보살피며 날마다 대부께서 돌아오길 기다렸소. 대부를 생각하는 내 마음을 위로하기 위한 일이었소."

육가가 말했다.

"신은 명령을 받들고 한왕을 따라 서쪽으로 정벌을 떠났습니다만 뜻밖에도 한왕께서 굳이 신을 수행원으로 삼았습니다. 신은 한왕이 덕망이 있는 분이라 보았고 또 신을 간절히 붙잡기에 부득이하게 포중에 오래 머물게 되었습니다. 어제는 삼진을 모두 무너뜨리고 함양에까지 당도했습니다. 이에 신은 한왕에게 작별 인사를 하고 대왕마마를 뵈러 왔습니다. 집안의 부모와 처자는 대왕마마께서 베풀어주신 두터운 은혜를 입고 지금까지 살아남을 수 있었습니다. 그렇지 않았다면 굶주림과 추위 속에서 이미 죽었을 것입니다. 대왕마마의 은혜에 깊이 감사드립니다. 신이 분골쇄신하더라도 다 갚을 수 없는 은혜입니다."

신양이 또 물었다.

"한왕은 어떤 분이오?"

"한왕은 관대하고 어질고 도량이 큰 분으로 장수와 선비를 사랑합니다. 지금 한신을 대장으로 삼아 두 달도 안 되어 대산관과 삼진을 함락시키고 함양을 지혜로 쟁취했습니다. 이르는 군현마다 모든 사람이 그분의 풍모를 우러르며 귀의하고 있습니다. 정말 도를 아는 임금이십니다. 장래에 틀림없이 큰일을 이룰 것입니다."

"나도 한왕께서 덕이 있다는 소문을 듣고 오래전부터 귀의하려고 했소. 허나 초나라가 강대하여 감히 그들의 뜻을 어길 수 없었소. 내가 한나라에 귀의하면 패왕이 그걸 알고 절대 그렇게 하지 못하게 할 것이오. 그럼 나의 이 보위도 아마 보전하기 어려울 것이오."

"근래 한왕의 군대는 매우 강대한 세력을 떨치고 있으며 한신의 용병술도 귀신 같습니다. 만약 한왕의 군대가 낙양에 들르면 멀리까지 환영을 나가야 그들의 공격을 받지 않을 것입니다."

"알겠소!"

육가는 애초에 신양에게 유세하여 한나라에 귀의하게 할 작정이었지만 신양이 자신을 매우 후하게 대우하자 차마 그런 말을 꺼낼 수 없었다. 또 부모와 처자가 좋은 대접을 받자 결국 안심하고 낙양에 머물며 다시 한나라로 돌아갈 생각이 없어졌다.

한왕은 육가가 신양과 위표에게 유세하여 투항하게 할 날을 함양에서 기다리고 있었다. 그러나 오랫동안 회신이 없었다. 답답한 날이 계속되는 가운데 사도(司徒) 장량이 남전에서 나와 신풍(新豊, 산시성陝西省 시안시 린퉁구) 가까이 다가왔고, 이에 미리 사람을 보내 함양에 소식을 전해왔다는 보고가 올라왔다. 한왕은 장량이 곧 도착한다는 말을 듣고 기쁨을 감추지 못했다. 그는 즉시 관영과 조참을 보내 장량을 맞이하도록 했다. 한신도 소문을 듣고 설구와 진패 두 장수를 멀리까지 마중을 보냈다. 또 한왕은 장량과 회포를 풀 주연을 마련하라고 칙지를 내렸다. 한왕이 대전에서 기다리고 있을 때 빠른 소식이 전해졌다.

"장 사도가 벌써 조정 문밖에 도착했습니다."

한왕은 대전 문밖으로 내려가서 승덕문(承德門)까지 직접 걸어갔다. 멀리서 장량이 빠른 걸음으로 걸어오는 것이 보였다. 한왕이 웃으면서 말했다.

"선생을 오래 뵙지 못하여 내가 온종일 선생을 생각했소!"

한왕은 장량의 손을 잡고 대전 위로 이끌었다. 장량은 바닥에 엎드려 절을 올렸다.

"대왕마마와 작별한 이래로 날마다 좌우에서 모시지 못했지만 제 마음은 늘 대왕마마 앞을 떠난 적이 하루도 없었습니다. 신은 대왕마마와 작별할 때 세 가지 큰일을 말씀드린 적이 있습니다. 항왕에게 유세하여 팽성으로 천도하게 하는 것, 육국이 초나라를 배반하게 하는 것, 한나라를 흥성하게 하고 초나라를 멸망시킬 수 있는 대원수를 찾는 것이 그것입니다. 제가 함양에 들어올 때 이 세 가지 일을 이룰 것이라고 대왕마마와 약속했습니다. 신은 오늘 이 세 가지 일을 모두 끝내고 삼가 함양으로 와서 대왕마마를 뵙게 되었습니다."

한왕은 매우 기뻐하며 장량을 부축하여 일으켰다.

"세 가지 일을 이룬 건 모두 선생의 노고 덕분이오! 이 유방이 포중에서 나와 이곳에서 우리가 만나게 된 건 모두 선생의 공이오! 뒷날 쇠와 돌에 이름을 새겨 자손만대에까지 마멸되지 않게 하겠소!"

장량은 한왕을 알현하고 나와서 문무 관료와 장수 들을 만났다. 한신이 앞으로 나와 감사의 말을 했다.

"선생께서 천거해주신 역량에 의지하여 대왕마마께서 관직의 품계를 뛰어넘어 나를 중용해주셨소. 내 이제 소원을 이루었으니 죽을 때까지 선생의 성덕을 잊지 않겠소."

장량이 말했다.

"장군께서 여러 번 큰 공을 세우고 명성을 크게 떨치니 나의 추천이 잘못되지 않았다고 할 수 있소."

한왕은 대전에 주연이 벌써 준비된 것을 보고 신하들을 배석하게 하여 친히 술잔에 술을 부어 장량에게 하사했다. 군신이 모두 씩씩한 모습으로 한방에서 잔치를 벌이는 가운데 온갖 풍악 소리가 흥을 돋웠다. 그날은 모두 흥겹게 잔치를 벌인 뒤 각자의 거처로 돌아갔다.

다음날 한왕은 한신, 장량과 앞으로의 대책을 논의했다.

"위표와 신양이 아직 귀의하지 않았는데, 육가는 그곳으로 가서 오랫동안 돌아오지 않고 있소. 이때 초나라 군대가 서쪽으로 달려온다면 어떻게 대응해야 하오?"

장량이 말했다.

"육가는 낙양으로 돌아갔는데, 그곳은 그의 부모가 있는 나라입니다. 따라서 고향에 머물고 싶어할 것인데 어찌 신양에게 한나라에 귀의하라고 유세할 수 있겠습니까? 위표는 평소에 헛된 명성에 집착하며 자존망대하는 자입니다. 육가가 그를 설득하기는 어려울 것입니다. 두 곳은 신이 한번 가야겠습니다. 임기응변으로 마음을 뒤흔들어 두 왕이 한나라에 귀의하도록 하겠습니다. 그때가 한 장군이 동쪽으로 정벌을 나설 좋은 기회가 될 것입니다."

한신이 말했다.

"신이 연일 선생의 묘책 얻기를 바랐더니 이제야 두 왕이 귀의할 수 있겠습니다. 육가가 낙양으로 간 것은 유세를 핑계로 고향으로 돌아가려는 꾀를 부린 것에 불과한 듯합니다."

한왕이 말했다.

"허나 선생께선 방금 이곳에 도착하여 우리가 이렇게 즐거운 만남을 갖고 있는데, 차마 다시 먼길을 보내고 싶지 않소."

장량이 말했다.

"천하가 아직 안정을 찾지 못했습니다. 이런 상황에 제가 어찌 편안하게 거주하며 온종일 배불리 먹을 수 있겠습니까? 신은 지금 대왕마마와 작별하고 바로 떠나겠습니다. 격문과 상소문을 써서 초나라에 주고 그들로 하여금 오로지 제나라 정벌에만 전념하게 하여 서쪽으로 올마음을 없애겠습니다. 신이 평양과 낙양 두 곳으로 가면 그곳 두 왕은 대왕마마를 번거롭게 하지 않고 바로 활과 화살을 내려놓을 것입니다."

장량은 한왕과 작별하고 신양과 위표에게 유세하러 떠났다. 상황이 어떻게 될지는 다음 회를 보시라.

제49회

서위의 위표가
항복하다

장량이 위표에게 유세하여
한나라에 귀의하게 하다
張良說魏豹歸漢

한편으로 장량은 거짓 격문과 상소문을 써서 사람을 보내 팽성에 전하고, 다른 한편으로는 필요한 사람만 대동하고 몰래 평양과 낙양을 향해 떠났다.

한편, 패왕이 어느 날 조회를 열 때 함양에서 여러 번 사람이 와서 구원병을 요청했다. 이어서 함양이 이미 함락되었단 소식과 현재 한왕이 관중에 도읍을 정하자 각 군현이 그 덕망을 우러르며 귀의했으며, 그 지역 5000여 리가 모두 한왕에게 복속되었고, 조만간 동쪽으로 정벌을 행하여 심한 불안을 조성할 것이라는 소문도 들려왔다. 패왕이 대로하여 소리쳤다.

"남의 가랑이 사이나 기던 놈이 무슨 식견이 있어서 우리 삼진을 빼앗고 함양을 습격하여 유방이란 놈을 저렇듯 방자하게 날뛰도록 만들었단 말이냐? 삼군을 점검하고 지금 바로 서쪽 정벌에 나설 것이다. 유방과 한신을 주살하지 않고는 절대 군사를 되돌리지 않으리라!"

범증이 아뢰었다.

"신은 지난날 한신을 여러 번 추천한 적이 있습니다. 또 그 사람을 등용하면 대장직에 임명해야 하고 등용하지 않으면 죽여서 후환을 없애라고 말씀드렸습니다. 그런데 신의 말을 듣지 않으시고 그 사람을 한나라에 귀의하게 하여 지금의 분노를 야기하게 했습니다."

패왕이 말했다.

"장함은 늙어빠진 멍청이라 본래 재능이 없고, 사마흔과 동예도 모두 쥐새끼 같은 무리일 뿐이오. 함양을 지킬 대장이 없어서 결국 한신의 간계에 놀아난 꼴이오. 비록 몇 곳을 잃었지만 걱정할 것 없소. 내가 대군을 이끌고 가면 유방과 한신은 모두 가루가 될 것이오!"

말을 아직 다 마치지도 않았는데 조정 문밖에서 보고가 올라왔다.

"한(韓)나라 장량이 사람을 파견하여 제나라에 전할 격문과 폐하께 아뢰는 상소문을 전해왔습니다."

"들게 하라!"

그 사람은 장량의 비밀 상소문과 격문을 바쳤다. 패왕이 상소문을 개봉했다. 내용은 다음과 같았다.

한(韓)나라 사도 신 장량은 서초 패왕 황제 폐하께 머리를 조아리며 아뢰옵니다. 신 장량은 폐하께서 살려주신 은혜를 입고 본국으로 돌아가 옛 주군의 장례를 치를 수 있었습니다. 그후 한가하게 세월을 즐기며 산으로 들어가 약초를 캐기도 하고 시냇가로 가서 물을 구경하기도 했습니다. 또 봉래산의 신선 동굴을 방문하기도 하고 세상 밖에서 참된 단약(丹藥)을 구하기도 했습니다. 벼슬길은 험난하여 더이상 발을 들여놓지 않았습니다. 그러나 비록 먼 산림에 거주해도 마음속으로는 폐하의 성덕을 잊은 날이 하루도 없었습니다. 근래에 한왕이 신을 불러 일을 시키려 했지만 신은 몸이 아프다고 극력 사양했습니다. 또 벼슬길에 마음 쓰지 않은 지 오래되었는데, 한 번 부른다고 어찌 달려갈 수 있겠습니까? 설령 백번을 부른다 해도 가서 일할 생각이 없습니다. 제나라와 양(梁)나라 두 곳에서도 신을 불렀습니다. 신은 역시 마음을 굳게 하여 힘써 사양했습니다. 제나라와 양나라에서는 이미 신이 명예에 마음이 없음을 알고 다시 부르지 않았습니다. 그후 격문이 한(韓)나라에 전해졌는데, 언어가 광포하여 천하를 도모할 마음을 품고 있었습니다. 폐하의 성은을 입은 신이 이웃나라의 반란을 알고 어찌 감히 그것을 숨기며 분명하게 말을 하지 않을 수 있겠습니까? 신이 추측하건대 한왕의 식견으로는 관중을 얻었다 해도 애초의 약속처럼 거기서 그치지, 더이상 동쪽으로 진격할 마음은 없을 것입니다. 그러나 제나라와 양나라는 격문을 각국으로 전하고 있으니 품은 뜻이 작지 않습니다. 폐하께 큰 우환이 될 것이니 군사를 일으켜 제나라와 양나라를 쳐서 저들의 마음을 제압하고 더이상 방자하게 행동하지 못하게 해주십시오. 그렇게 하면 큰일을 이루실 수 있을 것입니다. 혹시라도 한(漢)나라가 다른 마음을 먹는다면 바로 군사를 돌려 서쪽을 공격하면 북소리 한 번에 유방을 사로잡을 수 있을 것입니다. 신의 비루한 견해는 이와 같습니다. 폐하께서 살펴주십시오. 신 장량은 몸이 떨릴 정도로 두려운 마음을 이길 수 없습니다.

패왕은 상소문을 다 읽고 나서 다시 제나라와 양나라가 전했다는 격문을 읽었다.

제왕 전영(田榮)과 양왕 진승(陳勝)은 여러 제후왕 전하 휘하에 절을 올립니다. 천자의 보위에는 덕이 있는 사람이 앉아야 하고 지극한 덕은 공의(公義)를 다 발휘하는 것이므로, 덕이 없는 자는 천자의 보위에 앉을 수 없고 공의가 없으면 지극한 덕을 다 발휘할 수 없습니다. 항적과 유방은 회왕과 약속하고 먼저 관중에 들어가는 자가 그곳 왕이 되기로 했습니다. 이는 천하 사람들이 모두 들은 일입니다. 유방은 칼에 피를 묻히지도 않고 관중을 먼저 취했으니 회왕과의 약속을 지켜야 한다면 유방이 진왕(秦王)이 되어야 했습니다. 항적은 약속을 어기고 제후들을 좌천시킨 뒤 무도한 짓을 함부로 자행하며 몰래 의제를 시해했습니다. 그자는 덕이 없을 뿐 아니라 공의도 없습니다. 폭군 걸왕이나 주왕과 같은 부류이고 멸망한 진나라를 이은 패거리입니다. 지금 나라를 다스리는 사람은 마땅히 하늘의 토벌을 시행해야 할 뿐 아니라 저 참람한 자를 주살해야 합니다. 모든 서민과 백성들도 천지에 고하고 모두 그자를 주살할 수 있습니다. 지금 전담자를 보내 삼가 격문을 바치오니, 일찌감치 거병하여 제후들과 회합하고 함께 항적을 죽인 뒤 그의 죄를 분명하게 바로잡고 덕이 있는 사람에게 보위를 양보하는 은혜를 베풀어주시면 천하 만민의 다행이겠습니다. 나머지 말씀은 다 올리지 못합니다.

패왕은 격문을 다 읽고 손으로 책상을 내리치며 심한 욕설을 퍼부었다.

"제나라와 양나라의 무지렁이 놈들이 감히 이처럼 무례하게 굴다니! 먼저 제나라와 양나라를 멸한 뒤에 한신을 쳐야겠다."

그는 즉시 회답을 써서 장량에게 사람을 보냈다. 그러자 범증이 말했다.

"폐하! 분노를 거두십시오. 이것은 장량이 초나라가 서쪽으로 정벌을 나설까봐 이 격문으로 폐하의 분노를 불러일으켜 서쪽으로 진격할 마음을 먹지 못하게 하려는 수작입니다. 이렇게 되면 한왕은 조용히 자신이 마음먹은 일을 할 수 있게 됩니다. 비록 저들의 계책이기는 하나 제나라는 병력이 강하므로 먼저 정벌하여 피부병을 제거하지 않을 수 없습니다. 꾀에는 꾀로 맞서라고 했듯이 장량의 의견에 따르십시오. 그러나 한나라는 기실 뱃속에 자리잡은 질병이므로 더더욱 정벌을 늦추셔서는 안 됩니다. 마땅히 두 위나라, 즉 서위(西魏)와 하남에 칙지를 전하고 방어를 더욱 엄밀하게 하여 한나라 군사를 막게 하셔야 합니다. 폐하께서 제나라와 양나라를 정벌하신 뒤 군사를 돌려 서쪽으로 진격하시면 한나라를 정벌하는 일이 어긋나지 않으실 것입니다."

패왕이 말했다.

"그렇소!"

그리고 즉시 군사를 동원하여 제나라와 양나라를 정벌하기 위해 나섰다. 서쪽으로 정벌을 가지 않았으므로 결국 장량의 계책이 맞아떨어진 셈이었다.

장량은 함양을 떠나 평양에 이르렀다. 성으로 들어가며 평양의 경치를 구경했다. 산천은 수려했고 풍속은 순후했다. 옛날에는 진양(晉陽)이라 했고 지금은 서위(西魏)에 소속되어 있었다. 인물은 번성했고 지리는 험준했다. 서위왕의 대궐 문밖에 도착하여 좌우 수행원을 시켜 한나라 장량이 서위왕 뵙기를 청한다고 기별을 넣었다. 위표가 말했다.

"장량이 왜 나를 만나러 왔을꼬?"

곁에 있던 대부 주숙(周叔)이 대답했다.

"장량은 유세객입니다. 소진(蘇秦)[1]과 장의(張儀)[2]라 해도 그에게 미칠 수 없습니다. 그가 이번에 온 것은 틀림없이 한왕을 위해 무슨 유세를 하려는 것입니다. 대왕마마께선 잘 대응하셔야 합니다."

"만약 헛소리를 늘어놓으면 내가 보검으로 그 미친 자를 주살할 것이오."

"장량의 명성은 육국에 자자하고 천하 사람들도 모두 알고 있습니다. 패왕도 그를 죽이지 못했습니다. 대왕마마께서는 예로써 대하시고 그자의 말을 경솔하게 따르지 않으시면 됩니다."

위표는 좌우에 분부하여 장량을 대전 안으로 들이라고 했다. 장량은 대전으로 들어와서 위표와 서로 인사를 나누었다. 위표가 말했다.

1_ 소진(蘇秦, ? ~ 기원전 284). 전국시대 주나라 유세가로 자는 계자(季子)다. 장의와 함께 귀곡자 문하에서 유세술을 배워 합종책(合縱策)을 주장했다. 연횡책(連衡策)을 주장한 장의와는 결의형제로 알려져 있다. 진나라를 제외한 육국이 힘을 합쳐 진나라에 대항해야 한다는 합종책을 주장하여 육국 재상에 임명되었다. 제나라에서 연나라를 위해 반간계를 쓰다가 자객에게 암살당했다.

2_ 장의(張儀, ? ~ 기원전 309). 전국시대 위나라 유세가로 귀곡자 문하에서 소진과 함께 유세술을 배웠다. 진나라가 가까운 나라와 연합하여 합종책을 타파해야 한다는 연횡책을 주장했다. 각국을 전전하며 온갖 술수로 연횡책을 설파하다 위나라에서 병사했다.

"공이 한왕의 휘하에 있다는 소문을 들었소. 오늘 이렇게 오셔서 무슨 가르침을 내려주시겠소?"

장량이 대답했다.

"한왕께서 한(韓)나라를 지날 때 신을 빌려 진나라를 정벌했지만 신은 이미 사직하고 한(韓)나라에 귀환했습니다. 어제 소문을 들으니 한왕이 동쪽으로 정벌을 나서서 벌써 함양으로 들어갔고 여러 차례 사람을 보내 신을 불렀다고 했습니다. 그러나 신은 이미 공명에 마음을 쓰지 않은 지 오래입니다. 다만 한왕은 덕이 있는 분이고 지난날 제 능력을 알아주는 은혜를 입었기에 이제 한번 만나 뵙고 본국으로 돌아가려 합니다. 그런 차에 마침 서위를 지나다 대왕마마께서도 덕이 있는 군주시고 육국에 명성을 떨치고 계신다는 말을 들었습니다. 신이 길을 가는 동안 대왕마마의 공덕을 칭송하지 않는 이가 한 사람도 없었습니다. 신은 평소에도 대왕마마를 우러러 사모하며 한번 만나 뵙고 싶었는데, 지금 위나라에 당도한 마당에 어찌 한번 뵙고 평소에 경앙하던 마음을 풀지 않을 수 있겠습니까?"

위표는 장량의 말을 듣고 너무나 기뻐서 얼른 그를 빈객의 자리로 이끌었다. 위표가 장량에게 물었다.

"지금 바야흐로 육국은 합종연횡에 정신이 없고 초나라와 한나라는 전투중에 있소. 선생께서 보기에 어느 나라가 흥하고 어느 나라가 망하겠소? 국가의 흥망성쇠에는 틀림없이 하늘의 운수가 있을 터인데 선생께선 세상사를 깊이 아니 평소에도 앞날을 예견할 수 있겠지요?"

장량이 말했다.

"천하의 형세를 논하자면 한나라는 흥할 것이고 초나라는 결국 망할 것입니다. 한왕이 지난날 밤에 신모(神母)가 울부짖는 모습을 본 일에 이미 상서로운 기운이 드러났습니다. 지금은 벌써 삼진을 석권했고 지혜로 함양을 빼앗았습니다. 사방의 모든 군현이 한왕에 호응하여 두 달도 안 된 사이에 5000여 리의 땅을 얻었습니다. 천하의 민심이 귀의하고 제후들이 그 덕을 우러릅니다. 저 장량은 한(韓)나라 사람이나 한왕이 함양에 당도했단 소식을 듣자마자 1000리를 멀다 하지 않고 달려가 한번 알현하려는 것입니다. 어제 각 지역 제후들이 모두 상소문을 바치고 한왕에게 귀의했습니다. 제나라나 연나라 같은 대국도 모두 조공을 바쳤습니다. 저는 밤에 천문을 보고 한왕이 장래에 천하의 주인이 된다는 사실을 알았습니다. 오늘날 초나라가 강대하여 제후들이 부득이하게 복속하고 있지만 어느 날 초나라의 예기가 꺾이면 육국은 반드시 배반할 것입니다. 그럼 초나라가 어찌 오래갈 수 있겠습니까? 연왕과 제왕은 천명을 깊이 알고 시무(時務)에 통달했기 때문에 한나라에 복속하여 오래오래 부귀를 도모하고 있습니다. 이는 정말 식견 있는 행동입니다. 대국으로 불리는 제나라와 연나라도 이와 같은데, 그 나머지 제후국이야 더 말해 무엇 하겠습니까! 저는 민심이 이와 같이 순응하는 걸 보았기에 한나라의 대업이 흥하리란 걸 알 수 있습니다. 이는 미루어 토론해보지 않아도 금방 알 수 있는 사실입니다."

위표는 장량의 말을 듣고 황급히 일어나 술잔을 잡고 장량에게 받들어 올렸다.

"선생의 말씀에 의하면 틀림없이 한왕이 장차 천하를 얻겠소. 나는 오늘 비록 왕으로 책봉을 받았지만 이곳에 고립된 채 나라를 오래 유지하지 못할까 두렵소. 그런데 마침 선생의 말씀을 듣고 보니 내 평소

장량이 위표에게 유세하다

에 근심하던 마음이 감동을 받아 오늘 당장 한나라에 귀의하고 싶소. 선생께서 추천하고 인도해줄 수 있을지 모르겠소."

장량이 말했다.

"아무개는 대왕마마의 현명함을 깊이 사모하여 이 나라로 들어와 알현하기를 청했습니다. 만약 대왕마마께서 한나라에 귀의하실 마음이 있다면 한왕은 크나큰 도량으로 그 마음을 품어줄 것입니다. 제가 만약 대왕마마를 한왕에게 인도하면 한왕은 반드시 환난을 당했을 때 서로 도와주며 대왕마마와 부귀를 함께 누릴 것이고 대왕마마께서도 평소의 염려에서 벗어날 수 있을 것입니다."

이때 주숙은 병풍 뒤에서 장량의 유세를 듣다가 위표가 이미 장량에게 설득된 것을 보고 서둘러 병풍 뒤에서 몸을 돌려 나왔다. 그는 위표 앞으로 다가가 말했다.

"대왕마마! 장량의 말을 들어서는 안 됩니다. 아마도 패왕이 이 사실을 알면 틀림없이 군사를 일으켜 대왕마마와 싸우려 들 것입니다. 그때 어떻게 대응하시겠습니까? 이는 멀리 있는 것을 사모하다가 가까이 있는 것을 버리는 격입니다."

장량은 웃음을 그치지 않았다. 주숙이 말했다.

"공은 뭐가 그리 우습소?"

"저는 대부께서 강약을 모르고, 시세를 모르고, 패왕의 사람됨을 진정으로 모르기 때문에 껄껄 웃었소!"

"강약이 무엇이오?"

"진나라 장수 장함은 옹왕으로 책봉되어 서진을 지키면서 갑사(甲士) 20여만을 거느렸소. 이를 서위와 비교하면 누가 강하고 누가 약하오?

한신은 한 번 출전하여 폐구를 물바다로 만들었고 장함을 자살하게 했소. 그 기세가 파죽지세와 같았는데, 이는 패왕이 아홉 번 싸워 모두 이긴 공적보다 못하다고 할 수 없소. 이 때문에 대부의 견해가 강약을 모른다고 한 것이오."

"그럼 시세를 모른다는 건 무엇이오?"

"천하에는 꼭 그렇게 되는 시간이 있고, 꼭 그렇게 되는 대세가 있소. 지금은 그런 시간이 아직 정해지지 않았고 대세도 아직 정해지지 않았소. 패왕은 자신의 강포한 힘만 믿고 아직 천명은 모르고 있소. 비록 천하를 도모하고 있으나 그 시간을 아직 얻지 못했소. 관중에 도읍하지 않고 팽성에 도읍하여 제후의 패자가 되었으나 민심을 잃었으니 아직 대세를 얻지 못한 것이오. 한왕은 우뚝한 콧날에 용안을 하고 있으며 이동할 때마다 머리 위에 상서로운 구름이 나타나오. 망탕산에서 뱀을 베자 신모가 밤중에 울부짖었소. 이에 천명이 귀의하여 백대의 진정한 천자가 나타난 것이오. 처음 관중으로 들어갔을 때 칼날에 피 한 방울 묻히지 않았으며 사람의 능력을 알아보고 일을 맡기자 민심이 모두 그분에게 귀의했소. 천하의 시간을 얻었고 천하의 대세를 얻었으니, 이는 오직 한나라만 할 수 있는 일이오. 그런데도 대부께선 한나라에 귀의하지 않으려 하므로 시세를 모른다고 한 것이오."

"패왕의 사람됨을 모른다고 한 것은 또 무슨 말이오?"

"패왕은 남이 저지른 작은 잘못은 단단히 기억하면서도 남이 베푼 큰 은혜는 쉽게 잊어버리오. 연나라와 제나라는 잘못이 없고 왕으로 봉한 지 얼마 되지도 않았는데, 군사를 일으켜 정벌한다면 두 나라는 더이상 편한 날을 누리지 못할 것이오. 이런 상황을 보면 앞으로 두 위나라도 스스로 보전하기 어려울 것이오. 대왕마마께서 일찍 대책을 세우지 않고 이곳에 고립된 상태에서 패왕이 제나라와 연나라를 격파한 뒤 군사를 이곳으로 돌리면 그들을 방어하실 수 있겠소? 대부께서 패왕의 사람됨을 모른다고 한 것은 이 점을 통해서도 쉽게 알 수 있소."

주숙은 장량의 유세에 답변할 말이 없었다. 그러자 위표가 꾸짖었다.

"선생의 말씀이 이치에 깊이 부합한다. 서둘러 항복문서를 쓰고 조공품을 준비하여 선생과 함께 관중으로 들어가 한나라에 항복하라. 패왕이 이 사실을 알고 우리를 정벌한다 해도 나는 곧바로 한나라와 군사를 합쳐 초나라를 격파하겠다. 이것은 바꿀 수 없는 장기 대책이다."

장량이 말했다.

"대왕마마의 말씀은 만대의 계책이십니다. 뒷날 영원히 부귀를 누리실 때 오늘 저의 비루한 견해를 잊지 말아주십시오."

위표는 항복문서와 조공품을 잘 마련하라고 분부했다. 다음날 주숙은 장량과 함께 함양으로 갔다. 후세에 사관이 장량을 찬양하는 시를 지었다.

> 말솜씨는 폭포나 온갖 강물 쏟아붓는 듯,　　口若懸河倒百川,
> 풍운의 많은 변화 말속으로 전해지네.　　風雲機變話中傳.
> 위나라 평양 갑사가 천리에 늘어서도,　　平陽帶甲連千里,
> 선생의 몇 마디에 미치지 못하는구나.　　不及先生數句言.

장량은 함양에 도착하여 한왕을 알현하고 위표가 한나라에 복속하려는 사실을 자세히 이야기했다. 이어서 대부 주숙에게 항복문서와 조공품을 바치고 신하로서 한왕을 알현하라고 일렀다. 한왕은 크게 기뻐했다. 주숙이 항복문서를 올렸다.

서위왕 위표는 머리를 조아리며 아룁니다. 물의 흐름은 지류가 멀리까지 이어져도 결국은 큰 바다에 귀의합니다. 제비떼가 각각 하늘을 날며 울어도 반드시 대들보와 기둥에 깃듭니다. 위나라는 서쪽 구석에 자리잡고 있어서 대왕마마의 교화에 젖어들지 못했습니다. 이제 한나라의 덕을 우러러보니 태양이 점점 떠오르는 듯합니다. 삼진을 제압하자 장함이 목을 바쳤습니다. 어진 정치로 백월(百粤)[3]을 밝혔고 제나라와 초나라는 그 위엄을 두려워하고 있습니다. 천하가 귀의하고 제후가 순종합니다. 신 위표 등은 대왕마마의 명령을 따르며 소나 말처럼 치달리고 싶습니다. 땅과 백성은 모두 대왕마마의 통치를 받겠습니다. 굽어 살피시고 받아들여주십시오. 신 위표는 탄복하고 감격하는 마음이길 수 없습니다.

한왕은 항복문서를 보고 매우 기뻐했다. 주숙은 명마와 백벽을 조공품으로 한왕 앞에 진설했다. 한왕은 그것을 받으라 명령을 내리고 주숙을 융숭하게 대접했다. 주숙은 한왕의 군신들이 모두 빈객처럼 서로에게 예의를 갖추면서 음식과 휘장 모두 한왕과 똑같이 향유하는 것을 보고 더욱 기뻤다. 이에 그는 한왕이 진실로 덕을 갖춘 군주이고 장량의 말에도 속임수가 없다고 생각했다. 다음날 주숙은 한왕에게 작별

3_ 중국 고대의 남방 이민족을 통틀어 가리키는 말이다. 여기에서는 한왕 유방이 관중 남쪽 지방에서 세력을 떨쳤음을 비유하고 있다.

인사를 하고 위나라로 돌아갔다. 한왕은 손수 답장을 써서 주숙에게 주고 더욱 후한 상을 내렸다. 주숙은 귀국하여 위표를 만나 한왕의 성대한 덕을 자세히 이야기했다. 위표는 매우 기뻤다. 주숙이 한왕의 답장을 바치자 위표는 그것을 개봉하여 읽었다.

한왕이 글을 써서 머리를 조아리며 서위왕 족하에게 드립니다. 이 유방은 왕의 명성을 들은 지 오래입니다. 위나라는 주나라 필공(畢公)의 후예로 대대로 현명한 왕이 보위에 올라 그 덕이 위나라 땅에 가득 덮였지만 잘못하여 초나라 속국이 되었는데, 사람들은 그것이 잘못되었음을 압니다. 이제 다행히 우리 한나라를 버리지 않고 우호관계를 맺어 서로 협력하며 왕업을 성취하게 되었습니다. 무릇 좋은 계책이 있으면 서로 도움을 주고 강토를 넓게 개척하면 모두 일통(一統) 천하로 귀의할 것입니다. 뛰어난 공적을 밝게 드러내어 위나라의 기반을 넓게 펼치며 태산이 닳고 황하가 마르도록 함께 부귀를 누립시다. 만약 어려운 일이 있으면 구원해드리기를 맹세합니다. 서위왕 족하께서는 잘 살펴주십시오.

위표는 한왕의 서찰을 다 읽고 나서 좌우에 명령하여 그것을 문서상자에 잘 보관하게 했다. 이때부터 위표는 초나라를 등지고 한나라에 귀의했다.

장량은 위표에게 유세하여 한나라에 귀의하게 한 뒤 다시 그와 이별하고 신양에게 유세하러 갔다. 번쾌와 관영, 군사 3000을 대동했다. 출행에 임하여 귓속말로 분부했다.

"두 장군은 여차여차하게 행동하시오. 잘못이 있어서는 안 되오!"

두 장수는 명령을 받고 먼저 낙양으로 갔다.

한편, 신양은 육가가 낙양으로 돌아온 뒤 온종일 육가와 국사를 논했다. 그날도 서로 국가 대사를 논의하는 중에 갑자기 밖에서 보고가 올라왔다.

"한나라 장량이 문밖에서 대왕마마를 뵙고자 합니다."

신양이 육가에게 물었다.

"장량이 무슨 일로 여기 왔는가?"

"장량은 이번에 틀림없이 한왕의 유세객이 되어 대왕마마를 한나라에 귀의하게 하려고 왔을 겁니다. 만약 대왕마마께서 한나라로 마음이 기우시면 그의 말을 따라야 합니다. 그러나 오직 서초를 섬길 마음만 있으시면 장량을 포박하여 패왕에게 보내 공을 세우십시오. 범증은 장량을 깊이 미워하므로 틀림없이 초나라를 향한 대왕마마의 진실한 마음에 기쁨을 느낄 것이며 조만간 패왕의 면전에서 대왕마마를 칭찬할 것입니다. 이것이 이른바 한 사람을 해쳐서 큰 계책을 성취하는 방법입니다."

신양이 말했다.

"나는 이미 초나라의 봉작을 받았는데, 어찌 한나라에 항복할 수 있겠소?"

"대왕마마의 뜻이 오로지 초나라에 있으면 신도 자리를 피하겠습니다. 장량을 만나면 그가 입을 열도록 내버려두지 마시고 바로 무사를 시켜 사로잡아 밤새도록 팽성으로 압송하십시오."

"그 계책이 아주 훌륭하오!"

그리고 바로 문지기에게 장량을 들여보내라고 일렀다.

장량은 잠시 생각에 잠겼다.

'신양이 오래 상의를 하고 나서 나를 부르는 걸 보니 틀림없이 육가의 계책에 따라 나를 해치려는 마음을 품고 있다. 그러나 내가 이미 짐작하고 있다는 사실을 어찌 알겠는가?'

장량은 마침내 천천히 들어가 신양을 만났다. 신양은 장검을 들고 대전에 앉아 고함을 질렀다.

"장량이란 놈이 이곳에 온 것은 틀림없이 한나라를 위해 내게 유세하려는 것이다. 어제 서초 패왕께서 각국에 조칙을 내리시기를 '장량을 만나면 즉시 사로잡아 팽성으로 압송하라'고 하셨다. 그런데 뜻밖에도 이자가 우리나라에 왔으니 이는 조칙의 의도와 딱 맞아떨어진다!"

그리고 바로 무사를 불러 장량을 포박하고, 또 그가 입을 열지 못하게 했다. 장량은 자신을 포박하게 내버려둔 채 한마디 말도 하지 않고 냉소를 흘렸다. 신양은 부장 곽미(郭麋)에게 병졸 100명을 데리고 장량을 팽성의 패왕 앞으로 압송하게 했다. 장량의 목숨이 어떻게 될지는 다음 회를 들으시라.

하남왕 신양이
항복하다

육가를 구슬려
지혜로 신양의 마음을 얻다
調陸賈智賺申陽

신양은 장량을 잡아 부장 곽미에게 팽성의 패왕 앞으로 압송하게 했
다. 육가가 다시 아뢰었다.

"곽미가 패왕을 만나면 아마 제대로 응답할 수 없을 테니 신이 동행
하여 제나라와 양나라를 정벌하려는 패왕의 동정을 탐문해보겠습니
다. 또 범증과 교분을 터서 그를 안심시키겠습니다."

신양은 예물과 여비를 준비해주고 육가에게 빨리 갔다가 빨리 돌아
오라고 분부했다. 육가는 신양에게 작별 인사를 하고 낙양대로를 따라
길을 나섰다.

곽미가 장량을 압송하며 채 50리도 가지 않았을 때 갑자기 한차례
징소리가 들리며 우거진 숲속에서 대장 한 명이 번개처럼 달려나와 앞

을 막고 고함을 질렀다.

"거기 오는 사람들은 어디 군졸인가? 지금 누구를 압송하는가? 얼른 돈이나 말을 내놓으면 놓아주겠다!"

곽미가 말했다.

"나는 낙양 대장 곽미다. 낙양왕의 명령을 받들고 죄수를 팽성 초왕에게 압송하는 중이다. 네놈들이 이목이 있다면 틀림없이 초나라의 강력한 힘과 우리 대왕마마의 용맹을 알리라. 길을 비키면 살려주겠다!"

그 사람은 버럭 화를 내며 말했다.

"네놈은 초왕이 강하다 하고 신양이 용맹하다 하지만 내가 보기에는 어린 핏덩이일 뿐이다!"

그는 방천극(方天戟)을 들고 곽미를 곧장 찔렀다. 곽미는 몇 합도 겨루지 못하고 그 사람의 방천극에 찔려 말 아래로 굴러떨어졌다. 그러자 군사들은 장량을 내버려두고 황망하게 달아났다. 그 사람은 자기 군사를 거느리고 추격에 나섰다 1, 2리도 못 가서 낙양대로에서 달려오는 육가 일행과 마주쳤다. 그 사람은 육가를 알아보고 바로 군사들을 시켜 육가를 포박하라고 했다. 군사들이 일제히 달려들어 육가를 사로잡았다. 그는 다른 사람이 아니라 바로 한나라 장수 번쾌였다. 장량은 군사들에 의해 벌써 석방되었다.

장량은 나무 아래에 앉아서 육가를 앞으로 오게 하여 꾸짖었다.

"그대는 포중에서 한왕을 3년 동안 섬겼고 매우 후한 대접을 받았소. 그런데도 지금 신양에게 나를 해치라고 했으니 배은망덕함이 어찌 이 지경에까지 이르렀소?"

육가가 말했다.

"내가 한왕을 따른 것은 선생과 같은 이유요. 선생께서 한(韓)나라를 잊지 않는 것은 이 육가가 위나라를 잊지 않는 것과 같소. 육가에게도 두 마음이 없는데, 선생에게 어찌 두 마음이 있겠소? 선생께서도 시종일관 한(韓)나라를 위해 복수하려 하듯이 이 육가도 시종일관 위나라를 위해 이 마음을 다할 뿐이오. 그런데 선생께선 어찌하여 나를 질책하며 배은망덕한 인간으로 여기는 것이오?"

"그대의 말은 교묘하지만 어찌 한왕께서 덕 있는 분이란 걸 모르오? 신양을 한나라에 귀의하게 해야지, 어찌 오로지 초나라만 섬기게 하면서 오히려 한나라와 적이 되게 한단 말이오?"

"아무개도 두 번이나 한나라를 섬길 것인지, 초나라를 섬길 것인지 여쭤본 적이 있소. 그러자 신왕께서 말씀하시기를 '나는 초나라의 봉작을 받았으니 응당 초나라를 섬겨야 한다'라고 하셨소. 아무개가 결국 선생을 사로잡아 초왕에게 바치려고 계획한 것은 신왕께서 초나라의 신하이기 때문이오."

옆에서 번쾌가 벽력같이 소리쳤다.

"육가는 선생을 사로잡아 초나라에 바치고 신양에게 충성심을 보이려 했소. 그러니 나는 이제 육가를 사로잡아 한나라에 바치고 내 충성심을 보이겠소. 육가는 무슨 할말이 있느냐?"

번쾌는 마침내 육가를 꽁꽁 묶어 대열 앞에 싣고 곧바로 서쪽으로 치달렸다.

본래 장량을 압송하던 위나라 군사는 모두 100명이었는데, 죽은 자는 10여 명에 불과했고 나머지는 모두 도망쳐서 신양에게 보고했다.

"곽미가 장량을 압송하며 낙양에서 5, 60리도 채 가지 않았을 때 강도들이 나타나 앞을 가로막고 돈과 말을 빼앗으려 했습니다. 곽미는 주지 않고 그들과 교전을 벌였습니다. 그런데 몇 합도 겨루지 못하고 강도가 곽미를 찔러 죽인 뒤 장량을 빼앗아갔습니다. 우리가 도망치자 강도들이 따라왔는데 2, 3리도 가지 못해서 육 대부를 만났습니다. 그놈들은 육 대부를 잡아갔고 지금 생사를 모릅니다. 우리는 그곳에서 곧바로 도망쳐왔습니다.”

신양은 그 말을 듣고 대로했다.

“어떻게 그런 강도가 있을 수 있느냐? 어찌 감히 그처럼 무례하게 군단 말이냐?”

그들은 군사 1000명을 정비하여 낙양성을 나가 그자들을 추격하기 시작했다. 아까 그 숲으로 달려가 염탐해보았지만 한 사람도 보이지 않았다. 인근 마을 주민에게 물어보니 일찌감치 몇몇 군사가 사방으로 흩어졌기 때문에 간 곳을 모른다고 했다. 신양은 어디로 가야 할지 결정할 수 없었다. 좌우의 신하들이 말했다.

“대왕마마! 큰길을 따라 추격하십시오. 아마 멀리 가지 못했을 겁니다.”

신양은 급히 군사를 재촉하여 큰길로 달려가려 했다. 그런데 삼삼오오 떼를 지은 몇몇 길손이 봇짐을 짊어지고 큰길을 따라오고 있었다. 신양이 그들을 잡고 앞길의 사정을 물었다. 길손들이 대답했다.

“우리가 저 앞에서 왔는데 군사들은 전혀 보지 못했습니다.”

신양 등은 생각에 잠겼다.

‘그자들은 틀림없이 육가의 노잣돈을 강탈한 강도들이다. 오솔길로 달아났을 것이다.’

신양은 군사를 오솔길로 돌아들게 하여 추격에 나섰다. 길은 이리저리 굽이돌았고 계곡도 꾸불꾸불 이어졌다. 3리에서 5리도 채 못 가서 날이 이미 어두워졌다. 신양은 강도들이 육가의 목숨을 해칠까 두려웠다. 또 밤길이 험한 것을 보고 마음이 초조해졌다. 그때 갑자기 산언덕 쪽에서 한줄기 포성이 울리며 횃불이 일제히 올랐다. 그곳에서 번쾌가 말을 타고 앞장서서 오고 있었다. 손에는 창을 들고 앞으로 달려나오며 고함을 질렀다.

"내가 육가의 얼굴을 봐서 너를 죽이지는 않겠다."

신양은 당황한 나머지 손을 쓸 수 없었다. 만약 장량이 번쾌에게 분부하지 않았다면 신양은 이미 번쾌의 창에 찔려 죽었을 것이다. 신양은 말고삐를 틀어잡고 달아났다. 그러나 한밤중에 황토 비탈가에서 뛰어나온 몇 명은 방어할 수 없었다. 그들은 고삐를 잡고 신양의 말을 거꾸러뜨렸다. 그러자 병졸들이 달려들어 신양을 사로잡았다. 번쾌는 밤이 깊었음을 알고 징을 울려 군사를 거두었다. 그는 군영을 세운 뒤 신양을 포박하여 장량을 만났다.

장량은 장막에서 촛불을 밝히고 홀로 앉아 있었다. 그는 군사들이 신양을 압송해오자 서둘러 장막 아래로 내려가 신양의 포박을 풀고 장막 위로 부축하여 앉힌 뒤 땅에 엎드려 절을 올렸다.

"장량이 한왕의 명을 받잡고 대왕마마께 초나라 정벌을 위해 군사 연합을 청하고자 했습니다. 천하를 위해 저 강포한 적을 제거하기 위해서 말입니다. 그런데 뜻밖에도 대왕마마께서는 제 요청에 따르지 않고 저를 잡아 초나라로 압송하려 했습니다. 그런데 그런 조치를 이 장량이 모두 예상하고 이번 계책을 마련하여 먼저 육가를 달래고 이후 대왕마마를 모시려 했습니다. 번쾌가 함부로 행동하며 대왕마마를 해치려 했지만 육 대부가 여러 차례 대왕마마를 위해 애원했습니다. 이 때문에 번쾌가 함부로 손을 쓰지 못한 것입니다. 저 장량이 보기에 한왕께선 덕이 있는 분이라 항왕과는 다릅니다. 대왕마마께서 한왕에게 귀의하면 부귀를 보전할 수 있고 나라의 수명도 영원히 이어갈 수 있을 겁니다. 대왕마마께서는 깊이 생각해주십시오!"

이때 육가도 장막 뒤에서 서둘러 나와 신양에게 권했다.

"대왕마마! 장 사도의 말에 따라 한나라에 귀의해야 부귀를 영원히 보전할 수 있습니다. 게다가 지금 낙양성은 벌써 관영에게 함락되었다 합니다. 오늘 번쾌 장군이 대왕마마를 해치려 하기에 신이 거듭 애원하여 대왕마마의 생명을 보전할 수 있었습니다. 한왕에게 이 같은 호걸들이 있는 걸 보십시오. 대왕마마! 대세를 거스를 수 없습니다."

신양이 말했다.

"일이 이렇게 되고 보니 어쩔 수가 없구려. 장량 선생께 부탁드리건대 지금 함께 낙양성으로 가서 우리 가족을 잘 보살펴주시오. 육 대부와 함께 한왕을 뵈러 가겠소. 선생의 뜻은 어떤지 모르겠소."

장량이 말했다.

"대왕마마와 함께 성으로 들어가는데 무슨 상해를 가하겠습니까?"

그리고 즉시 군사를 돌려 낙양성으로 되돌아갔다.

성 아래에 당도하자 성 위에 한나라의 붉은 깃발이 가득했다. 군사들은 엄숙했고 네 성문은 굳게 닫혀 있었다. 관영이 성 어귀에 서서 고함을 질렀다.

"아무개는 장 군사(軍師)의 명령을 받들어 어젯밤에 이미 성안으로

장량이 신양의 포박을 풀어주다

들어와 백성을 위로하고 군사들에게 성문을 굳게 지키며 사람들의 출입을 막으라고 했습니다."

신양은 그 모습을 보고 말문이 막혀 어떻게 해야 할지 몰랐다. 그리고 몰래 생각했다.

'장량은 정말 신과 같은 사람이다.'

장량은 앞으로 나가서 문을 열게 했다. 성문이 열리자 장량과 번쾌는 신양, 육가, 군사들과 함께 천천히 성안으로 들어갔다. 길 양쪽 백성들은 이전처럼 편안했고 닭과 개도 놀라지 않았다. 신양이 감탄하며 말했다.

"한왕은 참으로 용인술에 뛰어나구나! 이를 보아도 군법이 어떤지 알 수 있다."

이어서 장량과 번쾌가 성안으로 들어오자 관영이 말했다.

"두 분께서 아직 성안으로 들어오시기 전에 혹시 민심이 변할까 두려워서 아무개가 이곳에 군영을 세웠습니다. 대왕마마와 군사(軍師), 번쾌 장군께서는 이곳 군영으로 드시지요."

신양이 또 감탄했다.

"한나라 왕가에 이 같은 인물이 즐비하니 어찌 천하에 왕 노릇 하기가 부족하겠는가?"

그는 마침내 화살을 꺾으며 맹세했다.

"대장부가 한 번 말을 내뱉었으니 어찌 두말을 할 수 있겠소? 게다가 장 선생, 번 장군께서도 모두 비범한 분들이오. 한나라 군사가 사방 성문을 지키는 가운데 관 장군께서 이곳에 군영을 세웠으니 낙양은 이미 한나라 소유가 된 것이오. 어찌 의심할 수 있겠소?"

아직 말을 다 마치지도 않았는데 원군으로 보이는 한나라 한 부대가 다가오고 있다는 보고가 올라왔다. 우두머리 대장 주발과 시무는 정예병 3000을 거느리고 성 아래에 군영을 세운 뒤 군사 장량을 뵈러 왔다. 장량이 말했다.

"어서들 오시오!"

두 장수는 성안으로 들어와 장량에게 예를 표하고 신양과 육가, 다른 장수들과 만났다. 장량이 물었다.

"두 장군께선 무슨 연유로 수고스럽게 병마를 이끌고 오셨소?"

두 장수가 말했다.

"군사께서 함양을 떠난 지 이틀 만에 한 원수께서 마음을 놓지 못하고 우리 두 사람을 보내 지원하게 했습니다. 이어서 첩보 기병 10여 명에게 질풍처럼 오가며 온종일 소식을 전하게 했습니다. 우리는 동관에 도착하여 이미 군사께서 좋은 계책으로 낙양을 차지하신 걸 알았습니다."

하루 밤낮에 500리에서 600리까지 소식을 전한 것이니 진정으로 군사 첩보를 나는 듯이 전했다고 할 만했다. 신양은 이들의 말을 듣고 경악을 금치 못하고 마침내 장수들을 안으로 초청하여 융숭한 연회를 베풀었다.

다음날 장량과 장수들은 신양, 육가와 함께 함양으로 향했다. 나는 듯이 첩보를 전하는 기병들의 왕래가 끊임없이 이어졌다. 함양에 도착하여 성안으로 들어섰다. 성문 경비가 삼엄했고 군사들의 대오가 질서정연했다. 도착 보고를 궁궐로 전하자 한왕이 대전에 올랐다. 장량, 번쾌, 관영, 주발, 시무가 알현의 예를 마치고 육가를 달래 신양의 마음을 얻은 일을 자세히 이야기했다.

한왕은 크게 기뻐하며 말했다.

"장 선생의 묘책이 아니었다면 어찌 일거양득의 효과를 볼 수 있었겠소?"

이어서 바로 신양과 육가를 대전으로 들라 했다. 좌우 신하가 어명을 전하자 신양이 얼마 지나지 않아 한왕을 알현했다. 한왕이 그를 위무했다.

"현왕(賢王)께서 위나라를 진무하며 위엄과 명성이 나날이 높아진다기에 함께 왕업을 이루려고 부득이 자방에게 낙양에 한 번 들러보라 했습니다. 다행히 현왕께서 버리지 않으시고 불원천리 달려와주시니 비루한 제 마음에 큰 위로가 됩니다."

"대왕마마의 성덕이 나날이 높아져서 천하가 우러르고 있습니다. 마침 이번에 여러 장수들의 위엄과 모신(謀臣)들의 귀신같은 계책을 보고 천명이 귀의하는 곳을 알았습니다. 신 등이 어찌 마음과 힘을 다바쳐 만분의 일이라도 보답하지 않을 수 있겠습니까?"

육가는 부끄러운 얼굴로 땅에 엎드려 절을 올렸다. 한왕이 탄식했다.

"사람은 각기 자기 주군을 위하는 법이오. 이미 본국으로 갔으니 어찌 다른 사람을 섬길 수 있겠소. 오늘 이렇게 다시 만난 것도 낙양왕의 명령에 따른 것이겠지요. 나는 경의 잘못을 나무라지 않는데, 경은 어찌 부끄러워하는 것이오?"

육가가 감사 인사를 올렸다.

"지난날 대왕마마께서 3년 동안 알아주신 은혜는 신이 늘 잊을 수 없었습니다. 다만 귀가하고 보니 부모님의 남은 생애를 돌봐야 하는지라 그 일에 매달려 집을 떠날 수 없었습니다. 이 때문에 신의를 잃었으니 신은 만 번 죽어 마땅합니다. 그런데도 이제 죽이지 않으시고 이처럼 어루만져주시니 천지와 같은 대왕마마의 도량과 백성을 길러주시는 그 은혜가 더욱 밝게 빛납니다."

한왕은 마침내 잔치를 열고 신양을 융숭하게 대접하며 한신 등 장수들에게도 그를 함께 모시도록 했다. 그들은 모두 만취하고 나서야 자리를 파했다.

신양은 공관으로 돌아와서도 매우 기뻤다. 다음날 한왕을 뵙자 한왕은 그에게 낙양으로 돌아가 예전처럼 낙양왕의 보위를 지키라고 명령을 내렸다. 육가는 한신의 휘하에 남아 일을 하게 되었다.

한신은 모사들과 앞으로의 계획을 논의했다.

"이제 두 위나라가 평정되자 대왕마마께서는 연일 동쪽으로 정벌에 나서시려고 하오. 또 대왕마마의 부친이신 태공께서 오래 풍패에 머물러 계신데도 모셔오지 못하고 있소. 비밀리에 거처를 옮길 수 없었기 때문이오. 좋은 계책이 없겠소? 서로 의논해보시오!"

대장 왕릉(王陵)이 말했다.

"제가 지난날 남양에서 사람들과 어울릴 때 장사 둘을 알게 되었습니다. 그들은 친형제 간인데, 하나는 이름이 주길(周吉)이고 하나는 주리(周利)입니다. 용맹이 뛰어나서 아무도 두 사람에게 미칠 수 없었습니다. 정예병 2000을 모아 저와 문경지교(刎頸之交)를 맺었습니다. 두 장사는 가장 호쾌한 대장부지만 벼슬은 하려 하지 않고 오직 산림에서 삶을 즐기고 있습니다. 군사들에게 명령을 내려 황무지를 개간하고, 세상에 별일이 없을 때는 농사를 지어 생계를 유지하고, 사건이 일어나면 함께 모여 훈련하며 강적을 방어합니다. 그런데도 가는 곳마다 승전하고 시골 마을에서 분란을 일으키거나 백성을 해치지 않습니다. 근래 수년 간 군사는 강해지고 말은 살쪄서 인근 군현에서 그들에게 귀의하는 사람이 많습니다. 최근에 소문을 들으니 군사가 1만에서 2만으로 불어났다 합니다. 제가 지금 두 장사와 정예병을 이끌고 패현으로 가서 태공과 대왕마마 가족을 모셔오겠습니다. 두 장사에게 호송을 부탁하여 중도에 이르면 대원수께서 군사를 보내 무사히 함양에 도착하도록 도와주십시오. 지금 만약 직접 군사를 동원하여 태공을 모셔오려 하면 패왕이 알아채고 사람을 보내 막을 테니 무사히 일을 처리하기 어려울 것입니다. 대원수께서는 어떻게 생각하시는지요?"

"참으로 훌륭한 계책이오. 장군께서 이 일을 해낸다면 관중을 나선 이후 가장 뛰어난 공적이 될 것이오."

한신이 그의 의견에 따르자 왕릉은 태공을 모셔올 자세한 방안을 이야기했다. 한왕이 매우 기뻐하며 말했다.

"장군께서 이 일을 해낸다면 밤낮으로 지속되는 내 우환이 사라질 것이오."

왕릉은 마침내 한왕에게 작별 인사를 한 뒤 시종 한두 명을 데리고 당일에 바로 출발했다. 태공을 어떻게 빼내오는지는 다음 회를 보시라.

상봉의 기쁨

왕릉이 태공을 맞아
한나라로 들어오다
王陵迎太公入漢

왕릉은 한왕의 서찰을 가지고 시종과 장사꾼 차림으로 분장한 뒤 함양을 떠나 팽성의 패현으로 향했다.

한편, 패왕은 팽성에서 군사를 보내 제나라와 양나라를 치는 도중에 연이어 서너 갈래 길에서 올라온 급보를 받았다. 서위왕 위표, 낙양왕 신양이 모두 군사를 이끌고 한나라에 항복했으며 각 군현에서도 군사를 모아 한나라에 귀의하여 관동 일대가 매우 위급하다는 내용이었다. 패왕은 급보를 듣고 바로 범증과 대책을 논의했다.

"한신은 포중을 떠난 이후 짐의 강토 7000여 리를 침탈하여 큰 우환이 되고 있소. 짐이 대군을 직접 거느리고 가서 한신을 잡고 두 위나라를 멸망시키고 싶은데, 아보께서는 어떻게 생각하시오?"

범증이 말했다.

"지금 제나라와 양나라도 아직 격파하지 못했고 곳곳의 제후들도 이반하고 있는데, 폐하께서 서쪽 정벌에 나서시면 팽성을 지키기 어려울까 두렵습니다! 차라리 사람을 패현으로 보내 한왕의 가족을 데려와 팽성에 잡아두고 각 지방으로 통하는 길을 더욱 엄밀하게 방어하면서 제나라와 양나라를 평정한 뒤에 한나라를 제압하셔도 늦지 않을 것입니다."

패왕은 당장 부장 유신(劉信)에게 보졸(步卒) 1000명을 이끌고 패현으로 가서 한왕 가족을 잡아 풍택 오솔길로 돌아오게 했다.

유신은 칙지를 받아 패현으로 갔다. 그는 현령 구환(拘喚)에게 칙지를 전하며 궁수와 아전 들을 데리고 한왕의 집을 포위하여 태공 등 한왕의 친척 120명을 모두 잡아들인 뒤 인원 점검을 분명히 하라고 분부했다. 그리고 이어서 현령에게 한왕 일가의 모든 재산을 압류하고 사람을 보내 지키면서 패왕에게 아뢰어 다시 처리할 때까지 기다리라고 했다. 유신은 보졸 1000명을 이끌고 태공 등 일가족을 풍택 오솔길을 따라 팽성으로 압송하기 시작했다. 바야흐로 30리쯤 갔을 때 숲속에서 한줄기 포성이 들리더니 대장 셋이 3000군사를 거느리고 나타나 앞길을 가로막으며 외쳤다.

"어서 태공 일가족을 내놓아라. 그럼 너는 살려주겠다."

유신은 말을 타고 달려나오며 말했다.

"나는 패왕의 명령을 받들고 태공을 잡아가는 중이다. 네놈들은 누구냐? 감히 중도에서 길을 막다니!"

세 사람은 대로하여 각각 무기를 들고 달려나왔다. 유신도 칼을 들고 무예를 겨루었다. 그러나 10합도 넘기지 못하고 유신은 세 사람의 창에 찔려 말발굽 아래로 떨어져 죽었다. 군사들은 태공 일가족을 버려둔 채 사방으로 흩어져 달아났다. 세 사람은 서둘러 함거(檻車)[1] 앞으로 달려가 태공 일가족을 구출했다. 그들은 땅에 엎드려 절을 올리며 말했다.

"신들이 서둘러 왔기에 망정이지 한나절이라도 늦었으면 초나라 군사들이 풍택을 지나 팽성에 구금했을 것입니다. 미천한 신들이 밤새도록 달려와서 태공을 구할 수 있게 되어 천만다행입니다. 신들의 죄를 용서해주십시오."

태공이 말했다.

"다행히 세 분 장군께서 이 늙은이의 목숨을 구했소. 세 분 장군의 이름은 무엇이오?"

우두머리 대장이 앞으로 나와 대답했다.

"신은 성이 왕이고, 이름은 릉으로 패현 사람입니다. 이 두 장사는 남양 사람으로 하나는 주길이고, 다른 하나는 주리인데, 친형제입니다. 신이 대왕마마의 명령을 받들고 두 장사와 약속을 정한 뒤 태공을 모시러 가는 길이었습니다. 그런데 뜻밖에도 오솔길로 패현으로 가려다 이곳에서 다행히 태공을 만나 뵙게 되었습니다. 그러나 이곳에는 잠시도 머물 수 없으므로 바로 몸을 일으켜야 합니다."

장수들은 군사를 재촉하여 태공을 보호하게 하고 곧바로 함양으로 출발했다.

1_ 굵은 나무로 함처럼 만든 죄수 압송용 수레.

유신의 패잔병은 밤새도록 도주하여 팽성으로 돌아가 패왕을 알현했다. 그들은 풍택에서 도적을 만나 유방 일가족 120명을 탈취당한 사실과 유신이 살해당하고 군사를 잃은 사실을 자세히 보고했다. 패왕은 보고를 듣고 대로하여 소리쳤다.

"바로 이웃 땅에 어찌 그 같은 도적이 있겠느냐? 한왕이 군사를 보내 일가족을 데려간 게 틀림없다. 아직 멀리 가지 않았을 테니 서둘러 종리매와 영포에게 3000군사를 이끌고 밤새도록 달려가 잡아오도록 하라!"

두 장수는 명령을 받고 군사를 점검하여 황급히 태공 추격에 나섰다.

한편, 태공은 패현을 떠나 함양을 향해 출발했다. 따르는 사람이 많아서 빨리 갈 수 없었다. 하남 땅 상성(商城)에 이르렀을 때 뒤쪽에서 뿌연 먼지를 일으키며 추격병이 달려오는 것이 보였다. 왕릉이 말했다.

"나는 태공을 지키며 먼저 갈 테니 두 형제께선 추격병을 막아주게."

주길과 주리가 대답했다.

"형님! 먼저 가십시오. 우리가 추격병과 맞서겠습니다."

주길은 군사를 벌려 세우고 추격병이 오기를 기다렸다. 얼마 지나지 않아 종리매와 영포가 도착하여 고함을 질렀다.

"역적 놈들아! 한왕의 가족을 내놓으면 목숨만은 살려주겠다!"

주길 등이 말을 타고 앞으로 나와서 말했다.

"우리는 한왕의 명령을 받들고 태공을 모셔가는 중이다. 이 일이 네 놈과 무슨 상관이냐? 그리고 무슨 연유로 우리를 추격하느냐? 얼른 돌아가 목숨을 보전하라!"

영포가 불같이 화를 내며 도끼를 들고 두 장수와 싸우러 나왔다. 두 장수도 각각 창과 칼을 들고 맞서 싸웠다. 일진일퇴를 거듭하며 50여 합을 겨루고도 승부가 나지 않았다. 그때 종리매 뒤에서 징소리가 울렸다. 영포는 말고삐를 잡아당겨 후진으로 돌아왔다. 두 장수도 군사를 거두고 뒤로 물러났다. 영포가 종리매에게 물었다.

"공은 왜 징을 쳐서 후퇴를 명했소?"

"저 멀리 저들의 뒤쪽에 군마의 움직임이 있어서 한나라 군사들의 매복이 있을까 두려웠소. 게다가 저들 두 장수는 모두 용맹하므로 차라리 팽성으로 돌아가 패왕에게 상황을 보고하고 다시 대처하는 것이 더 좋을 듯하오. 만약 저들이 다시 군사를 더 보태면 오히려 저들의 간계에 빠질 것이오."

"멀리까지 추격해서 아무 소득도 없이 어찌 돌아간단 말이오? 저자들이 군사를 보탠다 해도 무엇이 두렵소?"

그리고 다시 시끄럽게 북을 치며 두 장수의 출전을 독촉했다. 두 장수가 소리쳤다.

"네놈은 패장인 주제에 뭐 하러 다시 싸우러 왔느냐?"

영포는 발끈 화를 내며 말했다.

"내 이제 네놈들과 200합을 싸워도 멈추지 않겠다!"

두 장수는 바로 영포와 싸움을 시작했다. 살기가 하늘을 가득 뒤덮었고 전운이 사방에서 피어올랐다. 전투가 무르익을 무렵 종리매가 후군을 재촉하여 뿌연 먼지를 일으키며 공격에 나섰다. 한나라 두 장수와 군사들은 갑자기 들이닥친 적에 놀라 분분히 후퇴했다. 와중에 주길은 영포의 공격에 손이 미치지 못하여 그의 도끼를 맞고 말발굽 아래로 굴러떨어져 죽었다. 주리는 형이 죽자 싸울 마음이 없어져서 말고삐를 당겨 잡고 달아났다. 종리매는 군사들에게 일제히 활을 쏘라고 명령했다. 주리는 황급히 도주하다가 뒤에서 날아온 화살에 심장을 꿰뚫리고 말에서 떨어졌다. 영포는 도끼를 들고 마침내 주리를 살해했다. 초나라 군사는 기세를 떨치며 전진하여 주길의 2000군사를 하나도 남김없이 모조리 죽였다. 영포가 군사를 거둘 때는 날이 점점 저물고 있었다. 그들은 산언덕 아래에 진채를 세우고 밥을 해먹었다. 종리매가 말했다.

"다행히 장군의 무용에 힘입어 두 적장을 주살했소."

영포가 말했다.

"현공이 후진을 이끌고 들이치지 않았다면 두 적장을 깨뜨릴 수 없었을 것이오."

"저들 앞쪽에 은근히 먼지가 일었으니 한밤중에 기습이 있을까 두렵소. 단단히 방비해야 할 것이오."

"내 생각도 공의 고견과 같소."

두 사람은 밤사이 편히 잠을 이루지 못했다. 다음날 날이 밝자 병졸과 병마를 정돈하여 다시 전방을 향해 추격에 나섰다.

왕릉은 산비탈 아래 당도하자 거짓으로 먼지를 가득 일으켜 영포와 종리매가 복병을 의심하고 추격에 나서지 못하게 했다. 이 때문에 태공은 도망칠 수 있었다. 뒤에서 탐문한 소식에 의하면 두 장수가 영포에게 이미 살해되었다고 했다. 그는 급히 태공과 의논하여 밤새도록 쉬지 않고 전진했다. 또 이틀을 행진하여 낙양 가까이 도착했다. 그때 영포의 군사가 이틀 거리를 하루에 주파하며 다시 맹렬하게 추격해오는 것이 보였다. 왕릉이 긴급하게 서두르는 사이 반대편에서는 한 무리의 군사가 산 뒤쪽을 돌아나오고 있었다. 깃발에는 한장(漢將) 주발, 한장 시무라는 글자가 크게 쓰여 있었다. 두 장수는 태공 일가족을 통과시킨 뒤 말을 휘몰아 치달려왔다. 그들은 말싸움도 하지 않고 바로 영포와 교전을 벌였다. 징소리, 북소리가 하늘에 진동했고 날카로운 칼날이 크게 춤을 추었다. 왕릉도 그 뒤를 따라 전장으로 치달려왔다. 세 장수는 영포와 맞서 싸웠다. 영포는 한나라 군사를 추격하느라 쉬지도 못했고 세 장수의 용맹이 뛰어나 점점 힘이 고갈되었다. 위급한 순간에 또 낙양왕 신양이 대군을 이끌고 큰길로 쇄도해왔다. 두 갈래 군사가 영포를 포위하여 중간으로 몰아넣고 좌우에서 몰아대자 영포는 빠져나갈 수 없었다. 마침 종리매의 후군이 당도하여 초나라 군사가 곤경에 빠진 것을 보고 후군을 둘로 나누어 한나라 군사를 들이치며 영포를 구출했다. 그들은 싸우면서 도주했다. 벌써 날이 저물자 각 진영에서는 징을 울려 군사를 수습하고 진채를 세웠다. 종리매가 말했다.

"한나라 군사는 점차 많아지고 신양까지 와서 전투를 돕고 있소. 우리 군사는 지금 패배했으므로 장차 적과 맞서 싸우기가 어려울 듯하오. 차라리 오늘밤 달빛을 타고 서둘러 회군하는 것이 좋겠소. 연도에 횃불을 들고 거짓으로 우리끼리 신호를 주고받으면 적들은 우리에게 무슨 계략이 있는 줄 알고 절대 추격하지 못할 것이고, 그럼 우리 군사는 안전하게 탈출할 수 있을 것이오."

영포는 급하게 삼군에 명령하여 각각 함매하고 군사를 돌리게 했다. 그들은 하룻밤 사이에 모두 철군했다.

다음날 한나라 군사가 달려왔을 때는 초나라 군사가 밤새 깨끗이 철수한 뒤였다. 왕릉이 말했다.

"영포가 세력이 곤궁해지자 감히 출전하지 못하고 초나라로 후퇴했구려."

주발이 말했다.

"대원수께서 일찍이 분부하시기를 곤궁한 적은 뒤쫓지 말라 했고, 횃불을 들고 끊임없이 신호를 주고받으면 대개 그 속에 속임수가 숨어 있다고 했소. 다행히 장군께서 이미 태공 일가족을 안전하게 보호하여 여기까지 모셔왔으므로 어디에도 비할 수 없는 큰 공을 세운 것이오. 대왕마마께서는 밤낮으로 생각하시느라 음식조차 전폐하셨소. 어서 태공을 모시고 대왕마마를 뵈러 갑시다. 이젠 걱정을 내려놓을 수 있게 되었소."

장수들은 신양과 작별하고 바로 큰길을 따라 함양으로 출발했다. 하루 만에 동관에 도착하자 한나라 군사 몇 부대가 연거푸 마중을 나왔다. 대열이 임조(臨洮)[2]에 이르렀을 때 한왕이 문무백관과 대소 장수들을 거느리고 태공을 영접했고 태자를 보자 머리를 끌어안고 통곡했다. 한왕이 말했다.

"이 불초자식 유방이 항우에 의해 포중으로 좌천되어 3년이나 슬하를 떠나 곁에서 모시지 못했습니다. 지금 다행히 가족이 모두 모이니 기쁜 마음 금할 수 없습니다."

그리고 또 여후 및 태자와 상봉하면서도 각각 눈물을 흘렸다. 문무백관들이 수라상을 바치자 한왕은 술잔을 들어 태공에게 올렸다. 궁중 음악이 연주되는 가운데 길마다 향기로운 꽃을 든 백성들이 마중을

2_ 임동(臨潼)의 잘못으로 보인다. 임조는 지금의 간쑤성 딩시시(定西市) 린타오현(臨洮縣)이고 임동은 지금의 산시성(陝西省) 시안시 동쪽 린퉁구다.

한왕이 가족을 만나다

나왔다. 함양에 당도할 무렵 저멀리서 깃발이 태양을 가리고 징소리, 북소리가 하늘을 뒤흔들었다. 태공이 탄 소요거(逍遙車) 양쪽에는 용과 봉황을 수놓은 일산이 따르고 있었다. 향기로운 바람이 길에 가득했고 온갖 풍악 소리가 끊임없이 연주되었다. 태공이 기뻐하며 말했다.

"그 누가 유씨 집안 셋째 놈이 이런 자리에 오르리라고 상상이나 했겠느냐!"

태공은 너무나 기뻤다. 성안으로 들어서자 가가호호 향불을 피우며 태공을 영접했다. 문무백관이 태공을 부축하여 대전으로 오르자 태공이 말했다.

"이 대전에는 내가 앉을 수 없소. 내가 편하게 거주할 수 있는 조용한 별궁을 주시오."

한왕이 분부했다.

"전에 이미 현덕궁(玄德宮)을 깨끗이 청소해두었으니 태공을 그곳으로 모셔라."

그리고 환관 수십 명을 뽑아 시중을 들게 했다. 여후와 태자, 가족들도 후궁에 거주하게 했다. 이로부터 한왕의 위엄은 더욱 높아졌다.

한편, 영포와 종리매는 팽성으로 돌아가 왕릉이 태공을 탈취하여 돌아간 일과 그들이 산적과 결탁한 일을 패왕에게 자세히 아뢰었다. 패왕이 분노하며 말했다.

"왕릉은 대체 어떤 놈이냐?"

범증이 말했다.

"왕릉은 패(沛) 땅 사람으로 자신의 모친을 지극하게 섬기던 효자입니다. 지난날 남양에서 군사를 모았는데, 용력이 매우 뛰어났습니다.

나중에 칼을 등에 메고 한나라에 투항하자 한왕이 그를 등용했습니다. 그와 결탁한 산적은 남양 패거리입니다. 남양의 두 도적 때문에 군현을 다스릴 수 없었습니다. 이제 영포 장군에게 주살당했으니 큰 재앙 하나가 사라진 것입니다. 지금 왕릉의 모친은 왕릉의 아우 왕택(王澤)을 따라 패 땅에 거주하고 있습니다. 왕택이 농사를 지어 모친을 봉양하는데, 만약 왕릉의 모친을 팽성에 데려다 구금해놓고 모친의 한마디 말을 왕릉에게 전하면 왕릉을 초나라에 귀의하게 할 수도 있을 것입니다."

패왕은 패현으로 사람을 보내 왕릉의 모친을 왕궁으로 데려오게 했다. 패왕은 은근한 말로 왕릉의 모친을 위로하며 말했다.

"할멈의 아들 왕릉은 짐이 거주하는 팽성과 가까운 곳에 살다가 짐에게 투항하지 않고 역적 유방에게 투항했소. 내가 듣기로 할멈은 현명하다고 하니 이제 아들을 짐에게 투항하게 하시오. 짐이 그를 만호후에 봉하고 자자손손 봉록을 내리겠소. 지금 서찰을 써서 아들을 초나라에 귀의하게 하시오."

왕릉의 모친은 고개를 숙이고 아무 말도 하지 않았다. 범증이 아뢰었다.

"왕릉의 모친을 가두고 간수에게 좋은 음식으로 봉양하게 분부하십시오. 왕릉이 한나라 군사를 따라 들어와 우리 초나라를 노략질할 때 다시 계책을 마련하면 됩니다."

패왕은 바로 왕릉의 모친을 구금하라고 명령을 내렸다.

그때 한왕은 함양에서 대소 관료와 문무 장수 들을 모아놓고 말했다.

"지금 군사들의 기세가 하늘까지 치솟았고, 각 지방 제후들도 신복하고 있소. 지금이 바로 동쪽으로 달려가 초나라를 정벌할 때요."

한신이 아뢰었다.

"군사들의 기세가 드높기는 하지만 동쪽은 아직 은왕(殷王)이 가로막고 있으며, 세성(歲星)3이 유리하지 못하니 내년까지 기다리셨다가 호걸들을 소집하고 갑사를 훈련하여 초나라를 정벌하시는 것이 좋겠습니다."

한왕이 말했다.

"그럼 지금의 계책은 무엇이오?"

"지금 군사를 이끌고 은왕 사마앙을 정벌하여 초나라의 날개를 꺾으면 내년에 우리가 쉽게 힘을 쓸 수 있을 것입니다."

"좋소!"

그리하여 한신은 한왕에게 작별 인사를 하고 군사를 휘몰아 하내군(河內郡, 허난성 우즈현武陟縣)으로 쳐들어갔다. 사마앙과 어떻게 싸우는지는 다음 회를 들으시라.

3_ 목성(木星)이다. 세상의 길흉과 순역(順逆)을 관장한다고 한다. 군사를 일으킬 때 세성의 위치나 빛이 유리하지 못하면 횡액을 당한다고 한다.

은왕 사마앙이
항복하다

번쾌가 사마앙을 사로잡아
복종시키다
樊噲擒伏司馬卬

한신의 군사는 하내군에 도착하여 성에서 50리 떨어진 곳에 군영을 세웠다. 은왕은 한신의 군사가 온다는 사실을 미리 알고 성밖 30리 되는 곳에 군영을 세운 뒤 각 군문에 군사를 배치하여 방어에 나섰다. 은왕 사마앙 수하에는 대장 손인(孫寅), 부장 위형(魏亨), 모사 도만달(都萬達)이 있었다. 그들은 한신의 군사가 몰려온다는 소식을 듣고 회의를 했다. 사마앙이 말했다.

"한신의 군대는 기세가 드높고 수가 많으며 또 속임수도 매우 다양하다 하오. 경들에게 무슨 좋은 대책이 있소?"

도만달이 아뢰었다.

"신의 어리석은 견해를 말씀드리면 우리 삼군으로 방어를 엄밀히 하고, 한편으로 사람을 보내 패왕에게 이 사실을 알리고 구원병을 보내 달라고 하면 하내를 무사히 지킬 수 있을 것입니다. 저들과 대적하다가 는 아마 승리하기 어려울 것입니다."

손인이 말했다.

"한신은 멀리서 왔으니 속히 싸우는 것이 유리합니다. 어찌 앉아서 구원병이 오기를 기다린 뒤에 적을 공격한단 말입니까? 한편으로는 사람을 보내 초나라에 구원병을 요청하고, 다른 한편으로는 성을 나가 적을 맞아 싸워야 합니다. 우리가 승리하면 한신은 도망칠 것이고, 승리하지 못한다면 그때 성을 굳게 지켜도 늦지 않을 것입니다."

사마앙이 말했다.

"손인의 말이 옳다."

그리하여 마침내 서찰을 써서 초나라에 구원병을 요청했다.

손인 등은 군사 한 부대를 이끌고 하내성을 나와 한신과 대적했다. 한신이 소리쳤다.

"너희 은왕은 천시도 모르고 인사도 모르는구나! 각국 제후들이 한왕을 우러르며 항복하고 있거늘, 너희 같은 시골 소국이 어찌 감히 하늘이 내린 군사에 항거하려 하느냐?"

손인이 대답했다.

"너희 한왕은 이미 함양을 얻었으니 그럭저럭 목숨이나 보전하면 족하거늘, 아직도 멈출 줄 모르고 네놈을 보내 죽음을 재촉하느냐?"

한신의 등뒤에 있던 번쾌가 대로하여 말을 타고 짓쳐 달려나와 손인과 싸움을 벌였다. 두 장수는 무기를 들고 50합을 겨루었지만 승부를 내지 못했다. 위형은 손인이 번쾌를 굴복시키지 못하는 것을 보고 급히 칼을 휘두르며 싸움을 도우러 나왔다. 한신의 진영에서도 설구와 진패가 각각 무기를 치켜들고 위형을 막아서며 싸움을 걸었다. 다섯 명의 대장이 한 곳에서 뒤엉켜 싸우자 한줄기 먼지가 하늘로 치솟아 허공에 살기가 가득했다. 전투는 매우 치열했다. 사마앙은 성 위에서 전투를 지켜보다 서둘러 정예병을 거느리고 성문을 나서서 조교를 놓고 앞으로 치달려나갔다. 한줄기 포성을 울리며 한나라 군사를 공격하여 살상하자 한나라측 두 장수는 말고삐를 당겨 잡고 자신들 진영으로 물러났다. 한신은 사마앙이 돌격해오는 것을 보고 황급히 주발, 시무, 노관, 근흡에게 대군을 이끌고 그를 가로막게 했다. 한신이 높은 곳에서 고함을 질렀다.

"만약 한 사람이라도 후퇴하면 참수하여 목을 장대에 높이 매달 것이다!"

이로써 한나라 군사들은 군영을 굳게 지키며 움직이지 않았다. 사마앙은 연이어 세 번이나 돌격했으나 한신의 군사들이 움직이지 않는 모습을 보고 서둘러 군사를 돌려 성안으로 돌아왔다. 그러자 한신은 한나라 군사들에게 그들을 추격하라고 재촉했다. 그러나 그때는 이미 사마앙의 군사가 모두 성안으로 들어간 뒤였다. 이날은 피차간에 그리 큰 피해를 입지 않았다. 한신은 군사들에게 군영으로 돌아가 쉬면서 공성 준비를 하라고 명령을 내렸다.

한편, 사마앙은 유생 한 명을 팽성으로 보내 구원병을 요청했다. 유생이 팽성에 도착했을 때 패왕은 이미 군사를 일으켜 제나라와 양나라를 치러 갔다가 아직 돌아오지 않고 있었다. 이에 전장으로 달려가 패왕을 뵙고 상소문을 올렸다.

은왕 신 사마앙은 머리를 조아리며 말씀을 올립니다. 유방은 자신의 직무를 망각하고 관중을 노략질했습니다. 그리하여 삼진은 패망했고 함양 사람들은 포로가 되었습니다. 인근 군현은 바람에 휩쓸렸고 두 위나라는 배반했습니다. 지금 저들의 군사가 하내를 포위하여 사태가 위급합니다. 대체로 하내는 관동의 요충이며 서초의 길목입니다. 이곳을 잃으면 하동이 진동할 것이고 폐하의 강토도 한나라가 절반을 차지하게 됩니다. 여기까지 말씀드리고 보니 신의 마음이 떨립니다! 엎드려 바라옵건대 일찍 구원병을 보내주시고 급히 대책을 세워주십시오. 제나라와 양나라 공격은 늦출 수 있지만, 한나라 군사에 대처하는 일은 가장 중요합니다. 조정의 의견을 미리 정해야 할 것입니다. 눈썹에 불이 붙은 급박한 상황에서 구원병이 오기를 목을 빼고 기다립니다. 만약 조금이라도 늦추었다가는 침식을 편안하게 하지 못하는 우환에 처하게 되고 신 등은 망국의 포로가 될 것입니다! 이 상소문을 쓰자니 눈물이 흘러내려 황공하고 간절한 마음 이길 수 없습니다.

패왕은 상소문을 읽고 깜짝 놀라며 말했다.

"뜻밖에도 유방이 하내로 군사를 보내 이처럼 날뛰고 있단 말인가?"

황급히 범증을 불러 의논했다.

"짐은 지금 제나라와 양나라를 함락시키지 못해 이곳을 떠나기가 불편하오. 또 사람을 보내 구원하자니 보낼 만한 적당한 사람이 없을 것 같소. 아보께선 어떻게 생각하시오?"

"폐하께서 반드시 직접 정벌을 나가셔야 한나라 군사를 막을 수 있습니다. 그러나 제나라와 양나라를 함락시키지 못한 상태에서 서둘러 가실 수는 없습니다. 지금 대장 항장과 계포에게 군사 3만을 거느리고 가서 하내를 방어하게 하십시오. 제나라와 양나라를 평정한 뒤에는 폐하께서 친히 대군을 이끌고 정벌에 나서시어 각 제후들의 협조를 받는 것이 상책입니다."

"알겠소."

패왕은 마침내 항장과 계포를 보내 사마앙을 구원하게 했다.

한편, 한신이 하내를 오랫동안 포위하자 사마앙은 성벽을 튼튼히 지키며 밖으로 나가지 않았다. 한신이 비밀리에 장수들과 대책을 의논했다.

"사마앙이 지키는 성은 성곽이 높고 해자가 깊어서 짧은 시간에 무너뜨리기 어렵고, 군사들이 밖으로 나와 싸우려 하지도 않소. 또 구원병이 혹시라도 들이닥치면 안과 밖이 호응할 수 있으므로 저들의 계략에 빠지게 되오. 그러니 여러 장군께선 여차여차하게 대비해야 승리할 수 있을 것이오."

장수들은 명령을 받고 각각 군대를 조정하여 업무를 분담했다. 다음 날 한신은 성문 네 곳을 공격하던 군사를 천천히 해산하고 각 군영으로 돌아가 행장을 꾸릴 준비를 하게 했다. 또 깃발도 뽑아서 눕히고 북도 울리지 않아 마치 철수하는 군사의 모습을 보여주었다.

성 위 군사들이 이 모습을 보고 사마앙에게 알렸다.

"한신의 군사가 오늘 북소리와 징소리도 울리지 않고 점차 퇴각하는 모습을 보이고 있는데 무슨 의도인지 모르겠습니다."

사마앙은 서둘러 성 위로 올라가 한신의 진영을 살펴보았다. 과연 한신의 군사가 모두 퇴각하고 있었다. 그는 모사 도만달 등을 불러 대책을 논의했다.

"한신이 퇴각하는 것은 틀림없이 초나라 구원병이 도착할 것이라는 소문을 들었기 때문인 듯하오. 혹시라도 패왕이 친히 정벌에 나설까봐 두려워 군사를 물리는 것이오? 그렇지 않다면 어째서 갑자기 하룻밤 사이에 군사를 몰래 물린단 말이오?"

도만달이 대답했다.

"한신은 속임수를 아주 잘 씁니다. 군사가 잠깐 퇴각하는 건 아마 속임수인 듯합니다. 우리 군사를 성밖으로 유인하여 저들을 추격하도록 만들려는 계책이겠지요. 그러나 군사를 매복하고 반격을 가할 수도 있을 터이니 엄밀하게 방어하지 않을 수 없습니다. 또 사람을 성밖으로 보내 저들의 퇴각이 사실인지 탐문해야 합니다. 과연 사실이라면 추격해도 좋습니다."

사마앙은 즉시 정밀한 탐지 능력을 지닌 병졸 몇 명을 성밖으로 내보내 소문을 염탐했다. 그들은 10리 밖에 이르러 마을 객점에서 군대의 취사도구를 지고 가는 병사를 만났다. 그곳에서 밥을 사먹으며 은근슬쩍 물었다.

"댁들은 어찌하여 성을 공격하지 않고 일시에 물러나는 것이오?"

병사들이 대답했다.

"어제 염탐꾼이 말하기를 패왕이 하북에서 친히 대군을 통솔하여 곧바로 함양 공격에 나섰다는구려. 그래서 한왕이 겁을 먹고 감히 싸움에 나서지 못하고 있소. 또 연이어 10여 기의 비마(飛馬)가 달려와 한 대원수에게 보고하자 이 때문에 하룻밤 사이에 병사와 병마를 모두 물린 게지요. 지금은 벌써 6, 70리 밖으로 내뺐을 것이오. 우리는 취사도구 같은 무거운 물건을 졌고, 연일 몸이 아파서 빨리 걸을 수가 없소.

혹시 한 대원수가 인원 점검을 할까 겁이 나는구려."

그중 또 한 사람이 말했다.

"한 대원수는 함양을 구조하기에도 바쁜데 무슨 용뺴는 재주로 인
원 점검할 틈이 있겠나?"

염탐에 나선 병졸은 그들의 말을 듣고 다시 퇴각하는 각 진영 사람
들에게도 물어보았다. 모두 똑같은 말을 했다. 이에 다시 돌아와 염탐
한 내용을 낱낱이 사마앙에게 보고했다.

"그들의 말이 사실입니다."

사마앙은 곧바로 손인과 위형에게 각각 군사 1만을 이끌고 한나라
군사를 바짝 뒤쫓게 했다. 그리고 자신도 군사 1만 5000을 통솔하여
그 뒤를 따랐고 5000군사만 남겨 성을 지키게 했다. 활짝 열린 성문으
로 세 갈래 대군이 기세등등하게 출발했다. 50리를 추격했는데도 적의
동정을 발견하지 못했다. 손인은 길 양쪽으로 펼쳐진 잡목 숲을 보고
후군에 잠시 멈추라고 명령을 내렸다. 날이 이미 저물었고 매복이 있을
까 두려워 전력으로 추격할 수 없었다. 명령이 끝나지도 않았는데 갑자
기 숲속에서 한줄기 포성이 울리며 대장 두 명이 번개처럼 뛰어나왔다.
그들은 주발과 시무였다. 두 장수는 말을 도약하며 달려와 손인에게
싸움을 걸었다. 손인도 창을 곧추 세워들고 두 장수를 직선으로 찔렀
다. 10여 합도 겨루지 못하고 손인은 힘이 빠져 창을 허공에 한 번 휘
두르고는 뒤를 향해 도주했다. 두 장수는 군사를 재촉하여 있는 힘을
다해 추격했다. 후군이 이동하고 있던 탓에 서로 밟고 밟히며 아수라
장이 되었다. 위형은 전군(前軍)이 패주하자 진영을 유지하지 못하고 물
러날 수밖에 없었다. 수많은 군사가 뒤엉킨 모습은 마치 산이 무너지고

사마앙이 한나라 군사에게 대패하다

강물이 끓어오르는 듯해 도저히 수습할 수 없었다. 사마앙도 대군을 이끌고 뒤편에 있다가 몰려온 군사들 때문에 진채의 발치가 어지러워지자 깜짝 놀라 말 머리를 돌려 달아났다. 그런데 예기치 못하게 저쪽 산언덕 근처에서 대장 한 명이 몸을 돌려 달려나와 사마앙에게 싸움을 걸었다. 사마앙은 겨우 1합만에 말 아래로 굴러떨어져 포로가 되었다. 사마앙을 생포한 사람은 바로 무양후 번쾌였다. 사방에서 횃불이 하늘을 찌르며 타오르고 있었다. 손인과 위형은 자신들의 군사가 대패한 것을 보았고, 때가 캄캄한 밤이었던 탓에 서로를 돌아볼 틈이 없었다. 그들은 주군 사마앙이 어디에 있는지도 몰랐다. 한나라 군사가 점점 많아지더니 몇 겹으로 포위망을 좁히며 앞으로 다가왔다. 손인과 위형은 좌충우돌하며 이리저리 부딪쳤지만 빠져나갈 수 없었다. 한신은 높은 언덕에서 큰 소리로 삼군에게 명령을 내렸다.

"항복하는 자는 죽이지 마라!"

손인과 위형은 사태가 위급한 것을 알고 마침내 말에서 내려 항복했다. 날랜 기마병 몇이 달려와 사마앙이 번쾌에게 사로잡혔다고 했다. 도만달도 이미 성문을 열고 투항하여 한신에게 성안으로 들어가 백성을 위무해달라고 요청했다. 한신은 삼군을 독려하여 전진하는 한편, 살상을 하지 말라는 명령도 내렸다. 그들은 마침내 긴 대열을 이루고 성안으로 진입했다. 번쾌는 사마앙을 포박하여 한신을 만나러 왔다. 한신은 계단 아래로 내려가 그의 포박을 풀고 상좌로 이끌었다. 사마앙은 땅에 엎드려 절을 올리며 말했다.

"대원수께서 망국의 신하를 바로 죽이지 않으시니 저는 그것으로 족합니다. 어찌 이처럼 관대하게 대해주십니까?"

한신이 말했다.

"그렇지 않습니다. 한왕께서는 충후하고 덕망 높은 어른이십니다. 오로지 인의로 군사를 일으켰으므로 살상은 행하지 않습니다. 만약 공께서 온 심신을 기울여 한왕에게 투항한다면 제후왕의 봉작은 잃지 않을 것입니다."

사마앙은 매우 기뻐하며 여러 군현에 격문을 보내 항복하지 않은 자를 모두 불러 항복하게 했다. 그리하여 한신은 마침내 하내를 평정하고 한왕에게 사람을 보내 급보를 전했다.

한편, 항장과 계포는 군사를 이끌고 하내 가까이 도착하여 사마앙이 이미 포로가 되었다는 사실을 알게 되었다. 두 장수는 깜짝 놀라며 말했다.

"하내가 이미 함락되었다면 우리 두 사람이 전진해봐야 아무 이익이 없을 것이오. 차라리 군사를 되돌려 패왕에게 보고하는 편이 낫겠소. 패왕께서 직접 대군을 이끌고 유방과 대회전을 벌이는 것이 좋은 대책일 듯하오."

계포가 말했다.

"공의 말씀이 옳소."

이에 즉시 군사를 되돌려 패왕을 만나러 갔다. 뒷일이 어떻게 될지는 다음 회를 보시라.

제53회

진평이
귀의하다

초나라의 문책이 두려워
진평이 한나라에 귀의하다
懼楚罪陳平歸漢

항장과 계포는 패왕을 뵙고 사마앙이 포로가 된 사실과 하내가 함락된 사실을 자세히 보고했다.

"신들의 행군이 중도에 이르렀을 때 이 소식을 듣고 결국 군사를 되돌릴 수밖에 없었습니다. 백성을 수고롭게 하며 군사를 부리는 것은 사태 해결에 아무 도움도 되지 않을까 두려웠기 때문입니다."

패왕이 벌컥 화를 냈다.

"짐이 그대들을 보내 하내를 구원하게 한 지가 벌써 한 달이 넘었다. 그런데 적을 만나지도 않고 빈손으로 돌아오며 하내까지 잃었다. 짐이 지금 번속국 하나를 잃은 것은 모두 그대들의 죄다."

진평이 곁에서 말했다.

"두 장군이 출전했지만 하내를 지킬 수 없었습니다. 한신의 용병술은 손자, 오자와 진배없습니다. 그러니 어찌 두 장군이 그들을 대적할 수 있겠습니까? 폐하께서는 두 장군에게 꼭 죄를 물으실 필요가 없습니다. 신과 범 아보가 두 장군과 함께 군사 한 부대를 이끌고 가서 다시 하내를 취하여 한신이 동쪽으로 진출하는 것을 막겠습니다. 폐하께서는 제나라를 정벌하신 뒤에 군사를 이끌고 서쪽으로 오십시오. 그럼 한왕을 격파하고 한신을 사로잡을 수 있을 것입니다. 그렇지 않으면 관동 땅이 모두 한나라의 소유가 되고 잃은 땅이 하내 한 곳에 그치지 않을 것입니다."

패왕은 더욱 화를 내며 소리쳤다.

"전에 은왕이 구원을 요청했을 때 네놈은 짐의 좌우에 앉아서 유독 한마디 말도 하지 않았다. 그런데 지금 하내를 잃고 나서야 군사를 수고롭게 하며 원정을 나가 다시 하내를 빼앗자고 한다. 이는 미친 헛소리로 짐을 속이는 짓거리가 아니냐?"

패왕은 항장과 계포를 꾸짖어 물러나게 했고, 이날 바로 진평을 파직하고 자신의 곁에 오지 못하게 했다. 진평은 집으로 물러나 울적한 마음을 금할 수 없었다. 이에 심부름꾼 아이에게 비밀리에 행장을 꾸리라고 명령을 내린 뒤 집안 식구들을 몰래 양무로 돌아가게 했다. 그러고 나서 자신은 칼을 등에 메고 오솔길로 낙양을 향해 떠났다.

어느 날 진평은 해가 뉘엿뉘엿 서쪽으로 기울 무렵 황하 주변에 닿았다. 사방을 둘러보아도 아무도 없었고 백사장이 만(灣)을 이룬 곳에 작은 나룻배 한 척만이 놓여 있었다. 진평은 소리를 질러 뱃사공을 불렀다.

"나는 멀리서 온 과객인데 황하를 건너 투숙하려 합니다."

그러자 작은 배 안에서 두 사람이 걸어나왔다. 눈빛은 흉악했고 나이는 각각 스물네댓쯤 되어 보였다. 진평은 이 두 사람이 틀림없이 황하 주변의 도적〔水賊〕이라 생각했다. 피하려 하면 오히려 해를 당할 것 같아서 차라리 배를 타고 황하를 건너가며 대책을 세우리라 마음먹었다. 두 사람은 진평을 아래위로 쓱 훑어보고 흡족해하며 그를 부축하여 배에 태웠다. 황하 한가운데로 가까이 가자 두 도적은 선창에서 칼을 빼들고 진평을 죽이려 했다. 진평은 이자들이 자신을 해치려 하는 것은 재물을 노리기 때문이라고 짐작했다. 따라서 몸에 감춘 것을 아까워하는 것처럼 보이면 틀림없이 자신을 해칠 것 같았다. 이에 도적에게 말했다.

"저는 과객이지만 물의 성질을 좀 압니다. 제가 옷을 벗고 두 분과 배를 몰아 빨리 강을 건너고 싶습니다!"

그는 마침내 옷을 모두 벗고 갖고 있던 물건도 모두 옆에 던져놓았다. 그러고 나서 배 위에 발가벗은 몸으로 서서 품에 감춘 것이 아무것도 없음을 보여주었다. 두 도적은 그 모습을 보고 껄껄 웃으며 말했다.

"우리는 그대의 몸에 틀림없이 감춘 재물이 있을 것으로 짐작하고 그것을 빼앗으려 했다. 그런데 지금 발가벗은 몸을 보니 감춘 것이 없음을 알겠다."

그들은 마침내 진평을 죽이려던 마음을 버리고 순풍을 맞아 순식간에 황하를 건넜다. 진평은 강 언덕으로 올라가 목숨을 보전했다. 서둘러 객점에 투숙하니 벌써 밤이 가까워오고 있었다. 객점 안 사람들은 진평이 발가벗은 몸으로 들어오는 모습을 보고 눈이 휘둥그레져서 물었다.

"강에서 도적을 만난 게로군요?"

진평이 대답했다.

"아무개는 하남 땅 객상인데, 초나라에서 장사를 하다가 물건을 사서 귀가하는 도중 저녁 무렵에 황하를 건너게 되었소. 심부름하던 아이 둘은 모두 피살되었고 나는 옷과 짐을 모두 주겠다고 애원하여 목숨만 부지한 채 이 객점에 투숙한 것이오. 동향의 장사치를 생각하여 하룻밤만 유숙하게 해주시오. 혹시 몸을 가릴 낡은 옷이라도 빌려주면 귀가하여 반드시 후하게 보답하겠소."

객점 사람들은 진평의 말이 평범하지 않고 용모도 매우 준수한 것을 보고 순식간에 여러 벌의 옷을 꺼내 진평에게 입혀주었다. 그들은 진평을 동석하게 하여 술을 마시며 함께 하룻밤을 투숙할 수 있게 배려했다.

다음날 진평은 객점 주인에게 감사 인사를 하고 동행자들과 함께 낙양대로를 따라 함양으로 향했다. 그는 먼저 함양 땅의 옛친구 위무지(魏無知)를 찾아가 자세한 상황을 말했다.

"패왕은 정치를 그르치며 홀로 강포함만 믿고 충언을 받아들이지 않으면서 현명한 사람의 앞길을 막고 있네. 나는 평소에 한왕이 어질고 도량이 넓어서 좋은 계책을 좋아하며 과감하게 결단하고 현인과 유능한 사람을 임용하여 그들의 장기를 발휘하게 하는 분이라 알고 있네. 그러니 천명을 받은 진정한 군주인 셈이지. 나는 지금 초나라를 등지고 천릿길을 달려와 마음을 다해 그분을 섬길 생각이네. 감히 옛 벗의 추천이나 공치사에라도 기대 잠시 등용될 수 있다면 자네의 공을 절대 잊지 않겠네."

진평이 발가벗고 도적의 손에서 벗어나다

위무지가 말했다.

"한왕께선 마음을 비우고 천하의 현인을 구하고 계시네. 이 때문에 사방의 선비들이 기쁘게 복종하면서 그 조정에 서기를 바라고 있네. 세상을 경륜할 만한 자네의 재주와 기이한 계책이라면 조정 휘장 안에 자리를 마련하여 온갖 대책을 세울 수 있게 해줄 것이네. 우리 한왕께서 자네를 만나면 내가 추천하지 않아도 틀림없이 중용하실 것이네."

진평이 감사 인사를 했다. 위무지는 한왕이 한가할 때 진평의 일을 아뢰었다.

"초나라 진평이 폐하의 성덕을 깊이 사모하여 지금 초나라를 버리고 우리 한나라에 귀의했습니다. 신은 그의 옛 벗이라 평소부터 그의 능력을 잘 알고 있습니다. 폐하께서 잡아두시면 틀림없이 큰 도움이 될 것입니다."

"지난날 홍문연에서 만났던 그 사람이 아니오?"

"바로 그 사람입니다."

"짐이 그 사람을 그리워한 지 이미 오래요. 평소에 한 번 만나고 싶어도 기회가 없더니 지금 투항해왔단 말이오. 진실로 내 마음과 딱 맞아떨어지는 일이오."

그리고 바로 진평을 불러들여 대화를 나누었다.

"지난날 그대의 힘에 의지하여 다행히 홍문을 탈출할 수 있었소. 나는 죽을 때까지 그 은혜를 잊지 못할 것이오. 지금 기쁘게도 우리 조정의 신하가 되었으니 내 마음에 참으로 많은 위로가 되오."

한왕은 진평과 온종일 이야기를 나누었다. 한왕은 더욱 기뻐하며 물었다.

"초나라에서는 무슨 벼슬을 했소?"

"도위직에 있었습니다."

그러자 한왕은 바로 그날 진평을 도위에 임명하고 참승(驂乘)[1]과 전군(典軍)[2]을 겸하게 하여 날마다 자신의 좌우를 수행하게 했다. 그러자 장수들이 분분히 쑥덕거렸다.

"일시의 망명객이 맨몸으로 왔으므로 아직 그 내막을 알 수 없다. 그런데도 마침내 도위에 임명하고 아침부터 저녁까지 폐하의 좌우를 지키게 하다니. 예측할 수 없는 변고가 닥칠까 두렵다."

한왕은 그들의 말을 듣고도 진평에게 더욱 두터운 은혜를 베풀었다.

어느 날 주발 등이 한왕에게 말했다.

"진평의 용모는 관에 다는 옥처럼 아름답지만 그의 마음은 꼭 그렇지 않은 것 같습니다. 그는 자기집에서 일찍이 형수와 사통했고 호군(護軍)[3]이 되어서는 장수들에게서 돈을 많이 받았습니다. 신들이 진평의 사람됨을 관찰해보니 마음을 자주 바꾸며 법을 어지럽히는 자입니다. 폐하께서 깊이 살피시어 간적에게 유혹당하지 마십시오."

한왕이 그 말을 듣고 위무지를 불러서 꾸짖었다.

"그대는 쓸 만하다고 추천했는데, 지금 살펴보니 형수와 사통하고 황금을 뇌물로 받았소. 행실이 탐욕스러우니 그대는 적당한 인재를 추

1_ 참승(參乘)이라고도 쓴다. 어가 오른쪽에 앉아 임금을 수행하는 측근이다. 흔히 용모가 준수한, 임금의 심복이 맡는다.

2_ 금군교위(禁軍校尉)다. 임금을 호위하는 군대, 금군을 관장하는 요직이다. 역시 임금이 신임하는 측근이 맡는다.

3_ 임금이나 태자의 호위 부대를 통솔하고 무관직 선발을 관장하고 각급 장수를 감독하던 무관직이다.

천한 게 아니오. 그대에게도 죄가 있소!"

"신이 말씀드린 건 그의 능력이고 폐하께서 소문을 들으신 건 그의 행실입니다. 지금 미생(尾生)⁴의 신의나 효기(孝己)⁵의 효행이 있다 해도 전쟁의 승패에는 아무 이익도 없습니다. 폐하께서는 어찌 그런 자를 등용하실 겨를이 있었겠습니까?"

한왕은 또 진평을 불러 꾸짖었다.

"그대는 위나라를 끝까지 섬기지 않고 초나라를 섬기러 갔고, 지금은 다시 나를 따르고 있소. 신의를 지키며 충직하게 사는 사람은 본래 이같이 행동하오?"

"비유하면 신은 한 가지 쓸 만한 물건입니다. 사람이 써주느냐, 안 써주느냐를 따를 뿐입니다. 위왕이 신을 등용하지 않아 신은 그를 버리고 초나라에 귀의했고, 초나라가 이제 신을 써주지 않아 다시 초나라를 떠나 대왕마마께 귀의했습니다. 저는 사람들이 저를 사랑하여 등용해주느냐에만 따를 뿐입니다. 평소에 소문을 듣기로 대왕마마께서 능력에 따라 사람을 등용하신다기에 1000리를 멀다 하지 않고 달려와 대왕마마를 알현했습니다. 그러자 역시 대왕마마께서는 신을 등용해주셨습니다. 신은 전에 한나라에 귀의할 때 황하를 건너다 도적을 만났고 결국 발가벗은 몸으로 이곳에 왔습니다. 만약 황금을 받지 않았다면 진실로

4_ 『장자』「잡편(雜編)」과 『사기』「소진열전(蘇秦列傳)」에 기록이 있다. 미생은 춘추시대 사람인데 어떤 여자와 다리 아래에서 만나기로 약속했다. 그러나 여자는 오지 않고 강물이 계속 불어났다. 그래도 그는 약속을 지키기 위해 다리 기둥을 안고 여자를 기다리다 결국 물에 빠져 죽었다. 고지식하게 신의를 지키는 사람을 비유한다.

5_ 『사기』「은본기(殷本紀)」에는 조기(祖己)로 나온다. 상(商) 무정(武丁)의 맏아들이며 조경(祖庚)의 형이다. 효성이 지극하여 효기(孝己)로도 불렸다. 그의 모친이 죽은 뒤 계모에게 핍박을 받아 외지로 추방되어 울분 속에서 죽었다.

쓸 돈이 없었을 것입니다. 제가 계획한 일 중에서 대왕마마께서 받아들이실 만한 것이 있으면 그 계획을 써서 공적을 세우십시오. 그럼 대왕마마께선 잃으시는 것은 적고 얻으시는 것은 많을 것입니다. 만약 대왕마마께서 다른 사람의 말을 들으시고 신의 계획을 쓰지 않으신다면 신이 받은 황금은 모두 제 사사로운 주머니에 남아 있을 것입니다. 신은 그것을 감히 감추지 않고 관(官)으로 귀속시키겠습니다. 그런 뒤 제 몸의 해골만 남겨서 고향으로 돌아가더라도 대왕마마의 크신 은혜를 잊지 못할 것입니다."

한왕은 진평의 말을 듣고 진평에게 깊이 감사해하면서 더욱 후한 상을 내렸다. 그리고 다시 진평을 호군중위(護軍中尉)로 승진시켜 여러 장수를 감독하게 했다. 장수들은 다시는 감히 다른 말을 하지 못했다. 후세에 이를 읊은 시가 있다.

두 나라가 패권 다투며 좋은 계책 세울 때,　　　　兩國爭衡用計時,

진평 모사 진정한 가치 초나라는 몰랐다네.　　　　陳平謀士楚無知.

사람들의 비방을 한왕은 듣지 않고,　　　　　　　漢王不聽群讒謗,

여섯 가지 기이한 계책 뒷날에 얻었다네.[6]　　　　贏得他年六出奇.

6　흔히 육출기계(六出奇計)라는 사자성어로 쓰인다. 진평이 한나라를 위해 기획한 여섯 가지 뛰어난 계책이다. 승리를 담보하는 훌륭한 전략을 비유하는 말로 쓰인다. 첫째, 반간계로 초나라 모사 범증을 몰아낸 일. 둘째, 초나라 사신에게 나쁜 음식을 대접하여 의심을 야기한 일. 셋째, 형양(滎陽)에서 항우에게 포위되었을 때 유방 대신 기신(紀信)을 항복하게 하고 유방을 탈출시킨 일. 넷째, 한신을 제왕에 봉하게 하고 군사 협력을 이끌어 낸 일. 다섯째, 한신을 운몽(雲夢)으로 유인하여 사로잡은 일. 여섯째, 백등에서 흉노에게 포위되었을 때 미인 그림으로 황제를 탈출시킨 일이 그것이다.

한왕이 더욱 진평을 우대했음은 더 말할 필요도 없다.

한신은 한왕에게 급보를 보내 이미 하내를 평정했음을 알렸다. 한왕은 매우 기뻐했다. 또 각 지역 제후들은 조공을 바치고 한나라에 항복했으며 꾀가 많고 용감한 각국 인재들도 모두 한나라에 귀순했다. 그때 또 갑자기 좌우 신하들이 보고하기를 하후영이 투항한 상산왕 장이를 인도해오고 있다고 했다. 한왕이 말했다.

"장이는 어려서부터 진여와 문경지교를 맺었지만 왕이 되고 나서는 서로 협력하지 않았다 하오. 어제 소식을 들으니 진여가 장이의 가족을 죽이고 장이를 추격했는데, 장이는 겨우 기마병 다섯만 남아서 오늘 투항해온 듯하오. 외로운 새가 숲에서 도망치다 사냥꾼의 표적이 되었기 때문이 아니겠소."

한왕은 즉시 장이를 불러들이라 했다. 하후영이 장이를 인도하여 한왕을 알현하게 했다. 한왕이 말했다.

"현왕의 대단한 명성을 오래 사모해오다가 오늘에야 뵙게 되니 실로 오랜 갈증을 푸는 듯합니다."

장이가 흐느끼며 말했다.

"신 장이는 진여와 어려서부터 매우 친하게 지냈습니다. 그런데 지금은 적이 되어 신의 가족을 모두 죽였습니다. 이는 종신토록 잊지 못할 원한이며 불구대천의 원수입니다. 삼가 듣건대 폐하께서는 오성이 동정에 모이는 상서로움을 보였으니 하늘과 사람이 서로 호응하는 조짐입니다. 이에 초나라를 반대하는 길로 나서 관대하고 어진 정치를 펼치시니 진정한 천하의 주인이며 백성의 부모이십니다! 이제 목을 빼고 귀의하고자 합니다. 다시 등용되어 뒷날 작은 땅이라도 얻은 뒤 우리 일가

의 원수를 갚고 종신토록 잊지 못할 원한을 갚을 수 있다면 신은 간뇌
도지하더라도 유감이 없을 것입니다."

한왕은 몹시 기뻐하며 마침내 장이를 중용하고 여전히 상산왕으로
불렀다.

한왕은 장이가 투항하고 갑사가 운집하자 신료들을 모아 대책을 논
의했다.

"짐이 포중에서 나온 이후 각 지역 제후들이 순응해와서 병마가
40여 만이나 모였소. 이제 군사를 일으켜 동쪽 낙양에 주둔하고 한신
의 군사와 힘을 합친 뒤 초나라를 정벌하고 싶소. 여러분은 어떻게 생
각하시오?"

신료들이 아뢰었다.

"대왕마마의 군대는 위세가 더욱 드높아져서 가는 곳마다 대적할 자
가 없습니다. 지금이 바로 삼군을 격려하여 인솔하고 무도한 자를 정벌
할 때입니다. 신들도 동쪽으로 돌아가 고향땅을 보고 싶습니다."

그러자 장량이 말했다.

"대왕마마의 군대는 위세가 드높기는 하지만 세성의 운수가 불리하
므로 동쪽으로 정벌을 나가도 승리하기 어려울 듯합니다. 신의 어리석
은 견해로는 위엄과 날카로움을 더 닦으며 내년까지 기다려야 좋은 시
기가 올 것입니다."

한왕이 말했다.

"짐은 근래 동쪽으로 진출하려는 생각을 하루도 떠올리지 않는 날이
없소. 이곳에 오래 깃들어 사는 건 나의 뜻이 아니오!"

한왕은 마침내 장량의 말을 듣지 않고 대소 문무 관료와 장수 들에

게 좋은 날을 받아 군사를 일으키도록 지시했다. 아울러 태공과 여후도 동행할 것이라고 했다. 신료들은 한왕의 동정 소식을 듣고 모두 기뻐했다. 며칠 동안 삼군을 일제히 정비하고 한왕에게 아뢰었다.

"기마병과 보병 들은 이미 40여 만으로 점검되었고, 대소 장수들도 200여 명에 이르렀습니다. 대왕마마! 어가를 출발하게 해주십시오!"

그리하여 한왕은 한신에게 사람을 보내 모두 낙양에서 모이자고 약속했다. 대군은 바로 하남대로를 따라 진격했다. 초나라 정벌의 승부가 어떻게 될지는 다음 회를 들으시라.

의제를 위해
소복을 입다

동삼로가 길을 막고
한왕에게 유세하다
董三老遮道說漢

한왕의 대군이 하남에 도착하자 낙양왕 신양이 문무백관을 이끌고 성
밖으로 멀리까지 마중을 나왔다. 한왕은 연도 내내 낙양의 명승을 구
경했다. 왼쪽으로는 성고(成皐)¹에 의지했고, 오른쪽은 민지(澠池)²를
해자로 삼았다. 앞은 드높은 숭산(嵩山)³을 향했고, 뒤는 황하를 끼고
있었다. 동쪽은 효산(崤山)⁴으로 연결되고, 서쪽은 동진(潼津)⁵으로 이

1_ 허난성 싱양시(滎陽市) 쓰수이진(汜水鎭) 서북에 성고 옛 성이 있다. 그러나 이곳은 낙양
에서 너무 멀리 떨어져 있으므로 관념적으로 성고를 낙양의 왼쪽에 있다고 묘사한 것으
로 보인다.
2_ 원문은 오지(汙池)다. 낙양 오른쪽에 있는 호수로 가장 유명한 곳이 바로 민지다. 함곡관
으로 진입하는 기점에 해당한다.
3_ 중국의 오악 중 중악에 해당한다. 소림사가 이곳에 있다.

어져 있었다. 숭산이 오악 중에서 중악이 되니 옛사람들은 하남 땅을 천하의 중심이라고 불렀다. 풍경은 화려했고 산천은 빼어났는데 모든 곳을 다 구경할 수는 없었다. 그때 문득 선봉대 정탐병이 달려와 보고했다.

"향로(鄕老) 수십 명이 어가의 먼지를 바라보며 길을 막고 대왕마마를 뵙고자 합니다."

한왕이 말했다.

"모시고 오라!"

그중 한 향로는 나이가 지긋하고 성이 동씨(董氏)여서 사람들이 그를 동공삼로(董公三老)라고 불렀다. 지난날 대강에서 의제의 시신을 인양하여 침주에 장사 지내고, 이제 한왕의 대군이 낙양에 당도하자 여러 향로를 이끌고 와서 한왕을 만나려 한 것이다.[6]

동공이 아뢰었다.

"신들은 시골 향로인데 대왕마마께 한마디 간언을 올리려고 기다린 지 오래입니다."

"무슨 일인지 말씀해보시지요."

동공이 앞으로 나와 말했다.

"덕(德)에 순응하는 자는 번창하고, 덕에 역행하는 자는 멸망합니다. 군사 동원에 명분이 없으면 대사를 이룰 수 없습니다. 이 때문에 그런

4_ 낙양 서쪽에 있는 산이다. 함곡관과 효산을 통과하면 동관(潼關)을 거쳐 관중에 이른다. 따라서 효산이 동쪽으로 연결된다는 진술은 정확하지 않다.

5_ 지금의 산시성 웨이난시 퉁관현이다. 동관 남쪽에 있다.

6_ 동공이 한왕 유방을 만나 의제의 죽음에 대해 이야기하는 장면은 『사기』 「고조본기」에 기록되어 있다. 『원본 초한지』 1 제33회에는 동공이 의제의 시신을 수습하는 내용이 나온다.

군사를 도적이라고 합니다. 도적은 쳐서 무찌를 수 있습니다. 항우는 무도하여 자신의 임금을 마음대로 시해했으니 천하의 도적입니다. 인은 용맹으로 이룰 수 있는 것이 아니고, 의는 힘으로 성취할 수 있는 것이 아닙니다. 대왕마마! 이제 마땅히 군사를 인솔하시어 의제를 위해 소복을 입으시고 천하 제후들에게 이 사실을 알리며 항우를 정벌하셔야 합니다. 그러면 사해 안에 대왕마마의 덕을 우러러보지 않는 사람이 없을 것입니다. 이것이 그 옛날 세 성군(우왕, 탕왕, 문왕)께서 행하셨던 일입니다. 대왕마마께서 지금 행하시는 군사행동은 아무 명분도 없습니다. 이는 한갓 작은 땅이나 다투는 행위에 불과합니다. 한 번의 전투로 초나라에 승리한다 해도 끝내 천하를 복종시키실 수는 없습니다."

한왕이 그를 위무하며 말했다.

"향로의 말씀이 진실로 일리가 있소. 과인이 곧 직접 글을 써서 천하에 포고한 연후에 군사를 합하여 동정에 나서겠소."

또 동공을 앞으로 불러서 말했다.

"향로들께선 벼슬을 얻고 싶소?"

동공이 말했다.

"신은 올해 여든을 넘어서 곧 죽을 몸입니다. 대왕마마의 어지신 사랑이 천하에 미치는 것을 보았습니다. '약법삼장'으로 진나라의 가혹한 정치를 제거하자 백성들 중 목을 빼고 달려와 대왕마마를 천하의 주인으로 추대하려 하지 않는 사람이 없습니다. 신들이 먼길을 사양하지 않고 이곳에 와서 말고삐를 잡고 간언을 올리는 것은 이런 대의를 말씀드리려는 것이지, 벼슬을 하기 위한 것이 아닙니다."

한왕은 매우 기뻐하며 각 향로에게 백미(白米) 한 섬과 비단 한 필을

동삼로가 한왕에게 의제를 위해 상복 입을 것을 권하다

내렸다. 향로들은 하사품을 받아 감사 인사를 올리고 떠났다. 그리하여 한왕은 낙양성으로 들어가서 바로 의제를 위해 발상(發喪)하고 애도기간을 사흘로 정했다. 그리고 손수 포고문을 써서 천하에 알렸다.

천하가 함께 의제를 옹립하여 북쪽을 바라보고 그분을 섬겼다. 그런데 지금 항우가 의제를 시해했으니 이는 대역무도한 행위다! 과인은 관중의 군사를 모두 동원하여 삼하(三河)[7]의 땅을 수습했고 이제 의제 시해에 가담한 초나라 역적을 칠 제후왕을 따르고자 한다.

각 지역 장수들은 포고문을 각각 자신의 지역으로 나누어 선포했다. 이때는 한신의 군사도 모두 한 곳에서 한왕의 군사와 연합했다. 한 달도 안 되어 각 지역 군사가 포고문을 받은 날 바로 약속 없이도 달려와 병력을 합쳤다. 연합군 병력은 모두 56만에 이르렀다. 동공의 말 한마디에 민심이 이와 같이 귀의했으니 이 또한 천리를 깎아 없앨 수 없음을 보여준 일이었다.[8]

한왕은 대소 장수를 모두 불러모아 한신과 대책을 논의하며 말했다.

"이제 제후의 군사가 모두 낙양에 모여 갑사가 56만에 이르렀소. 초나라를 무너뜨릴 수 있겠소?"

한신이 대답했다.

"행군의 이치는 먼저 천시를 감안하고 다음에 지리를 살펴야 합니다. 또 세성의 향배를 관찰한 뒤에야 군사를 움직일 수 있습니다. 대체

7_ 하내(河內), 하남(河南), 하동(河東)을 가리킨다.

로 군대는 흉기이고 전쟁은 위험한 일입니다. 삼군의 생사와 국가의 존망이 여기에 달려 있으니 어찌 가볍게 군사를 움직일 수 있겠습니까? 신이 한밤에 천문을 관찰하여 대왕마마의 올해 운명을 예측해보니 아직 이로운 시기에 이르지 못했습니다. 차라리 병사와 병마를 쉬게 하고 갑사를 훈련시키며 잠시 내년까지 기다리는 편이 좋겠습니다. 그러면 신이 반드시 초나라를 격파하겠습니다. 만약 올해 군사를 일으키신다면 신은 결단코 명령을 받들지 않겠습니다.”

“전에 짐이 장군을 등용할 때는 두 달도 안 되어 짐에게 동정을 권했소. 지금은 관동을 이미 태반이나 장악하여 이전과 비교하면 군사들의 기세가 완전히 상이하오. 그런데도 장군께선 오히려 주저하며 진격을 어렵게 여기니 대체 무슨 까닭이오?”

“대왕마마께선 관중과 관동을 얻었지만 아직 항왕과 싸워보지 않았습니다. 신이 항왕의 세력을 관찰해보건대 바야흐로 강성기로 들어섰습니다. 지금 제나라, 양나라와 분쟁하고 연나라, 조(趙)나라와 사단을 만들고 있으니 각국에서는 항왕의 힘이 분산되는 것을 기뻐하고 있습

8_ 원본에는 이 구절 뒤에 다음과 같은 '역사 논평'이 달려 있다. “호씨(胡氏)는 말했다. '천하가 진나라에 고통당하자 제후들이 모두 봉기하여 자신의 군사행동에 명분을 붙이기를, 무도한 진나라는 정벌할 수 있다고 했다. 그런데 이제 진나라가 멸망하고 제후들이 각각 땅을 나누어 가졌는데도 한나라가 또 군사를 일으켰다. 항우의 정치가 불공평하다는 말을 했지만 살펴보면 자신의 사사로운 분노를 드러낸 데 불과했다. 이것은 의로운 군대가 아니다. 그러나 동공이 올린 말을 한왕이 그대로 따른 이후에야 자기 임금을 시해한 항우의 죄가 천지간에 용납될 수 없음이 드러났다. 이에 천하가 마침내 한나라에 귀속될 수 있게 되어 한왕은 가만히 앉아서도 계책을 시행할 수 있게 되었다. 이 때문에 수하는 이런 대의명분을 펼쳐서 구강을 항복시켰고 역생도 이런 대의명분을 펼쳐서 제나라 전체를 항복시켰다. 대의를 배반하면 의지할 데가 없고 또 마치 자신의 팔을 잘라내는 것과 같으므로 망하지 않으려 해도 그것이 가능하겠는가?'”

니다. 이런 일은 내년까지 연장될 것이니 그때 대왕마마께서 북을 울리며 동쪽으로 진격하십시오. 적이 지친 틈을 타서 싸우면 반드시 이길 수 있을 것입니다."

"때는 거스를 수 없고 기회도 잃을 수 없소. 지금 항왕은 출정하여 밖에 있소. 바로 적의 힘이 분산된 때에 해당하오. 내가 이제 적이 해이해진 틈을 타서 공격하면 반드시 승리할 수 있을 것이오. 장군의 소견이 짐과 달라서 이처럼 뒤로 물러나니 이제 장군은 휘하 군사를 이끌고 서쪽 진(秦) 땅이나 지키시오. 짐이 친히 대군을 거느리고 동쪽으로 가서 초나라를 정벌하겠소. 전세가 불리해지면 장군께서 급히 달려와 구원해주시오. 그러면 그 또한 장군의 공이 될 것이오!"

장량도 앞으로 나서며 다시 간절한 말로 지극하게 간언했지만 한왕은 듣지 않았다.

한신이 말했다.

"패왕은 용맹이 천하의 으뜸이어서 가는 곳마다 대적할 자가 없습니다. 한나라 장수 중에는 그를 대적할 사람이 아무도 없습니다. 대왕마마께서는 시기를 잘 살피고 세력을 헤아려 전진하셔야지, 절대 적을 가볍게 여겨서는 안 됩니다."

역생이 말했다.

"대원수께선 계획을 이처럼 미리 세우기보다 대왕마마를 따라 함께 동정에 나서는 것이 좋겠습니다. 그럼 틀림없이 큰 공을 세울 겁니다."

한신이 말했다.

"그렇지 않소! 지금 진나라 땅이 처음 우리에게 복속되었소. 그런데 우리 한나라 군사가 모두 동정에 나섰다가 혹시라도 불리한 형세에 처하면 민심의 동향을 보장할 수 없소. 그때 우리가 불리하단 소문이 퍼지면 틀림없이 다시 반란이 일어날 것이오. 내가 군사를 이끌고 삼진을 지키려 하는 것은 근본을 잃지 않으려는 만전지책(萬全之策)이오."

한신은 대원수의 인수(印綬)를 한왕에게 주고 작별 인사를 한 뒤 휘하 군사를 지휘하여 함양으로 가서 주둔했다.

한왕은 마침내 대군을 거느리고 동정에 나섰다. 그가 당도한 군현은 한나라에 복속하지 않는 곳이 없었다. 진류가 가까워질 무렵 장량이 아뢰었다.

"신의 옛 주군이 초나라에 살해된 뒤 한(韓)나라 왕손으로 희신(姬信)9이 살아남아 여러 공자의 집을 돌보고 있습니다. 바라옵건대 대왕마마께서 격문을 보내시어 진류를 지킬 왕을 세워주십시오. 그럼 그곳이 바로 대왕마마의 번진(藩鎭)이 될 것입니다."

"그렇게 하시오."

그리고 바로 장량에게 부절을 가지고 가서 한나라 왕손 희신을 한왕(韓王)에 봉하고 공자들 중에서 현명하고 유능한 희강(姬康)을 진류군(陳留君)에 봉하여 한왕을 보필하게 했다. 장량은 부절을 가지고 진류로 가기 위해 작별 인사를 했다. 한왕이 말했다.

"선생께서 진류에 도착하여 한왕(韓王)을 봉하고 나면 두 배의 속도로 짐을 따라오기 바라오. 짐은 아침부터 저녁까지 선생과 초나라 정벌에 대해 상의하고 싶소."

"대왕마마께서는 모든 일의 실행 여부를 잘 헤아려보셔야 합니다.

---

9 희신(姬信, ? ~ 기원전 196). 흔히 한왕신(韓王信)으로 불린다. 한신(韓信)과 혼동하기 쉬우나 완전히 다른 인물이다. 당시 옛 한(韓)나라 땅에 봉해진 제후다.

또 장수들 중에서 대장을 한 명 세워 삼군을 단속하셔야 합니다. 신은 진류에 갔다가 한 달여 뒤면 팽성으로 갈 수 있을 듯합니다."

한왕이 변하(汴河)10를 건널 때 삼군이 각각 서로 먼저 건너려고 다투다가 군사 한 명을 밀어서 물에 빠뜨렸다. 그러자 군사들이 시끄럽게 떠들고 고함을 지르며 거의 꺼리는 바가 없었고 장수들도 제지할 수 없었다. 한왕은 육가와 역생을 불러 의논했다.

"군대에 기율이 없는 것은 그들을 통솔할 대장이 없기 때문이오. 짐은 제후들 중에서 평소에 명망이 높은 사람을 선택하려고 하오. 위표는 위왕(魏王)의 적손으로 사람들이 '새태공(賽太公)'11이라 부르기도 하므로 그에게 대장직을 맡길 만하오. 짐은 위표에게 대원수의 인수를 주어 군대를 관장하도록 할 생각이오. 경들의 의견은 어떻소?"

육가가 말했다.

"위표는 과장된 말을 자주 하는 사람이므로 대장감이 못 됩니다."

역생도 거들었다.

"장량도 위표를 경시했습니다. 위표는 장수들과도 잘 지내지 못하니 아마 군사를 복종시키기 어려울 것입니다."

진평도 같은 의견이었다.

"위표는 재주는 있지만 큰 그릇이 아닙니다. 끝내 큰일을 이룰 수 없습니다."

10_ 허난성 카이펑시 쥔이현(浚儀縣) 북쪽에서 발원하여 동남 방향으로 흘러 장쑤성 쉬저우시(팽성) 인근에서 쓰허(泗河)강으로 유입되는 강이다. 변수(汴水) 또는 단수(丹水)라고도 한다.

11_ 새(賽)에 경쟁하다, 싸우다의 뜻이 있다.

그러나 한왕은 이렇게 말했다.

"위표는 평소 훌륭한 문벌 출신으로 5세를 이어온 장수 혈통이오. 밥을 빌어먹고 남의 가랑이 사이나 기어다닌 한신과 비교하면 그 문벌이 확연히 다르오. 그런 사람을 대장으로 임명하는데, 어찌 군사들이 복종하지 않겠소?"

한왕은 마침내 이날 바로 위표를 대장에 임명했다. 위표도 매우 기뻐하며 벼슬을 받았다. 그는 삼군을 점검하고 장수들로 하여금 군사를 조절하게 한 뒤 팽성으로 출발하게 했다.

패왕은 제나라, 양나라, 연나라, 조나라를 정벌하러 가서 아직 돌아오지 않았고 팽월이 팽성을 지키고 있었다. 한왕은 육가로 하여금 서찰을 가져가서 팽월이 한나라에 항복하도록 유세하게 했다. 서찰의 내용은 다음과 같았다.

한왕은 이 서찰을 팽월 장군 족하에게 드리오. 항우가 의제를 추방하여 시해한 것은 대역무도한 짓이오. 천하에 포고문이 반포되자 군사들이 모두 흰옷을 입고 의제를 위해 상례를 치르고 있소. 제후들도 이 소식을 듣고 한목소리를 내며 쾌거로 여기지 않는 사람이 없소. 장군께선 새매와 같은 용맹을 지녔고 일찍부터 큰 뜻을 품었소. 그런데 역적의 신하가 되었으니 이는 진실로 장군의 치욕이오. 장군께서 대의를 따라 거병하려면 한나라와 군사를 합쳐 함께 대역적을 토벌해야 하오. 성공한 뒤에는 이름이 역사에 드리워 만대에까지 명성이 전해지는 원훈이 될 것이오. 자손들도 대대로 제후왕의 봉작을 누릴 것이오. 대장부의 행동은 보통 사람과 절대로 같아서는 안 되오! 족하께서는 자세히 살펴주시오.

육가가 한왕의 서찰을 가지고 팽월을 만나자 팽월은 서찰을 보고 매우 기뻐하며 말했다.

"이 팽월도 한왕께서 덕이 있는 분이란 소문을 들었소."

그리고 바로 성문을 열고 한왕을 성안으로 맞아들였다.

한왕은 팽월을 위로하고 위표를 불러 장수들의 임무를 조절하면서 초나라와의 교전에 대비했다. 그리고 바로 후궁으로 들어가 금은보화와 미녀를 거두어들이고 하루종일 술판을 벌이며 놀았다. 우자기가 황급히 우희를 구출하여 북쪽으로 달아났지만 한왕은 추격하지 않았다. 문무 장수들은 마음이 더욱 풀어져 위표의 단속에 따르지 않았다. 위표는 성질이 조급하고 포용력이 부족하여 걸핏하면 병졸들을 채찍으로 때리고 장수들을 모욕했으므로 사람들이 대부분 복종하지 않았다.

한편, 패왕은 우자기가 우희와 가족을 호송하여 초나라 군영으로 도주해오는 것을 보았다. 우자기는 팽월이 한나라에 항복한 일, 한왕의 대군이 팽성에 주둔한 일, 한왕이 후궁의 금은보화와 미녀를 깡그리 약탈한 일을 자세히 보고했다. 패왕은 보고를 듣고 불같이 화를 냈다.

"유방이란 놈이 감히 팽성을 탈취하고 내 후궁을 겁탈하다니. 나는 이제 잠시라도 유방이란 놈과 한 하늘 아래에 서지 않겠다!"

그리고 바로 용저와 종리매에게 군사를 이끌고 제나라를 공격하게 하고 자신은 친히 정예병 3만을 거느리고 밤낮없이 팽성으로 치달렸다. 그는 팽성에서 30리 떨어진 곳에 군영을 세우고 사람을 보내 전서(戰書, 전투를 요청하는 서찰)를 한왕에게 전달했다. 한왕이 서찰을 개봉하여 읽어보니 내용은 다음과 같았다.

서초 패왕은 이 서찰을 유방에게 보낸다. 짐은 너를 한왕에 봉하여 서쪽 땅을 지키게 하고 갑사 10만을 대동하여 하늘이 준 녹봉을 누리게 하며 안분지족하기를 바랐다. 그런데도 스스로를 헤아리지 못하고 방자하고 미친듯이 행동하며 관중 땅을 침략했다. 항복한 제후는 모두 비루한 재주에 용렬한 식견을 가진 자들이라 짐의 군대를 방어할 수 없을 것이니 너는 무기를 내려놓아라. 짐이 이제 너와 싸우고자 하니 너는 목을 길게 늘이고 내 칼을 받아야 할 것이다. 네 갑옷 한 조각도 돌아가지 못하게 하여 솥에 삶기는 물고기 신세가 되게 하리라. 서둘러 출전하라. 후퇴하여 후회하지 말고!

한왕은 전서를 다 읽고 위표를 불렀다. 위표가 말했다.
"대왕마마! 내일 전투를 하겠다고 답장을 쓰십시오."
초나라와 한나라는 다음 회에서 어떻게 싸울까?

제55회

한왕이 수수에서
대패하다

초 패왕이 팽성에서
크게 싸우다
楚霸王彭城大戰

위표는 제후들을 소집함과 동시에 각 장수와 모사들을 모아 대책을 논의했다. 그리고 마침내 전군을 다섯 부대로 나누어 초나라와 대적하기로 했다. 제1대는 은왕 사마앙, 제2대는 낙양왕 신양, 제3대는 상산왕 장이, 제4대는 한왕과 여러 장수가 맡고, 제5대는 위표 자신이 대군을 이끌고 후진의 역할을 책임지기로 했다. 이렇게 분담한 뒤 위표는 사마흔, 동예, 유택에게 팽성을 지키라 하고 그들을 호응부대로 삼았다.

다음날 위표는 군장을 잘 꾸리고 팽성 10리 밖으로 나가 진채를 세워 구원부대로 삼고 다섯 부대 군사를 이동시켜 앞으로 나아갔다. 모든 부대가 요란하게 북을 쳤고 양쪽 진영에서 징소리가 울렸다. 저 앞쪽에서는 패왕이 용봉기(龍鳳旗)와 일월기(日月旗)¹를 걸어놓고 있었다.

깃발이 펄럭이는 곳에서 패왕이 맨 먼저 말을 타고 달려나오며 고함을
질렀다.

"유방 이놈! 어서 출전하여 나와 결판을 내자!"

한나라 진영에서는 사마앙이 나섰다. 패왕이 소리쳤다.

"짐은 너를 저버리지 않았는데, 너는 어찌하여 짐을 배반했느냐?"

사마앙이 대답했다.

"대왕이 함부로 의제를 시해했으니, 이는 대역무도한 짓이오. 이 때
문에 내가 한나라에 귀의한 것이지, 배반한 게 아니오."

패왕이 벽력같이 소리를 지르자 사마앙의 말이 몇 걸음 뒤로 물러났
다. 패왕은 기세를 타고 달려들며 창을 내질렀다. 사마앙도 황급히 칼
을 들어 창을 막았다. 패왕의 오추마가 빠르게 달려들자 패왕도 기세
를 타고 창끝을 날카롭게 앞으로 내뻗었다. 사마앙은 손쓸 틈도 없이
패왕의 창에 찔려 땅바닥으로 나뒹굴었다. 패왕은 초나라 군사를 재촉
하여 한나라 군사를 덮쳤다. 패왕이 추격전을 벌이는 사이 신양의 제2
대가 당도하여 패왕과 마주쳤다. 패왕이 소리쳤다.

"네놈은 또 어찌하여 초나라를 배반하고 한나라에 붙었느냐?"

신양이 대답했다.

"한왕은 덕이 있어 천하의 민심이 귀의하고 있소. 나 신양 한 사람뿐
이 아니오. 대왕께서도 함께 항복하면 초왕이란 고귀한 신분을 잃지
않을 것이오만."

패왕이 분노하여 창을 들고 신양을 찔렀다. 처음에 신양은 물러나며

1_ 용봉기는 용과 봉황을 그린 깃발이고, 일월기는 해와 달을 그린 깃발이다. 모두 군왕을
상징한다.

피했으나 패왕의 공격이 더욱 매서워지자 웃으며 말했다.

"내가 그대에게 항복을 권했더니 그대는 오히려 나를 창으로 찌르는 가? 어찌하여 이토록 자신을 헤아리지 못하는가?"

신양은 마침내 창을 내뻗으며 패왕을 맞아 싸웠다. 20합을 겨룬 뒤 신양이 힘이 빠져 후퇴하려고 할 때 장이의 군사가 달려왔다. 두 장수 는 힘을 합쳐 패왕에 대항했다. 패왕의 창술은 신출귀몰하여 두 장수 가 막아낼 수 없었다. 신양이 가까스로 패왕의 창을 받아내며 물러서 려고 할 때 패왕은 곧바로 창을 들어 신양의 등을 찔렀고 창끝이 심장 을 관통했다. 신양은 말에서 굴러떨어졌다. 장이는 싸울 마음이 사라 져서 황급히 진을 뒤로 물렸다. 초나라 군사는 함성을 지르며 추격전을 벌였다. 그러자 한나라 장수들이 달려와 초나라 군사를 막아섰다. 패 왕이 고함을 질렀다.

"한왕은 어서 나와 내 말에 대답하라!"

깃발이 해를 가리고 북소리와 징소리가 하늘을 울리는 가운데 한왕 이 소요백총마(逍遙白驄馬)를 타고 나타났다. 많은 장수가 그 뒤를 따르 고 있었다. 패왕은 그를 보자마자 이를 갈며 욕설을 퍼부었다.

"유방 너 이놈! 너는 사수 가의 일개 정장에 불과했던 놈이다. 내가 너를 한왕에 봉해주었는데도 만족하지 못하고 함부로 군사를 동원하 여 짐의 강역을 침범하느냐? 네놈이 나와 3합만 겨룰 수 있다면 내가 바로 한나라에 항복하겠다. 하지만 나와 싸울 수 없으면 말발굽 아래 에서 내 창을 받고 죽어야 하리라!"

한왕이 그 말을 받았다.

"네놈은 일개 촌부로 강포함만 믿고 있으니 어찌 내 적수가 될 수 있겠느냐?"

패왕은 오추마를 박차며 창을 들어 한왕을 곧장 찔렀다. 한왕이 아직 빠져나오지 못하는 사이에 무양후 번쾌, 강후 주발, 시무, 근흡, 노관 등 용장들이 각각 무기를 들고 패왕을 에워쌌다. 패왕은 방천극을 들어올려 양인도(兩刃刀)를 막아내고, 용천검(龍泉劍)과 대항하고, 화첨창과 싸웠다. 피어오르는 먼지가 태양을 가렸고 뿜어나오는 살기가 하늘에 감돌았다. 패왕은 정신이 더욱 맑아지는 듯이 용력을 떨치며 한나라 장수들과 싸웠다. 그 뒤로 항장, 환초, 우자기, 계포 등 초나라 장수들이 각각 대군을 이끌고 앞으로 치달려왔다. 한나라 군사가 큰 혼란에 빠져 사방으로 도주하자 진채가 뒤흔들렸다. 급박한 순간에 저쪽 큰 길에서 한 부대가 달려와 초나라 군사를 막았다. 대원수 위표였다. 한왕은 위표의 군사가 당도하자 겨우 마음을 놓았다.

위표는 말을 타고 나가 패왕을 맞았다. 패왕이 고함을 질렀다.

"네놈은 어찌하여 초나라를 배반했느냐?"

"대왕께서 제후들을 좌천시키고 함부로 의제를 시해하면서 천하를 배반했지. 신은 감히 천리를 거스르지 않았소. 오히려 천명에 순응하여 천하의 흐름에 귀의한 것이오. 대왕께서는 서둘러 군사를 물리는 게 상책이오. 만약 패망하면 일세를 진동한 대왕의 명성이 모두 사라질 것이오!"

패왕은 대로하여 창을 들고 위표를 찔렀다. 위표는 철삭(鐵鎙)²을 들고 패왕과 맞서 싸웠다. 20합을 겨루고 나서 패왕은 위표의 창을 막아

2_ 앞날이 세 갈래로 뻗은 삼지창이다.

내며 얼른 쇠채찍을 들었다. 패왕은 위표가 가까이 다가오는 것을 보고 쇠채찍으로 내리쳤다. 위표는 눈이 밝아서 얼른 옆으로 몸을 피했지만 왼쪽 팔뚝에 쇠채찍을 맞았다. 위표는 말 위에 엎드린 채 본진으로 후퇴했다. 패왕과 항장 등 네 장수는 대군을 휘몰아 사방으로 추격전을 벌이며 한나라 군사를 죽였다. 한나라 군사의 시체가 온 들판을 뒤덮었고 피가 흘러 시내를 이루었다. 이날 한나라 군사 30여만 명이 살상되었다. 시신이 물길을 막아 수수(睢水)³가 흐르지 못할 정도였다.

얼마 지나지 않아 유택도 패잔병을 이끌고 팽성에서 후퇴해왔다. 그의 말에 따르면 사마흔과 동예가 이미 성문을 열고 초나라에 항복했으며 초나라 군사가 성안으로 진입하여 태공과 여후를 잡아갔다고 했다. 한왕은 대성통곡했다.

"군사도 잃고 태공께서도 포로가 되셨다. 한스럽게도 자방과 한신의 말을 듣지 않아 오늘 이 모양 이 꼴이 되었구나!"

후세에 호증이 이 일을 시로 읊었다.

수수의 파도는 바닷가와 이어져 있고,　　　　　　睢水波濤接海涯,

옛 제방의 추운 버들은 안개 노을에 갇혀 있네.　　古堤寒柳鎖烟霞.

지금도 양안에는 인골이 쌓여 있는데,　　　　　　至今兩岸堆人骨,

초나라에 패할 때 전사한 한 고조의 군사라네.　　盡是高皇敗楚家.⁴

3_ 허난성 카이펑시 쥔이현에서 발원하여 동남 방향으로 흘러 장쑤성 쉬저우시 남쪽에서 화이허강으로 유입되던 강으로 볜허(汴河) 남쪽으로 흘렀다. 1622년과 1629년 황허강의 범람으로 수수의 물길은 거의 사라졌다.

4_ 현재 전해지는 호증의 영사시에는 포함되어 있지 않다. 아마도 이 소설 작자가 호증의 이름을 빌려 쓴 시로 추정된다.

말을 아직 다 마치지도 않았는데 사방에서 초나라 군사가 몰려오는 것이 보였다. 북소리, 징소리가 크게 울렸고 함성이 천지를 뒤흔들었다. 문무 장졸들은 허둥대며 어디로 갈지 몰라 우왕좌왕했다. 잠깐 사이에 초나라 군사가 한나라 군사를 세 겹으로 철통같이 에워쌌다. 장졸들을 둘러보니 겨우 기병 수백 명만 남아 있었다. 날은 벌써 황혼이 드리우고 있었다. 한왕은 탄식했다.

"내가 결국 여기서 죽겠구나. 하늘로 솟아오른다 해도 이 겹겹의 포위망을 벗어날 수 없겠다!"

이처럼 위급한 순간에 갑자기 광풍이 몰아치며 모래와 돌이 하늘을 날았다. 동남쪽에서 불어온 검은 안개가 하늘을 가득 덮었고 누런 먼지가 사방을 가로막았다. 주위의 초나라 군사는 모두 얼굴을 가리며 제대로 서 있을 수 없어 사방으로 흩어지며 달아났다. 한왕은 말 머리 앞에 비치는 은은한 빛을 보고 마침내 그 길을 따라 말에 채찍을 가하며 전진할 수 있었다. 20리를 가자 바람이 점차 잦아들었다. 패왕은 서둘러 삼군을 정돈했지만 한왕이 보이지 않았다. 군사들이 말했다.

"세찬 바람이 불어서 우리 초나라 군사들은 흩어졌고 이후 한왕이 어디로 갔는지 모르겠습니다."

범증은 발을 구르며 안타까워했다.

"유방이 탈출한 게 분명합니다! 폐하! 연이어 밤을 새우더라도 사람을 보내 추격해야 합니다. 이번에 그자를 잡지 못하면 이후 이런 기회를 얻기 어려울 것입니다."

패왕은 즉시 정공과 옹치에게 군사 3000을 주어 밤새도록 한왕을 추격하게 했다. 두 장수는 명령을 받고 동남쪽 대로로 추격에 나섰다.

한왕이 수수에서 항우에게 대패하다

한왕은 필마단기로 도주하며 일진광풍이 불지 않았다면 틀림없이 초나라 군사에게 사로잡혔을 것이라고 생각했다. 이런 생각을 하는 사이 갑자기 뒤쪽에서 뿌연 먼지가 일었다. 추격병이 달려오는 것이 보였고 그 선두는 초나라 장수 정공이었다. 정공이 한왕을 따라잡자 한왕이 말했다.

"이 유방은 이제 여기서 도망칠 수 없게 되었소! 허나 현명한 사람은 남에게 재앙을 주지 않고 사랑을 베푸는 법이오. 공이 나를 가련하게 여겨 멀리까지 도망가게 해주면 뒷날 내가 땅을 얻었을 때 절대 이 은혜를 잊지 않겠소. 만약 이처럼 외롭고 약한 나의 처지를 생각지 않고 나를 포박하여 강포한 초나라에게 바치고 솥 속의 고기로 만든다면 나는 속수무책으로 공의 포로가 될 수밖에 없소."

정공이 말했다.

"오늘 일은 폐하가 시키신 일입니다. 신은 감히 어명을 어길 수 없습니다. 대왕께서는 말에 채찍을 가하여 남쪽으로 달아나십시오. 신은 화살 몇 발을 쏴서 추격하는 모습을 보이겠습니다. 그럼 삼군이 의심하지 않을 것입니다."

한왕은 몸을 돌려 동남쪽으로 달아났다. 정공은 화살촉을 입으로 물어서 빼고 화살을 날렸다. 그렇게 몇 발을 쏘고 되돌아오다 옹치를 만났다. 옹치가 말했다.

"족하께선 한왕을 못 봤소?"

"한왕을 추격하다 가까이 다가가서 활을 쏘았는데 맞추지 못해서 한왕이 결국 내빼고 말았소."

"가까이 다가갔는데 어찌 내빼게 만들었소? 짐작건대 아직 멀리 가지 못했을 테니 어서 추격하여 사로잡아야 할 것이오!"

이에 옹치는 속도를 두 배로 하여 추격에 나섰다.

한왕은 하루 밤낮을 꼬박 도망쳤다. 사람도 피곤하고 말도 지쳐서 몸을 지탱하기 어려웠다. 날은 또 저물어가는데 뒤에서 추격병이 달려오는 모습이 보였다. 한왕은 이번에는 결국 벗어날 수 없겠다고 생각했다. 그때 길옆에 마른 우물이 보였다. 한왕은 말에서 내려 우물 속으로 뛰어들어 숨었다. 옹치가 추격해왔지만 날이 어두워서 마른 우물을 그냥 지나쳤다. 한왕은 추격병이 지나가자 우물 위를 올려다보았다. 그리 깊지 않았다. 그는 마침내 칼을 빼서 우물 벽의 흙을 파고 길을 만들어 위로 올라왔다. 말은 산언덕 아래로 내려가 풀을 뜯어먹고 있었다. 한왕은 서둘러 말을 타고 또 몇 리를 갔다. 배가 몹시 고팠다. 멀리 앞마을에서 개 짖는 소리가 들렸고 수풀 사이로 등불 빛이 새어나오고 있었다. 그는 틀림없이 마을이 있다고 짐작하고 말에 채찍질을 하며 앞으로 달려갔다. 그곳은 대장원(大莊院)이었다. 문을 두드리자 한 노인이 지팡이를 짚고 나왔다. 노인은 문을 열고 한왕을 장원 안으로 맞아들였다. 노인은 한왕이 붉은 도포에 금빛 갑옷을 입고 있고 모습도 보통 사람과 다른 것을 보고 틀림없이 왕후장상이라 생각했다. 그는 곧 술과 밥을 준비하여 융숭하게 대접했다. 그리고 앞으로 다가와 물었다.

"장군께선 어느 곳 공자이시며 어느 지역 왕후이십니까? 또 왜 이곳까지 오셨습니까? 자세한 사정을 듣고 싶습니다."

"나는 포중의 한왕이오. 초나라 군사와 팽성에서 싸우다 대패하여 길을 잃었소. 날이 저물어 투숙할 곳이 없기에 귀 장원으로 와서 폐를 끼치게 되었소."

노인은 한왕의 말을 듣고 엎드려 절을 올리며 말했다.

"신은 평소에 대왕마마께서 인덕을 지니신 분이라 천하에 우러러 귀의하지 않는 사람이 없다고 들었습니다. 그런데 오늘 이 황폐한 장원에 왕림해주시니 너무나 기쁘고 크나큰 영광입니다."

노인은 다시 술자리를 정리하라 분부하고 매우 은근하게 접대했다. 한왕이 물었다.

"어르신께선 성씨가 어떻게 되시오?"

"이 황폐한 마을은 모두 60호에서 70호 정도이고 신의 성은 척가(戚家)입니다. 우리 일가는 대여섯 집이 살고 있는데, 장원을 좀 갖고 있습니다. 그래서 사람들이 우리가 사는 곳을 척가장(戚家莊)이라고 부릅니다. 5대 동안 이곳에서 살았습니다."

한왕은 노인에게 아들이 있는지 물었다. 노인이 대답했다.

"아들은 없고 딸 하나만 있는데, 이제 열여덟입니다. 지난날 허부가 이 아이의 관상을 보고 매우 귀하게 된다고 말했습니다. 오늘 다행히 대왕마마께서 신의 집에 왕림하셨으니 제 딸을 시켜 시중들게 하고 싶습니다. 대왕마마의 뜻은 어떠신지요?"

"난리를 피해 이곳에 와서 이처럼 편하게 유숙하는 것만 해도 다행인데, 어찌 귀한 따님을 짝으로 맞을 수 있겠소?"

노인은 바로 딸을 불러 한왕에게 절을 올리게 했다. 척씨 처녀는 용모가 단아하고 몸매도 고왔다. 한왕은 너무나 기뻐서 자신의 옥대를 풀어 예물로 주었다. 노인은 그것을 받아들고 다시 한왕에게 감사의 절을 올리며 물러났다. 다시 술을 몇 잔 마시다가 밤이 깊어지자 한왕은 척씨와 동침하며 달콤한 하룻밤을 보냈다. 다음날 아침에 일어나자 척공(戚公)은 한왕에게 며칠 더 묵으라고 간절하게 권했다. 한왕이 사양하며 말했다.

"한나라 군사가 대패하여 사방으로 흩어진 뒤 주인을 잃었소. 문무 장졸들도 어디로 갔는지 모르오. 그런데 내가 어찌 이곳에 오래 머물 수 있겠소? 내가 큰 고을에 당도하여 군사를 안정시킨 뒤 사람을 보내 따님을 맞아가도록 하겠소."

척공은 그 말을 듣고 다시 붙잡지 않았다. 한왕은 마침내 의관을 정제하고 큰길을 따라 남쪽으로 향했다. 10리도 못 갔을 때 뿌연 먼지가 일며 한 무리의 군사가 달려오는 것이 보였다. 한왕은 황급히 숲속으로 몸을 숨기고 달려오는 군사를 살폈다. 달려온 사람이 누구인지는 다음 회를 들으시라.

초나라 사신을 죽인
영포

한왕이 군사를 수습하여
형양으로 들어가다
漢王收兵入滎陽

군사를 몰고 달려온 사람은 등공 하후영이었다. 한왕은 하후영을 보자마자 물었다.

"경은 어떻게 팽성을 탈출했소?"

"신은 사마흔과 동예가 초나라에 항복하고 태공과 왕후께서 사로잡혔다는 소식을 듣고 죽기를 각오하고 성안으로 뛰어들었습니다. 초나라 군사와 대적하며 여러 번 전투를 치렀지만 혼자 고립되어 구조할 수 없었습니다. 와중에 필마단기로 서문으로 탈출하다가 초나라 군사들이 두 분 왕자를 말 위에 싣고 초나라 진영으로 가는 걸 보았습니다. 신은 초나라 군사들을 죽이고 두 분 왕자를 구한 뒤 패잔병을 수습하여 남쪽 샛길로 도망쳐왔습니다. 오늘이 이틀째인데 여기서 대왕마마를 뵐 줄 생각지도 못했습니다. 두 분 왕자께서도 무사하십니다."

한왕은 통곡했다.

"태공과 여후의 목숨이 어떻게 되었는지 모르는데, 두 아이가 무슨 소용이오?"

"태자는 천하의 근본입니다. 대왕마마께서 천하를 얻으시더라도 태자가 없으면 천하의 민심이 귀의할 데가 없습니다."

한왕은 두 아들을 앞으로 불러 상면하며 말했다.

"장군께서 수많은 군사가 얽힌 가운데서 목숨을 걸고 너희를 구출하셨다. 단단히 기억해두어라. 뒷날 나라를 얻었을 때 이 큰 은혜를 절대 잊어서는 안 된다."

두 아들은 몸을 돌려 감사의 절을 올렸다.[1] 하후영도 땅에 엎드려 아뢰었다.

"대왕마마의 홍복 덕분에 하늘이 도우신 것이지, 신의 능력이 아닙니다."

이날은 변하 동쪽에 주둔했다. 군신이 모여서 식사를 하고 있는데 갑자기 병졸 하나가 보고를 올렸다.

"변하 연안 일대에 하늘까지 먼지를 피워올리며 군사 한 무리가 달려오고 있습니다."

한왕이 말했다.

"초나라 군사가 아니라 틀림없이 우리를 도우러 오는 구원병이다."

1_ 『사기』 「번역등관열전(樊酈滕灌列傳)」에는 이때 유방이 사태가 다급하고 말이 지친 것을 보고 태자와 노원공주를 발로 차서 수레에서 떨어뜨리려고 했지만 하후영이 두 아이를 겨우 보호하여 탈출한 것으로 기록되어 있다.

말을 다 마치지도 않았는데 펄럭이는 붉은 깃발과 번쩍이는 검과 창이 보였다. 깃발에는 '흥류멸초대원수한신(興劉滅楚大元帥韓臣)'[2]이라 쓰여 있었다. 또하나의 깃발에는 '사도장량(司徒張良)'이란 글씨가 나부끼고 있었다. 장량과 진평은 한나라 패잔병 3만을 수습하여 한신의 깃발을 따라오다가 이곳에서 한왕을 만난 것이다. 두 사람은 매우 기뻤다. 한왕이 말했다.

"두 분 선생께서 여러 번 간언을 올려 올해는 군사를 일으키지 말라 했건만 과인이 듣지 않았소. 그런데 정말로 군사도 잃고 집도 잃었으니 황망하고 부끄러운 마음 금할 수 없소. 또 선생께서 이끄는 군사의 구원까지 받았구려. 아무 계책도 없는 필부 위표가 참으로 한스럽소. 그 자는 지혜도 모자라고, 재주도 없었으며, 용병술에 법도도 없었소. 56만 군사가 초나라에게 30만이나 살해당했소. 이젠 후회해도 미칠 수 없소!"

장량이 말했다.

"대왕마마! 너무 심하게 후회하실 필요가 없습니다. 그러나 이곳은 군영을 세울 수 없는 곳입니다. 초나라 군사가 추격해오면 어떻게 방어하시겠습니까? 차라리 서둘러 형양(滎陽, 허난성 싱양시)으로 들어가 잠시 군사를 주둔하고 한신을 대원수로 삼아 수수의 원한을 씻으시는 게 좋겠습니다."

"알겠소!"

한왕은 마침내 군사를 재촉하여 형양대로로 행군하게 했다. 형양을

2_ 유씨(劉氏)의 한나라를 흥성하게 하고 초나라를 멸망시키는 대원수 한신이란 뜻이다.

지키는 사람은 한일휴(韓日休)였다. 그는 한나라 군사가 온다는 말을 듣고 즉시 성을 나가 영접했다. 한왕은 장량 등과 성안으로 들어가서 군사를 주둔시켰다. 며칠 사이에 번쾌, 주발, 왕릉 등 주요 장수들이 계속 군사를 이끌고 도착했다. 위표는 패전이 두려워 바로 평양으로 돌아갔다.

정공과 옹치는 군사를 이끌고 돌아가 패왕을 알현했다. 그들은 패왕에게 유방이 멀리 달아나서 추격할 수 없었다고 아뢰었다. 범증이 말했다.

"유방은 패했지만 한신은 아직 대적할 만한 상대를 만나지 못했습니다. 어제 군사를 부린 자는 위표입니다. 그는 말로만 떠벌리는 자인데, 유방이 실상을 모르고 잘못 등용했다가 패배를 자초한 것입니다. 만약 장차 한신이 군사를 부리면 그를 가볍게 여겨서는 안 됩니다."

패왕이 웃으며 말했다.

"한신이 우리 초나라에 있을 때 짐은 이미 그의 재주를 알아봤소. 아보께서는 어찌하여 그렇게 과장을 하시오. 큰 재주가 있다면 어제 유방과 함께 팽성에서 수수의 패전을 초래하지 말았어야 했을 것이오. 이런 상황만 봐도 그자에게 무슨 심모원려(深謀遠慮)가 있겠소?"

그러자 범증은 뒤로 물러났다. 그때 좌우에서 보고했다.

"사마흔과 동예가 태공과 여후를 잡아와서 뵙기를 청합니다."

패왕이 두 사람을 보며 말했다.

"내가 너희 두 놈을 진 땅 중앙 요지에 봉했는데, 네놈들은 장함이 패배하는 것을 보고도 가서 도와주지 않고 승부를 좌시했다. 그러다가 한나라 군사가 당도하자마자 바로 항복했다. 그리고 오늘 유방이 패배한 걸 보고 또다시 우리 초나라에 항복했다. 이렇게 오락가락하는 소인

한왕이 한신과 다시 만나다

배를 무엇에 쓰겠느냐?"

패왕은 좌우에 명하여 두 사람을 참수하고 나서 보고하라고 했다. 얼마 지나지 않아 사마흔과 동예는 군문 밖에서 참수되어 장대에 머리가 매달렸다. 그리고 패왕은 태공과 여후를 장막 아래에 불러놓고 분노를 터뜨렸다.

"내가 네 아들 유방을 한중왕에 봉했는데, 안분지족하지 않고 감히 관중을 노략질하며 내 땅을 침략했다. 한 놈이 반역하면 구족을 멸해야 한다. 너희가 이제 내 앞에 잡혀왔으니 죽음을 면치 못하리라."

그러자 범증이 황급히 제지하며 말했다.

"안 됩니다! 유방은 패했지만 한신은 아직 관중에 건재합니다. 그가 다시 군사를 일으키면 태공과 여후를 인질로 삼아 유방이 여기에 신경을 쓰게 해야 합니다. 그럼 그가 끝내 마지막 승부를 걸기 어려울 것입니다. 그러나 지금 저들을 죽이면 더 큰 원한을 맺게 됩니다."

패왕은 태공과 여후를 우자기에게 지키게 하고 다시 군사를 이끌고 제나라 땅으로 원정에 나섰다.

제왕 전광(田廣)[3]은 오랫동안 초나라에게 포위되어 곤혹스러워하다가 이제 패왕이 한왕을 격파하고 세력을 더욱 떨치게 되었다는 소문을 듣고 마침내 성문을 열고 항복했다. 이에 제나라 땅은 다시 초나라에 귀속되었다. 패왕은 여전히 팽성에 도읍을 정했다. 팽월은 한나라 군사가 패퇴하는 것을 보고 대량으로 투항하여 자신의 본부 군사를 한나라 군사와 합병한 뒤 함께 양 땅을 지켰다. 초나라에서는 용저에게 군사를

3_ 원본에는 전횡으로 되어 있으나 당시 제왕은 전광이었다. 전횡이 자신의 형인 전영이 죽은 뒤 형의 아들 전광을 왕으로 옹립했다.

주어 양 땅을 공격했으나 빼앗지 못했다. 영포는 이전에 태공과 여후를 추격하다가 군사를 잃고 돌아와 패왕에게서 치욕스러운 질책을 듣고 구강(九江, 장시성 주장시九江市)으로 돌아갔다. 이 때문에 그는 초나라와 간극이 벌어졌다.

한편, 한왕은 형양에 주둔한 채 군사를 불러모아 다시 세력을 크게 떨쳤다. 하루는 한왕이 장량 등과 앞으로의 대책을 상의했다.

"이제 우리 한나라 군사들이 조금 기세를 드높이고 있지만 삼군은 대장의 단속을 받지 않고 있소. 앞으로 군사를 적절하게 동원하지 못할까 두렵소. 한신은 앞서 대원수의 인수를 빼앗긴 이후 아무 소식도 없소. 짐이 패배한 걸 알면서도 군사 한 명 보내지 않고 있소. 지금 다시 그를 등용하면 짐이 부끄럽고 또 그의 마음을 복종시키지 못할 것 같소. 선생에게 무슨 묘책이 있소? 한신 스스로 짐을 보러 오면 바로 등용하여 그의 마음을 제압할 수 있을 것 같소만."

장량이 말했다.

"그건 어렵지 않습니다. 신이 설득하여 한신이 스스로 오게 하겠습니다. 그러나 한신은 한 방면만 담당할 수 있을 뿐입니다. 한신 이외에는 구강의 영포와 대량의 팽월이 있습니다. 이 세 사람을 얻을 수 있으면 초나라는 틀림없이 패망할 것입니다."

한왕이 물었다.

"영포는 초나라 신하인데 어떻게 내게 귀의하겠소?"

"영포는 초나라 신하이지만 근래에 초나라와 사이가 벌어져서 늘 두 마음을 먹고 있습니다. 말 잘하는 선비 하나를 보내 유세하면 틀림없이 한나라에 귀의할 것입니다."

"누가 사신으로 구강에 가서 영포에게 유세하겠소?"

수하가 나섰다.

"신이 가서 설득하겠습니다."

한왕은 매우 기뻐하며 즉시 수하에게 수행원을 붙여 구강으로 가게 했다.

수하는 구강에 도착하여 왕부(王府) 맞은편 여관에 투숙하고 의관을 정제한 뒤 영포를 만나볼 요량이었다. 영포는 모사 비혁(費赫)⁴을 불러 대책을 논의했다. 비혁이 말했다.

"이번에 수수에서 대패하자 한나라가 초나라와 대적할 방법이 없어서 지금 수하를 파견하여 대왕마마를 한나라에 귀의하도록 유세하려는 게 틀림없습니다. 대왕마마께서는 몸이 아프다 사양하시고 가볍게 만나주지 마십시오. 그래야 한나라가 우리 구강의 중요성을 알게 될 것입니다."

영포는 마침내 이 같은 명령을 문지기에게 알렸다. 수하는 생각했다.

'이것은 필시 모사 비혁이 영포를 가로막고 나와 만나지 못하게 하려는 수작이다.'

이에 수하는 영포를 내버려두고 비혁을 만나 설득해야겠다고 마음먹었다. 그리고 바로 몸을 돌려 비혁의 집 앞으로 가서 비혁이 귀가하기를 기다렸다. 비혁이 집에 돌아오자 수하는 문지기를 통해 비혁을 만나고 싶다고 기별했다. 비혁이 말했다.

"수하가 영왕을 만나지 못하자 여기까지 와서 내게 유세하려는구나!"

4_ 이 소설 원본에는 '비혁(費赫)'이라고 되어 있으나 『사기』 「경포열전(黥布列傳)」에는 '비혁(賁赫)'으로 되어 있다. 글자가 비슷하여 혼동한 것으로 보인다.

그러고는 계단을 내려가 수하를 맞아서 마루 위로 이끌었다. 서로 인사를 나눈 뒤 비혁이 말했다.

"대부께서 이곳에 오신 건 무슨 까닭이오?"

수하가 말했다.

"한왕께서 이번에 전쟁에 패하시고 형양에 주둔하신 뒤 장수들을 각각 고향으로 돌려보내셨소. 아무개는 육안(六安, 안후이성 류안시六安市) 사람으로 오랫동안 부모님의 땅을 그리워하다 마침 성묘를 위해 귀향했소이다. 그런 참에 구강을 지나가다 영왕 전하의 위엄과 명성을 흠모하여 특별히 한번 뵙고자 들렀소. 그런데 영왕께서 저를 한나라 사신으로 의심하고 병을 핑계로 만나주지 않으셨소. 저는 바로 육안으로 가고 싶었지만 그럼 영왕의 의혹을 끝내 풀지 못할까 근심하다 이제 대부를 만나 뵙고 제 말을 전달할 수 있는 행운을 얻게 되었소. 영왕 전하께선 구강을 진무하시면서 아래 선비에게 몸을 굽히고 노인을 공경하며 현인을 존중하셔야 당대의 현명한 왕이 되어 천하 사람들이 우러러볼 것이고, 대부께서도 뛰어난 보필자의 아름다운 이름을 잃지 않을 것이오. 만약 좋은 대책을 품은 선비가 왔는데도 거절하고 만나주지 않으시어 사방의 선비들이 이곳 군신의 오만함이 이와 같다는 소문을 듣는다면 누가 이곳으로 와서 대사를 함께 도모하겠소? 이 때문에 주군을 잘 보좌하는 사람은 사태를 좌시하며 아무 말도 하지 않아서는 안 될 것이오."

수하의 이 말을 듣고 비혁은 앉지도 서지도 못한 채 불안해하다가 마침내 술을 마련하여 수하를 대접했다. 그리고 조용히 말했다.

"현공께선 잠시 이곳에서 하룻밤 묵으시고 내일 영왕 전하를 만나보시지요."

수하가 말했다.

"아무개는 술을 이기지 못해 오늘은 여기서 작별하고 내 숙소로 돌아가겠소. 그럼 내일 영왕 전하를 한번 만나 뵙고 부모님을 뵈러 가겠소."

다음날 비혁은 영포를 만나 수하가 한나라 유세객이 아니라 고향으로 부모를 뵈러 온 사람인데, 마침 구강을 지나다가 영왕의 위엄과 명성을 흠모하여 들른 것이라고 자세히 설명했다.

영포가 말했다.

"내 명성을 듣고 만나러 온 사람을 거절하는 건 예의가 아니오."

그리고 바로 사람을 보내 수하와 만나겠다고 했다. 수하는 마음속으로 쾌재를 불렀다.

'영포와 비혁이 내 꾀에 걸려들었구나!'

수하는 심부름 온 사람과 함께 영포를 만나러 갔다. 영포는 계단 아래에까지 내려와 수하의 손을 잡고 대청으로 올라갔다. 인사가 끝나자 수하를 앉게 하고 비혁은 물러나게 했다. 영포가 물었다.

"선생께서는 한나라를 섬긴 지 오래라 일전에 한왕이 수수에서 패배한 일을 잘 아실 테지요? 어찌하여 한신을 쓰지 않았소? 또 지금 형양에 주둔한 것은 무슨 까닭이오?"

수하가 대답했다.

"전에 한왕은 직접 지은 글을 포고하여 천하 제후들로 하여금 의제를 위해 발상하게 하고 군사들에게 모두 소복을 입게 했습니다. 천하 제후들은 포고문을 보고 의제를 시해한 패왕을 깊이 미워하며 모두 한나라를 도와 초나라 정벌에 나서겠다고 했습니다. 이 때문에 한왕은 한신에게 삼진을 지키게 하여 근본을 튼튼히 했습니다. 그런데 뜻밖에도 패왕은 서찰을 지닌 사람을 보내 의제를 시해한 사람은 구강왕이라고 천하 제후들에게 떠벌리며 모든 죄를 대왕께 미루고 있습니다. 이 때문에 제후들은 대왕께서 한왕을 돕지 않는다고 깊이 원망하고 있습니다. 제나라, 양나라, 연나라, 조나라 등 제후국은 군사를 일으켜 대왕과 대항하려 합니다. 일찍이 이르기를 임금을 시해한 죄는 천하의 큰 악행이라고 했습니다. 그런데 초나라는 그 죄를 대왕께 덮어씌우고 있습니다. 하지만 대왕께선 아직도 편안한 마음으로 이런 사실을 모르고 계십니다. 혹시라도 제후들이 군사를 합쳐 이곳으로 몰려온다면 천하는 모두 대왕을 극악무도한 자로 여길 것입니다. 비록 집집마다 다니며 일깨워 줘도 사실을 믿지 않을 것입니다. 그럼 대왕께선 하늘과 땅 사이에 어떻게 몸을 두실 수 있겠습니까?"

이 말을 듣고 영포는 몸을 일으켜 북쪽을 가리키며 매도했다.

"강물 속에서 의제를 시해한 일은 진실로 항우가 주관했지, 나는 명령에 따랐을 뿐이다. 그런데 지금 그 악명을 내게 뒤집어씌우다니. 나 한 사람이 어떻게 만세의 비방을 감당하란 말인가?"

수하가 급하게 제지하며 말했다.

"대왕께선 노기를 거두시옵소서. 혹시 좌우에서 이 말을 듣고 팽성으로 전할까 두렵습니다. 그럼 패왕은 틀림없이 대왕을 심하게 질책할 것입니다."

"아무개는 늘 패왕이 항복한 진왕 자영을 죽인 일, 진시황의 무덤을 도굴한 일, 의제를 시해한 일이 마음에 걸렸소. 그러나 이 세 가지 일은 모두 패왕이 시켰지만 내 마음은 늘 자괴감으로 가득했고, 또 천하 제후들이 뒷날 이를 정벌의 구실로 삼을까 두려웠소. 그러나 지금 패왕이 그 죄를 모두 내게 덮어씌울 줄은 생각지도 못했소. 장강의 모든 물로 먹을 갈고 남산의 모든 대나무로 죽간으로 삼아 내 마음을 써낸다 해도 사람들은 내 속을 알 수 없을 것이오. 어찌하면 좋소.”

“대왕께서 진심을 밝히는 일은 어렵지 않습니다. 함께 힘을 합쳐 한나라를 도와 초나라를 정벌하고 분명하게 죄를 바로잡으시면 흑백이 저절로 밝혀질 것입니다. 만약 지금처럼 구강에만 앉아 계시다가 한왕과 제후들이 군사를 합해 대왕의 죄를 토벌하러 달려오는 상황에서 초나라의 봉작을 받은 초나라 신하로만 행동하신다면 입이 백 개가 있다 해도 변명할 수 없을 것입니다. 신의 어리석은 견해로는 차라리 갑옷을 벗고 무기를 내려놓은 채 한나라에 귀의하여 천하 제후들로 하여금 초패왕이 의제를 시해한 죄를 알게 하신다면 대왕께 죄가 돌아오지는 않을 것입니다. 그럼 대왕께서는 오명을 씻고 역적 토벌의 거사를 행할 수 있게 될 것입니다. 이 어찌 원대한 대책이 아니겠습니까? 게다가 한왕은 지금 제후를 수습하여 형양을 지키면서, 촉과 한중의 곡식을 가져와 튼튼하게 수비하며 동요하지 않고 있습니다. 초나라 사람들은 지금 적국으로 깊이 들어가 노약자들까지 군량을 운반하고 있습니다. 나아가서도 공격하지 못하고 물러나서도 갑옷을 풀지 못하고 있습니다. 초나라가 한나라보다 못한 대세가 이미 분명하게 드러났습니다. 그런데도 대왕께서는 완전한 한나라와 함께하지 않고 멸망해가는 초나라를 구하는 일에 참여하시는데, 신이 몰래 생각하기에 이는 대왕께서 채택해서는 안 될 대책입니다.”

영포는 좌석 앞으로 나와 수하에게 귓속말로 속삭였다.

"나는 근래에 초나라와 사이가 좋지 않고, 또 나의 이 원한을 씻고 싶소. 나도 한왕이 덕망 있는 분이란 걸 깊이 알고 있으며 진실로 그분을 따를 마음이 있소. 선생께서 며칠 기다리면 이 일을 논의하여 선생과 함께 가도록 하겠소."

말을 다 마치지도 않았는데 좌우 측근들이 보고를 올렸다.

"초나라 사신이 패왕의 조서를 갖고 왔습니다."

영포는 급히 조서를 받았다. 내용은 다음과 같았다.

임금이 나라에서 군사를 일으키면 신하는 오직 협조해야 한다. 이는 심신의 힘을 다하라는 부탁이다. 구강왕 영포는 장강과 회수에 앉아 자신의 안일만 탐하면서 우리 초나라 군사가 제나라를 공격할 때도 거짓 병을 칭하며 일어나지 않았다. 또 수수에서 큰 전투가 벌어질 때도 승부를 좌시했다. 짐이 군사 업무에 애를 쓸 때도 오랫동안 위로의 말 한마디도 건네지 않았다. 이는 군신의 대의를 잃은 태도이며 함께 어울리는 우호의 태도가 아니다. 그대의 무용만 믿고 감히 역모를 꾸미려 하느냐? 가서 이 세 가지 죄를 물을 것이니 그대는 이것이 놀랄 만한 일임을 알아야 할 것이다! 지금 즉시 군사를 일으켜 한나라를 정벌할 것이니 밤새도록 달려오라. 늦어서는 안 될 것이다! 이 조서로 효유하는 바이다.

영포는 조서를 읽고 나서 낮게 신음하며 아무 말도 하지 않았다. 그때 수하가 직접 말을 했다.

"구강왕 전하는 이미 한나라에 귀의했소. 어찌 군사를 일으켜 초나라를 도울 수 있겠소?"

초나라 사신이 물었다.

"당신은 누구요?"

"아무개는 한나라 사신 수하요. 이미 대왕마마와 힘을 합쳐 초나라
를 정벌하고 포악한 역적을 함께 주살하기로 약속했소. 의제를 위해 상
례까지 치렀는데, 그대들은 아직도 스스로 깨닫지 못한단 말이오?"

초나라 사신은 영포가 아무 말도 하지 않는 모습과 수하가 하는 말
을 듣고는 일이 잘못되었음을 알고 서둘러 계단을 내려갔다. 수하가 말
했다.

"대왕마마! 초나라 조서에 이미 대왕마마를 살해할 뜻이 들어 있고,
천하 제후의 입을 막아 의제를 시해한 죄를 모두 대왕마마께 전가하려
는 의도를 알 수 있지 않습니까? 그런데도 어찌 초나라 사신을 죽여서
한나라를 돕고 초나라를 공격할 마음을 드러내지 않으십니까?"

영포는 대로하여 마침내 칼을 뽑아 초나라 사신을 단칼에 죽이고 항
왕의 조서를 갈기갈기 찢었다. 그리고 바로 군사를 점호하여 수하와 함
께 한나라로 가려 했다. 뒷일이 어떻게 될까?

한신을
다시 부르다

장량이 한신에게 꾀를 써서
초나라를 정벌하게 하다
張良智韓信伐楚

수하는 한바탕 유세로 영포를 한나라에 귀의하게 했다. 영포는 즉시 비혁을 불러 군사를 점호하게 한 뒤 가족을 데리고 수하와 함께 형양 대로로 길을 나섰다. 후세에 사관이 이 일을 시로 읊었다.

임금 죽인 죄는 하늘에 닿아 도망칠 데 없다는,	弒逆滔天罪莫逃,
그 말 한마디가 영웅을 움직였네.	一言能自動英豪.
나라의 동량 갑옷 싸서 유씨에게 귀의한 후,	干城卷甲歸劉氏,
강산을 쟁취하여 한나라에 속하게 했네.	爭得江山屬漢高.

영포와 수하가 한왕을 만나러 왔을 때 한왕은 바야흐로 침상에 걸

터앉아 발을 씻고 있다가 거만한 자세로 영포를 불러들여 만났다. 영포는 깊이 후회하며 수하에게 막말을 했다.

"내가 네놈에게 속아서 한나라로 온 듯하다. 나는 명색이 한 제후국의 왕인데 상견례를 할 때 한왕은 털끝만큼도 예절을 차리지 않았다. 나는 지금 진퇴양난의 곤경에 빠졌다. 차라리 자결하여 나의 무지함을 보여주는 것이 낫겠다!"

수하는 황급히 제지하며 말했다.

"한왕께선 어제 술이 아직 깨지 않았습니다. 잠시 뒤에 다시 만날 때는 특별한 예우를 해주실 겁니다. 대왕께선 너무 조급해하지 마십시오."

이에 영포는 장량, 진평 등과 만났다. 그들은 영포가 거주할 저택, 휘장, 일상 용품을 지극히 상세하게 마련해두었고 제공하는 음식도 한왕과 전혀 차이를 두지 않았다. 영포는 너무나 기뻤다. 잠시 뒤 문무백관과 영포가 함께 들어가 한왕을 뵈었다. 한왕은 예절바르고 공손했으며 담소하는 모습도 활달했다. 군신이 함께 어울리며 거의 거리낌이 없었다. 영포는 한왕이 장자라는 사실을 떠올리며 바야흐로 즐거움에 젖을 수 있었다.[1]

1_ 원본에는 이 구절 뒤에 다음과 같은 '역사 논평'이 달려 있다. "사관은 말한다. '한왕은 영포에게 왕위를 나누어주면서 그가 자존망대할까봐 두려웠다. 이 때문에 거만한 예로 그를 굴복시키고자 했다. 그러면서도 그의 거처를 아름답게 꾸며주고, 그의 음식을 풍성하게 해주고, 그에게 시종을 많이 붙여주어 그의 마음을 기쁘게 한 것은 권도(權道)라 할 수 있다. 영웅을 수하로 부리면서 자신의 깊이를 예측할 수 없게 하는 것이 고제가 한 세대 인물들을 고무한 방법이지만 당·송 이후로는 여기에 미친 사람이 없었다. 그렇지만 이런 방법은 단지 한신, 팽월, 영포 같은 부류에만 쓸 수 있을 뿐이다. 이윤(伊尹)과 부열(傅說) 같은 경우에는 한 마디 말만 타당하지 않아도 바로 실망하고 떠나버리는데, 감히 거만한 예로로 만날 수 있겠는가? 이 세 장수가 뒷날 살해당한 까닭도 진실로 자초한 것이라 할 수 있다.'"

영포가 한나라에 귀의한 이후 한왕은 군사 3만을 거느리고 성고에 주둔했다. 또 사신을 대량의 팽월에게 보내 초나라의 군량 보급로를 끊게 했다.

한편, 초나라 사신이 영포에게 살해되자 수행원들은 도주하여 패왕에게 아뢰었다.

"영포가 조서를 찢고 사신을 죽였으며 군사를 이끌고 한나라에 귀의했습니다."

패왕은 분노를 터뜨렸다.

"얼굴에 먹물을 들인 도적놈[2]이 감히 이처럼 날뛰다니!"

패왕은 장수들에게 병졸과 병마를 점검하고 길일을 받아 출전하여 그 도적놈을 죽이고 한신을 사로잡아 역도들을 경계하겠다고 맹세했다. 그러자 범증이 간언을 올렸다.

"이런 모습은 한때의 작은 분노일 뿐입니다. 폐하! 노여움을 거두십시오. 이후 잠시 병마를 훈련하고 천하 제후와 약속을 정한 뒤 한신과 맞서 싸우고 팽월을 제거하여 군량 보급로를 확보하시는 것이 상책입니다. 한신을 물리친 뒤에 다시 삼진으로 들어가 함양에 도읍하실 수 있다면 제후들이 모두 손을 모으고 복종할 것입니다. 영포 따위는 염려하실 게 없습니다."

이에 패왕은 마침내 명령을 거두어들였다.

이때 한왕은 장량을 불러들였다.

2_ 원문은 경면적(黥面賊)이다. 영포는 일찍이 여산(驪山)에서 죄수생활을 할 때 얼굴에 먹물로 죄수 표시를 새겨넣는 경형(黥刑)을 당했다. 이를 자자(刺字)라고도 한다. 영포를 경포(黥布)라고 부르는 것도 이 때문이다.

"전에 선생께선 한신을 설득하여 스스로 짐을 찾아오게 하겠다고 말씀하셨소. 지금 영포는 이미 항복했고 팽월도 귀의했는데, 한신만 아직 짐을 보러 오지 않았소. 귀찮더라도 선생께서 한번 가주시오."

"신이 내일 가보겠습니다. 소문을 들으니 소하가 함양에서 군량을 운송하고 있다 합니다. 신이 그와 함께 와서 대왕마마를 뵙겠습니다."

한왕은 매우 기뻐했다.

다음날 장량은 한왕에게 작별 인사를 하고 함양으로 떠났다. 함양에 도착하자 먼저 승상부로 가서 소하를 만났다. 소하는 장량이 왔다는 소식을 듣고 의관을 갖추고 마중을 나왔다. 두 사람은 매우 기뻐하면서 각각 격조했던 정을 풀고 술을 마련하여 함께 즐겼다. 장량은 내친김에 한신이 함양에서 어떻게 지내는지 소식을 물었다. 소하가 말했다.

"한신은 낙양에서 돌아와 온종일 우울하게 지내고 있소. 그는 삼진을 격파하고 함양을 얻은 자신의 공을 대왕마마께서 생각하지 않으시고, 또 자신의 충성스러운 간언도 받아들이지 않으신 채 자신의 인수를 빼앗아 위표를 대원수에 임용한 사실을 내게 자세히 이야기했소. 나중에 또 수수의 패전 소식을 듣고는 마침내 두문불출하며 손님을 만나지 않고 있소. 나도 여러 번 대문까지 가보았지만 만날 수 없었소. 틀림없이 주상께서 직접 와서 그의 명망을 무겁게 여겨주기를 바라는 것 같은데, 이것은 신하로서의 예의가 아닌 듯하오. 선생께서도 아마 이번에 만나기가 어려울 것이오. 무슨 방법으로 한신을 일으킬 수 있겠소?"

그러자 장량은 소하에게 몇 마디 귓속말을 속삭였다.

소하가 말했다.

"참으로 훌륭한 계책이오."

이에 소하는 곧바로 방문 한 장을 써서 함양의 성문 네 곳에 내걸었다. 군사와 백성에게 알리는 내용은 대체로 이러했다. 군사나 백성은 각각 대문 순서에 따라 한 호구에 남자와 여자가 몇 명인지 분명히 기록하여 담당자에게 알려주면 밤새도록 관에서 호구문서를 만들어 즉시 서초 패왕에게 바친다. 그리고 한편으로는 글씨를 잘 쓰는 사람 수백 명을 선발하여 즉시 호구문서 작성 업무에 투입한다. 이 때문에 성안의 군사와 백성은 모두 한왕이 수수에서 패배하여 부모가 사로잡혀 간 탓에 관중의 모든 군현을 패왕에게 바친 것이라고 수군댔다. 또 이 때문에 장량과 초나라 사신을 함양 승상부로 보내 각처의 호구문서를 작성한다는 소문도 돌았다. 한신은 이 소식을 듣고도 아직 생각을 정하지 못한 채 사람을 성안으로 보내 상황을 탐문했다. 그런데 집집마다 모두 말하기를 장량이 온 지 이미 여러 날이 지났고 지금 선발된 필사 담당자들이 모두 승상부에 모인 뒤 각 민가의 대문을 방문하여 호구 현황을 조사하는데, 기실 이 일은 초나라에 항복한 결과라고 했다. 한신이 말했다.

"다시 하루이틀 더 기다려 상황이 어떻게 돌아가는지 봐야겠다. 혹시 장량이 계교를 부려 나로 하여금 군사를 동원하여 초나라를 정벌하게 하려고 일부러 이런 소동을 일으키는지도 모르는 일이다."

그러나 좌우 측근들은 이렇게 말했다.

"이 일은 사실인 듯합니다. 사방 성문에 방문까지 내걸렸는데, 어찌 거짓말일 수 있겠습니까?"

말을 다 마치지도 않는데 갑자기 보고가 올라왔다.

"어떤 사람이 대문에서 대원수의 호구를 작성해야 한다고 합니다."

한신이 말했다.

"나는 대원수라 백성과 함께하기 어렵다."

호구 조사자가 말했다.

"이번 호구문서 작성은 벼슬아치 호구를 나누지 않고 군사와 백성 모두 기록하여 문서에 올려야 합니다. 다만 누가 벼슬아치고, 누가 백성인지는 내부 내용으로 저절로 분명히 밝혀집니다. 지금 모두 문서에 올려야 하니 대원수께서도 빨리 써서 즉시 호구문서를 작성해주십시오. 초나라 사신이 승상부에서 심하게 닦달하니 소하 승상도 매우 괴로워합니다."

한신이 말했다.

"먼저 다른 집으로 가서 작성하고 내일 다시 와도 늦지 않을 것이다."

그러나 그 사람은 애원하며 대문 앞을 떠나려 하지 않았다.

"만약 대원수 호구만 공란으로 남겨두어 호구가 얼마인지 모르게 되면 전체 호구문서를 작성하기 어렵습니다. 대원수께서 오늘 잠시 붓을 들어 써주시면 저희가 내일 다시 오지 않아도 되지 않습니까?"

한신은 이 말을 듣고 생각했다.

'한왕이 나를 등용하고 많은 힘을 들여 겨우 관중을 얻었다. 지금 한왕이 다시 초나라에 항복했는데도 내가 군사를 일으키지 않는 것은 한왕이 나의 소중함을 몰라줄까 두렵기 때문이다. 즉 그를 초조하게 만들면 틀림없이 부절을 지닌 사자나 한왕 자신이 직접 나를 맞으러 올 것이다. 그때 내가 몸을 일으키면 장수들도 마음으로 복종할 것이다. 그런데 뜻밖에도 오늘 초나라 요구에 굴복하라니 내가 직접 소하와 장량을 만나 그들이 무슨 말을 하는지 들어봐야겠다.'

한신은 즉시 승상부로 가서 상의하겠다며 좌우 측근에게 말을 준비하여 대기하라고 일렀다. 그는 의장대를 늘여 세우고 행진했다. 앞에서는 인도하는 사람이 길을 비키라 외쳤고 뒤에서는 무사들이 대열을 호위했다. 갑사들은 각종 깃발을 들었고 왼쪽과 오른쪽에는 각각 부월을 든 군사가 위세를 뽐냈다. 무기에서 내뿜는 빛이 사람들의 이목을 빼앗았다. 길 양쪽에 늘어선 백성은 한신의 위풍당당한 모습을 보고 수군거렸다.

"대원수가 진실로 초나라에 항복하지 않으려고 승상과 대책을 의논하러 가는 모양이다. 호구문서 작성에 협조하지 않으면 우리에게도 살길이 있겠지만, 만약 초나라에 항복하고 나서 패왕이 당도하면 우리 모두는 생매장당해 죽을 것이다."

한신은 연도 내내 사람들의 말을 들으며 한왕이 정말 초나라에 항복한 뒤 먼저 사람을 보내 소하에게 알렸다고 믿게 되었다.

소하는 한신이 직접 온다는 말을 듣고 웃으며 장량에게 말했다.

"그 사람이 과연 우리의 계책에 속아 넘어갔소!"

그리고 급히 좌우 측근에게 분부하여 필사자들로 하여금 양쪽에서 호구문서를 작성하게 하라고 했다. 한신이 말에서 내리는 모습을 보고 소하가 대문 밖으로 나가서 맞이했다. 서로 문안 인사가 끝나자 소하가 말했다.

"전임 대원수께서는 참으로 여러 차례 불우한 일을 당하십니다그려."

"주상께서 나를 내버리고 쓰지 않으셔서 자리에서 물러나 조용히 살게 되니 승상을 뵙기가 부끄럽소."

"대원수께서 여러 번 동쪽으로 정벌을 나가서는 안 된다고 간언을 올렸는데도 주상께선 듣지 않았소. 이 때문에 대원수의 대책을 쓰지 않고 주상 자신의 대책을 쓰다가 전투에 패배했소. 이는 잘못이 주상께 있지, 대원수에게 있지 않소. 그런데 대원수께선 무엇을 부끄러워하시오?"

"마침 소문을 들으니 한왕께서 자방을 보내 제가 얻은 관중 땅을 패왕에게 바친다고 하는데, 이게 대체 무슨 말이오?"

"수수에서 패전했지만 주상께선 아직도 대수롭지 않게 여기시오. 다만 태공과 왕후께서 포로로 잡혀간지라 먼저 얻은 관중 땅을 초나라에 주고 항복하여 태공과 왕후를 모셔오려 하는 일일 뿐이오. 장수들은 초나라에 항복하지 말고 싸워야 한다 하고 모사들은 항복하는 것이 이득이라고 여기는데, 이 두 의견은 아직 논의중이라 결론이 나지 않았소. 자방의 뜻은 본래 초나라 군현은 초나라에 돌려주고, 자신은 한(韓)나라로 돌아가 명문가의 고귀함을 잃지 않겠다는 것이오. 이 때문에 초나라 사신을 이끌고 호구문서 작성을 재촉하여 그 수를 보고하고 항복하려 하오. 나 또한 생각을 정하지 못하고 어명에 따라 호구문서를 작성하고 있을 뿐이오."

"승상께선 이 사태를 어찌 그리 좁게 보시오? 나는 포중을 떠나 주상의 성덕에 의지하여 이미 관중의 7, 8할을 얻었소. 수수의 패배는 한때의 실수일 뿐이오. 태공과 왕후께선 초나라에 인질로 잡혀 계신 것이니, 결국 한나라로 돌아올 날이 있을 것이오. 저들은 두 분에게 절대 함부로 해코지를 하지 못하오. 설령 패왕이 함부로 하고자 해도 범증이 태공을 제거하려 하지 않을 것이오. 천하 사람들에게 비난을 당할까 두렵기 때문이오. 삼진 땅은 진희(陳豨) 등에게 지키게 할 것이오. 아

한신이 장량과 소하를 만나다

무개는 이곳 본부 군사를 일으켜 수수의 원한을 갚고 태공을 모셔오도록 힘쓰겠소. 승상께선 절대 호구문서를 작성하지 마시오. 민심을 놀라게 할까 두렵소. 그건 작은 일이 아니오."

이때 장량이 병풍 뒤에서 나와 한신을 보고 인사를 했다.

"마침 대원수의 말씀을 들었소. 그것이 본래 정확한 말씀이오. 허나 지금 패왕의 기세가 대단하고 범증도 계략에 뛰어난 자라 또다시 수수의 곤경에 빠질까 두렵소. 그렇게 되면 오히려 사람들에게 비웃음만 당하고, 태공과 왕후께서도 귀환할 수 없을 것이며, 우리 생명도 보장받을 수 없을 것이오. 차라리 오늘 초나라에 항복하는 편이 더 나을 거요."

한신이 대답했다.

"선생께선 어찌하여 지난날에는 아무개를 중용할 만한 사람이라 말씀해놓고, 지금은 이처럼 가볍게 여기시오? 한 아무개는 초나라를 꺾기 쉬운 썩은 나무처럼 여길 뿐이오."

"대원수도 적을 가벼이 여겨서는 안 되오. 내가 보기에 범증은 귀신같이 계략을 쓰고, 용저는 장수들 중에서 용맹이 으뜸이오. 초왕이 신임하여 중용하고 있으니 대원수도 아마 대적할 수 없을 것이오."

한신이 몸을 벌떡 일으키며 말했다.

"만약 내가 용저를 베지 못하고 범증을 사로잡지 못하면 맹세컨대 스스로 내 목을 베겠소. 선생께선 내 해골을 요강으로 쓰시오."

"지금 호구문서를 만들지 않으면 아마 주상께서 심하게 나무랄 것이오. 그럼 무슨 말로 대처하겠소?"

소하도 말했다.

"나도 어떻게 답변해야 할지 모르겠소."

한신이 말했다.

"두 분은 자신의 의견을 고집하지 마시오. 아무개가 두 분과 함께 형양으로 가서 한왕을 뵙고 분명하게 말씀드리면 두 분은 무사하실 거요."

차를 다 마신 뒤 한신은 몸을 일으키며 당부했다.

"내일 두 분과 함께 밤을 새워서라도 형양으로 가겠소. 초나라 사신은 죽여서 저들의 죄상을 밝히겠소."

소하가 말했다.

"불가하오! 두 나라가 전쟁을 할 때도 적의 사신은 죽이지 않소. 죽여도 아무 이득이 없기 때문이오."

한신이 대답했다.

"알겠소!"

소하는 즉시 호구문서를 작성하는 사람을 모두 승상부 밖으로 내보냈다. 한신은 작별 인사를 하고 집으로 돌아갔다. 이 소식을 들은 저잣거리의 백성들은 모두 "오늘에야 우리가 살았다. 다행히 대원수께서 이 일을 막아서 승상께서 초나라에 항복하지 않으신단다"라고 말했다. 한신은 그 말을 듣고 매우 기뻤다. 다음날 한신은 본부 군사를 정비하여 소하, 장량과 함께 밤을 새워 형양으로 달려갔다. 사관이 이 일을 시로 읊었다.

문을 닫고 자중하며 기미도 깊이 숨기고,　　　　　闔門自重隱深機,
한 고조의 지난 잘못 한스럽게 생각했네.　　　　　爲恨高皇昔己非.

임금 스스로 약속 어겨서 조서 보내기 어려워,   違約不來難發詔,

자방이 묘책 내어 동쪽으로 가게 했네.   子房神算遣東歸.

한신의 군사가 형양에 당도하자 장량이 먼저 성안으로 들어가 한왕을 만났다. 그는 꾀를 써서 한신을 설득한 일을 자세히 보고했다.

"오늘 한신이 초나라를 치기 위해 군사를 이끌고 왔습니다. 대왕마마께선 신의 말에 따라 여차여차하게 일을 처리하십시오."

한왕은 매우 기뻐했다. 그때 바로 좌우 근신이 아뢰었다.

"소하와 한신이 밖에서 알현을 청합니다."

두 사람이 들어서자 한왕이 말했다.

"장군의 간언을 듣지 않았다가 수수에서 패하고 말았소. 오늘 기쁘게도 이렇게 멀리서 와주니 내 마음에 큰 위로가 되오."

또 계속해서 소하를 위로했다.

"포중에서 이별한 뒤 승상께서 백성을 잘 위무하고 군량까지 운반해주어 군대의 양식이 부족하지 않았소. 이는 모두 공의 업적이오!"

"대왕마마의 홍복 덕분에 지방이 안정을 이루었고, 또 기쁘게도 관중 땅까지 얻게 되었습니다. 비록 수수에서 패전했지만 결국은 다시 수복하실 수 있을 것입니다."

한신이 앞으로 나와 땅에 엎드려 절을 올리며 말했다.

"신은 대왕마마의 명령을 받들고 삼진을 진무했습니다. 다행히 도적이 자취를 감추었고 각 군현도 무사합니다. 다만 신이 줄곧 병이 많아 함양으로 퇴거한 탓에 군사를 일으켜 수수의 패배를 구원하지 못했습니다. 그런데 어제 자방이 함양에 와서 관중 땅을 초나라에 돌려준다고 했습니다. 신은 그 말을 듣고 경악을 금치 못했습니다. 신이 대왕마마의 위엄과 덕망에 의지하여 관중을 얻은 지 몇 달도 되지 않았는데, 어찌 한 번의 패배로 그 땅을 얼른 초나라에 바칠 수 있겠습니까? 천하 제후들이 이 소식을 듣고 모두 치욕으로 여기며 비웃을 것입니다."

한왕이 말했다.

"이미 대군을 잃었고 태공도 포로가 되었소. 또 소문을 들으니 연나라, 제나라 등 여러 대국도 모두 초나라에 항복하여 초나라 세력은 더욱 강해졌다 하오. 게다가 장군께선 혼자니 초나라를 대적하기 어려울 것이오. 이 때문에 항왕에게 서찰을 보냈고, 항왕도 우리 한나라 사신에게 이렇게 말했소. '한신은 가죽만 남은 늙다리 장함을 만나 두각을 나타냈지만 우리 초나라 군사를 만나면 남산 아래로 도주하여 감히 눈썹도 펴지 못할 것이다!' 그리고 바로 사신을 보내 관중 땅의 호구를 요구했소. 이에 자방이 함양으로 가서 소 승상을 만나 밤새도록 호구문서를 만들라고 한 것이오. 짐이 보기에는 마음을 먹고 초나라에 항복하는 편이 좋을 듯하오. 생각건대 장군께서는 이전에 삼진을 무너뜨릴 때 강적을 만나지 못했소. 전에 장군께서 수수 대전에 참전한 항왕이 한나라 장수 60여 명과 싸우는 걸 보았다면 간담이 땅에 떨어졌을 것이오!"

한신은 한왕의 말을 듣고 얼굴을 붉히며 부르짖었다.

"대왕마마께서는 초나라의 위세를 부풀려 이 한신의 예기를 꺾으시는데, 저는 이제 본부 군사를 이끌고 단 한 번의 싸움으로 초왕을 격파한 뒤 갑옷 한 조각도 돌려보내지 않고 사로잡아 계단 아래에 바치겠습니다."

한왕이 벌떡 몸을 일으키며 말했다.

"장군께서 초나라를 격파한다니 무슨 묘책이라도 있소? 금옥 같은 말씀을 듣고 싶소."

한신은 앞으로 나가 한왕에게 몇 마디 말을 하며 초나라를 격파하겠다고 했다. 뒷일이 어떻게 될지는 다음 회를 들으시라.

병거전으로
패왕을 격파하다

한신이 병거전을 이용하여
초나라에 승리하다
用車戰韓信勝楚

한신이 한왕에게 아뢰었다.

"신은 함양에서 병거(兵車)¹ 수백 량을 만들어 초나라 정벌에 대비했습니다. 어제 이미 사람을 보내 병거를 형양으로 몰고 오게 했습니다. 신은 일찍이 병가(兵家)의 전법에 대해 들은 적이 있습니다. '평탄한 땅에서는 병거로 싸울 수 있고, 험악한 산지에서는 보병으로 싸울 수 있고, 공격과 추격을 할 때는 기마병으로 싸울 수 있다.'² 지리에 따라 병법을 각각 다르게 써야 합니다. 신이 살펴보니 형양성 밖 30리에 매우 평탄한 땅이 있는데, 그곳에서 병거전을 쓸 만합니다. 신이 만든 병거

1_ 고대 전투용 전차다. 전차라고 하면 현대 전차와 혼동될 수 있으므로, 이 번역본에서는
　모두 병거로 용어를 통일한다.

는 바로 오늘을 위한 것입니다. 이것으로 초나라 군사를 크게 격파하고 항왕을 사로잡을 수 있습니다."

한왕이 말했다.

"병거는 어떻게 쓰는 것이오? 장군께서 그 계략을 말씀해주시오."

"병거를 운용하는 방법은 이렇습니다. 보통 수레를 가져와서 멍에에다 소 한 마리를 매고 그 수레로 네모꼴 진영, 즉 방진(方陣)을 펼치는데, 사방을 모두 그렇게 만듭니다. 각 병거 위에는 창 두 자루를 비치하여 가죽으로 앞을 막고 뒤에는 물통을 비치하여 적의 화공을 방어합니다. 앞쪽에 배치한 병졸은 각각 창과 방패를 들게 하고 뒤쪽에 배치한 병졸은 각각 활과 쇠뇌를 들게 합니다. 병거진 안쪽은 서로 수십 보 거리를 두고 이어지게 합니다. 적이 공격해오면 병졸에게 수레에 오르게 하는데, 한 수레에 네 명을 태우고 모두 활과 쇠뇌를 들게 합니다. 또는 소 네 마리로 수레 여섯 대를 연결해 끌게 하고 수레 위를 2층 누각처럼 만들어 강한 쇠뇌를 배치합니다. 적이 공격해오면 북을 치고 함성을 지르며 쇠뇌를 쏩니다. 초나라 군사가 침입할 수 없을 때 기병이 달려나가 공격하면 대승을 거둘 수 있습니다.3 게다가 병거 한 대로 기

2_ 이 문장은 출저 불명의 병법이다. 그러나 송나라 이후 각종 소설류에 많이 인용되었다. 이 소설 외에도 『대송중흥통속연의 악왕전(大宋中興通俗演義岳王傳)』 제62장에도 같은 내용이 나온다. 원문은 다음과 같다. "平坦之地, 可用車戰, 山險之地, 可用步戰, 攻擊追襲, 可用馬戰."

3_ 이 대목은 중국 북송 인종 때 학자 증공량(曾公亮)과 정도(丁度)가 편찬한 『무경총요(武經總要)』 전집(前集) 권지사(卷之四) 「용거(用車)」 '용거전위편(用車戰爲便)' 주석에 나온다. 문구가 대동소이하다. 이 소설 원본의 오자는 『무경총요』 해당 부분에 따라 교정했고 번역도 교정한 내용에 따랐다. 이 소설의 원본은 명나라 시대 만력(萬曆) 연간에 완성되었으므로 송나라 시대의 『무경총요』 내용을 참고한 것으로 보인다.

병 열 명과 맞설 수 있고, 병거 열 대로 보병 1000명을 격파할 수 있으니 병거를 이용하면 군사들의 노고를 줄일 수 있습니다. 또 행진할 때는 군량을 실을 수 있고 멈추어 있을 때는 군영을 보위할 수 있습니다. 혹 적의 진영을 뚫고 들어가면 적병은 반드시 무너지고, 혹 험한 길목을 막으면 적병이 도망가기 어렵습니다. 이 때문에 평탄한 땅에서는 병거전을 펼쳐야 승리할 수 있습니다."

한왕은 한신의 말을 듣고 매우 기뻐하며 장인들을 불러 한신이 말한 원본에 따라 병거 3000대를 만들어 초나라 정벌을 위한 전쟁에 대비하게 했다.

이에 한신은 형양성 밖으로 나가 군영을 설치하고 장수들을 불러 비밀리에 이런 기이한 계책을 알려주었다. 장수들은 각각 지형을 숙지하고 매일 군사훈련을 하며 병거전 전술을 가르쳤다. 두 달 사이에 병법에 맞게 병거 운용술을 익히자 곳곳으로 도주했던 군사들이 점점 귀대했다. 소하는 한왕에게 작별 인사를 하고 함양으로 돌아갔다. 그는 병역 대장에 올라 있지 않은 관중의 노인과 어린 장정까지 징발한 뒤 그들을 모두 형양으로 보내 결손난 병력을 보충하게 했다. 한나라는 다시 50여만 병력을 회복했다. 한신은 성안으로 들어가 한왕에게 아뢰었다.

"군사훈련을 모두 마쳤습니다. 만약 초나라 사신이 오면 항왕에게 전서를 보내 분노를 부추겨 그자가 공격해오게 하십시오."

한왕이 말했다.

"어제 초나라 사신이 와서 거짓으로 왕릉 모친의 말을 전하며 왕릉을 초나라에 귀의하게 하려 했소. 왕릉은 자기 모친의 현명함을 알고 모친의 서찰도 없는지라 사신의 말을 믿지 않고 있소. 초나라 사자가 아직 출발하지 않았을 것이오. 그자에게 뇌물을 먹이고 우리 전서를 주어 항왕에게 전하게 하는 것이 어떻겠소?"

한신은 초나라 사신을 공관으로 부르고 술을 마련하여 은근하게 접대했다. 잠시 뒤 좌우를 물리고 한신이 말했다.

"나는 본래 초나라 신하여서 지금도 마음은 항상 초나라에 있소. 지금 안부를 묻는 서찰을 한 통 써두었으니 귀찮더라도 비밀리에 초왕께 전해주시오. 나는 오래지 않아 다시 초나라에 귀의하겠소."

그리고 황금 20냥을 여비로 주었다. 사신이 말했다.

"저는 어명을 받들고 왕릉을 부르러 왔으나 기실 장군의 소식을 탐문하고 있었습니다. 오늘 장군의 서찰을 받았으니 패왕께서 틀림없이 기뻐하실 것이고, 뒷날 장군께서도 고귀한 봉작을 잃지 않으실 것입니다."

사신이 떠나려 하자 한신은 또 이렇게 분부했다.

"절대 다른 사람을 만나서는 안 되고 패왕께서 직접 뜯어보시게 해야 하오. 만약 내 말을 어기면 뒷날 내가 초나라로 돌아갔을 때 그대를 만나기가 어려울 것이오."

그 사람은 기쁘게 명령을 받아 서찰을 몸에 감추고 작별 인사를 했다. 그는 초나라로 돌아가 패왕을 알현하고 몰래 한신의 말을 전하면서 가져온 서찰을 바쳤다. 패왕은 서찰을 개봉하여 읽었다.

한나라 대장군 동정대원수(東征大元帥) 한신은 서초 패왕 폐하께 글을 올립니다. 지난날 이 한신이 초나라로 갔을 때 겨우 지극낭관이란 관직을 받았습니다. 그뒤 함께 회왕을 옹립하고 문무백관들이 모두 북쪽을 바라보며 그분을 의제로 높였습니다. 그러니 한신이 서초 패왕의 신하가 아니었음이 분명합니다. 그런데 뜻밖에도 대왕께선 혼자 서쪽 진나라를 차지하고 포악하게 행동하며 의제를 추방하여 시해했습니다. 천하 사람들은 이 때문에 이를 갈고 있습니다. 한신은 칼을 뽑아들고 대역 죄인을 주살하여 군부(君父)의 원한을 갚으려 합니다. 그러나 힘과 세력이 약해 대적하기 어려울까 염려했고 이에 한왕에게 투항했습니다. 이제 역적의 죄를 분명하게 바로잡고 천하에 밝게 알려 함께 대역무도한 자를 토벌하고자 합니다. 내가 함양에 주둔해 있을 때 한왕이 먼저 수수로 들어갔다가 함정에 빠져 군사들을 도륙당하고 말았습니다. 이제 나는 삼군을 통솔하여 모두 소복을 입게 하고 형양에서 무력을 시험하여 의제를 위해 복수하고자 합니다. 그대의 머리를 대궐 문 위에 높이 걸고 마릉(馬陵. 산둥성 선현莘縣 다장자진大張家鎭)⁴ 길에서 그대를 핍박하여 죽이는 것이 이 한신의 소원입니다. 대왕께서 깊이 살펴십시오!

패왕은 한신의 글을 다 읽고 불같이 화를 냈다.

"남의 가랑이 사이나 기던 놈이 감히 짐을 이처럼 희롱하다니! 내가 저 겁쟁이를 죽이지 못하면 절대 군사를 돌리지 않으리라!"

그는 바로 전국의 군사를 동원하여 형양으로 가서 한신과 대적하겠다는 칙지를 내렸다. 사관이 이 일을 시로 읊었다.

4_ 전국시대 제나라 군사(軍師) 손빈은 위나라 장수 방연의 군대를 마릉으로 유인하여 대파했다.

서찰 한 통 도착하여 항우가 분노하니,   一封書到重瞳怒,

씩씩한 군사 수만 명이 조만간 사라지리라.   數萬雄兵指日休.

패업을 이루지 못하고 마침내 재가 된 건,   霸業無成終作燼,

사사로운 울분이 기이한 계책에 빠졌기 때문. 只因私忿中奇謀.

범증이 그 소식을 듣고 황급하게 달려와 간언을 올렸다.

"이것은 한신이 폐하의 노여움을 불러일으키려는 수작입니다. 저들은 틀림없이 사방에 복병을 숨겨두고 폐하를 사로잡으려 할 것입니다. 폐하! 노여움을 거두시고 천천히 도모하셔야 합니다."

패왕이 말했다.

"저 가증스러운 놈이 우리 사신을 유혹하여 거짓 항복문서를 갖고 오게 했고, 그것으로 그놈들의 패악질을 짐에게 알리려 한 것이오. 이같이 짐을 속였으니 더욱 괘씸하오! 짐의 뜻은 이미 결정되었으니 경들은 나를 막지 마시오!"

범증은 패왕이 이미 마음을 굳힌 것을 보고 더이상 간언을 올릴 수 없었다. 패왕은 마침내 군사를 일으켜 형양으로 달려갔다.

한편, 한신은 초나라 사신을 보낸 뒤 다시 성밖으로 나가 자신의 본부 군사를 잘 조정했다. 그때 문득 장량과 육가가 번쾌 등 여러 장수와 함께 한왕의 조서와 대원수의 인수를 갖고 군영으로 왔다. 한신은 서둘러 조칙을 개봉하여 읽었다.

일찍이 들으니 장수는 나라의 명령을 집행하는 사람이라 한다. 합당한 사람을 얻으면 나라가 의지할 곳이 있게 되지만 합당한 사람을 얻지 못하면 나라가 마침내 패망에 이르게 된다. 나라의 안위가 장수에게 달려 있으니 이는 보통 일이 아니다. 경 한신은 재주가 문무를 겸전했고 학문은 하늘과 사람을 꿰뚫었다. 또 여러 번 뛰어난 전공을 세웠으므로 진정 국가의 주춧돌이고 당대의 호걸이라 할 만하다. 전에 경을 파견하여 삼진을 지키게 했을 때 짐은 위표를 대원수로 잘못 등용하여 수수에서 장졸들을 잃고 말았다. 지금은 이미 위표의 인수를 빼앗고 퇴출하여 조용히 살게 했다. 오랫동안 조정 밖에 대장 자리가 비어 있어서 이제 특별히 경에게 다시 대원수 인수를 잡고 장졸들을 통솔하여 초나라를 정벌하도록 명령을 내린다. 더욱 충성을 다하여 짐의 부탁을 어기지 말라. 이에 이 조서로 알리노라.

한신은 조서를 읽고 장량 등과 상의하여 대원수 인수를 받았다. 장량은 한신에게 작별 인사를 하고 다시 한왕에게 명령 수행 완수를 보고하기 위해 돌아갔다. 다음날 한신은 성안으로 들어가 한왕의 은혜에 감사 인사를 올렸다. 그리고 다시 군영으로 돌아와 제후들을 이동시키며 초나라 군사의 공격에 대비했다.

패왕은 팽성 방어를 위해 범증을 남겨두고 용맹한 군사 30만을 거느리고 형양에서 50리 떨어진 곳에 진채를 세웠다. 계포와 종리매를 먼저 보내 한나라 군사의 소식을 탐문하게 했다. 그 소식은 일찌감치 한신에게 전해졌다. 한신이 말했다.

"아직 맞서지 말라! 군영을 세운 뒤 군사를 주둔하고 먼저 병거진을 설치하여 사방을 적절하게 방비하라. 패왕이 다가오면 출전할 것이다. 여러 장수도 내가 전에 분부한 대로 조금이라도 높은 곳으로는 올라가

지 말고 각자가 절차에 따라 대처하며 내 지시를 어기지 말라!"

장수들은 명령에 따라 자기 위치로 갔다.

한편, 계포와 종리매는 한나라 군사들이 아무 동정도 보이지 않자 다시 돌아와 패왕에게 이렇게 보고했다.

"한나라 군사는 성곽을 따라 깃발을 꽂아두고 각각 군영을 설치했습니다. 그런데 병졸 한 놈도 보이지 않으니 어찌된 영문인지 모르겠습니다."

패왕이 말했다.

"그건 한신이 군사를 주둔시키고 움직이지 않다가 내가 군사를 거느리고 가면 암호로 군사를 불러일으켜 대적하려는 수작이오. 장군들께서도 각 군영에 진주해 있다가 이후 저들과 대적할 때를 기다리시오. 때가 되면 임기응변으로 각각 서로를 구원하면 되오."

장수들이 대답했다.

"삼가 폐하의 명령에 따르겠습니다."

패왕은 친히 한 부대의 군사를 거느리고 환초, 우영, 항장, 우자기를 대동하여 좌우에서 엄호하게 하면서 앞으로 달려가 한신과 맞섰다.

한신은 미리 진지를 적절하게 배치해놓고 적군이 오기만 기다리고 있었다. 패왕이 필마단기로 앞으로 달려나오자 한신은 군문 옆 깃발을 꽂아둔 곳에서 패왕과 마주쳤다. 한신이 소리쳤다.

"대왕과 함양에서 이별한 뒤 오늘 또 여기서 뵙는구려! 신은 갑주를 몸에 걸친 몸이라 따로 예는 행하지 않겠소."

패왕이 분노를 터뜨리며 말했다.

"네놈은 앞서 혓바닥으로 나를 모욕했다. 오늘 다시 만났으니 무예로 승부를 내자!"

패왕은 창을 들어 한신을 찔렀다. 한신은 대적하지 못하고 창을 한 번 휘둘러 막은 뒤 동쪽을 향해 달아났다. 패왕이 뒤에서 소리를 질렀다.

"이 비겁한 놈아! 싸우러 나와서도 대결을 피하고 도망치다니! 여봐라! 저 비겁한 놈을 추격하여 즉시 주살하라. 이전 원한을 씻어야겠다."

패왕은 후군 군사까지 휘몰아 한신을 추격하도록 재촉했다. 계포와 종리매는 황급히 말에 채찍을 가해 앞으로 달려와서 아뢰었다.

"한신이 싸우지 않고 도망치는 건 틀림없이 우리 군사를 유인하려는 계략입니다. 폐하! 잠시 멈추십시오. 저들의 허실을 살피고 동정을 관찰한 뒤에 추격해야 간계에 빠지지 않습니다."

"나는 회계에서 거병한 이래 수백여 차례의 전투를 치르면서도 후퇴한 적이 없다. 오늘 저 비겁한 놈을 만나 말고삐를 당겨 쥐고 후퇴한다면 천하 제후들이 나를 겁쟁이로 비웃을 것이다."

패왕 항우는 두 장수의 말을 듣지 않고 서둘러 말고삐를 잡고 추격에 나섰다. 패왕이 바짝 뒤를 따르면 한신도 더욱 빨리 말을 몰았고 패왕이 추격을 늦추면 한신도 천천히 달렸다. 경삭하(京索河, 형양 중앙을 흐르는 강)까지 추격했을 때 한신은 그 강물 위 다리를 건너고 있었다. 한신은 다리를 건너가서 창을 들고 다리 초입에 멈추어 섰다. 패왕은 화를 내며 다리를 건넜고 장수들도 군사를 재촉하여 그 뒤를 따랐다. 2리를 채 가지 못했을 때 갑자기 다리가 끊어지며 세찬 물살이 밀려왔다. 앞을 바라보니 한신의 모습은 보이지 않았다. 다리가 끊겨 후군이 세찬 물살에 휩쓸리는 것이 보였다. 후군 절반은 아직 강을 건너지 못했다. 패왕은 함정에 빠진 것을 알고 황급히 전군에게 멈추라고 명령을 내렸다. 그 명령이 아직 끝나지도 않았는데 사방에서 끊임없이 포성이 울렸다. 이어서 병거가 포위망을 좁히며 초나라 장수들을 에워쌌고 화살이 메뚜기떼처럼 날아왔다. 초나라 장수들은 서 있을 자리도 없었다. 패왕은 방어진을 치고 그 뒤에 서 있으라고 명령을 내렸고 장수들은 황급히 군사를 동원하여 공격 대형을 갖추고 전투에 나섰다. 이제 서 있을 수는 있었으나 움직이기는 어려웠다. 장수들은 있는 힘을 다해 전방을 향해 공격했고 패왕은 후방을 맡아 군사를 재촉하며 함께 전진했다. 그때 사방이 한나라 병거 부대에게 단단히 포위되었다는 보고가 올라왔다. 포위망은 철벽과 같아서 공격을 해도 미동도 하지 않았고 오히려 한나라 군사의 반격을 받고 수많은 병졸이 죽었다. 장수들이 앞으로 달려와 아뢰었다.

"병거는 보통 군사에 비할 수 없습니다. 부딪쳐볼 수는 있지만 지금 사방이 철통같이 포위되었습니다. 군사들이 가까이 다가갈 수도 없는데, 어떻게 탈출할 수 있겠습니까?"

패왕은 그 말을 듣고도 어떻게 할 수가 없었다. 위급한 순간에 계포와 종리매는 패왕이 자신들의 만류를 듣지 않고 한신을 추격하는 것을 보고 휘하 인마를 거느리고 경삭하 남쪽 작은 시내 입구 궁벽한 길을 돌아 패왕 앞으로 달려와 한신의 계략을 방어하려 했다. 두 사람은 경삭하에 도착해서야 초나라 군사가 한나라 군사에 포위되어 탈출할 수 없음을 알았다. 그때 한나라 장수 조덕(祖德)이 군사를 이끌고 남쪽 길을 막으며 계포와 종리매가 한나라 진영으로 접근하도록 허용하지 않았다. 두 장수는 분노하여 무기를 들고 조덕을 공격했다. 조덕은 말을 박차며 칼을 휘둘렀다. 말 세 필이 한 곳에서 뒤엉켜 싸웠다. 20합을

한신이 병거부대로 패왕을 공격하다

겨룬 뒤 계포가 창으로 조덕을 찔러 말 아래로 떨어뜨렸다. 그리고 한나라 군사를 마구 죽이며 곧바로 한나라 진영으로 다가갔다. 하지만 사방에 모두 병거가 빽빽이 배치되어 있는 탓에 사람이 들어갈 수 없었다. 계포가 말했다.

"지금 승세를 타고 적진으로 쇄도해 들어갈 수 없으면 우리 초나라 군사를 어떻게 구출할 수 있겠소?"

그는 초나라 군사를 휘몰아 죽음을 무릅쓰고 진격하여 적진으로 파고들었다. 안쪽에서 포위된 군사도 바깥에 구원병이 도착한 것을 보고 기세를 드높여 고함을 지르며 밖을 향해 공격했다. 군문 쪽을 공격하여 포위를 뚫자 한나라 군사가 없었다. 그곳으로 초나라 군사가 한꺼번에 쏟아져나와 계포, 종리매의 군사와 만난 뒤 한 곳에서 병력을 합쳤다. 그들은 남쪽으로 달아나면서 싸웠다. 병거진의 공격을 받고 우영이 부상을 당했고 환초도 화살에 맞았다. 그들은 패왕이 필마단기로 길을 뚫고 나서야 빠져나올 수 있었다. 정남 방향에는 시무와 역상(酈商), 동남에는 부관과 부필, 정동에는 이필(李畢)과 낙갑(洛甲), 서남에는 근흡과 노관, 정서에는 주발과 주창, 서북에는 설구와 진패, 정북에는 기신과 왕릉, 동북에는 신기와 조참 등 열여섯 장수가 포위망을 좁히며 달려왔다. 패왕과 초나라 장수들은 힘을 합쳐 대항했고 삼군이 한 곳에 뒤섞여 혼전을 벌였다. 한나라 장수 중에는 단 한 명만이 말 위에서 굴러떨어져 죽었다. 그는 바로 동북 진영의 대장 신기였다. 신기는 전투 도중 패왕의 창을 맞고 전사했다. 그러자 조참은 싸울 마음이 사라져서 본진으로 후퇴했다. 패왕은 그 기세를 타고 여러 장수와 함께 한나라 진영으로 짓쳐들어갔다. 한신의 대군은 동북 방향으로부터 다시 포위에 나섰다. 계포가 말했다.

"이곳은 군사를 돌이킬 퇴로가 없습니다. 차라리 멀리 작은 시내 입구를 따라 진채를 돌렸다가 잠시 휴식하고 나서 다시 대처하는 것이 좋겠습니다."

패왕이 말했다.

"그 말이 옳다!"

그는 황급히 패잔병을 되돌렸다. 그리고 계포와 종리매를 따라 본래 왔던 옛길로 힘을 다해 전장을 빠져나갔다. 작은 시내 입구에 도착하자 날이 점차 저물기 시작했다. 사방에서는 고함소리가 그치지 않았다. 본채로 돌아왔을 때는 초나라 군사가 한나라 군사에게 거의 살해된 뒤라 텅 빈 군영만 덩그러니 남아 있었다. 패왕이 말했다.

"텅 빈 군영을 어떻게 지킬 수 있겠소? 한나라 놈들이 다시 포위해오면 대적하지 못할까 두렵소. 차라리 밤새 팽성으로 돌아가 다시 군사를 모아 한나라와 결전을 벌이는 것이 낫겠소."

말을 다 마치지도 않았는데 한나라 군사가 몰려왔다. 패왕은 다급히 장수들에게 말했다.

"저 비겁한 놈이 우리 초나라 군사를 며칠간 몰아대고도 아직도 그만둘 줄 모르고 여기까지 추격해왔다. 이제 우리 모두 힘을 합쳐 저놈들을 한바탕 죽여 원한을 갚는 것이 좋겠다."

장수들은 힘을 모아 다시 적을 맞아 싸우려 했다. 뒷일이 어떻게 될지는 다음 회를 들으시라.

위표의 배반

허부가 위표에게 유세하여
한나라를 배반하게 하다
許負說魏豹反漢

패왕은 장수들과 다시 한나라 군사를 맞아 싸우려 했다. 그러자 종리

매가 제지하며 말했다.

"안 됩니다! 한신은 변칙 계략에 뛰어나고 우리 초나라 군사는 패배

하여 예기가 꺾였습니다. 만약 다시 적을 맞아 싸우면 먼저 겁을 먹게

됩니다. 병법에 이르기를 '적을 두려워하는 자는 망한다'라고 했습니다.

게다가 한나라 군사는 지금 기세가 드높은데, 우리 군사만 피해를 당

하고 아무 이익도 얻지 못할까 두렵습니다."

잠시 뒤 함성이 크게 일며 북소리, 징소리가 하늘을 뒤흔드는 가운

데 한나라 군사가 온 땅을 휩쓸며 몰려왔다. 초나라 군사가 이들을 어

떻게 대적할 수 있겠는가? 일찌감치 도주할 수밖에 없었다. 패왕은 혼

자서 말을 타고 창을 비껴들고 한나라 군사를 마구 죽였다. 그때 갑자기 화살 한 발이 날아와 패왕의 엄심갑(掩心甲)¹에 명중했다. 패왕은 깜짝 놀라 말 머리를 돌려 동쪽으로 황급히 달아났다. 따라오는 장졸은 기병 수백도 되지 않았다. 그 배후에는 한왕이 추격해오고 있었다. 패왕은 연도 200여 리를 하룻낮 동안 쉬지 않고 달렸다. 하늘에서는 또 비가 내리기 시작하여 더욱 힘든 상황이 전개되고 있었다. 그때 갑자기 저쪽 넓은 숲에서 한줄기 군마가 치달려왔다. 우두머리 장수는 포(蒲) 장군이었다. 그는 범증의 군령으로 3만 군사를 이끌고 어가를 맞으러 달려왔다. 그는 말 위에서 고함을 질렀다.

"신은 갑옷을 입고 있어서 별도로 예를 표할 수 없습니다. 폐하! 먼저 가십시오. 신이 한나라 군사를 막겠습니다."

포 장군은 말고삐를 잡고 칼을 마구 휘두르며 한나라 군사를 막다가 바로 대장 이필과 낙갑을 만났다. 두 사람은 각각 자신의 무기를 들고 포 장군과 대적했다. 서너 필의 말이 한 곳에 뒤섞여 혼전을 벌였다. 20합을 겨룬 뒤 포 장군은 분노의 칼을 들어 이필을 말 아래로 떨어뜨렸다. 그러자 낙갑은 바로 도주했다. 포 장군은 얼른 활을 들어 낙갑을 쏘아 죽이고 기세를 몰아 적병을 살상하며 추격했다. 한나라 후군은 초나라 구원병이 도착한 것을 보고 그 소식을 중군에 알렸다. 한신이 말했다.

"곤궁한 적은 추격하지 말라는 것이 병가의 법도다. 내가 잠깐 주의해서 보지 못하는 사이에 두 장수를 잃었다. 모두 내 잘못이다."

1_ 특별히 가슴을 보호하기 위해 덧대어 입는 갑옷이다.

한신은 한나라 군사에게 잠시 멈추라고 명령을 내렸다.

포 장군은 한나라 군사가 물러가는 것을 보고 더이상 추격하지 않았다. 그는 천천히 군사를 되돌렸다. 그리고 협하(夾河)에 이르러 패왕을 따라잡고 군사를 주둔한 뒤 패왕에게 중군에 좌정하도록 청했다. 포 장군은 패왕을 뵙고 아뢰었다.

"폐하께서 한신을 경시하시는 걸 보고 불미스러운 일이 일어날까 걱정되어 범 아보가 신에게 3만 군사를 주어 대로를 따라 서둘러 구원에 나서게 했는데, 다행히 여기서 폐하를 만나 뵙게 되었습니다. 신은 폐하의 위엄과 덕망에 의지하여 한나라 두 장수를 죽였고 한나라 군사는 후퇴했습니다. 범 아보가 신이 출발할 때 거듭 당부하기를 한신은 비범한 사람이므로 반드시 대비해야 한다고 했습니다. 이 때문에 신이 적을 추격하지 않았습니다."

패왕이 말했다.

"짐이 여러 해 동안 전투를 치른 것이 어찌 몇백 전에 그쳤겠소? 허나 오늘같이 패배한 적은 없소. 다행히 범 아보가 그대를 보내 구원했기에 이번 환난에서 벗어날 수 있었소. 그렇지 않았다면 몇 번을 패하고도 벗어날 수 없었을 것이오!"

계포가 말했다.

"폐하! 부디 군사를 돌리십시오. 한나라 군사가 이곳을 다시 공격해 올까 두렵습니다. 우리 군사는 세력이 약화되었고 군량도 보급받지 못하여 적을 맞아 싸우기 어렵습니다."

결국 패왕은 군사를 이끌고 서둘러 팽성으로 돌아갔다. 그가 패잔병을 소집해보니 군사 20만 명이 사라지고 없었다. 이에 범증을 불러 말했다.

"후회스럽게도 범 아보의 말을 듣지 않았다가 과연 이렇게 패배했구려! 이제 어찌하면 좋소?"

범증이 말했다.

"신이 소문을 들으니 위표가 평양으로 돌아온 뒤 한왕이 수수 패전의 원한을 잊지 않을까봐 온종일 두려워하면서 군사를 규합하여 다시 한나라를 배반하고 초나라에 귀의하려는 마음을 먹고 있다 합니다. 지금 폐하께서 변설에 능한 선비 하나를 보내 몇 마디 말로 그의 마음을 부추기면 틀림없이 한나라를 배반할 것입니다. 위표가 한나라를 배반하면 한신은 반드시 군사를 거느리고 위나라를 치러 갈 것입니다. 폐하께선 그 틈을 타서 대군을 동원하여 형양을 기습하면 유방은 준비를 하지 못해 지탱하기 어려울 것이고, 그럼 폐하께선 완전한 승리를 거두실 수 있을 것입니다."

"그 계책이 참으로 훌륭하오. 그럼 누구를 위표에게 파견하는 것이 좋겠소?"

상서령 항백이 앞으로 나와 아뢰었다.

"신이 관상가 허부와 친합니다. 그 사람이 평양에 살 때 위표와 아주 사이가 좋았습니다. 위표는 대소사를 모두 허부와 상의했고 그의 의견을 따르지 않은 경우가 없었습니다. 신이 서찰 한 통을 써드릴 테니 사람을 허부에게 보내 인사를 나누게 하십시오. 그가 위표에게 유세하면 위표의 평소 마음이 미정이더라도 허부의 한마디 말에 따를 것입니다. 이 계책이 어떠합니까?"

범증이 말했다.

"허부의 승낙만 얻을 수 있다면 위표는 결단코 한나라를 배반할 것이오."

항백은 즉시 서찰을 써서 사자로 파견될 하급 장수에게 주고 그것을 아무도 모르게 몸에 감추게 했다. 그는 평양으로 가서 허부를 찾았다. 허부는 평양에서 매우 유명했다. 한 번 길을 물어 바로 그의 거처를 알아냈다. 사자는 허부의 대문 앞으로 가서 문지기 아이에게 물었다.

"허공께서 집에 계시냐?"

"대청마루에 한가하게 앉아 계십니다."

"친구가 서찰을 가지고 왔다고 전해라!"

아이가 그 말을 전하자 허공이 말했다.

"들어오시라 해라."

사자는 서찰을 가지고 들어가서 허부를 만났다. 허부는 서찰을 개봉하여 읽었다. 그 서찰에는 허부가 말과 기지로 위표를 설득하여 한나라를 배반하고 초나라에 귀의하게 해달라는 내용이 담겨 있었다. 허부는 지금 패왕의 세력이 강하다는 점과 또 평소 항백과 지냈던 인정을 생각하여 서찰 내용에 따랐다. 허부는 그날 바로 문안 인사를 하러 위표의 왕부(王府)로 갔다. 문지기가 위표에게 알리자 위표가 말했다.

"나는 오랫동안 허공을 만나 내 관상을 한번 보고 내 뜻을 결정하고 싶었다. 그런데 부르지도 않았는데 스스로 오다니. 내 마음과 딱 맞아떨어지는구나."

그는 바로 허부를 불러들였다. 인사가 끝나자 위표가 말했다.

"근래 날마다 선생을 초청하고 싶었소. 요즘 내 얼굴빛이 어떻소?"

허부는 몰래 생각했다.

'내 계책에 걸려들었다!'

허부가 말했다.

"대왕마마께서 술을 드시지 않으면 훨씬 안색이 좋아지겠습니다."

위표가 말했다.

"아침에 일찍 일어나 홀로 앉아 있으면서 저녁에 침소에 들지 않을 때까지는 정신이 상쾌하오. 선생께서 보신 바와 딱 맞소."

허부는 위표에게 밝은 곳을 향해 좌정하라 하고 한참 동안 자세히 관상을 살폈다. 흰 기운이 천창(天倉)²을 침범했고 막힌 기운이 중정(中正)³에 섞여 있었다. 해와 달[日月]⁴이 밝음을 잃었고 수성과 토성[水土]⁵이 제자리를 잃어 얼굴 전체에 취할 만한 점이 없었다. 허부는 생각했다.

'만약 사실대로 말하면 위로 패왕의 명령을 어기게 되고 아래로 항백의 정을 저버리게 된다.'

그는 마침내 사실을 숨기고 오히려 위표에게 이렇게 말했다.

"대왕마마의 귀한 관상에 의거해보면 홍색과 황색이 얼굴에 가득하여 기쁜 기운이 겹겹이 서려 있습니다. 100일 안에 성공하여 대업을 성취하겠습니다. 길지로 옮기면 제왕의 지위에 오르겠습니다. 제후왕의 봉작에 그치지 않으실 것입니다."

위표는 그 말을 듣고 얼굴에 희색이 가득했다.

"선생의 말과 같이 되면 아무개가 후하게 보답하겠소."

2_ 관상술에 쓰이는 용어다. 눈썹 끝 위 이마에서 관자놀이 부분을 가리킨다.
3_ 관상술에 쓰이는 용어다. 미간 위 이마 정중앙을 가리킨다.
4_ 관상술에서 해는 이마 중앙에서 왼쪽 부분이고, 달은 오른쪽 부분이다.
5_ 관상술에서 수성은 입, 토성은 코를 가리킨다.

허부가 또 말했다.

"신이 대왕마마의 후궁을 멀리서 바라보니 기운이 더욱 왕성합니다."

"후궁을 한번 보시겠소?"

"가보고 싶습니다."

위표는 허부를 데리고 후궁으로 들어가서 박후(薄后)[6]를 궁전에서 나오게 했다. 허부는 박후를 보고 바로 땅에 엎드려 절을 하며 말했다.

"왕후마마의 고귀함은 말로 표현할 수 없습니다. 뒷날 국모가 되어 천하에 군림하실 것입니다. 신의 말은 틀림이 없습니다."

위표는 몰래 기뻐했다.

'내가 귀하게 된다면 부인이 어찌 국모로 천하에 군림하지 않을 수 있겠는가?'

위표는 마침내 허부에게 후한 상을 내렸다.

위표는 바로 대부 주숙을 불러 대책을 논의했다.

"앞서 한왕이 나를 대원수에 중용했으나 수수에서 패전할 줄 생각지도 못했소. 그뒤 한왕은 내게 한바탕 욕설을 퍼붓고 대원수 인수를 빼앗아 내 진로를 틀어막았소. 지금은 다시 한신을 대원수로 임명했고, 그는 단 한 번 싸움에 패왕의 용맹한 군사 20여 만을 죽였소. 이 때문에 한왕은 온종일 장수들에게 내 욕을 퍼붓고 있소. 조만간 나를 해치

6_ 나중에 한왕 유방의 후궁이 되는 박희(薄姬)다. 그런데 박후가 위표의 왕후였는지는 분명하지 않다. 허부가 박희의 관상을 보고 국모가 되겠다고 하자 위표는 자신이 천자가 되는 것으로 착각했다. 기실 박후는 유방의 후궁 박희가 되어 한 문제(文帝)를 낳았고 문제가 보위에 오른 뒤 황태후로 봉해졌다. 따라서 박희의 남편 유방이 황제가 되었고 아들 유항(劉恒)이 황제가 되었으므로 박희가 국모의 지위에 오른 것이다. 허부의 관상이 틀린 것이 아니다.

러 온다면 내 어찌 앉아서 당할 수 있겠소? 지금이 한나라를 버리고 초나라에 귀의할 좋은 기회요. 난리가 한바탕 벌어지면 서둘러 함양으로 달려가 우리 도읍을 세우고 초나라, 한나라와 천하를 셋으로 나누고자 하오. 경의 생각은 어떠하오?"

주숙이 말했다.

"안 됩니다. 한왕은 어질고 도량이 넓어 천하의 민심이 귀의하고 있습니다. 또 한신은 귀신처럼 군사를 부립니다. 패왕이 강하지만 한왕에게 미칠 수 없습니다. 게다가 대왕마마께서는 군사도 미미하고 장수도 적으며 세력은 외롭고 힘은 약하므로 아마도 한왕과 다투시기 어려울 것입니다. 차라리 마음을 다해 한나라를 섬기며 평양을 지키고 위나라 땅을 잃지 않는 것이 신하로서 가장 좋은 대책인데, 대왕마마께서는 어찌 다른 욕망을 품고 계십니까?"

"천명(天命)만 있으면 지금의 강약에 구애될 필요가 없소. 허부의 관상술은 거짓말이 아니오. 경은 그것을 잘 모르오."

"먼저 사람의 일을 말하고 다음에 하늘의 이치를 논해야 합니다. 관상가의 망령된 말을 경솔하게 믿고 갑자기 군사를 일으키면 패가망신하는 일이 여기에서 발생합니다. 대왕마마께선 자세히 살피셔야 합니다."

위표가 화를 내며 말했다.

"내가 거병하려는데, 네놈이 감히 이런 불길한 말을 하다니! 틀림없이 한나라와 사사롭게 내통하며 나의 기밀을 누설하려는 수작이다!"

"신은 대왕마마를 섬긴 지 오래되었습니다. 오늘 제가 드린 말씀은 충언입니다. 대왕마마께서 듣지 않으시면 뒷날 신의 말을 생각할 날이

위표가 주숙의 말을 듣지 않다

올 것입니다!"

위표는 결국 주숙을 꾸짖어 물러나게 했다. 그리고 바로 군사 10만을 정돈하여 식장(植長)을 군사(軍師)로, 백직(柏直)을 대장으로, 풍경(馮敬)을 기장(騎將)으로, 항타(項它)를 보장(步長)으로 삼았다. 그리고 평양관(平陽關, 산시성山西省 진청시晉城市 남쪽)을 지키며 초나라에 투항하기 위해 상소문을 올렸다.

한왕은 위표가 한나라를 배신했다는 소식을 듣고 웃으며 말했다.

"필부가 배반했다고 하나 아무것도 할 수 없는 자다. 즉시 장수와 군사를 파견하여 저 역적을 서둘러 주살하고 후환을 끊어야겠다."

역생이 간언을 올렸다.

"대왕마마! 우리 군사가 이제 막 귀환하여 아직 쉬지도 못했습니다. 그런데 지금 또 거병하면 갑사들이 피로할까 걱정이 됩니다. 이건 군사를 위로하는 방법이 아닙니다. 신이 평소에 위표와 친분이 있으므로 가서 설득해보겠습니다. 만약 그자가 따르지 않는다면 그때 거병하여 정벌해도 늦지 않을 것입니다."

한왕이 말했다.

"선생께서 말로 위표를 배반하지 않게 할 수 있다면 그건 만금(萬金)에 버금가는 힘이고, 천 개의 성을 함락시킨 공적이라 할 만하오."

역생은 한왕에게 작별 인사를 하고 바로 평양으로 가서 위표를 만났다. 위표가 말했다.

"친구가 먼 곳에서 온 건 한나라를 위해 내게 유세하려는 것인가?"

"아무개가 이번에 온 건 한나라를 위한 것이 아니라 10년 옛정 때문입니다. 제가 특별히 이번 일의 이해관계를 말씀드릴 테니 따를 만하면 따르시고, 그렇지 않으면 대왕마마 마음대로 하십시오. 그러니 저를 유세객으로 의심하실 필요는 없습니다."

"말해보시게!"

"마음가짐은 두 가지로 유지해서는 안 되고, 일 처리는 자주 방법을 바꿔서는 안 됩니다. 두 마음을 먹으면 자주 의심하다 실패를 자초하고, 일 처리 방법을 자주 바꾸면 경거망동하다 욕을 당하게 됩니다. 대왕마마께서 이전에 한나라에 투항하는 것이 옳다고 여겼으면 지금 초나라를 섬기는 것은 잘못된 일입니다. 지금 초나라를 섬기는 것이 옳다고 여기신다면 이전에 한나라에 투항한 것은 잘못된 일입니다. 시비가 전도되고 행동이 자주 바뀌면 반드시 실패합니다. 게다가 지금 천하의 정세를 보건대 무지한 사람은 초나라가 강하다 여기지만 천하의 안위를 자세히 살필 수 있는 사람은 반드시 초나라가 망하고 한나라가 흥할 것임을 압니다. 한나라는 관대하고 초나라는 포악하며, 한나라는 지혜롭고 초나라는 우매합니다. 이는 굳이 변론을 하지 않아도 저절로 드러난 분명한 사실입니다. 지금 대왕마마께서 한나라에 귀의한다면 이는 진실로 훌륭한 계책이라 할 수 있지만, 다시 멸망해가는 초나라에 귀의한다면 시비를 완전히 뒤집고 결정을 자주 번복하는 행위에 불과합니다. 저의 비루한 견해로는 차라리 군사행동과 전쟁을 그만두고 오로지 한나라에 복속하는 것이 좋을 듯합니다. 한나라가 대업을 성취하면 대왕마마께서도 영원히 부귀를 누릴 수 있을 겁니다."

"한왕은 나를 함부로 꾸짖고 무례하게 대하므로 진실로 치욕스럽기 짝이 없네. 내 마음은 이미 초나라로 움직였으므로 다시 한왕을 보기는 어렵네. 대장부는 응당 자립해야지, 어찌 다른 사람 아래에 몸을 굽힐 수 있겠는가? 지금 소진과 장의가 다시 태어난다 해도 내 말을 바꿀 수 없네."

역생은 위표에게 유세할 수 없음을 알고 마침내 귀국하여 한왕을 뵙고 위표가 한나라에 귀의하지 않으려 한다는 사실을 자세히 이야기했다. 한왕이 물었다.

"위나라의 대장은 누구요?"

"백직입니다."

"젖비린내나는 아이가 어찌 우리 대원수 한신을 대적할 수 있겠소? 기병대장은 누구요?"

"풍경입니다. 진(秦)나라 장수였던 풍무택(馮無澤)의 아들이지요."

"사람은 현명하지만 우리 장수 관영의 상대는 아니오. 보병대장은 누구요?"

"항타입니다."

"우리 장수 조참의 적수는 아니오. 아무 걱정할 게 없구려."

이에 한신, 관영, 조참은 정예병 10만을 이끌고 안읍(安邑, 산시성山西省 원청시運城市 동쪽)을 거쳐 진(晉) 땅으로 들어가 서위의 위표를 공격했다. 다음 회에서 과연 승부는 어떻게 될까?

제60회

자결한
왕릉의 모친

한나라가 흥할 것을 알고
왕릉 모친이 칼로 자결하다
知漢興陵母伏劍

한신은 출전에 임해 한왕에게 말했다.

"신이 위나라를 정벌하면 패왕이 소식을 듣고 틀림없이 우리의 빈틈을 노려 형양을 공격할 것입니다. 장수들 중에서 왕릉에게 큰일을 맡길 만하니 그를 시켜 초나라 군사를 막으십시오. 그 사람은 지혜와 용기를 모두 갖추고 있어서 무사히 형양을 지킬 것입니다."

"왕릉의 모친이 초나라에 오래 구금되어 있어서 왕릉의 마음이 흔들릴까 걱정이오. 등용해서는 안 될 듯하오만."

"왕릉의 모친은 매우 현명하여 평소에도 자식들을 올바르게 가르쳤다고 합니다. 왕릉의 뜻도 금석과 같으므로 절대 동요하지 않을 겁니다. 서둘러 그를 등용하시고 진평에게 보좌하게 하십시오. 만약 완급을 조절하려면 자방의 의견을 들어야 아무 걱정이 없으실 것입니다."

한왕은 매우 기뻐했다.

한신은 군사를 이끌고 포판(蒲阪)[1]으로 갔다. 일찌감치 위나라 군사가 당도해 있었다. 황하를 사이에 두고 위표와 대치했다. 피차 공격을 펼칠 수 없는 상황에서 한신이 장수들을 불러서 일렀다.

"위표는 군사를 동원하여 황하를 지키고 있소. 다리도 없고 짧은 시간에 배도 만들기 어렵소. 관영 장군이 일을 맡아 목앵(木罌)[2]을 만들면 가장 편리하겠소."

관영이 말했다.

"어떻게 만드는지 모릅니다. 제조법을 가르쳐주십시오."

한신이 말했다.

"목앵이란 옹기 같은 나무통을 묶어 뗏목을 만드는 것이오. 나무통의 용량은 두 섬이므로 부력이 사람 하나를 지탱할 수 있소. 나무통 사이는 다섯 치로 유지하고 아래를 밧줄과 갈고리로 연결하시오. 또 그위에 창을 엮어 이어서 직사각형으로 만들어야 하오. 앞에는 뗏목이나 판자를 잇고 좌우에 노를 설치하면 군사와 무기를 실어나를 수 있소."

관영은 한신이 가르쳐준 방법에 따랐다. 그는 솜씨 좋은 군사에게 명령하여 목앵을 연결하게 했다. 하루이틀도 지나지 않아 목앵을 연결한 뗏목이 완성되었다. 한신은 관영에게 군사 1만을 이끌고 배 100여

1_ 산시성(山西省) 융지시(永濟市)다. 그러나 한신은 아직 황허강을 건너기 전이므로 융지시 맞은편 황허강 언덕으로 보아야 한다.

2_ 주둥이 부분은 좁고 아래 배 부분은 큰 나무통이다. 아래 이 소설 원문에는 옹(甕, 항아리)으로 서술되어 있으나 『사기』「회음후열전」에는 한신의 군대가 "목앵부를 이용하여 황하를 건넜다(以木罌缻渡軍)"라고 했으므로 나무통으로 보는 것이 합리적이다.

척을 황하 연안에 늘여 세우고 깃발을 꽂은 뒤 적이 의심하도록 짐짓 황하를 건너는 모습을 연출하라고 했다. 그리고 조참에게는 정예병 2만을 이끌고 하양(夏陽, 산시성陝西省 한청시韓城市)에서 목앵으로 도하하여 안읍을 습격하라고 명령했다. 적의 후방을 끊어 위표와 호응하지 못하게 하고 협공으로 위표를 사로잡을 계책이었다. 조참은 명령을 받고 몰래 하양으로 달려갔다. 관영은 황하 연안에 군사를 늘여 세우고 황하에 배를 가득 띄운 다음 깃발을 빽빽이 꽂았다. 위표는 그 광경을 보고 과연 복병이 있을까 의심하며 밤낮으로 순찰을 강화하다 조참의 대군을 방비하지 못했다. 조참은 목앵을 이용하여 하양에서 황하를 건너 안읍을 습격했다. 그는 위표의 가족을 생포하고 후방에서 적을 공격했다. 위표의 정탐부대가 급보를 전하자 위표는 대경실색하여 군사를 돌리려 했다. 이때 조참은 뒤에서 습격했고 한신은 앞에서 추격했다. 두 곳에서 동시에 협공을 받은 위표의 군사는 서로 호응할 수 없었다. 백직은 몇 합도 겨루지 못하고 한신의 군사가 사납게 공격해오는 것을 보았다. 그는 결국 대적할 수 없어서 서쪽으로 도주했다. 풍경도 한신의 군대에 대항할 수 없어서 먼저 군사를 이끌고 후퇴했다. 위표는 도저히 감당할 수 없었다. 그가 위나라 땅으로 도망치려는 순간 조참과 관영의 군사가 양쪽에서 포위망을 좁혀왔다. 위표는 탈출할 수 없어서 두 장수에게 생포되었다. 그는 포박된 채 한신 앞으로 끌려갔다. 한신이 말했다.

"주상께서 너를 대원수로 삼고 45만 대군을 통솔하게 하셨다. 그런데 너는 수수에서 단 한 번 전투를 하여 군사 30여만을 잃었다. 수수에 시신이 쌓여 물이 흐르지 못할 정도였다. 너는 평양으로 도망쳤지만 주상께서 죽이지 않고 대원수 인수만 박탈하여 조용히 살게 하셨다.

왕공의 고귀한 지위를 잃지 않았으면 응당 감격하고 더욱 자신을 채찍질하여 나중에 공을 세울 생각을 해야 함에도, 너는 관상쟁이의 말을 가볍게 믿고 네 백성을 불러일으켜 반역을 도모했다. 생포된 즉시 주살해야 마땅하나 네 신분이 그래도 일국의 왕이고 주상께서 너그러운 은혜를 베푸실 듯하므로 군사들로 하여금 너를 함거로 압송하게 한 뒤처분을 기다리겠다."

그리고 한신은 한편으로 평양으로 들어가 백성을 안무하고 주숙을 시켜 임시로 위나라 국사를 관리하게 했다.

한편, 패왕은 한신이 위표를 정벌하러 떠나서 형양이 텅 비었다는 소식을 듣고 서둘러 범증을 불렀다.

"위표가 배반하자 한신이 위표를 정벌하기 위해 군사를 거느리고 서위로 갔다 하오. 범 아보의 고견에서 벗어나지 않았소. 짐은 지금 저들의 빈틈을 노려 형양을 취하고 유방을 사로잡고자 하오. 범 아보께선 어떻게 생각하시오?"

"바로 지금이 출전할 때입니다. 허나 폐하! 때를 잘 살펴 움직여야지, 적을 경시해서는 안 됩니다. 한신이 다른 계략을 부릴지도 모르니 대비하지 않을 수 없습니다."

용저가 말했다.

"범 아보께선 어찌 그리 겁이 많으시오?"

범증이 말했다.

"좋은 계책을 이루려는데, 어찌 깊이 생각하지 않을 수 있겠소?"

이에 패왕은 대군을 정돈하여 형양으로 출발하라고 칙지를 내렸다. 그리고 먼저 용장 이봉(李奉)에게 군사 3000을 주고 앞서가서 소식을 탐문하게 했다.

한왕은 마침내 장량, 진평과 초나라 군사를 막을 대책을 상의했다. 이때 병졸 하나가 보고하기를 패왕이 대군을 거느리고 형양으로 달려오고 있으며 먼저 이봉을 보내 소식을 탐문하게 했다고 했다. 한왕은 보고를 듣고 대경실색하며 말했다.

"초나라 군사의 기세가 대단한데, 어떻게 맞아 싸워야 하오?"

장량이 말했다.

"한신이 앞서 말하기를 초나라 군사가 공격해오면 왕릉을 장수로 삼고 진평에게 그를 보좌하게 하면 초나라 군사를 격파할 수 있다고 했습니다. 어찌 왕릉을 불러 상의하지 않으십니까?"

한왕이 곧 왕릉을 불렀다.

"패왕이 직접 대군을 통솔하여 달려오고 있소. 경은 군사를 이끌고 초나라와 맞서 싸울 수 있겠소?"

"패왕의 기세가 사나우므로 힘으로 대적하기는 어렵습니다. 신의 어리석은 생각으로는 깃발을 눕히고 북도 치지 말고 해자를 깊이 파고 성벽을 높이 쌓은 채 나가서 싸워서는 안 됩니다. 저들이 나태해지기를 기다려 신이 한 가지 계책을 내겠습니다. 그럼 초나라 군사는 반드시 물러갈 것입니다."

"어떤 계책이오?"

왕릉은 한왕에게 귓속말로 몇 마디 속삭였다. 한왕이 크게 기뻐하며 말했다.

"장군께서 과연 이 같은 담략을 갖고 있으니 나는 더이상 걱정이 없소!"

한왕은 즉시 왕릉을 대장에 임명하고 진평을 군사로 삼았다. 그리고 삼군에 분부하기를 각각 깃발을 눕혀놓고, 북소리도 내지 말고, 사방 성문은 굳게 닫고, 딱따기도 치지 말고, 성 위에 군사 한 명도 배치하지 말라고 했다. 초나라 장수 이봉은 먼저 와서 상황을 탐문하다가 이 같은 광경을 보고 의혹에 싸여 감히 성에 접근하지 못하고 사람을 보내 패왕에게 보고했다.

"형양성의 사방 성문이 굳게 닫혀 있고 한 명의 군사도 보이지 않습니다. 무슨 수작인지 모르겠습니다."

좌우 신하들이 말했다.

"한왕이 폐하께서 직접 공격에 나섰단 소문을 듣고 인근 군현으로 거처를 옮긴 것이 분명합니다. 그곳에 군사를 주둔시키고 형양성은 텅 비워 폐하를 기다리는 것입니다. 또는 한신이 위나라 정벌에서 아직 돌아오지 못하여 성안에는 강한 병력이 없으므로 감히 성밖으로 나와 싸우지 못하고 복병이 있는 것처럼 거짓으로 허장성세를 부리는 것일지도 모릅니다. 폐하께서 급격하게 공격하지 못하도록 말입니다."

패왕이 말했다.

"군사가 이제 막 당도했으니 군영을 세우고 내일까지 적의 동정을 탐문하고 나서 다시 대처하면 될 것이오."

그리고 즉시 군영을 세우고 먼길을 오느라 지친 군사들에게 갑옷을 풀고 편히 쉬게 했다.

왕릉은 정예병 5000을 선발하여 머리를 붉은 두건으로 싸매고 각각 날카로운 무기를 들게 했다. 그리고 말을 잘 단속하고 군사들도 각각 함매를 하게 했다. 또 포수 500명을 선발하여 각각 화포를 들고 뒤를 따르게 했다. 때가 되면 화포 소리를 이용하여 작전을 시행하기 위해서였다. 사방 성문에는 장작과 마른풀을 준비해두고 군사들이 초나라 진영으로 진격할 때 화포 소리가 울리면 서둘러 장작과 마른풀에 불을 붙여 초나라가 성을 공격하지 못하게 막기 위한 조치였다. 또 하후영에게는 뒤에서 3만 대군을 거느리고 전군에 호응하게 했다.

황혼이 깃들 무렵 왕릉은 먼저 꼼꼼한 병졸 몇 명에게 초나라 복장을 입혀 초나라 군영으로 몰래 들여보냈다. 초나라 군사의 소식을 탐문하고 방비를 철저히 하는지 여부를 알아내어 적절하게 대처하기 위해서였다. 초경으로 들어설 무렵 병졸이 달려와 보고했다.

"초나라 군사는 군영을 세우고 모두 휴식하느라 아무 방비도 없습니다."

왕릉은 군사 5000을 거느리고 머리에 붉은 수건을 두른 뒤 성을 나서 벌떼처럼 공격했다. 초나라 군사는 아직도 단잠에 빠져 있었다. 왕릉은 몰래 화포를 터뜨리라고 명령을 내렸다. 포수 500명은 사방에서 화포를 터뜨렸다. 그걸 신호로 5000군사가 초나라 군영으로 쇄도해 들어갔다. 마치 10만 병력이 하늘에서 내려온 것 같았다. 초나라 군사는 아무 대비도 하지 못한 상태에서 깜짝 놀라 일어났다. 잠에 취한 눈이 아직도 몽롱한데 어떻게 적을 막을 수 있겠는가. 그들은 자기편끼리 짓밟고 도망가기에 바빴다. 왕릉은 좌충우돌하며 무인지경처럼 적을 휩쓸었다. 시신이 들판을 가득 덮었고 피가 흘러 시내를 이루었다. 패왕은 황급히 일어나 옷을 걸치고 말에 올랐다. 사방을 둘러보니 한 대장이 창을 들고 오가며 군사들을 죽이고 있었다. 패왕이 고함을 지르자 창을 내지르며 달려왔다. 서로 창술을 20여 합 겨루자 그 장수는 패배하여 달아났다. 5000군사를 이끌고 군영을 나섰을 때는 이미 오경의 북소리가 울리고 있었다.

패왕이 군졸에게 물었다.

"저자가 누구냐?"

군졸이 대답했다.

"한나라 장수 왕릉입니다."

패왕은 몰래 생각했다.

"저자의 창술은 다른 사람과 다르다. 오늘 없애지 않으면 틀림없이 후환이 될 것이다."

패왕은 서둘러 말에 박차를 가하며 추격에 나서려 했다. 그러자 계포, 종리매, 용저가 모두 말 머리에 서서 제지하며 말했다.

"안 됩니다. 한나라 놈들이 승리하여 연도에 준비를 단단히 해두었을 겁니다. 성 위에는 환하게 불을 밝혔고 성 아래도 군사들이 철통같이 지키고 있습니다. 이는 틀림없이 한신의 계략입니다. 폐하께서는 부상당한 군사를 점검하고 서둘러 왕릉의 모친을 데려와3 군영에 가둔 뒤 사람을 시켜 왕릉에게 알리십시오. 왕릉은 지극한 효자인지라 이 소식을 들으면 틀림없이 항복할 것입니다. 왕릉이 항복하면 형양을 무너뜨릴 수 있습니다."

3_ 이 소설 원본에는 이 구절 바로 뒤에 '以劍伏身'이란 구절이 이어진다. 왕릉의 모친이 칼로 자결하는 것은 뒷부분이므로 이 구절이 왜 여기에 들어 있는지 불분명하다. 조금 뒷부분에도 "只見陵母以劍伏身"이란 구절이 나오는 것으로 보면 "은장도 같은 칼을 몸에 감추고 있었다"는 의미로 보인다. 왕릉의 모친은 한나라 사자 숙손통을 만난 후 칼로 자결하는데(伏劍刺殺), 그 칼이 어디서 났는지 해명하기 위해 '以劍伏身'이란 구절을 삽입한 것이 아닌가 한다.

패왕이 말했다.

"좋소!"

그리고 즉시 사자에게 밤새도록 팽성으로 달려가 왕릉의 모친을 군영 앞으로 데려오게 했다.

왕릉은 승리한 뒤 군사를 점검해보니 부상병과 전사자가 겨우 100여 명밖에 되지 않았다. 반면에 살해되었거나 자신들끼리 밟고 밟히는 과정에서 죽은 초나라 군사 수는 모두 3만여 명이나 되었다. 왕릉이 돌아와 한왕에게 알리자 한왕이 말했다.

"장군께선 하룻밤에 초나라 군사 3만을 죽여 용맹한 패왕을 30리 밖까지 물러나게 했소. 장군의 명성과 위세가 관중을 뒤흔들 것이오!"

"초나라 군사가 멀리서 오느라 지쳤음을 알고 저들이 대비하지 못한 틈을 타 한 번의 전투로 적을 죽였을 뿐입니다. 그러나 패왕은 아직도 이곳에 주둔해 있으므로 머지않아 성을 공격하러 올 것입니다. 서둘러 대책을 마련하지 않을 수 없습니다."

장량과 진평이 말했다.

"한 대원수가 위나라를 정벌하여 이겼다는 소식을 전해왔으니 이제 곧 돌아올 것입니다. 따라서 형양을 굳게 지키며 한신의 군사가 당도하기를 기다려 다시 대처하는 것이 좋겠습니다."

"알겠소!"

한왕은 마침내 삼군에 명령을 내려 화포에 장전하는 돌과 재를 담은 항아리를 준비하여 사방 성문을 단단히 지키라고 했다.

이후 10여 일 동안 초나라와 한나라는 전투를 하지 않았다. 그때 성 아래에서 순라군이 보고했다.

"초나라 사신이 당도하여 왕릉 장군을 뵙고자 합니다."

왕릉은 보고를 받고 급히 성 위로 올라가 초나라 사신을 만났다.

"장군의 노모께서 지금 초나라 군영에 잡혀와 장군의 얼굴을 한 번 보고 싶다고 하십니다. 장군이 늦게 가면 패왕이 틀림없이 노모를 해칠 것입니다. 그럼 장군은 불효자가 되어 자손만대까지 오명을 남길 겁니다."

왕릉은 그 말을 듣고 대성통곡하며 비 오듯 눈물을 흘렸다. 그리고 급히 한왕에게 달려와 아뢰었다.

"신의 어머니는 올해 일흔이 넘었습니다. 신은 평생 하루도 효도하지 못했습니다. 그런데 지금 신의 어머니는 적에게 묶여서 큰 고통을 당하고 있습니다. 신은 칼을 맞고 만 번 죽더라도 서둘러 어머니를 만나러 가야 합니다. 신의 몸이 비록 초나라에 있더라도 그 마음은 기실 대왕마마 곁에 있을 겁니다. 절대 초나라를 위해 힘을 쓰지 않겠습니다."

장량이 말했다.

"장군! 잘못 생각했소. 앞서 장군은 초나라 군사 수만 명을 죽였는데, 지금 초나라 사신의 한마디 말만 듣고 호랑이 굴로 들어가는 건 스스로 죽음의 길로 들어가는 것이오. 이는 필부의 소견일 뿐이오. 또 노모께서 과연 초나라 진영에 계신지도 모르는 상태에서 어찌하여 갑자기 그곳으로 가려 하시오. 모름지기 다른 사람을 보내 노모를 직접 만나 무슨 말씀을 하시는지 살펴보고 직접 쓰신 서찰을 받아보아야 하오. 과연 노모께서 장군을 만나 보려 하신다면 그때 가서 만나 봬도 늦지 않소. 어찌 생사존망도 살피지 않고 지금 간단 말이오."

왕릉은 그 말을 듣고 한왕에게 사람을 초나라 진영으로 보내달라고 애원했다.

한왕은 모사 숙손통을 초나라 진영으로 보내 패왕을 만나게 했다. 패왕이 말했다.

"왕릉은 패현에 거주할 때 나에게 투항하지도 않았고 유방을 따르는 것도 혐오했다. 이제 그의 모친을 이곳에 묶어놓았는데 빨리 내게 귀의하면 모자가 상봉할 수 있지만 여전히 항거한다면 그의 모친을 죽여 왕릉을 자손만대의 죄인으로 만들 것이다."

숙손통이 말했다.

"왕릉의 모친을 한번 뵙고 싶습니다."

패왕은 좌우 근신에게 왕릉의 모친을 압송해와 숙손통과 만나게 했다. 왕릉의 모친은 은장도를 몸에 감춘 채 산발한 머리를 하고 꿇어앉았다. 숙손통은 마음의 고통을 참을 수 없었다. 왕릉의 모친이 말했다.

"공은 뉘시오?"

숙손통이 대답했다.

"아무개는 한나라 사신 숙손통입니다."

"뭐하러 왔소?"

"아들 왕릉이 어머니께서 고통을 당하신단 소식을 듣고 즉시 초나라에 투항하여 어머니를 만나 뵈려 했습니다. 그런데 혹시 거짓말일 수도 있으므로 한왕께서 아무개를 보내 노부인의 친필 서찰 몇 글자라도 얻어오게 했습니다. 그럼 그걸 보고 초나라에 투항하여 어머니를 모실 수 있게 말입니다."

"그게 무슨 말이오? 한왕께선 어질고 도량이 넓으신 분이오. 우리 아들이 그분을 섬기는 건 진정한 주군을 얻은 것이오. 어찌 늙은 어미 때문에 두 마음을 품을 수 있단 말이오? 부디 공은 돌아가 내 말을 왕릉에게 전해주시오. 한왕을 잘 섬기고 일찌감치 뛰어난 공훈을 세워 한나라의 명신이 되면 이 어미는 죽어도 산 것과 같다고 말이오."

왕릉의 모친은 말을 마치고 칼로 자결했다.[4] 숙손통이 황급히 달려가 구하려 했으나 왕릉의 모친은 이미 땅에 엎어져 숨을 거둔 뒤였다. 초나라 군영의 군사들도 모두 찬탄하지 않는 사람이 없었다. 사관이 이 일을 시로 읊었다.

초나라에 묶인 어머니 몸을 가볍게 여겼고,　　　　楚廷羈母母身輕,

4　이 대목은 『사기』 「진승상세가(陳丞相世家)」의 기록과 일치한다. 다만 『사기』 해당 대목에서는 '왕릉의 사자[陵使]'가 초나라 진영에 갔다고 하면서 그 이름을 밝히지 않았다. 여기에서는 숙손통이 사자 역할을 수행한 것으로 묘사했다. 자결 대목도 『사기』는 "伏劍而死"라 했고, 이 소설에서는 "伏劍自殺"이라고 했다. 주목되는 것은 『사기』에서는 이 대목 뒤에 "항우가 왕릉의 모친이 자결한 것에 화를 내며 그 시신을 솥에 넣어 삶았다(項王怒, 烹陵母)"는 대목이 이어지지만, 이 소설에서는 그 대목이 없다는 것이다. 또 한 가지 흥미로운 점은 이 소설에 나오는 왕릉과 그의 어머니에 관한 이야기가 『삼국연의(三國演義)』에 나오는 서서(徐庶)와 그의 어머니에 관한 이야기와 놀랍도록 유사하다는 사실이다. 이 때문에 이 소설 『서한연의』의 왕릉 모친 이야기는 『삼국연의』의 서서 모친 이야기를 그대로 베껴왔다고 비하하기도 한다. 그러나 이는 그렇게 단순하게 판단할 사안이 아니다. 먼저 왕릉 모친 이야기는 한나라 초기에 발생했고, 『사기』 「진승상세가」에 이미 아들 왕릉의 절개를 위해 어머니가 자결했다는 기록이 존재한다. 서서 모친 이야기는 이보다 거의 400년 이후에 일어났고 『삼국지(三國志)』 「제갈량전(諸葛亮傳)」에는 서서 모친이 조조 진영에 잡혔다는 기록만 있지, 자결했다는 기록은 없다. 따라서 두 모친이 자결한 모티프만 비교한다면 왕릉 모친 이야기가 발생 순서나 정사 기록의 신빙성에 근거해볼 때 부정할 수 없는 원본에 해당한다. 또 왕릉 모친 이야기는 초·한 쟁패 시기에 발생한 이후 민간에 널리 전승된 유명한 역사 고사라는 점도 무시할 수 없다. 당나라 변문에 이미 매우 흥미진진하고 완벽한 구조의 「한장왕릉변(漢將王陵變)」이란 제목의 이야기가 존재하고, 명나라 소정괴(邵正魁)가 편찬한 『속열녀전(續列女傳)』에도 「왕릉모(王陵母)」라는 제목의 기록이 있다. 따라서 명나라 시대에 정본화된 『삼국연의』 저자가 민간에 유행한 왕릉 모친 이야기로 삼국시대 서서 모친 이야기를 분식했을 가능성이 훨씬 더 크다.

왕릉의 모친이 칼로 자결하다

아들도 마음 안 바꾸어 어머니 뜻을 이루었네.　　　子志無移母志成.

진실한 혼백이 칼날 따라 사라졌으나,　　　　　　一點眞魂隨劍隕,

만세의 공론에 의해 죽어도 살아 있네.　　　　　萬年公議死猶生.**5**

왕릉의 모친이 칼로 자결하는 모습을 보고 패왕은 대로했다.

"할망구가 어찌 그리 어리석단 말인가? 삼군에 명령을 내려 시신을 산산이 부수어버리도록 하라!"

그러자 계포 등이 꿇어 엎드려 아뢰었다.

"안 됩니다! 왕릉의 모친은 죽었지만 시신은 보존하여 패현으로 돌아가 장사 지내게 하십시오. 그럼 왕릉은 자기 몸이 한나라에 있지만 끝내 고향으로 돌아오려는 마음을 품을 것입니다. 대체로 부모의 분묘는 나무의 뿌리이며 물의 원천입니다. 뒷날 혹시라도 말을 잘하는 선비가 있어서 근본을 이야기하면 왕릉은 평소에 효자로 이름이 났으므로 그 말을 듣고 마음이 움직여 틀림없이 우리 초나라에 투항할 것입니다. 그런데 지금 군사들에게 호령을 내리시면 더욱더 왕릉의 마음을 상하게 하여 초나라에 투항할 뜻을 없게 만들 것입니다."

패왕은 그 말에 따라 사람을 보내 시신을 수습하여 패현에 장사 지내게 했다. 그리고 바로 숙손통을 불러 말했다.

"너는 형양으로 돌아가 한왕과 왕릉에게 전하라. '서둘러 항복하라!

5_ 원본에는 이 시 뒤에 다음과 같은 '역사 논평'이 달려 있다. "사관 반고는 말한다. '진영(陳嬰)의 모친은 그가 패배할 줄 알았고, 왕릉의 모친은 패공이 흥성할 줄 알았다. 두 여인도 시세의 성패를 알았는데, 범증만 오직 패공을 죽이려 했으니 얼마나 지혜롭지 못한 사람인가?'"

내가 성을 무너뜨린 뒤에는 죽어서 묻힐 땅도 없을 것이다.'"

숙손통은 패왕 앞으로 가까이 다가가 한마디 말을 하여 초나라 군사로 하여금 무기를 내려놓고 형양의 포위를 풀게 했다. 무슨 말을 했는지는 다음 회를 들으시라.

제61회

대주를
점령하다

한신이 하열과 장동을
죽이다
韓信斬夏悅張仝

숙손통이 패왕에게 아뢰었다.

"신의 몸은 비록 한나라에 있지만 늘 한왕에게 질책이나 당하고 있습니다. 이제 그 치욕을 참을 수 없으므로 폐하를 섬기고 싶습니다. 어제 왕릉에게 초나라에 투항하라고 설득했고 이를 빌미로 한나라 사신이 되었는데, 이는 진실로 폐하에게 투항하려는 신의 계책입니다. 왕릉은 효성이 지극하므로 신이 형양성으로 돌아가서 그의 모친 시신을 아직 안장하지 못했다 전하면 왕릉은 모친의 장례를 치르러 올 것입니다. 그때 저도 함께 와서 초나라에 귀의하겠습니다."

패왕이 물었다.

"한왕의 군사는 얼마나 되고 장수는 몇 명이오? 오래 곤경을 겪고도 항복하지 않는 것은 무슨 까닭이오?"

"성안에 있는 한나라 군사는 아직 20여 만이고 장수는 60명에서 70명입니다. 어제 창고를 새로 열어서 군량도 넉넉합니다. 시간을 미루며 아직 밖으로 나가 싸우지 않는 것은 한신이 이미 위표를 격파했다는 소식을 들었기 때문입니다. 그리하여 그가 또 군사를 팽성으로 돌려 승세를 타고 태공과 여후를 한나라로 귀환시킨 뒤 다시 대주(代州, 산시성山西省 신저우시炘州市 다이현代縣)를 취하고 연나라와 제나라를 격파하기를 기다리고 있습니다. 그럼 폐하께서는 나아가서는 머물 데가 없고 물러나서는 돌아갈 데가 없게 될 것입니다. 이 때문에 저들은 한신의 대군이 당도하기를 기다려 안팎에서 호응하고 협공하여 반드시 승리하려고 합니다. 폐하께서는 이를 미리 방비해야 합니다."

"그대가 형양성으로 들어가면 언제 왕릉과 나올 수 있소?"

"기회를 보아 바로 탈출하겠습니다. 폐하께서는 서둘러 사람을 보내 팽성을 방어하십시오."

숙손통은 마침내 패왕과 작별하고 형양으로 돌아와 한왕을 뵈었다. 그는 왕릉의 모친 이야기를 자세히 들려주었다. 왕릉은 이야기를 듣고 크게 울부짖으며 땅에 쓰러졌다. 장수들이 황급히 그의 정신을 되돌렸다. 왕릉이 말했다.

"초나라는 이제 불구대천의 원수다!"

숙손통은 왕릉과 함께 초나라로 돌아가 장례를 치른다는 이야기는 그에게 꺼내지 않았다. 왕릉이 목숨을 걸고 한나라를 섬기게 하기 위한 계책이었다. 장량과 진평이 말했다.

"숙손통이 항왕과 약속을 했으므로 항왕은 반드시 한신이 팽성으로 갈 것으로 믿고 머지않아 형양을 떠날 것입니다. 성밖에서 왕릉이 나오기를 기다리다 다른 변고가 생길 수 있으니 형양에서 옥을 살고 있는 사형수의 목을 베어 숙손통이 초나라와 밀통하며 왕릉을 항복시키려다가 들켜서 참수되었다고 거짓말을 퍼뜨리는 것이 좋겠습니다."

한왕이 말했다.

"참으로 좋은 계책이오."

한왕은 즉시 옥중의 사형수 목을 베어 그 머리를 성 위에 매달아 성밖에까지 보이게 했다.

이 거짓 소식은 일찌감치 패왕에게 보고되었다. 패왕이 말했다.

"내 계책도 이루지 못했고 성도 오래 함락시키지 못했다. 이때 만약 한신이 기회를 틈타 팽성을 습격하면 두 곳 모두 구하기가 어렵다. 짐은 진실로 숙손통의 말처럼 나아가서는 머물 데가 없고 물러나서는 돌아갈 데가 없게 된다."

그러자 용저가 말했다.

"폐하! 군사를 돌리시려면 너무 급하게 후퇴하지 말고 천천히 행진하게 해야 합니다. 그럼 한나라 추격병을 방비할 수 있습니다."

그의 말대로 초나라 군사는 하루 밤낮 동안 천천히 물러났다. 성 위의 순찰병이 한왕에게 달려가 보고했다.

"초나라 군사가 모두 물러갔습니다!"

한왕이 말했다.

"당장 우리 군사를 보내 추격하라!"

그러자 장량이 만류했다.

"안 됩니다! 천천히 물러날 때는 뒤를 지키는 대장이 있는 법입니다.

우리 군사가 추격하면 오히려 저들의 계략에 빠질 것입니다. 멀리서 세력을 과시하는 것이 좋습니다.”

한왕은 마침내 대장 주발과 주창에게 군사 한 부대를 주어 성밖 50리 되는 곳에 진채를 세우게 했다.

초나라 군사가 팽성으로 돌아가자 범증이 마중을 나왔다. 그는 형양 소식을 자세히 물었다. 패왕은 숙손통이 투항하려 했다는 이야기를 자세히 들려주었다. 범증이 말했다.

“숙손통은 한나라 모사로 유방을 섬긴 지 오래입니다. 어찌 투항할 마음이 있겠습니까? 이는 폐하께서 형양을 급하게 몰아치자 한신의 대군이 아직 돌아오지 않은 상황에서 성안이 텅 비어 있는지라 이 간계로 우리 초나라 군사의 포위를 풀려는 수작이었을 것입니다. 이 때문에 숙손통을 참수했다는 속임수로 우리 군사의 마음을 미혹시킨 것입니다. 뜻밖에도 폐하께서 과연 군사를 물리셨으니 저들의 계략에 빠진 것입니다.”

패왕은 그제야 사실을 깨닫고 분노를 터뜨렸다.

“저 보잘것없는 놈이 감히 이처럼 나를 놀리다니! 지금 다시 군사를 일으켜 형양을 취하러 가는 건 어떻겠소?”

범증이 말했다.

“다시 갔다가 한신이 돌아오면 안팎에서 협공을 당하게 되므로 좋은 대책이 아닙니다. 차라리 잠시 군사를 쉬게 하고 한신이 원정을 나갔다는 소식이 들리면 그때 형양을 빼앗으러 가도 늦지 않습니다.”

패왕은 그의 말에 따라 잠시 군사를 주둔시키고 사람을 보내 상황을 정탐했다.

한편, 한신은 위표를 생포하여 형양으로 돌아와 한왕을 뵈었다. 한왕이 물었다.

"장군! 이미 위나라를 정벌했으니 이제 또 어디로 가려 하시오?"

"대주의 하열(夏悅)과 장동(張仝)이 아직 신복(臣服)하지 않고 있으니 이제 대주를 취하러 가야 합니다. 그리고 가는 길에 조나라를 치고, 연나라를 깨뜨리고, 제나라를 함락시킨 뒤 군사들의 기세가 좀 오르면 초나라를 격파하여 통일 대업을 이루겠습니다."

한왕은 몹시 기뻐하며 마침내 위표와 그의 가족을 압송해오게 했다. 한왕은 위표의 처 박씨와 관씨가 경국지색임을 보고 매우 기뻐하며 후궁으로 삼았다. 그리고 위표를 앞으로 끌고 오게 하여 꾸짖었다.

"너는 우리 군사 45만을 거느리고 수수의 단 한 번 전투에서 30여만을 잃었다. 나는 다행히 하늘의 도움으로 호랑이 입에서 탈출했다. 그렇지 않았다면 우리 군신에게 어찌 오늘이 있을 수 있겠느냐? 나는 네가 일국의 왕임을 생각하여 잠시 죽이지 않고 다시 평양을 지키게 했다. 너는 내 두터운 은혜에 감격하며 자신을 더욱 채찍질해야 함에도, 갑자기 다른 마음을 먹고 요행수를 도모했다. 이제 사로잡혀온 마당에 무슨 할말이 있느냐?"

"죽여주십시오!"

그러자 팔순에 가까운 위표의 노모가 슬프게 아뢰었다.

"위표는 무지하여 패역 행위를 저질렀습니다. 본래 주살하여 국법을 바로잡는 것이 마땅합니다. 다만 신첩은 저 아들 하나만 두었고, 또 저 애가 서위(西魏)의 후예입니다. 바라옵건대 대왕마마께서 목숨 하나를 살려주시어 선왕의 제사라도 받들게 해주십시오. 이것이 대왕마마의 성덕일 것입니다."

한왕은 노모의 말을 듣고 감탄했다.

"위표는 사내대장부가 되어 노모의 현명함에도 미치지 못하는구나!"

한왕은 마침내 위표 노모의 얼굴을 봐서 그의 죄를 용서했다. 그러나 군사를 모두 **빼앗고** 폐서인하여 형양에 안치했다. 그리고 사자를 주숙에게 보내 평양을 다스리며 잠시 군현을 관리하라고 명령했다.

한신은 군사를 점호하고 대주 정벌에 나섰다. 한왕은 여전히 왕릉을 장수로 삼았다. 한왕은 또 승상 소하에게 사람을 보내 명령을 전했다.

"태자를 받들고 관중을 지키면서 법령을 밝게 선포하여 군민(軍民)을 단속하고 종묘사직을 세우라. 결재 받을 필요가 없는 일은 편의에 따라 시행하고 조건이 많이 쌓인 일은 부류에 따라 종합하여 보고하라."

소하는 왕명을 받들고 아침부터 저녁까지 부지런히 힘쓰며 모든 일을 제대로 처리하지 못할까 근심했다. 관중의 호구를 모두 조사했고 조운을 이용하여 군량을 공급했다. 이런 까닭에 한나라 군사가 동쪽으로 정벌[1]을 나가서도 군량이 끊어지지 않은 것은 모두 소하의 공로였다.[2]

한편, 한신의 군사는 대주에 도착하여 성밖 30리 되는 곳에 진채를 세웠다. 하열과 장동이 대책을 논의하는 사이 한신의 군사가 이미 대주에 도착했다는 보고가 올라왔다. 하열이 말했다.

1_ 원본에는 서정(西征)으로 되어 있으나 논리상 동정(東征)이 되어야 맞다.

2_ 원본에는 이 구절 뒤에 다음과 같은 '역사 논평'이 달려 있다. "사관은 말한다. '한왕이 나라를 맡아 다스리다가 새로 패전하여 민심이 흩어질 때 가장 먼저 종묘사직을 세우고 제사 의전을 잊지 않은 것은 흩어진 것을 모으는(조상의 영혼을 모으는) 『주역』의 대의에 깊이 부합하는 일이다. 여기에는 삼대의 유풍이 남아 있는데 이것이 한나라가 흥성한 까닭이다. 어찌 표독하게 적에게 참화를 끼치며 참살과 도륙만을 일삼는 무리들과 함께 이야기할 수 있겠는가?'"

"한신은 승리한 군사를 거느리고 그 날카로운 기세에 의지해왔소. 마음은 오만하고 뜻은 게으를 것이오. 우리는 편안히 쉬며 피로한 적을 맞았으니 서둘러 달려나가 저들이 대비할 틈을 주지 않고 공격하면 완전한 승리를 거둘 수 있을 것이오."

장동이 말했다.

"아주 훌륭한 말씀이오."

한편, 한신은 군영 설치를 마친 뒤 장수들을 불렀다.

"하열과 장동은 제법 군사를 부릴 줄 아는 자들이오. 짐작건대 우리가 멀리서 왔다고 여기고 그 약점을 틈타 서둘러 공격해올 것이오. 우리가 대비하지 못한 틈에 공격하여 승리하려는 작전을 펼 것이오. 여러분이 지혜롭게 대처하며 고생을 마다하지 않으면 하열을 사로잡을 수 있소."

장수들이 말했다.

"명령에 따르겠습니다."

"조참 장군은 군사를 이끌고 적을 유인하시오. 관영 장군과 노관 장군은 적을 가로막고 죽이시오. 번쾌 장군은 매복하시오."

장수들은 명령을 받고 밖으로 나갔다. 한신은 뒤에서 정예병 500을 거느리고 평산(平山, 허베이성 핑산현平山縣)의 사잇길을 돌아 백석구(白石口, 허베이성 라이위안현淶源縣 바이스커우촌白石口村)로 가서 주둔했다.

하열은 군사 1만을 거느리고 한신의 대본영으로 치달려갔다. 때는 이미 정오가 지나고 있었다. 양군이 진을 친 가운데 하열이 한신을 자극했다. 한나라 진영에서는 조참이 나타났다. 깃발 위에는 '한대장조참(漢大將曹參)'이라고 크게 쓰여 있었다. 하열은 한나라 진영의 깃발이 질서를 잃었고 부대의 대오도 마구 뒤섞인 것을 보았다. 하열이 비웃으며 말했다.

"한신이 용병술에 뛰어나다더니만 지금 행색을 보니 겁낼 것이 아무 것도 없구나!"

그리고 약을 올렸다.

"남의 가랑이 사이나 기던 놈이 어찌하여 빨리 죽으러 오지 않고, 너 같은 무명 졸개를 먼저 보내 내 칼을 시험하게 하느냐?"

조참은 크게 화를 내며 칼을 들어 곧바로 하열을 내리쳤다. 하열도 칼을 들어 조참과 1합을 주고받았다. 그러나 10합도 겨루지 않고 조참은 패배한 척 달아났다. 하열은 군사를 휘몰아 진격하면서 그의 뒤를 추격했다. 조참은 싸우는 척하면서 계속 도주했다. 거의 20리를 도망가다 거의 따라잡힐 즈음 갑자기 함성이 크게 일었다. 왼쪽에는 관영, 오른쪽에는 노관이 군사를 이끌고 달려나와 하열의 퇴로를 끊었다. 조참도 군사를 되돌려 살육전을 시작했다. 세 갈래 협공을 받고 하열은 대패했다. 해가 서산으로 기울 무렵 사방에서 화포가 터지며 횃불이 일제히 피어올랐다. 저쪽 평산의 사잇길은 아무도 지키는 사람이 없었다. 하열은 100여 기병을 이끌고 평산을 향해 도주했다. 1리도 채 가지 못했는데 뒤에서 세 갈래 군사가 쇄도해오고 있었다. 분주히 달아나는 가운데 앞쪽에서 큰 함성이 일며 한 무리의 군사가 나타나 길을 막았다. 선두에 선 대장은 무양후 번쾌였다. 하열은 깜짝 놀랐지만 도망칠 곳이 없었다. 산비탈 곁에 희미한 빛이 비치는 곳에 출구가 있는 것처럼 보였다. 하열이 황급히 그 계곡으로 치달려가자 번쾌의 군사들도 그를 따라 계곡 입구로 추격해왔다. 계곡 양쪽은 모두 절벽이었고 그 사이로 한줄기 좁은 길이 길게 이어져 있었다. 하열은 험한 길을 보고 말에서 내려 걷기 시작했다. 산을 넘고 고개를 넘어 끝도 없이 도주했다. 그때 갑자기 산골짜기에서 한줄기 화포 소리가 울렸다. 한신의 복병이 그곳에 숨어 있다가 하열을 바로 생포했다. 그를 본채로 압송했을 때는 이미 삼경의 북소리가 울리고 있었다.

장동은 성안에서 하열이 적진 깊숙이 들어가서 돌아오지 않았다는 소식을 들었다. 그는 곧바로 횃불을 들고 군사 5000을 인솔하여 구원에 나섰다. 도주해온 대주의 패잔병들은 모두 하열이 한나라 군사에게 몰려 산골짜기로 들어갔는데 생사를 모르겠다고 했다. 그리고 자신들은 세 갈래 적군에게 공격을 당해 뿔뿔이 흩어져서 겨우 수십 명만 도망쳤으므로 장동에게는 앞으로 가볼 필요가 없다고 했다. 복병이 덮치면 이 깊은 밤에 어떻게 방어할 것이냐는 말도 덧붙였다. 장동은 그들의 말을 듣고 서둘러 성안으로 돌아와서 방비를 더욱 엄밀하게 했다.

한신은 본영으로 돌아와 대원수 장막에 좌정했다. 양쪽에는 횃불을 든 군사가 늘어섰고 도검과 창을 든 군사도 대열을 이루어 위세가 대단했다. 하급 장수들이 하열을 압송해왔다. 한신이 말했다.

"한왕의 성덕이 사해에 두루 퍼졌는데, 너희는 어찌하여 이처럼 오래 복종하지 않았느냐? 왕의 군사가 멀리까지 노고를 하고서야 군막 앞에 잡혀왔구나. 더이상 항거하지 말고 귀의하라!"

하열이 말했다.

"나는 본래 왕이 되고 싶었다만 이제 실패했으니 죽음만 있을 뿐이다. 절대 항복하지 않겠다."

한신은 분노에 찬 목소리로 말했다.

한신이 성 아래에서 하열을 참수하다

"이 야심한 시각에 삼군에 살육을 하라는 명령을 내리기 어렵다. 잠시 감옥에 가두었다가 내일 장동을 잡아 함께 목을 베어 효수하겠다."

다음날 한신은 군사를 이끌고 저들의 성 아래로 진격했다. 장동은 방어에만 치중하며 성문을 닫아걸고 나오지 않았다. 한신은 하열을 성 아래로 끌고 와 성 위의 적군에게 보여주며 항복을 재촉했다. 장동은 포박된 하열이 함거에 갇혀 있는 모습을 보고 울부짖었다.

"공이 포로가 된 모습을 차마 볼 수 없소! 내 마음이 찢어지는구려!"

하열이 소리를 질렀다.

"목숨을 걸고 성을 지키시오. 나 한 사람 때문에 서둘러 항복해서는 안 되오!"

한신은 그 말을 듣고 크게 화를 내며 하열을 함거에서 끌어내 참수했다. 장동은 하열이 참수되는 광경을 보고 큰 소리로 울부짖으며 성 위에서 뛰어내려 죽었다. 성안에 있던 부장 왕존(王存)과 모사 선충(單忠)은 대책을 논의했다.

"성안에 강한 군사도 없고 성밖에 구원병도 없으니 성을 지켜보아야 아무 이익도 없소."

그들은 마침내 성문을 열고 항복했다. 한신은 대군을 거느리고 입성하여 백성을 위무했다. 그리고 왕존에게 대주를 지키게 하고 형양으로 사람을 보내 승첩을 보고했다. 서위와 대주에서 새로 항복한 군사를 점검해보니 한나라 군사가 모두 30만이었다. 그들은 조나라 공격에 나섰다. 뒷일이 어떻게 될지는 다음 회를 들으시라.

강물을 등지고
진을 치다

한신이 배수진을 치고
조나라를 격파하다
背水陣韓信破趙

한나라 2년 정유년 겨울 10월, 한신이 대주를 점령하고 백성을 위로했다. 다음날 한왕과 만나 정예병 10만을 나누어 조나라 공격에 나섰다. 먼저 정형구(井陘口)[1] 서쪽 밖에 주둔하고 장이 등과 대책을 논의했다.

"조나라에는 모사 광무군(廣武君) 이좌거(李左車)가 기이한 계책을 많이 내므로 우리가 경솔하게 들어갈 수 없소. 사람을 보내 상황을 정탐하고 조왕이 무슨 수작을 부리는지 살펴봐야 하오. 우리가 적진 깊숙이 들어갔다가 저들이 우리 군량 보급로를 끊으면 우리는 진퇴양난의 곤경에 빠지게 되오. 이는 병가에서 심히 꺼리는 일이오."

1_ 지금의 산시성(山西省) 핑딩현(平定縣) 동쪽이다. 산시성에서 타이항(太行) 산맥을 지나 허베이성으로 나아가는 요새다.

장이가 말했다.

"진여는 군사를 잘 부리지만 변화에 대처하는 재주는 없습니다. 그는 매번 이좌거가 속임수를 너무 많이 쓴다고 여깁니다. 그러니 이좌거가 기이한 계책을 많이 낸다 해도 채택될 수 없을 겁니다."

한신이 말했다.

"그렇지 않소. 성패와 강약을 미리 예단해서는 안 되오. 적의 상황을 확실히 탐지한 뒤에 진격하는 것이 좋겠소."

한신은 서둘러 심복으로 부리는 꼼꼼한 하급 장수 몇 명을 장사치로 변장하게 했다. 그리고 그들을 조성(趙城)² 안으로 들여보내 성안군(成安君) 진여와 이좌거가 어떤 술수를 부리는지 알아보고 정확한 사실을 보고하면 각각 후한 상금과 음식을 하사하겠다고 했다. 그들은 장사치로 변장하고 몰래 성안으로 들어가 성안군 진여의 거처 인근에 숙소를 마련했다. 그들은 먼저 문지기와 친분을 트고 온종일 함께 술을 마셨다. 서로 얼굴이 익숙해지고 친해지자 두터운 정을 나누었다. 이때부터 진여와 이좌거가 조왕과 의논하는 대책과 크고 작은 일을 문지기가 시종들에게 물어보고 상세한 내용을 알게 되면 바로 장사치로 변장한 하급 장수에게 알려주었다. 그들은 조왕의 내력을 모두 알고 나서도 서둘러 돌아가지 않고 먼저 한두 명을 보내 한신에게 보고한 뒤 다시 다른 경로로 그 소식이 정확한지 탐문했다. 그리고 그것이 문지기의 말과 맞아떨어지면 확실한 정보로 여겼다.

조왕은 어느 날 성안군 진여와 대책을 논의하다 한신이 군사를 이끌

---

2 당시 조성이 어디인지는 분명하지 않다. 한신이 정형(井陘)을 거쳐 조나라 땅으로 진입했으므로 지금의 허베이성 스좌장시나 한단 근처일 것으로 추정된다.

고 진격해오고 있다는 소식을 들었다. 그는 서둘러 조나라 군사 20만을 정비하여 정형에 주둔하게 한 뒤 이좌거를 불러 계책을 물었다. 이좌거가 옆에 앉은 진여에게 말했다.

"아무개가 소문을 들으니 한신이 서하(西河, 산시성陝西省과 산시성山西省 사이의 황허강)를 건너 위왕을 포로로 잡고 하열을 사로잡아 죽여 관내에 피비린내가 진동했다 하오. 또 지금은 장이의 보좌를 받아 승세를 타고 원정에 나섰다 하니 그 예봉을 감당할 수 없소. 일찍이 듣건대 천릿길로 군량을 공급하면 병사들에게 굶주린 기색이 나타나고 불을 피울 땔감이 없으면 군사가 따뜻하게 잘 수 없다 하오. 지금 정형도(井陘道)는 수레 두 대가 다닐 수 없고 기마병도 대열을 이룰 수 없소. 그 좁고 험한 길이 수백 리 이어지니 군량은 반드시 뒤에서 보급해야 하오. 바라건대 족하가 신에게 기병 3만을 빌려주면 사잇길로 가서 저들의 보급부대 길을 끊겠소. 족하는 깊은 해자와 높은 성벽에 의지하여 진채를 튼튼하게 지키며 전투에 나서지 마시오. 그럼 저들은 전진하려 해도 전진할 수 없고 후퇴하려 해도 후퇴할 수 없게 되오. 그때 내가 군사를 이끌고 저들의 뒤를 끊으면 들판에 아무것도 약탈할 것이 없는 상태에서 저들은 열흘도 안 되어 두 장수의 목을 우리의 깃발 아래에 가져다 바칠 것이오. 부디 신의 계책을 서둘러 채택하기 바라오. 그럼 틀림없이 완전한 승리를 거둘 수 있소. 그렇지 않으면 두 분은 적의 포로가 될 것이오."

성안군 진여가 말했다.

"그건 속임수요. 나는 일찍이 의병을 칭하며 속임수를 쓰지 않았소. 또 병법에 이르기를 '군사가 열 배면 포위하고, 두 배면 싸우라'고 했소.

지금 한신은 피로에 지친 병졸을 수십만이라고 일컫고 있지만 기실 수천에 불과하오. 또 저들은 1000리 먼길을 행군하여 극도로 피로한 상태요. 우리 군사는 오랫동안 훈련하며 예봉을 갈아왔소. 이제 그것을 서둘러 써야 할 때이므로 이 기회를 놓쳐서는 안 되오. 저들을 회피하고 싸우지 않으면 뒷날 강적을 만났을 때 어떻게 제압할 수 있겠소. 또 제후들도 나를 비겁하다 비웃고 가볍게 여길 터이니 이는 좋은 대책이 아니오!"

그는 끝내 이좌거의 계책을 쓰지 않았다.

한신은 정탐병을 보내 소식을 알아냈다. 저녁 무렵에 정형에서 급한 보고가 올라왔다. 한신은 상황 보고를 듣고 매우 기뻐하며 마침내 정탐병에게 상을 내렸다. 그리고 과감하게 군사를 이끌고 좁고 험한 정형도로 들어섰다. 정형도 입구에서 30리에 이르자 한밤중이 되었다. 한신은 전령을 보내 경기병 2000을 선발하고 각각 붉은 깃발을 든 채 옆길로 나가 초산(草山)에 잠복하게 했다. 그들은 진여의 군영을 멀리서 바라보며 동정을 살폈다. 한신은 비밀리에 군사들에게 지시했다.

"이제 우리 대군과 조나라 군사가 전투를 벌이면 나는 패배한 척 달아나겠다. 조나라 군사는 내가 패주하는 것을 보고 방어벽을 텅 비운 채 추격에 나설 것이다. 그때 너희는 신속하게 조나라 진채 방어벽 안으로 들어가 조나라 깃발을 모두 뽑아버리고 우리 한나라의 붉은 깃발을 꽂아라. 그리고 방어벽을 튼튼하게 지키며 절대 나와서 싸우지 말라. 그럼 저들은 저절로 혼란에 빠질 것이다."

장수들은 명령을 받고 제 위치로 돌아갔다. 한신은 일찌감치 장이, 조참, 번쾌 등 장수들을 모아놓고 일렀다.

"오늘 즉시 조나라를 격파할 테니 함께 모여 식사를 많이 할 필요가 없소. 삼군에게 밥을 조금만 먹으라고 하시오. 잠시 뒤 조나라를 격파하고 나서 모두 모여 배부르게 먹을 것이오."

장수들은 모두 한신의 말을 믿지 못하고 건성으로 "알겠습니다"라고 대답했다. 한신은 군사 1만을 먼저 보내 강물을 등지고 진을 치게 했다. 조나라 군사들은 한신의 부대가 배수진을 치자 모두 멀리서 바라보며 웃음을 터뜨렸다. 해 뜰 무렵 한신은 대장군 깃발을 세우고 북을 울리며 정형도 동쪽 입구로 나갔다. 조나라 군사는 방어벽을 나와 한신과 오랫동안 큰 싸움을 벌였다. 한신과 장이 등 장수들은 거짓으로 깃발과 북을 버리고 물가로 달려갔다. 조나라 군사는 방어벽을 텅 비우고 다투어 한나라 깃발과 북을 주우며 한신을 추격했다. 한신과 장이의 군사는 이미 물가로 몰려갔다. 그때 조참, 번쾌, 주발, 근흡 등 장수들이 삼군을 이끌고 달려와 결사전을 벌였다. 모두 한 사람이 적병 열을 대적할 정도로 용맹하게 싸웠다. 조나라 군사는 감히 가까이 가지 못하고 황급히 본영으로 후퇴했다. 한신이 숨겨둔 기병 2000은 초산에서 전투 상황을 바라보다 조나라 군사가 방어벽을 비우고 추격에 나서자 한나라 깃발을 갖고 질풍같이 조나라 방어벽 안으로 달려갔다. 그들은 조나라 깃발을 모두 뽑아버리고 한나라의 붉은 깃발을 세웠다. 조나라 군사는 진채로 돌아오다 그들 방어벽에 붉은 깃발이 꽂혀 있는 것을 보았다. 그들은 한나라 군사가 이미 조나라를 격파한 줄 알고 큰 혼란에 빠져 사방으로 흩어져 달아났다. 진여가 도망자 몇 명을 죽였지만 막을 수 없었다. 이에 한나라 장수들은 조나라 군사를 포위하고 협공을 퍼부었다. 진여는 죽음의 전투에서 빠져나오지 못하고 관영의 칼에 맞아

한신이 조나라 군사를 격파하다

말등에서 떨어져 죽었다. 대군은 조성으로 쇄도해 들어가 조왕 조헐(趙歇)을 사로잡고 조성을 평지로 만들었다. 이때 장수들이 한신에게 물었다.

"병법에는 오른쪽으로 산언덕을 등지고 왼쪽 앞으로 강물을 마주하라고 했는데, 지금 장군께서는 우리에게 배수진을 치게 하여 승리를 거두었습니다. 이건 무슨 전법입니까?"3

한신이 말했다.

"이것도 병법에 있소. 장군들이 자세히 살피지 않았을 뿐이오. 병법에 이르기를 '죽을 땅에 빠진 이후에야 살고, 멸망할 땅에 들어선 이후에야 생존한다'4고 하지 않았소? 또 나는 평소에 여러 장군에게 비위를 맞추지 못했소. 그러니 이번 상황은 저잣거리 사람들을 휘몰아 전투에 나선 격이니 살 땅에 진을 치면 적을 만나자마자 모두 도주했을 것이오. 어찌 그런 병법을 쓸 수 있겠소?"

장수들은 모두 한신의 고담준론에 감복했다.

이때 한신은 광무군 이좌거를 산 채로 데려오는 사람에게 천금의 상을 주겠다고 했다. 군사들은 한신의 말에 따라 이좌거를 두루 찾아다녔다. 그러던 어느 날 이좌거가 포박되어 대원수의 깃발 아래에 이르렀다. 한신은 포박된 이좌거가 도착하자 매우 기뻐하며 군사들에게 후한 상을 내렸다. 그리고 서둘러 장막 아래로 내려가 이좌거의 포박을 손수

3_ 배수일전(背水一戰): 강물을 등지고 전투를 하다, 스스로 퇴로를 끊고 결사전을 치르다라는 뜻으로 간단히 배수진(背水陣)이라고도 한다. 막다른 골목에 몰려서 목숨을 걸고 마지막 싸움을 벌이는 것을 비유한다.(『사기』「회음후열전」)

4_ 『손자병법』「구지(九地)」에 나오는 말이다. "陷之死地而後生, 置之亡地而後存."

풀고 동쪽을 향해 앉게 했다. 그리고 자신은 서쪽을 향해 스승으로 섬기는 자세를 취하며 물었다.

"저는 이제 북쪽으로 연나라를 공격하고 동쪽으로 제나라를 정벌하려 하는데, 어떻게 해야 공을 세울 수 있겠습니까?"

이좌거가 말했다.

"멸망한 나라의 대부는 생존을 도모하지 않고 패전한 장수는 용기를 입에 담지 않는 법입니다."

"백리해가 우(虞)나라에 있을 때 우나라는 멸망했고, 그가 진(秦)나라로 가자 진나라는 천하의 패자가 되었습니다. 이는 그가 우나라에 있을 때는 어리석었고, 진나라에 갔을 때는 지혜로웠기 때문이 아닙니다. 이는 다만 그를 중용했는가 여부, 그리고 그의 대책을 들었는지 여부에 달려 있는 것입니다. 만약 성안군이 선생의 계책을 들었으면 저도 포로가 되었을 것이지만 그가 선생의 계책을 듣지 않았기 때문에 제가 조나라를 얻게 된 것입니다."

그러면서 거듭 간청했다.

"제가 진실로 온 마음을 기울여 선생께 계책을 청하오니 물리치지 마십시오."

이좌거가 말했다.

"신이 듣건대 지혜로운 사람도 천 번을 생각하면 한 번의 실수가 있기 마련이고, 어리석은 사람도 천 번을 생각하면 한 번의 이익을 얻을 수 있다고 합니다. 이 때문에 미치광이의 말도 성인은 가려서 씁니다. 진실로 신의 계책이 쓰이지 못할까 두렵지만 어리석은 충정이라도 다 발휘하여 장군을 위해 말씀드리겠습니다. 장군께선 위표를 사로잡았고 하열을 생포했습니다. 성안군은 백전백승의 계책이 있었는데도 하루아침에 실패하여 군대는 고읍(高邑)5에서 패배했고 몸은 지수(泜水)6 가에서 죽었습니다. 장군께선 일거에 정형에서 내려와 아침나절도 끝나지 않은 시간에 조나라 20만 대군을 격파했습니다. 장군의 명성은 해내에 가득하고 그 위엄은 천하에 떨쳤습니다. 농부도 모두 밭 갈기를 그만둔 채 좋은 옷을 입고 맛있는 음식을 먹으며 귀를 기울여 명령을 기다립니다. 이것은 장군에게 장점으로 작용할 것입니다. 그러나 백성은 힘들고 병졸은 피로하여 기실 동원하기 어렵습니다. 피로한 군사를 일으켜 갑자기 연나라의 튼튼한 성 아래로 다가가면 오래 버틴다 해도 힘으로 함락시킬 수 없습니다. 세력이 꺾이고 식량이 떨어지면 약한 연나라조차 굴복하지 않을 것이니 제나라는 마침내 자강책을 도모할 것입니다. 그럼 우선 유씨(劉氏)와 항씨(項氏)의 권력이 나뉘지 않을 테니, 이것은 장군에게 단점으로 작용할 것입니다. 이 때문에 군사를 잘 부리는 사람은 단점으로 장점을 치지 않고 장점으로 단점을 칩니다. 지금 장군께서 군사를 일으켜 연나라를 치면 아마 승리하기 어려울 것입니다."

"선생의 말씀을 채택하려면 어떻게 해야 하오?"

"지금 장군을 위한 계책으로는 군사를 쓰지 않고 조성을 진무하는 것보다 더 좋은 것이 없습니다. 그럼 100리 안의 백성이 날마다 쇠고기와 술을 마련해와 사대부를 접대할 것입니다. 삼군도 배불리 먹고 북쪽

5_ 『사기』 「회음후열전」에는 호(鄗)로 되어 있다. 고읍(高邑)은 지금의 중국 허베이성 스좌장시에 소속된 현(縣)이다. 호(鄗)는 지금의 허베이성 바이샹현(柏鄉縣) 구청뎬(固城店)이다. 가오이현(高邑縣)과 바이샹현은 바로 인접해 있다.
6_ 허베이성 싱타이시 북부를 흐르는 즈허(泜河)강이다.

으로 연나라를 바라보면 저들은 온종일 공포에 떨 것입니다. 그런 뒤에 변설에 능한 선비에게 서찰 한 통을 받들고 가서 지금의 이해관계를 진술하고 장군의 장점을 밝게 드러낸다면 연나라는 듣자마자 감히 복종하지 않을 수 없을 겁니다. 연나라가 복종한 뒤 말 잘하는 사람을 동쪽 제나라에 보내 알리면 제나라도 반드시 바람에 휩쓸리듯 복종할 것이니, 지혜로운 사람이 있다 해도 제나라를 위한 계책을 알지 못할 것입니다. 군사를 부릴 때는 본래 먼저 소리치고 뒤에 실전을 치른다고 하는데, 바로 이런 상황을 말하는 것이겠지요."

"삼가 선생의 말씀에 따르겠소. 소위 싸우지 않고 적을 굴복시키는 병법이구려!"

한신은 즉시 서찰을 써서 수하를 사신으로 삼아 연나라에 보냈다. 한신은 조성에 주둔한 채 움직이지 않았다.

연왕은 한신이 조나라를 격파하고 지수 가에서 성안군을 참수하여 군대의 기세를 크게 떨쳤다는 소식을 들었다. 연나라 백성은 하루에도 십여 차례나 놀랐고 연왕도 공포에 떨었다. 그는 모사 괴통(蒯通)을 불러 대책을 논의했다. 괴통이 말했다.

"한신 군대의 기세가 대단하지만 여러 번 전투를 치르느라 삼군이 지쳤을 것입니다. 이제 틀림없이 조성 안에 주둔한 채 움직이지 않고 서찰을 지닌 사람을 보내 대왕마마에게 투항을 권할 것입니다. 대왕마마께서는 경솔하게 허락하지 마시고 신을 저들 진영에 보내십시오. 신이 형편이 어떤지 살펴 설득할 수 있으면 설득하고 투항할 수 있으면 투항하도록 하겠습니다. 신에게 재량권을 주십시오."

말을 다 마치지도 않았는데 과연 좌우에서 보고가 올라왔다. 한신이 수하를 보내 서찰을 전한다는 소식이었다. 연왕은 수하를 불러들였다. 수하가 한신의 서찰을 올리자 연왕이 그것을 개봉하여 읽었다.

한나라 대장군 한신이 연왕 전하께 글을 올립니다. 한신은 듣건대 천명은 일정하지 않아서 오직 덕이 있는 사람에게 귀속된다고 합니다. 진나라는 무도하여 책을 불태우고 백성을 학대했습니다. 이어서 항씨도 더욱 포악하게 행동하며 의제를 시해하여 악행이 하늘을 꿰뚫었습니다. 해내의 백성이 울부짖었고 신과 인간이 함께 분노했습니다. 한왕께서는 대의를 제창하여 군사 모두에게 소복을 입게 했습니다. 이어서 삼진(三秦)을 석권하고 이위(二魏)의 항복을 받았습니다. 위표를 사로잡고 하열을 참수했으며 조나라를 격파하고 진여를 주살했습니다. 이는 군사의 강함이 아니라 덕의 부름에 의한 것입니다. 가는 곳마다 바람에 휩쓸리듯 복종하지 않는 사람이 없습니다. 유독 연나라만 아직 한나라에 복속하지 않고 있으니 천명이 귀의하는 바를 어찌 안다고 하겠습니까? 바야흐로 조성에 군사를 주둔하고 북쪽으로 서찰을 보냅니다. 만약 창을 거꾸로 잡고 투항하여 백성의 목숨을 긍휼히 여기신다면 왕작을 잃지 않고 백세토록 봉토를 유지하실 것입니다. 조나라 멸망의 교훈이 멀리 있지 않으니 대왕마마께서는 깊이 생각해주십시오.

연왕은 서찰을 다 읽고 나서 수하에게 물었다.

"한왕은 수수에서 패배한 뒤 형양에 발을 들여놓았으니 왕업이 아직 정해진 것이 아닌데, 어찌하여 천명이 귀의했다고 말하는 거요?"

수하가 대답했다.

"대왕의 견해는 옳지 못하십니다. 대세를 잘 관찰하지 못하면 진정한 천명의 조짐을 보지 못합니다. 시의를 잘 헤아리지 못하면 진실로 우물 안 개구리와 같은 지혜에 그칠 뿐입니다. 허나 우리 한왕께선 수수에서 패배하셨지만 세찬 바람이 불어와 적의 포위를 풀었고 흰 빛이 길을 인도했습니다. 하늘의 묵묵한 도움이 아니라면 어찌 그런 어려움에서 벗어날 수 있었겠습니까? 이건 성군께서 온갖 신령의 도움을 받은 것입니다. 형양에 주둔하고도 사방의 적을 맞았는데, 뛰어난 지혜와 신령한 무예가 아니라면 어떻게 천하를 움직일 수 있겠습니까? 이것은 성군께서 문무겸전의 용기를 갖고 계신 것입니다. 한나라의 한신은 용병에 뛰어나고, 자방은 지혜를 잘 발휘하며, 소하는 식량 운송에 전념하고 있습니다. 갑사만 100만이고 명장은 구름처럼 많습니다. 대세가 이미 결정되었다는 건 지혜로운 사람이 변론하지 않아도 알 수 있는 사실입니다. 허나 서초는 지금 강하지만 관을 쓴 원숭이(항우)는 사람이 아닙니다. 그와 같은 독불장군은 원한만 초래하니 길어야 1년에 불과하고 짧으면 몇 달로 그칠 것입니다. 어찌 오래갈 수 있겠습니까? 대왕마마께서는 시세를 헤아리지 못하고 성패도 살피지 못하면서 한왕의 왕업이 아직 결정되지 않았다고 말씀하시는데, 그건 잘못된 견해입니다. 게다가 지금 조나라는 멸망했습니다. 입술이 사라지면 이가 시린 법이고 침대가 부서지면 피부가 상하는 법입니다. 대왕마마께서는 홀로 두렵지 않으십니까?"

연왕은 수하의 말을 듣고 속으로 깊이 찬탄하면서 마침내 괴철(蒯徹)7을 불러 귓속말로 일렀다.

"수하의 말이 매우 일리가 있소. 경이 한신을 만나면 가부를 잘 헤아려보시오. 여러 말 할 필요는 없겠소."

괴철이 말했다.

"신이 저들 진영에 가면 동정을 잘 살펴 재량껏 처리하겠습니다. 대왕마마의 명령을 욕되게 하지 않겠습니다."

연왕은 수하를 융숭하게 대접했으며 괴철을 조나라로 가게 했다. 한신에게 어떻게 유세하는지는 다음 회를 보시라.

7_ 괴통(蒯通)의 본명이다. 한 무제의 이름 유철(劉徹)을 피하여 통(通)이라 썼다.

범증이 죽다

반간계를 써서
범증을 내쫓다
行反間范增遭貶

괴철은 연왕에게 작별 인사를 하고 조나라로 갔다. 그는 사람을 시켜 한신에게 자신이 온 사실을 알렸다. 한신은 괴철이 왔다는 소식을 듣고 매우 기뻐했다.

"괴철이 왔으니 연나라는 반드시 무너질 것이다."

그리고 마침내 문지기를 시켜 괴철을 데려오게 했다. 괴철은 안으로 들어가서 한신의 모습을 살폈다. 한신은 예절바른 모습으로 온화하고 우아하게 말을 걸었다. 모사들은 왼쪽에, 무장들은 오른쪽에 줄지어 앉아 있었다. 군영의 대오는 엄정했고 갑사들은 씩씩해 보였다. 괴철이 입을 열려 하자 한신이 먼저 말했다.

"대부께서 이번에 오신 건 나로 하여금 군사행동과 전쟁을 그만두게 하도록 유세하기 위한 것이겠지요. 연나라가 마침내 한나라에 투항한 다면 나는 군대를 움직이지 않겠소. 그럼 백성도 도탄에서 벗어날 것이오. 만약 대부의 몇 마디 말만 믿고 내가 군사행동과 전쟁을 그만두면 연나라는 오히려 초나라 번속국이 될 것이오. 육국 중에서 연나라가 홀로 강하여 나를 겁쟁이로 여기고 있소. 나는 장차 역수(易水)¹ 앞에 군사를 벌려 세우고 연대(燕臺)² 위에서 무예를 시험할 것이오. 악의가 다시 살아나고 형가(荊軻)³가 죽지 않았다 해도 내 어찌 두려워하겠소?"

한신은 말을 마치고 좌우 측근을 불러 일렀다.

"대부를 역관으로 모시고 가서 쉬게 하라. 내가 연나라를 정벌하고 제나라를 격파한 뒤 다시 대부와 만날 것이다."

사람들은 괴철에게 말을 하지 못하게 했다. 그리고 역관으로 데리고 가서 휘장을 설치하고 각종 일상용품을 모두 갖추어주었다.

괴철은 본래 유세를 하려 했으나 오히려 역관에 연금되자 울분을 금할 수 없었다. 역관 문은 굳게 닫혀 사람들이 왕래할 수 없었다. 물과 밥도 모두 담벼락 구멍으로 들어왔다. 이와 같이 며칠이 지난 뒤 갑자기 문지기가 와서 보고하기를 광무군 이좌거가 찾아왔다고 했다. 수심 가득한 분위기에서 이좌거가 찾아왔다는 소식을 듣자 괴철은 서둘러 문을

1_ 허베이성 이현(易縣) 경내를 흐르는 이허(易河)강이다.
2_ 전국시대 연 소왕(昭王)이 현인을 초빙하기 위해 설치한 황금대다. 지금의 허베이성 이현 동남쪽에 있었다고 한다.
3_ 형가(荊軻, ? ~ 기원전 227). 본래 전국시대 위(衛)나라 사람으로 연나라 태자 단(丹)을 만나 진왕 정의 암살 계획에 참여했다. 번오기(樊於期)의 수급과 독항(督亢)의 지도를 가지고 진왕에게 접근하여 비수로 찔렀으나 결국 실패하고 살해당했다.

열고 그를 맞아들였다. 괴철은 이좌거를 만나자마자 울음을 터뜨렸다.

"생각지도 못하게 공은 조나라에서 한나라에 귀의했고, 진여는 참수되었으며, 조왕은 포로가 되어 보위도 잃고 나라도 잃었소. 정말 슬픈일이오!"

이좌거는 정색을 하며 말했다.

"대부의 생각이 틀렸소. 하늘을 따르는 자는 번창하고 하늘을 거스르는 자는 멸망하오. 한왕은 의제를 위해 장례를 치렀으니 천하의 의로운 임금이시오. 후덕한 사랑은 백성에게까지 두루 미쳤고 위엄 있는 명령은 제후들에게까지 시행되고 있소. 또 한신은 귀신같이 군사를 부려서 가는 곳마다 무적의 진군을 계속하고 있소. 천명을 아는 사람은 당연히 창을 거꾸로 잡고 투항하고 있으니 이것이 현명한 판단이라 할 수있소. 한 가지 편견에 사로잡혀 오로지 포악한 초나라에만 마음을 둔다면 폭군 주왕(紂王)을 도와 악을 행하는 것이오. 이는 비렴(飛廉)과비중(費仲)4이 자행한 짓거리인데, 천하에 죄를 짓지 않을 수 있겠소? 나는 매번 조왕에게 천하의 이해관계를 자세히 이야기했지만 내 말을듣지 않다가 마침내 몸은 죽고 나라는 망하고 말았소. 이것이 바로 하늘을 거스르는 자는 멸망한다는 뜻이오. 또 대부께서는 연나라 명사로서 먼저 시세를 잘 살피고 흥망의 이치를 자세히 관찰해야 하오. 대부께선 한왕과 항왕 중에서 누가 진정한 천명을 받은 분이라 생각하오?"

괴철이 말했다.

"한왕은 망탕산에서 큰 뱀을 벴으니 상서로운 조짐과 부합하는 분이

4_ 비중(費仲, ? ~ ?). 작중(作仲)이라고도 한다. 은나라 마지막 임금 주왕의 총신이다. 주왕의 사악한 정치를 부추겼다.

오. 천하가 한왕을 진정한 천자로 알고 있는 것은 의심할 수 없는 사실이오."

"대부께선 또 한신, 장량, 진평과 초나라 장수들 중에서 누가 더 우수하다고 보시오?"

"한신, 장량, 진평이 더 우수하오. 초나라 장수들은 그들에게 미칠 수 없소."

"대부의 말씀을 살펴보아도 한나라는 흥하고 초나라는 망한다는 사실을 알 수 있소. 그런데 지금 어찌하여 올바른 길을 가는 한나라를 배반하고 망해가는 초나라를 따르려 하오? 천명을 아는 사람이 과연 이같이 행동할 수 있소?"

괴철은 한참 동안 생각에 잠겨 있다가 말했다.

"공의 말씀이 매우 일리가 있소. 내가 조나라에 온 건 본래 한 장군에게 군사행동과 전쟁을 그만두게 하려는 의도였소. 그런데 뜻밖에도 두 분에게 설득을 당했구려. 이제 공과 함께 한 장군을 만나 두 나라 사이의 우호에 대해 이야기하고 싶소. 나도 한 장군의 막하를 따르며 용과 봉황에 붙어서 하늘을 날고 싶소."

이좌거는 매우 기뻐하며 바로 괴철과 함께 한신을 만났다.

"괴 대부가 대원수께서 자신을 적국의 사신으로 생각지 않고 융숭하게 예우해주어 그 성덕(盛德)에 깊이 감사한다고 했습니다. 또 귀국하여 연왕에게 성문을 열고 투항하도록 권유한 뒤 다시 대원수의 휘하에 이름을 얹어 함께 일을 하고 싶다고 합니다."

한신은 매우 기뻐서 즉시 조참, 번쾌에게 군사 1만을 이끌고 괴철과 함께 먼저 연나라로 가서 진채를 세우게 했다. 그리고 자신도 곧바로 대군을 인솔하여 가겠다고 했다.

연왕은 괴철이 돌아오지 않아 근심과 의심의 나날을 보내던 차에 갑자기 보고를 받았다.

"괴철이 왔습니다!"

괴철은 궁궐로 들어가 연왕을 만나 한왕의 현명함과 한신의 뛰어난 용병술을 자세히 이야기했다. 또 초나라는 결국 멸망할 것이므로 한나라에 복속하여 창생의 고통을 없애는 것이 좋겠다고 설득했다.

연왕이 말했다.

"나는 전에 이미 한나라에 투항할 마음을 굳혔소. 그런데 대부께서 저들의 동정을 살펴보겠다고 했소. 지금 진정으로 투항할 만하다는 사실을 알았으니 한나라에서 온 두 장수를 성안으로 불러들여 만나야겠소."

괴철은 마침내 조참과 번쾌에게 군사를 이끌고 성안으로 들어오게 했다. 그들은 군영을 세우고 연왕을 만났다. 연왕은 잔치를 열고 두 장수를 융숭하게 대접했다. 그리고 경기병 수백 명을 준비하라 명령을 내리고 다음날 두 장수와 함께 조나라로 가서 한신을 만났다. 한신이 말했다.

"저는 대군을 통솔하고 연나라에서 제나라로 가서 북쪽 땅을 평정하려던 참이었습니다. 그런데 현왕(賢王)께서 수고스럽게도 이처럼 멀리서 오셨습니다."

연왕이 말했다.

"장군의 위엄과 덕망을 오랫동안 흠모해왔습니다. 또 한왕께서는 관대한 장자시라 마음으로 복속하려 한 지 오래입니다. 이제 보내준 서찰

을 받고 이렇게 휘하로 달려왔습니다. 제 뜻을 한왕께 전달하여 일찌감
치 관직을 정해주기 바랍니다."

한신은 매우 기뻐하며 바로 연왕에게 투항문서를 쓰게 한 뒤 한나라
사자에게 주어 급보로 형양에 보고했다. 다른 한편으로는 군사를 일으
켜 제나라를 정벌하겠다는 명령도 내렸다.

한편, 초나라에서는 범증과 종리매가 패왕에게 아뢰었다.

"한신은 위표를 사로잡고, 하열을 참수하고, 조나라를 격파하고, 연
나라를 취했습니다. 가는 곳마다 대적할 자가 없습니다. 그리고 한왕은
형양에 앉아 그 모든 공을 거두어들이고 있습니다. 폐하께서 서둘러 진
격하지 않으시면 저들의 세력이 더욱 번성하여 갈수록 제거하기 어려
울까 두렵습니다!"

패왕이 말했다.

"연일 보고를 듣고 이제 군사를 일으키려던 참이었소. 경들의 말씀
이 진실로 짐의 뜻과 일치하오."

그리고 즉시 군사 10만을 일으켜 형양으로 가겠다는 칙지를 내렸다.

한나라 세작은 일찌감치 이 소식을 듣고 밤새도록 달려가서 한왕에게
보고했다. 한왕은 황급히 장량, 진평 등 모사를 불러 대책을 논의했다.

"항왕이 한신의 대군이 출전한 틈에 다시 형양을 공격하려 한다 하
오. 왕릉은 어머니 생각에 병이 나서 아직 낫지도 않았고 영포는 구강
으로 돌아갔소. 장수들은 대부분 한신을 따라 출전해서 성안이 텅 비
었소. 어찌하면 좋소?"

진평이 말했다.

"항왕에게 충직한 신하는 범증, 종리매, 용저, 주은 등 몇 명에 불과

합니다. 대왕마마께서 수만금을 풀고 반간계로 저들 군신을 이간하여 각자 의심하게 만드시면 참소가 쉽게 먹힐 것이니 계책이 좋아도 항왕은 듣지 않을 것입니다. 또 초나라 군사가 형양으로 달려오는 것도 항왕의 마음이 아니라 모두 범증과 종리매의 간언에 따른 것일 뿐입니다. 저들 몇 사람이 없으면 항왕이 어떻게 자신의 용기를 발휘할 수 있겠습니까? 게다가 항왕의 사람됨은 의심이 많아 참소를 쉽게 믿으므로 틀림없이 스스로 신하들을 주살할 것입니다. 그 틈을 타서 우리 한나라가 거병하여 저들을 공격하면 초나라를 격파할 수 있습니다."

한왕은 황금 4만 곡(斛)5을 하사하고 사용처를 묻지 않았다. 진평은 그 황금을 반간계에 마음대로 썼다. 그는 이렇게 말했다.

"종리매 등은 공적이 큰데도 항왕이 땅을 떼어 왕으로 봉하지 않았다. 그가 우리 한나라와 연대하여 함께 초나라를 멸하고 그 땅을 나누어 가지려 한다고 참소하면 된다."

과연 항왕은 종리매 등을 의심하고 마침내 국사를 함께 의논하지 않았다.

항우의 대군은 형양에 이르러 군영을 세웠다. 다음날 패왕은 군사를 거느리고 형양을 사방에서 포위했다. 그러나 연이어 사흘을 포위했지만 성안에서는 아무 움직임도 없었다. 패왕이 말했다.

"삼군은 서둘러 화포와 불화살을 준비하여 사방 성문을 공격하라."

그러자 성 위에서 잿가루와 돌멩이가 비 오듯 쏟아져 군사들이 가까이 다가갈 수 없었다. 또 대엿새가 지나며 쌍방이 서로 밀고 당기는 상

5_ 당나라 이전까지는 1곡이 10두(斗), 송나라 이후로는 1곡이 5두였다.

황이 계속되자 패왕의 마음은 매우 초조해졌다.

한편, 성안의 장량 등 모사들은 함께 모여 대책을 논의했다.

"패왕의 공격이 매우 다급하니 사신을 보내 거짓으로 항복하는 게 좋겠습니다. 그럼 패왕도 틀림없이 사신을 보내 강화를 요청할 것입니다. 그때 진평의 계책을 써서 저들 군신을 서로 의심하게 만들면 효과가 있을 겁니다."

한왕이 말했다.

"초나라가 강화를 허락하지 않으면 어떻게 하오?"

장량이 말했다.

"항왕은 성격이 조급하여 인내심이 없습니다. 연일 성을 공격했으나 무너뜨리지 못하여 안달이 나 있을 겁니다. 이때 한나라 사신이 도착하면 반드시 강화를 허락할 것입니다."

한왕은 즉시 수하를 사신으로 삼고 먼저 사람을 성 위로 올려보내 초나라의 답변을 들었다. 그리고 성문을 열고 수하를 내보냈다. 수하는 초나라 군영으로 가서 패왕을 만나 상황을 자세히 이야기했다.

"한왕은 본래 폐하와 진나라를 정벌하기로 약속하고 결의형제를 맺었습니다. 나중에 포중에 책봉되자 길이 험한 것을 보고 다시 동쪽으로 돌아갈 생각을 한 것이지, 왕업을 도모할 뜻은 없었습니다. 지금 다행히 관중을 얻어서 이미 만족하고 있습니다. 이제 형양을 경계로 서쪽은 한나라 땅으로 삼고, 동쪽은 초나라 땅으로 삼아 각각 자신의 강역을 지키기를 바랍니다. 그리하여 병졸들을 휴식하게 하고 함께 부귀를 누렸으면 좋겠습니다. 폐하! 깊이 살펴주십시오!"

패왕은 수하의 말을 듣고 깊은 생각에 잠겼다.

'내 비록 팽성에 도성을 정했지만 땅이 협소하고 근래에는 제후들이 반란을 일으켜 한나라가 이미 7, 8할은 점령했다. 차라리 저들과 강화하고 휴식과 안정을 찾은 뒤에 다시 대처 방안을 찾아보는 것이 좋겠다.'

마침내 항왕은 범증 등을 불러 대책을 논의했다. 그러자 범증이 말했다.

"안 됩니다! 이것은 우리의 공성(攻城)이 급박하자 잠시 강화를 청하는 것이지, 사실 저들의 본심이 아닙니다. 폐하! 화포를 많이 마련하고 군사를 증원하여 밤새도록 공격해야 합니다. 성을 함락한 뒤에는 옥이나 돌멩이가 모두 불탈 것인데, 한신이 대군을 이끌고 온다 해도 혼자서는 대사를 이루기 어려울 것입니다. 이것이 좋은 대책입니다. 어찌 수하의 한쪽 말만 듣고 이 좋은 기회를 잃으려 하십니까?"

패왕은 범증의 말을 듣고 주저하며 결정을 내리지 못했다. 그는 다시 수하를 앞으로 불러서 말했다.

"그대는 잠시 돌아가서 짐이 다시 논의를 정할 때까지 기다리시오."

수하가 말했다.

"폐하, 스스로 결정하셔야 합니다. 좌우의 말은 사사로운 폐단에 젖어 있을까 두렵습니다. 또 장차 한신의 대군이 당도하여 각 지역 제후들과 약속을 정하고 조만간 서로 호응하며 안팎에서 협공해올 것입니다. 그럼 폐하께서는 이곳에 주둔하신 지 오래되어 군사는 지쳤고 군량도 고갈된 상황이므로, 저들과 강화하려 해도 한왕은 명령에 따르지 않을 것입니다. 그때 폐하께서 후회하신다 해도 너무 늦을 것입니다. 신의 몸은 한나라에 있지만 옛날에는 기실 초나라의 신하였습니다. 오늘 제가 드리는 말씀은 제 진심을 토로한 것입니다. 폐하의 부월이 앞에 있는데, 어찌 감히 거짓말을 할 수 있겠습니까? 폐하! 깊이 생각하시고 다른 사람에게 미혹되지 마십시오!"

패왕은 수하의 말을 듣고 기쁨에 겨워 어쩔 줄 몰랐다.

"그대의 말씀도 일리가 있소. 먼저 돌아가시오. 그럼 짐이 곧 사신을 보내 강화를 논의하겠소."

수하는 패왕에게 작별 인사를 하고 형양성으로 돌아가 한왕을 만났다. 그는 범증이 항왕에게 성을 공격하라고 한 사실과 자신이 한바탕 변설로 항왕을 설득한 사실, 조만간 강화를 위한 사신이 당도할 것이라는 사실을 자세히 이야기했다. 또 진평의 반간계를 오늘에야 쓸 수 있게 되었다고 덧붙였다. 한왕은 곧 진평을 불러 물었다.

"강화를 위해 초나라 사신이 조만간 온다고 하오. 경은 어떤 계책으로 저들을 이간할 작정이오?"

진평이 한왕에게 귓속말을 했다.

"여차여차하게 해볼 것입니다."

한왕은 매우 기뻐하며 말했다.

"그 계책이 시행되면 범증은 이제 끝났소."

이에 진평은 비밀리에 좌우에 명령을 내려 각각 절차에 따라 준비를 단단히 하게 하고 초나라 사신이 오기를 기다렸다.

패왕은 범증의 말을 듣지 않고 우자기를 불렀다.

"자네는 한왕의 거처로 가서 한왕에게 사흘 내에 성을 나와 짐과 만나 이야기를 나눠야 한다고 알리게. 그리고 한나라 군영의 허실과 동정이 어떤지 알아보게."

우자기는 명령에 따라 형양성으로 들어갔다. 한왕이 지난밤에 술을 마시고 만취하여 아직 일어나지 않았다는 말을 듣고 우자기는 잠시 역관에서 쉬었다. 그리고 먼저 영리한 병졸을 시켜 한나라 군영으로 들어가 한왕이 일어났는지 물어보라 했다. 그가 명령에 따라 한나라 군영으로 들어가자 장량과 진평 등이 나와서 따뜻한 전각으로 안내하고 기름지고 부드러운 음식과 맛있는 술을 차려 극진히 대접했다. 그리고 물었다.

"범 아보께서는 근래 어떻게 지내시는가? 아보께서 무슨 말을 전하라 하지 않으시던가?"

그 사람이 대답했다.

"저는 범 아보의 사신이 아니라 초나라 사신입니다."

장량과 진평은 짐짓 놀란 척하며 말했다.

"우리는 자네를 범 아보의 사신으로 여겼더니 항왕의 사신이네그려."

그리고 바로 그를 별도로 작은 집으로 안내하더니 거친 음식과 시골 막걸리를 내주며 박대했다. 장량과 진평도 밖으로 나가서 다시는 나타나지 않았다. 병졸은 한왕이 방금 일어났다는 소식을 듣고 우자기에게 돌아가 지금까지의 상황을 자세히 이야기했다. 우자기는 매우 의아하게 생각하며 의관을 단정히 하고 한왕을 만나러 갔다. 한왕은 방금 일어나 세수는 물론 머리도 빗지 않았다며 수하를 시켜 우자기를 어떤 밀실로 안내하여 편안히 앉아 기다리게 했다. 한왕은 세수와 머리 빗기가 끝나면 바로 만나겠다고 했다. 우자기는 밀실로 들어가 잠시 앉아 있었다. 밀실에는 온갖 문서 두루마리가 책상에 가득했고 양쪽 휘장과 기물도 매우 잘 갖추어져 있었다. 좌우 사람들도 마음대로 출입할 수 없는 곳이었다. 수하는 우자기를 수행하여 차를 마시다가 몸을 일으키며 말했다.

"내가 대왕마마의 세수가 끝났는지 살펴보고 만나 뵙게 해드리겠소."

수하는 오랫동안 돌아오지 않았다. 우자기는 몸을 돌려 발길 닿는 대로 책상 옆으로 다가갔다. 수많은 문서가 쌓여 있었다. 그런데 그중 한 문서에는 앞뒤로 이름이 없었고, 다만 다음과 같은 내용이 쓰여 있었다.

항왕은 팽성이 함락되자 군사를 이끌고 원정에서 돌아왔지만 민심이 귀의하지 않고 천하 제후도 배반하고 있습니다. 대군은 20만에 불과한데, 세력이 점차 고립되면서 쇠약해지고 있습니다. 대왕마마께서는 절대 성을 나와 항복하지 마십시오. 응당 한신을 형양으로 돌아오게 부르셔야 합니다. 노신(老臣)과 종리매 등이 안에서 호응하면 조만간 초나라를 반드시 격파하실 수 있을 것입니다. 황금은 감히 받지 않겠습니다. 초나라를 격파한 이후 땅을 나누어 고국에 봉해주시기 바랍니다. 그 땅에서 자손들이 백세토록 이어 사는 것이 신의 소원입니다. 이름은 감히 쓰지 않겠습니다.

우자기는 깜짝 놀라 몰래 생각했다.

'이것은 틀림없이 범증의 서찰이다. 근래에 어떤 사람이 범 아보가 한나라와 사통한다고 할 때도 믿지 않았더니, 오늘 여기 와서 동정을 살펴본 결과 그것이 사실임을 알았다.'

그는 마침내 그 서찰을 소매 속에 감추었다. 옆방에서 어떤 사람이 그 광경을 몰래 엿보다가 장량과 진평에게 보고했다.

잠시 뒤 수하가 와서 우자기를 초청하여 한왕과 만나게 했다. 한왕이 말했다.

"나와 항왕은 처음에 회왕의 약조를 받았소. 먼저 관중에 들어가는 사람에게 관중 땅을 주기로 말이오. 내가 먼저 관중에 들어갔으니 내가 관중의 왕이 되는 게 당연한 일이 아니겠소. 나는 지금 관중을 얻었으니 초심을 이룬 셈이오. 그러니 항왕과 평생토록 괴로운 전투를 하며 백성의 목숨을 상하게 하고 싶지 않소. 나는 강화를 원하오. 무릇 함곡관 서쪽은 한나라 땅으로 하고, 그 동쪽은 초나라 땅으로 하여 두 왕가에서 각각 강토를 나누어갖고 영원히 전쟁을 끝내고 싶소. 번거롭더라도 족하께서 항왕을 뵙고 거듭 이 뜻을 전해주시오."

우자기가 말했다.

"우리 폐하께서는 이미 그 말씀에 따라 대왕마마를 한 번 만나뵙고 직접 강화를 이야기하려 하십니다. 다른 뜻은 없습니다."

"그런 마음이 있다면 족하께서는 잠시 돌아가 계시오. 내가 백관과 상의한 뒤에 성을 나가 항왕과 만나겠소."

우자기는 한왕에게 작별 인사를 하고 초나라 군영으로 돌아와 항왕에게 자신의 수행 병졸이 본 사실과 그뒤 자신이 밀실에서 본 사실, 비밀 서찰을 몰래 훔쳐보고 분명한 사실을 염탐한 일을 하나도 숨기지 않고 자세히 아뢰었다. 패왕은 우자기의 말을 듣고 그가 가져온 서찰을 살펴본 뒤 불같이 화를 냈다.

"이 영감탱이가 감히 이처럼 짐을 팔아먹다니! 자세히 심문하여 사실을 알아야겠다. 절대 가볍게 넘기지 않겠다!"

범증은 그 말을 듣고 대성통곡하며 땅에 엎드려 아뢰었다.

"신은 여러 해 동안 폐하를 섬기며 간담까지 모두 쏟아부었는데, 어찌 감히 저들과 사통하겠습니까? 이것은 한나라의 반간계입니다. 우리 군신의 불화를 조장하여 몰래 해치려는 계략이니 폐하께선 들으시면 안 됩니다."

"우자기는 짐의 가까운 인척이고 이미 분명한 사실을 알아냈다. 그가 어찌 거짓말을 할 리 있겠는가?"

범증은 항왕이 의심을 풀지 않는 것을 보고 결국 대사를 이룰 수 없다는 사실을 알았다. 범증은 크게 울부짖었다.

"천하대사는 결정되었습니다. 군왕의 자격으로 마음대로 하십시오. 이 범증은 폐하를 여러 해 모시면서 자주 공을 세웠으니 그 공로로 죄를 사면해주십시오. 해골로라도 고향으로 돌아가고 싶습니다. 이것이 천지와 같은 폐하의 은혜이십니다."

패왕도 범증이 세운 뛰어난 공적과 오랫동안 초나라를 섬긴 행적을 생각하여 차마 죽이지 못하고 사람을 시켜 고향으로 배웅하게 했다. 범증이 탄식하며 말했다.

"나는 본래 초나라를 향해 마음을 다했지만 초왕은 내가 사심을 품었다고 의심했다. 이는 나의 억울함이 아니라 초나라의 불행이다."

범증은 연도 내내 우울함을 풀지 못했다. 팽성에 이르자 범증은 결국 등창이 생겨 일어나지 못했다.[6] 그는 급히 사람을 괘우산(挂牛山)으로 보내 자신의 스승 양진인(楊眞人)을 모셔와 병을 보이려 했다. 심부

6 『사기』「고조본기」와 「항우본기」에는 범증이 팽성에 도착하기도 전에 죽었다고 기록되어 있다.

름꾼은 후한 예물을 갖고 가서 양진인을 만났다. 양진인이 말했다.

"범증이 내게 작별하고 하산할 때 당부의 말을 한 적이 있다. '너는 평소에 비밀 계략과 기이한 대책을 좋아하니 주인을 잘 가려서 섬겨야 한다.' 그런데 지금 가짜를 섬기며 진짜를 없애려 하다가 백성에게 많은 해를 끼쳤다. 천하의 기미를 일찍 보지 못해 이와 같은 낭패를 당하고 중병에 걸렸다. 그러고도 내가 치료해주기를 바란단 말이냐? 이 또한 하늘의 이치와 관계된 일이니 인간의 힘을 빌릴 수 없다. 내가 범증을 구한다면 이는 하늘을 거스르는 일이다."

그는 예물을 받지 않고 심부름꾼을 꾸짖어 쫓아 보냈다. 심부름꾼은 돌아와 범증을 만났다. 범증은 스승의 이야기를 듣고 결국 땅바닥에 쓰러져 숨이 끊어졌다. 한나라 4년 여름 4월이었다. 범증은 그렇게 죽었다. 향년 71세였다. 후세에 사관이 이 일을 시로 읊었다.

사만 곡의 황금이 초나라에 들어가는데,	四萬黃金入楚營,
초나라 군신 여전히 성 공격만 논의했네.	君臣猶自議攻城.
쓰러뜨리지 못할 것이란 말도 있었지만,	間言未必能顚倒,
천명이 유씨에게 가니 계책이 이루어졌네.	天命歸劉劃計成.

아보는 팽성에서 피눈물 흘리는데,	亞父彭城血淚流,
가련하다 왕업은 유씨에게 귀속되네.	可憐王業屬炎劉.
여러 해 꾸민 계책으로 무엇을 이루었나?	經年奇計成何濟,
억울하게 그 한 몸만 무덤에 들어갔네.	枉使捐軀付一丘.

범증이 추방되어 죽다

진짜 가짜 구분 못하며 어찌 장부라 하리오?　眞假難分豈丈夫,

홍문에서는 부질없이 미친 음모 꾸몄네.　鴻門徒自設狂謀.

용이 오색구름 만들면 천명을 알아야 하건만,　龍成五色知天意,

헛되이 군막에 숨어 바보처럼 행동했네.　空隱軍帷却似愚.

일흔까지 야인으로 살며 쓸데없이 꾀만 키워,　巢人七十謾多奇,

한나라 위해 군사 쓸 줄은 도무지 몰랐다네.　爲漢驅兵了不知.

지혜에는 아보라고 그 누가 일컬었나?　誰說智謀稱亞父,

외황의 아이에게 양보해야 하리라.[7]　直須推讓外黃兒.[8]

범증이 죽자 배웅을 갔던 사람이 돌아와 패왕에게 보고했다. 패왕은 매우 슬퍼하며 사람을 팽성으로 보내 예법에 따라 후하게 장사 지냈다.

한왕은 범증이 죽었다는 소식을 듣고 몹시 기뻐하며 말했다.

"내 뱃속의 큰 종기를 제거했도다!"

그리고 진평에게 많은 상을 내렸다. 또 사방 성문을 굳게 지키라 분부하고 더이상 강화 이야기는 꺼내지 않았다.

패왕은 생각했다.

'범 아보는 본래 사사로운 마음이 없었는데, 이건 필시 장량과 진평

7_ 『원본 초한지』 3 제67회 참조.

8_ 원본에는 이 시 뒤에 다음과 같은 '역사 논평'이 달려 있다. "소동파(蘇東坡)가 말했다. '범 증이 떠나지 않았다면 항우도 망하지 않았을 것이다. 아, 범증 또한 인걸이다.' 어리석은 내가 살펴보건대 범증은 단지 기이한 계책을 내던 전국시대의 인사일 뿐이다. 어찌 인걸 이란 명칭을 감당할 수 있겠는가? 이른바 인걸은 천시를 알고, 진짜와 가짜를 분별하고, 적을 알고 나를 아는 사람을 말한다. 인걸이 범증처럼 초나라 신하가 되어 항우가 어떤 사람인지 몰랐다면 그가 어찌 인걸이 될 수 있겠는가?"

이 반간계로 나의 충직한 신하를 해치고 내 팔다리 같은 신하를 상하게 한 것이다. 범증이 내게 남긴 마지막 말을 기억하면 그의 마음을 알 수 있다!'

패왕은 서둘러 종리매를 불러 위로하며 말했다.

"경은 안심하시오. 짐에게 다른 뜻은 없소."

종리매가 말했다.

"신은 폐하를 여러 해 섬겼습니다. 비록 재능은 없지만 한 조각 붉은 충심은 금석처럼 변하지 않을 것입니다. 범 아보는 충심으로 나라를 섬겼는데, 어찌 다른 마음을 먹었겠습니까? 지난번 우자기가 가져온 서찰은 거짓말입니다. 폐하께서 자세히 살피시어 저들에게 속지 마십시오."

패왕은 마침내 항백을 군사로 삼고 국가의 대소사를 모두 관리하게 했다. 항백은 패왕에게 형양성을 공격하도록 했다. 패왕은 군사를 재촉하여 성을 급하게 공격했다. 형양을 어떻게 구하는지는 다음 회를 보시라.

한왕을 대신하여
기신이 죽다

기신이 형양성을 나가서
초나라를 속이다
出滎陽紀信誆楚

패왕은 형양성을 급하게 공격했다. 한왕은 근심에 젖어 신료들을 불러 모아 대책을 논의했다.

"패왕은 형양을 심하게 공격하는데, 한신의 대군은 돌아오지 않고, 인근 제후들은 패왕의 적수가 아니오. 경들에게 무슨 좋은 대책이 있소?"

장량이 말했다.

"패왕은 범증이 죽자 마음이 다급해졌습니다. 그러니 어떻게 멈추려 하겠습니까? 게다가 근래 팽성에서 또 군량이 도착한 걸 보면 성을 오래 포위하려는 의도가 있는 듯합니다. 이 성을 오래 포위하고 누군가 계략을 꾸며 형하(滎河)의 상류를 막았다 터뜨리면 이 성은 파괴되고 많다. 어떻게 하면 좋습니까?"

진평이 말했다.

"신에게 한 가지 계책이 있습니다. 대왕마마께서는 반드시 이 겹겹의 포위망에서 탈출하실 수 있습니다. 그러나 대왕마마를 위해 목숨을 바칠 충신이 없을까 걱정이 됩니다."

주발 등 장수들이 모두 나섰다.

"선생께서는 어찌 그런 말을 하시오? 우리는 대왕마마를 수행한 지 오래입니다. 비록 물이 끓는 솥이 앞에 있고 흰 칼날이 목을 겨누고 있다 해도 무엇을 두려워하겠소?"

진평이 웃으며 말했다.

"그런 어려움이 아니오. 깊은 뜻이 있지만 여러분은 잘 모르오."

한왕이 말했다.

"그 계책이 무엇이오?"

진평은 한왕에게 귓속말을 했다.

"여차여차하게 일을 처리하시면 됩니다."

"그 계책이 참으로 훌륭하오."

한왕은 장량에게 일을 시행하게 했고 장수들은 모두 물러났다.

장량은 역관으로 물러나와 좌우에 분부하여 술자리를 마련하고 장수들을 초청했다. 장수들은 장량의 초청을 받고 모두 역관으로 왔다. 장량은 역관 밖으로 나가 그들을 맞았다. 서로 인사가 끝나고 모두 주객의 자리에 나누어 앉았다. 장량은 중앙에 앉아 그림 한 폭을 내걸었다. 그 그림에는 앞쪽 수레에 어떤 사람이 하나 앉아 있었고, 그 뒤에서 갑옷을 입은 기병 수십 명이 수레를 다급하게 뒤쫓고 있었으며, 숲속에는 한 사람이 숨어 있었다. 장수들은 그림을 보았지만 그 뜻을 이해하지 못했다. 장수들이 장량에게 물었다.

"이 그림을 내건 의도가 무엇입니까?"

"옛날 제 경공(景公)[1]이 진(晉)나라와 전투할 때 경공은 대패했고 군사들은 모두 달아났소. 경공 혼자 수레를 타고 전보(田父)[2]가 수레를 몰았는데, 뒤에서 추격병이 빠르게 쫓아오고 있었소. 경공은 어떻게 해볼 방법이 없었소. 그때 전보가 말했소. '급합니다. 대왕마마! 어서 숲속으로 숨으시어 신과 옷을 바꿔 입으십시오. 신이 어좌에 앉아 있으면 대왕마마께선 환란에서 벗어날 수 있습니다.' 경공이 말했소. '나는 비록 도주하더라도 너는 사로잡히게 된다. 차마 그렇게 할 수는 없다!' 전보는 또 이렇게 말했소. '다른 사람의 녹봉을 받으면 그 사람을 위해 죽어야 합니다. 신이 여기에 남는 건 큰 숲속 나뭇잎 하나에 불과합니다. 대왕마마께서 살아남으시는 건 진실로 백성의 주인이 살아남는 것입니다. 이로써 천하가 복을 받을 테니 이것이 어찌 작은 보탬이겠습니까?' 그리하여 경공은 전보의 말에 따라 서로 옷을 바꾸어 입고 도주할 수 있었소. 전보가 혼자 경공의 수레에 앉아 있자 적병 200명이 추격해왔소. 그들은 수레에 앉아 있는 전보를 보자 경공이라 여기고 마침내 그를 사로잡아 진 헌자(獻子)[3]에게 바쳤소. 진 헌자는 그가 경공이 아님을 알고 그를 죽이려 했소. 전보가 말했소. '신이 우리 대왕마마를 대신

1_ 원본의 오류다. 경공(景公)이 아니라 경공(頃公)이다. 발음이 비슷하여 혼동한 것으로 보인다.

2_ 『좌전』 「성공(成公)」 2년과 『사기』 「제태공세가」에는 전보(田父)가 아니라 방축보(逄丑父)로 나온다. 『동주열국지』 제56회에도 관련 기록이 있다.

3_ 헌자(獻子, ? ~ ?). 나중에 한나라의 조상이 되는 한궐(韓厥)이다.

해 죽는 것은 진실로 아까울 게 없소. 그러나 신이 죽임을 당하면 뒷날 임금을 대신해 죽으려는 사람들이 신의 죽음을 보고 목숨을 바치려 하지 않을까 두렵소.' 진 헌자는 전보의 말에 깊은 뜻이 있음을 알고 감탄했소. '신하가 환란을 피하지 않아 임금이 죽음에서 벗어났으니 충신이다! 충신을 죽이는 것은 불길하다. 마땅히 그 죄를 사면하여 절개를 이루어주어야 한다.' 전보는 마침내 사면을 받고 풀려났소. 이것이 바로 전보가 경공의 환란을 대신하는 그림이오. 경공은 마침내 패업을 이루고 청사에 이름을 남겨 지금까지도 불후의 업적이 전해지고 있소. 그러나 지금 우리 한왕께서 곤경에 처했는데, 전보가 한 일을 따라할 사람이 없소. 그래서 이 장량이 이 그림을 여러분에게 보여드리는 것이오."

장수들은 장량의 말을 듣고 모두 벌떡 몸을 일으키며 말했다.

"아버지가 어려움을 당하면 아들이 대신하고, 임금이 어려움을 당하면 신하가 대신해야 하오. 우리는 대왕마마 대신 죽어서 형양의 곤경에서 벗어나기를 바라오."

장량이 말했다.

"여러분은 각각 충성심을 품고 있겠지만 용모가 대왕마마와 다르오. 오직 기 장군만 대왕마마의 용모와 비슷하여 초나라를 속일 수 있을 것 같소."

기신(紀信)이 말했다.

"아무개가 간절히 원하는 일이오. 뜨거운 물이나 불 속으로 뛰어드는 일이라 해도 감히 피하지 않겠소."

장량과 진평은 매우 기뻐했다.

다음날 장량은 기신을 인도하여 한왕을 만나게 했다. 그리고 기신이 한왕을 대신하여 거짓으로 항복하려 한다고 몰래 아뢰었다. 한왕이 말했다.

"불가하오! 이 유방은 대업을 아직 이루지 못했고 신하들도 아직 한 조각 은혜도 받지 못했소. 지금 기 장군이 나를 대신하여 목숨을 바치고 내가 그 틈에 도망간다면 남을 해쳐서 나를 이롭게 하는 일이오. 인자(仁者)가 해서는 안 되는 일이오. 나는 차마 그렇게 할 수 없소!"

기신이 말했다.

"사태가 급박합니다! 만약 신이 이 일을 피하다가 성이 함락되면 옥과 돌멩이가 모두 불타버립니다. 그때 신이 죽는다 해도 대왕마마에게 아무 이득도 없을 겁니다. 지금 대왕마마의 곤경을 신이 대신하면 대왕마마께선 이 겹겹의 포위망을 탈출할 수 있고, 신은 태산과 같은 아름다운 이름을 남기게 됩니다. 오늘이야말로 생명을 깃털처럼 가볍게 여겨야 할 때입니다. 대왕마마! 신을 염려하지 마십시오."

한왕은 여전히 머뭇거리며 결정하지 못했다. 그러자 기신이 칼을 뽑아들고 말했다.

"대왕마마께서 신의 말에 따르지 않으시면 신은 즉시 목을 찌르고 자결하여 여한을 남기지 않겠습니다."

한왕은 곧바로 계단 아래로 내려가 기신을 끌어안고 통곡했다.

"장군의 마음을 보니 가히 충성심이 태양을 꿰뚫었다 할 만하오. 천년이 지나도 썩지 않을 것이오."

그리고 물었다.

"장군은 부모님이 살아 계시오?"

"어머니가 살아 계십니다."

"그분은 이제 이 유방의 어머니요. 내가 모시겠소."

한왕이 또 물었다.

"장군은 아내가 있소?"

"있습니다."

"그분은 이제 이 유방의 누이요. 내가 보살피겠소."

또 물었다.

"장군은 아들딸이 있소?"

"아들 하나가 있는데, 아직 어립니다."

"그 아이는 이제 이 유방의 아들이오. 내가 기르겠소. 이 세 가지 일은 이 유방이 장군을 위해 죽을 때까지 온전히 책임지겠소. 장군은 걱정하지 마시오!"

기신이 머리를 조아리며 아뢰었다.

"신은 이제 죽을 곳을 찾아가겠습니다."

장량과 진평 등은 즉시 항복문서를 써서 사람을 성밖으로 보내 패왕에게 알렸다.

"한나라가 급박하게 포위되어 감히 관중 땅을 나눌 수도 없게 되었습니다. 한왕은 성을 나가 항복하고 패왕과 만나기를 원합니다. 즉시 죽이지만 않으면 다행이겠습니다."

좌우 신하들이 한나라 사신의 말을 듣고 패왕에게 보고했다.

"한왕의 사신이 항복문서를 갖고 왔습니다."

패왕이 항복문서를 펼쳐서 읽었다.

한왕 유방은 머리를 조아리며 패왕 황제 폐하께 글을 올립니다. 신 유방은 포중에 책봉되는 은혜를 입었지만 물과 토양이 맞지 않아 동쪽으로 돌아가 옛 땅에 깃들어 살려고 했습니다. 그런데 뜻밖에도 민심이 따라주어 미친 짓을 하려고 마음먹고 마침내 관중 땅을 점령했습니다. 그뒤 수수에서 패배하여 간담이 서늘해졌지만 사방을 둘러보아도 돌아갈 곳이 없어 형양에 몸을 기대고 구차하게 목숨을 보전해왔습니다. 추호도 다른 의도는 없습니다. 한신이 동쪽으로 정벌을 나간 것은 모두 그 스스로 한 일입니다. 불러도 오지 않고 쫓으려 해도 가지 않으니 이는 신 유방의 죄가 아닙니다. 지금 폐하께서는 대군을 이끌고 형양성에 오셨으니 조만간 성을 무너뜨리실 것입니다. 폐하의 위엄 아래에서 신 유방은 도끼로 목이 잘리는 일을 피하기 어려울 것입니다. 문무백관의 논의에 따라 스스로 몸을 묶고 항복하고자 하오니 죽음만은 면하게 해주십시오. 폐하께서 회왕과의 약속과 옛정을 생각하신다면 지난 허물을 모두 용서하시고 재생의 은혜를 베풀어주십시오. 오직 폐하만이 신 유방을 가련하게 여기시리라 믿습니다! 나머지는 다 말씀드리지 못합니다.

패왕은 항복문서를 다 읽고 나서 한나라 사신을 불렀다.

"유방은 언제 성을 나와 항복하는가?"

사신이 말했다.

"오늘밤에 성을 나올 것입니다."

패왕은 비밀리에 자신의 뜻을 전했다.

"유방이 성을 나와 대면할 때 도부수(刀斧手)를 매복시키고 그의 몸을 갈갈이 찢어 내 원한을 갚으리라!"

계포와 종리매는 군사를 이끌고 대기했다.

한편, 진평과 장량은 한왕에게 아뢰었다.

"대왕마마! 편복으로 갈아입으시고 어서 말에 오르십시오!"

문무 장사들이 각각 행장을 다 꾸리자 종공(樅公)과 주가(周苛)에게 성안의 군사를 이끌고 형양을 지키라고 명령했다. 그리고 기신에게는 즉시 화려한 한왕의 옷으로 갈아입고 옥룡거(玉龍車)에 오르게 했다. 황혼이 가까워올 무렵 먼저 여자 2000명이 동문에서 계속 성밖으로 나갔다. 좌우 신하가 패왕에게 보고했다.

"한왕이 여자 수천 명을 내보내는데, 행렬이 끝이 없습니다."

패왕이 웃으며 말했다.

"유방은 주색에 빠져 사는 놈이다. 저처럼 많은 여자를 탐했으니 어찌 대사를 이룰 수 있겠느냐? 범증의 염려가 너무 지나쳤구나."

초나라 군사들은 한나라에서 내보내는 여자들을 구경하느라 바빴다. 각 성문을 지키는 군사들도 모두 동문으로 달려와 구경했다. 밤이 이슥해서도 어깨를 밀치고 등을 떠밀며 문전성시를 이루어 마침내 군대의 대오조차 잊어버렸다. 장수들도 다투어 구경하느라 경계를 소홀히 했다. 한왕은 문무 장수들과 가벼운 기병을 이끌고 함매한 채 서문을 나와 성고 땅으로 치달렸다. 동문을 나서는 여자들의 행렬이 느려지면서 급기야 끝을 드러냈을 때는 이미 이경의 북소리가 울렸다. 그때 붉은 깃발을 든 대열이 성밖으로 나오는 것이 보였다. 수레에는 기신이 단정하게 앉아 있었고 황금으로 장식한 부월과 좌독기(左纛旗)4가 앞뒤로 호위하며 벌떼처럼 성밖으로 나오고 있었다. 공공연히 군신의 의례를 갖추지 않는 모양이 항복할 뜻이 없는 것으로 보였다. 패왕이 벌컥 화를 냈다.

"유방이란 놈이 술에 취해 수레 안에서 죽으려는 모양이다! 짐을 보고도 수레에서 내려와 땅에 엎드리지 않고 아직도 나무 인형처럼 멍청히 앉아 있단 말이냐?"

좌우의 군사들이 횃불을 들어 수레 안을 비추었다. 기신이 단정하게 앉아 아무 말도 하지 않는 것을 보고 말했다.

"한왕은 어찌하여 아무 말도 않으시오?"

기신이 말했다.

"나는 한왕이 아니라 한나라 신하 기신이다. 우리 한왕께선 오래 곤경에 처하셨다가 이미 형양을 빠져나가 한 원수, 영포, 팽월 등 여러 제후를 만나셨을 것이다. 또 곧바로 팽성으로 달려가 항왕의 가족을 잡아들이고 광무(廣武)에서 군사를 모아 초나라와 결전을 벌여 승부를 정하실 것이다. 앞서 내려보냈던 항복문서는 가짜다. 지금 한왕께선 벌써 200리 밖으로 탈출했을 것이다."

좌우 군사들은 황급히 패왕에게 보고했다.

"수레 안에 앉아 있는 자는 한왕이 아니라 그의 신하 기신입니다."

그들은 기신의 말을 자세히 패왕에게 아뢰었다. 패왕은 분노를 터뜨리다가 이윽고 탄식하며 말했다.

"유방이 도망치는 일은 매우 쉽지만 기신이 그를 대신한 일은 진실로 어렵다. 진정한 충신이로다! 짐의 문무 장사 중에서 녹봉을 받는 사람이 어찌 수백 명에 그치겠는가? 그런데 기신과 같은 충신은 없도다!"

4_ 좌독기라고도 읽는다. 옛날 군대가 행진할 때 임금이 탄 가마나 대장의 대열 앞에 세우고 멈출 때는 대장의 단상 앞 왼쪽에 세운다. 쇠꼬리나 꿩의 꽁지로 장식한다.

기신이 한왕 대신 패왕에게 항복하다

패왕은 서둘러 계포를 불러서 일렀다.

"기신이 짐에게 항복하면 짐이 그 충성심을 아끼겠다고 전하라."

계포가 앞으로 나가 고함을 질렀다.

"기신은 유방을 대신하여 포위를 뚫고 나왔으니 충신이라 할 만하다. 패왕께서 그 충성심을 아껴 차마 죽일 수 없다고 하신다. 너는 폐하의 큰 은혜에 감사하고 수레에서 내려 항복하라. 그럼 높은 봉작을 내릴 것이다. 너는 어명을 어기지 말라."

그러나 기신은 마구 욕설을 쏟아냈다.

"무식한 원숭이가 한갓 망상에 젖어 있구나! 장부가 임금을 섬길 때는 충심을 변치 않는 법이다. 내 목은 자를 수 있지만 이 호탕한 기운은 하늘을 찔러 금석처럼 마멸되지 않을 것이다. 살아서는 한나라의 신하가 되었고 죽어서는 한나라 귀신이 될 것이니 이 열렬한 뜻이 네놈의 말에 바뀔 수 있겠느냐?"

패왕은 기신의 말을 듣고 그의 뜻을 바꿀 수 없음을 알았다. 패왕은 마침내 횃불을 든 군사에게 수레를 불태우라고 명령을 내렸다. 초나라 군사들은 기신이 뜨거운 화염 속에서 내뱉는 끊임없는 욕설을 들어야 했다. 순식간에 화염이 잦아들었지만 수레와 사람은 모두 잿더미로 변했다. 후세에 사관이 이 일을 시로 읊었다.

불 꺼져도 마음은 사라지지 않고,	火滅心不滅,
장군의 견강함은 강철과 같네.	將軍剛似鐵.
찬란하고 뜨거운 불길 속에서,	赫赫烈焰中,
용광로 망치질을 천 번 했다네.	爐錘千遍徹.

천하명검 곤오검도 될 수 있겠고,	可以爲昆吾,
임금 위해 부월도 될 수 있겠네.	可以爲鈇鉞.
담금질로 칼날이 될 수도 있고,	可以淬尖峰,
깎이어 대나무 부절이 될 수도 있네.	可以成竹節.
보배로운 색깔은 밤에 빛나고,	寶色夜輝光,
날카로운 무기는 서리 날리네.	利器飛霜雪.
간적의 머리를 자를 수 있고,	能斷奸宄頭,
여우 같은 간신 피를 시험할 수 있네.	嘗試狐媚血.
영웅의 위세에 도움을 주어,	助此英雄威,
곧바로 흉노 소굴 칠 수도 있네.	直搗匈奴穴.
솥을 드는 항우의 용력으로도,	項羽力抗鼎,
견고한 그 절개를 꺾을 수 없네.	至堅不可折.
초나라 이십만 강한 군사도,	楚兵二十萬,
손놓고 제어할 수 없었음이라.	解腕不敢掣.
임금 대신 형양의 성문 나서니,	代主出滎陽,
외로운 충절 쇠와 돌에 새겨 전하리.	孤忠金石烈.
한나라 사백 년 역사 속에서,	炎漢四百年,
어찌 유독 세 호걸[5]만 거론하는가?	何獨成三傑.
기신 장군 만세의 공을 세워도,	將軍萬世功,
제후 봉작에 유독 혼자 이름 빠졌네.	封侯乃獨缺.
그 계책 진평에게 공을 돌리나,	論計歸陳平,

5_ 한나라 초기 삼걸(三傑)로는 흔히 장량, 소하, 한신을 든다.

부질없이 세 치 혀만 놀렸을 뿐이네.　　　徒掉三寸舌.
기신의 충성심이 없었더라면,　　　使無紀信忠,
묘책도 헛소리로 그쳤으리라.　　　奇謀空自說.

사슴 달아나고 뱀 없애니 범 두 마리 다투는데,　　　鹿走蛇揮二虎爭,
형양성 포위 푼 일 놀라운 일이었네.　　　榮陽圍解事堪驚,
후세에 칼을 들고 공적을 논하는 자가,　　　後來拔劍論功者,
어떻게 제 마음대로 기신을 말할 수 있으랴?　　　矢口何曾說紀生.

기신이 수레에서 뜨겁게 불타는 사이,　　　紀信車焚烈焰間,
한왕은 난을 피해 생환할 수 있었네.　　　漢王脫難得生還.
옛날부터 영웅이라도 누가 죽지 않았으랴?　　　英雄自古誰無死,
태산보다 무거운 명성을 남겼다네.　　　留得高名重泰山.

　　패왕은 기신을 불태워 죽이고 한나라 패잔병을 학살했다. 또 서둘러
계포와 용저에게 정예병 1만을 이끌고 한왕을 추격하게 했다. 한나라
가 초나라에 어떻게 대적하는지는 다음 회를 보시라.

두 임금을
섬기지 않겠다

한나라 주가와 종공이
순절하다
漢周苛樅公死節

계포와 용저는 군사를 이끌고 한왕을 추격했다. 사흘 동안 추격해도 따라잡을 수 없었다. 군사들이 지치자 잠시 정촌(鄭村)에 주둔했다. 그때 정탐병이 달려와 보고했다.

"한왕이 성고로 들어갔고 영포와 팽월의 두 갈래 구원병이 당도하여 우리 초나라 군사가 감히 전진할 수 없습니다."

계포가 말했다.

"한왕에게 이미 구원병이 당도했다면 추격할 수 없소. 차라리 형양으로 돌아가 폐하와 군사를 합쳐서 팽성을 보호하거나 성고를 공격하거나 폐하의 결정에 따르는 것이 좋겠소."

용저도 거들었다.

"장군의 소견이 바로 나의 뜻과 같소."

그리고 바로 군사를 돌려 형양으로 돌아가 패왕을 만났다. 그들은 패왕에게 한왕이 성고로 들어갔고 영포와 팽월의 군사가 구원에 나섰으므로 감히 추격할 수 없었다고 자세히 설명했다. 패왕이 말했다.

"팽성이 텅 비어 있고 아무도 지키는 사람이 없소. 성고를 공격한다 해도 짧은 시간에 승리를 얻기 어렵소. 차라리 지금 형양을 뺏고 팽성으로 돌아가 다시 정예병을 정비한 뒤에 성고를 무너뜨리고 유방을 사로잡아도 늦지 않을 것이오."

그는 마침내 삼군에 분부를 내려 형양의 네 성문을 더욱 강하게 공격하라고 했다. 닷새 안에는 성을 함락시키라는 명령이었다. 패왕은 동문을, 계포는 남문을, 용저는 서문을, 종리매는 북문을 급하게 공격했다. 사방 성문에서 북소리, 징소리가 울렸고 화포, 불화살, 구름사다리 등 각 공성 무기가 일제히 성문을 공격했다. 성안에서는 주가와 종공이 밤낮으로 순찰을 돌며 군사들의 방어를 감독했다. 그들은 잿가루, 돌멩이, 방패 등으로 주위를 방어했다. 초나라 군사들이 닷새 동안 맹공을 퍼붓고도 무너뜨릴 수 없었다.

한편, 위표는 한왕에게서 목숨을 건진 뒤 형양에서 한가롭게 살고 있었다. 그는 패왕이 형양성을 함락시키지 못하는 광경을 보자 말을 타고 시종을 대동한 채 성 위로 올라가 주가와 종공에게 말했다.

"한왕이 성을 버리고 도망가 이 형양을 쓸모없는 땅으로 만들었소. 두 분이 이곳을 지키며 항복하지 않는 건 스스로 고난을 자초하는 일이오. 국가에는 아무 이익이 없소. 만약 성이 함락되면 두 분은 패왕과 적이 될 것이오."

종공과 주가가 크게 화를 내며 말했다.

"너는 변덕이 죽 끓듯 하는 소인배로 개, 돼지보다 못한 놈이다. 어찌 감히 망령된 논리로 우리 군사들의 마음을 미혹하려 드느냐? 한왕께서는 성을 나서면서 형양을 우리 두 사람에게 부탁하셨다. 우리 두 사람은 성을 굳건히 지킬 수 있다. 지금 며칠도 안 되어 성문을 열고 항복하여 구차하게 부귀를 도모하고 대의를 저버린다면 위로 임금의 은혜를 배반하고 아래로 백성의 여망을 벗어던지게 된다. 충심으로 나라에 보답하려는 사람이 이와 같이 행동할 수 있단 말이냐? 내 목은 벨 수 있어도 내 뜻은 바꿀 수 없다! 이제 네놈을 살려두면 끝내 후환이 될 게 분명하다."

그리고 즉시 위표의 머리카락을 잡아들고 성 위에서 단칼에 목을 베 사흘 동안 삼군에 효수하라고 명령을 내렸다.

"위표는 성안에서 적과 내통하려 해서 바로 참수했다. 너희는 두 마음 먹지 말고 마음을 다해 성을 지켜라!"

군사들이 대답했다.

"두 분과 함께 성을 사수하겠습니다. 결코 물러서지 않겠습니다."

패왕은 이 소식을 듣고 더욱 화를 내며 장수들에게 성을 더 세차게 공격하라고 명령했다. 그 무렵 성안에서는 토성을 쌓아 성루를 높여 더욱 견고하게 방어하려 했다. 초나라 군사는 그것을 보고 각각 후퇴하려는 마음을 먹었다. 또 열흘이 지났지만 더욱더 성을 무너뜨릴 수 없었다. 패왕은 항백, 종리매 등을 불러 대책을 논의했다.

"형양이 저렇듯 오래 버티는데, 경들에게 무슨 대책이 없소?"

항백이 말했다.

"성을 공격할 때는 군사들이 힘을 다 쓰려 하지 않는 걸 걱정해야 합니다. 한 사람이 목숨을 걸고 성루를 불태울 때 군사들이 한꺼번에 밀고 올라가면 성을 무너뜨릴 수 있습니다! 시일이 자꾸 늦어져 한왕이 제후들을 불러모아 한꺼번에 몰려오면 형양은 결국 초나라의 소유가 아니게 될 것입니다."

패왕이 말했다.

"오늘 힘을 다해 함락시킵시다!"

패왕은 장수들을 인솔하고 삼군을 재촉하여 사다리에 올라 성을 공격했다. 성 위에서 돌멩이와 잿가루가 마구 쏟아졌다. 군사들이 후퇴하려 하자 패왕은 대로하여 장수들에게 각각 창을 들고 사다리로 올라가라고 명령했다. 처음에 수십 명이 부상을 당했고 그 뒤를 따라 초나라 군사들이 개미떼처럼 몰려 성 위로 올라갔다. 이번에는 한나라 군사들도 막아내지 못했다. 주가와 종공은 황급히 칼을 들고 아래를 향해 마구 휘둘렀다. 초나라 장수 용저는 왼손으로 방패를 들고 오른손으로 창을 든 채 보도까지 차고 펄쩍 뛰어 앞으로 내달렸다. 군사들도 계속 그 뒤를 따라 수없이 성 위로 올라가 마침내 종공을 사로잡았다. 주가는 성 아래로 내려가서 군사를 점검하고 초나라와 전투를 벌였다. 계포와 종리매가 동문 망루에 불을 질러 그 일각을 무너뜨리자 성곽이 바로 무너져내렸다. 초나라 군사는 기세를 타고 일제히 성안으로 진입했다. 주가가 어떻게 감당할 수 있겠는가? 그는 서문으로 달아났고 용저가 그 뒤를 추격했다.

종공은 초나라 군사에게 사로잡혀 패왕 앞으로 끌려왔다. 패왕이 말했다.

"너 같은 필부가 무슨 무용이 있다고 감히 천병에 항거한단 말이냐? 이제 사로잡혀왔으니 마음을 굽혀 항복하면 너를 형양 태수에 봉하고 형양군의 모든 일을 관장하게 해주겠다. 네 뜻은 어떠냐?"

종공이 말했다.

"나는 성이 함락되고 포로가 되었다. 또 기세가 다하고 힘이 고갈되었으니 죽음이 있을 뿐이다. 어찌 초나라에 귀순할 수 있겠느냐? 초왕은 어서 나를 죽여 신하의 절개를 이루어주길 바란다!"

패왕은 종공의 충의와 비분강개한 기상을 보고 매우 가엾게 여겼다. 그는 계포를 시켜 조용히 타일렀다.

"대장부는 공을 세우고 대업을 일으켜 아름다운 이름을 남겨야 호걸이라 할 수 있다. 너는 어찌하여 죽음을 달게 받고 세상에 아무 이름도 남기지 않으려 하느냐? 이 어찌 너무 애석한 일이 아니겠느냐?"

종공이 말했다.

"살아서 천리에 순응하면 죽어서 편안하다 했으니 오직 이 마음을 구하여 부끄러움 없이 살았다! 내 지금 힘이 다 떨어지도록 성을 지키며 그런 마음을 다했다. 초나라 군사가 기세등등하게 성을 밟고 올라선 것은 내 뜻과 기상이 쇠약했기 때문이 아니라 힘으로 지탱할 수 없었기 때문이다. 너는 지금 완곡한 말로 나를 설득하여 투항하게 만들려고 한다만 나는 오늘 항복한다 해도 내일 또 반란을 일으킬 것이다. 나는 오직 한나라만 알고 초나라는 모른다. 두 임금을 섬기지 않는 충성심은 억만금을 주어도 변치 않을 것이다."

계포는 종공의 마음이 움직이지 않는 것을 보고 패왕에게 말했다.

"종공의 마음은 철석(鐵石)같아서 목을 길게 빼고 죽음을 피하지 않습니다. 또 '오늘 항복한다 해도 내일 또 반란을 일으킨다'라고 했습니다. 이 말을 들으면 저자가 항복하지 않을 것이 분명합니다. 폐하께서는 어찌 저런 자를 중시하며 마음을 쓰십니까?"

"항복하지 않으면 끌어내서 참수하라!"

종공은 죽음에 임해서도 안색이 전혀 바뀌지 않았다. 초나라 군사들도 모두 그의 죽음을 안타까워했다. 후세에 사관이 이 일을 시로 읊었다.

외로운 성 홀로 지키다 지탱하기 어려워서,	孤城獨守力難支,
포로 되어도 충성심을 다시 바꾸지 않았네.	被虜忠心更不移.
초나라 장수 분분히 한나라에 투항하는데,	楚將紛紛盡降漢,
진정한 남아가 어느 쪽인지 모르겠는가?	不知那個是男兒.

한왕은 형양에서 위기를 벗어났는데,	漢王滎陽已脫危,
초나라 군사 십만은 성을 잘못 에워쌌네.	楚兵十萬枉重圍.
한 조각 일편단심 사람을 놀라게 하고,	丹心一點驚人膽,
굳세고 깨끗한 명성 눈부시게 빛이 나네.	耿耿清名照陸離.

용저는 주가를 추격하여 큰 수풀 앞에 다다랐다. 주가는 말고삐를 당겨 잡고 칼을 비껴 든 채 혼자서 초나라 군사가 당도하기를 기다리고 있었다. 용저가 다가가 소리를 질렀다.

"주가! 너희 한왕은 이미 도망쳐서 간 곳을 모른다. 외로운 성은 이미 함락되었고 처자식은 포로가 되었는데, 너는 어찌하여 일찍 항복하

종공과 주가가 순절하다

지 않고 항거하느냐? 어찌 그리 바보 같은 짓을 하느냐?"

"신하된 사람은 충성을 위해 죽고 자식된 사람은 효도를 위해 죽는 법이다. 성을 사수하지 못했으니 내 마음은 너무나 부끄럽다. 그런데 또 머리를 숙이고 항복한다면 무슨 면목으로 하늘과 땅 사이에 몸을 둘 수 있겠느냐?"

주가는 칼을 휘두르며 용저를 직접 겨냥했다. 용저는 대로하여 창을 들고 치달려나가 응전했다. 한 곳에서 전투를 벌이며 대략 20합을 겨루자 주가는 말 머리를 돌려 숲을 향해 달아났다. 그러다 나뭇가지에 전포(戰袍)가 걸렸고 황급히 빠져나오려 했지만 용저가 이미 앞으로 달려와 있었다. 용저는 창을 들고 고함을 질렀다.

"항복하면 목숨은 살려주겠다!"

주가는 손에 든 칼로 나뭇가지를 자르고 서둘러 달아나려 했다. 이때 초나라 대군이 모두 당도하여 숲을 포위하고 주가를 사로잡았다. 용저는 그를 대동하고 초나라 본영으로 돌아와 패왕을 뵈었다. 패왕이 말했다.

"종공은 이미 초나라에 항복했다. 너도 항복하면 내가 너를 만호후(萬戶侯)에 봉하겠다."

주가가 말했다.

"종공, 기신과 나는 모두 한나라 조정의 인물이다. 어찌 포악한 초나라의 뒤를 따르며 구차하게 목숨을 연장하겠느냐?"

패왕은 크게 화를 내며 좌우 군사들에게 기름 담은 솥을 걸게 하고 주가를 삶아 죽였다. 후세에 사관이 이 일을 시로 읊었다.

변방 성 형양 길에 군마를 세우고, 　　　邊城立馬滎陽道,

힘으로 십만 군사 병탄하려 했네. 　　　力欲平吞十萬兵.

떨어진 짚신처럼 제후를 멸시하고, 　　　蔑視封侯如敝屣,

종공과 기신 모두 높은 명성 세웠네. 　　　樅公紀信共高名.

　패왕은 대로하여 성안으로 진격하여 형양의 모든 백성을 죽이려 했다. 항백이 제지했다.

　"안 됩니다! 폐하께서 싸우셔야 할 대상은 한나라입니다. 백성은 모두 폐하의 자식으로 아무 죄도 없습니다. 그들을 모두 죽이면 천하의 마음을 해치는 일이 아니겠습니까? 폐하! 저들의 마음을 위무하여 편안하게 해주십시오. 잠시 며칠 주둔했다가 성고를 취하여 유방의 퇴로를 끊으십시오. 그럼 갈 데 없는 유방은 반드시 항복할 것입니다. 유방의 항복을 받고 다시 군사를 보내 제나라를 구원하여 우익으로 삼으면 우리 초나라는 고립에서 벗어나 천하대사를 확정할 수 있을 것입니다."

　패왕은 그의 말에 따라 잠시 형양에 주둔한 뒤 다시 군사를 점검하고 성고를 탈취하러 나섰다.

　한편, 한왕은 성고에 군영을 세우고 장량과 진평을 불러 대책을 논의했다.

　"한신과 장이는 조나라 땅에 오래 머물며 내가 앞서 형양에서 포위되었단 소식을 들었을 텐데 구원하러 오지 않았소. 이제 사람을 보내 영포와 팽월 두 곳 군사를 오게 했는데 머지않아 도착할 것이오. 어제 소문을 들으니 형양은 이미 초나라 군사에게 함락되었고 종공과 주가는 순절했다 하오. 이제 조만간 패왕이 결연히 성고를 탈취하러 올 텐데 어찌하면 좋소?"

장량이 말했다.

"영포와 팽월이 귀의한 지 이미 한 달이 되었으니 곧 당도할 것입니다. 대왕마마! 이제 군사를 팽성으로 보내 멀리서 공격하는 모습을 보이기만 하면 됩니다. 항왕은 우리가 팽성을 공격한다는 소식을 들으면 이곳에 절대 오래 머물지 못할 것입니다. 이것이 팽성을 공격하여 성고의 포위를 푸는 방법입니다."

한왕은 즉시 왕릉을 패현으로 보내 모친을 장사 지내게 하고 그가 어머니를 그리는 오랜 정을 위로했다. 그리고 바로 그에게 팽성 공격을 위한 정예병 5000을 주고 사잇길을 따라 밤새도록 진격하게 했다.

패왕은 초나라 대군에게 형양을 출발하여 성고로 진격하라고 칙지를 전했다. 그들은 성고성에서 20리 떨어진 곳에 군영을 세웠다. 다음 날 패왕은 직접 성고성 아래로 가서 군사를 지휘하며 성을 공격했다. 한왕은 초나라 대군이 형양에 있고 성고에서 멀지 않으므로 패왕이 틀림없이 성고를 공격하리라고 짐작했다. 이에 미리 한신이 설계한 병거를 준비하여 주위에 치밀하게 배치하고 오로지 초나라 군사가 오기만을 기다렸다. 패왕은 성고성 아래에 이르러 군사를 지휘하다 성고 서문에 병거가 빽빽이 배치되어 있는 것과 그 대오가 매우 엄정한 것을 보았다. 그는 한나라 군사가 단단히 준비한 것을 알고 감히 직접 공격하지 못했다. 그는 성에서 10리 떨어진 곳에서 징소리, 북소리를 크게 울리고 깃발을 흔들며 고함을 질렀다. 하지만 공격하는 흉내만 내고 성에는 접근하지 않았다. 한나라 군사도 주둔한 채 움직이지 않았다. 쌍방은 며칠 동안 서로 버티며 전투를 하지 않았다.

그때 갑자기 팽성에서 보고가 올라왔다.

"왕릉이 군사를 이끌고 팽성을 매우 다급하게 들이치고 있습니다."

또다른 곳에서도 급보가 전해졌다.

"팽월이 우리 초나라 양곡 보급로를 끊고 외황 17현을 탈취했습니다."

또다른 정탐병도 달려왔다.

"영포의 대군이 이미 남계(南溪) 입구를 지났는데, 성고에서 멀지 않은 곳입니다."

일시에 세 곳에서 급보가 날아들었다.

패왕은 항백과 종리매를 불러 대책을 논의했다.

"성고도 빼앗지 못한 판에 팽성까지 잃을까 걱정이오. 영포의 구원병이 도착했으니 우리 초나라 군사는 머리와 꼬리가 서로 호응할 수 없게 되었소. 장군들에게 무슨 좋은 대책이 있소?"

항백 등이 아뢰었다.

"오늘밤 천천히 후퇴하여 외황에서 팽월을 주살하고, 남계에서 영포를 막고, 왕릉과 맞서 싸우며 팽성을 지키는 것이 좋겠습니다. 이는 한때의 위급함을 구하는 대책입니다. 폐하께서 깊이 생각해주십시오!"

패왕은 그의 말을 듣고 곧 분부했다.

"오늘밤 삼군은 천천히 후퇴하라. 짐이 직접 뒤를 막을 것이다."

초나라 군사가 어떻게 후퇴하는지는 다음 회를 보시라.

제66회

백성은 밥을
하늘로 삼는다

한왕이 조나라 성벽으로 달려가
인수를 박탈하다
漢王馳趙壁奪印

패왕은 삼군에 이렇게 분부했다.

"오늘밤 삼군은 천천히 후퇴하라. 짐이 직접 뒤를 막을 것이다."

또 대장 조구(曹咎)에게는 이렇게 명령했다.

"우리 군사가 후퇴하면 한왕은 우리가 다시 올까 두려워서 틀림없이 성고를 떠날 것이오. 장군은 군사 1만을 이끌고 그 틈을 타 성고로 들어가 주둔하시오. 만약 한왕이 다시 성고를 탈취하러 오면 튼튼하게 지키기만 하고 싸움은 하지 마시오. 우리 대군이 당도하기를 기다려 그때 안팎으로 호응하면 반드시 승리할 수 있을 것이오."

조구는 명령에 따라 군사를 이끌고 성고 서쪽에 잠복했다. 초나라 본진은 하룻밤 사이에 모두 물러갔다.

이른 아침에 정탐병이 한왕에게 보고했다.

"초나라 군사가 하룻밤 동안 모두 물러갔습니다."

한왕은 장량과 진평을 불러 대책을 논의했다.

"초나라 군사가 하룻밤 새 물러갔다니, 이게 무슨 까닭이오?"

장량이 말했다.

"왕릉이 팽성에 있고, 영포가 남계 입구로 나오고, 팽월이 외황을 탈취하는 등 여러 곳에서 긴급 사태가 발생하자 초나라 군사가 물러난 게 틀림없습니다. 대왕마마께서는 지금 성고를 나가 한신과 회합한 뒤 다시 형양으로 와서 군사를 조련하고 정비하여 초나라 정벌 시기를 기다리셔야 합니다."

한왕이 말했다.

"선생의 말씀이 바로 내 뜻과 일치하오."

"우리 한나라 군대는 성고를 나갈 때 곧바로 진격해서는 안 됩니다. 초나라 군대가 매복해 있다가 혹시라도 접근할까 두렵습니다. 우리 한나라 군대가 행진중에 절반이라도 공격을 받으면 틀림없이 패배할 것입니다. 이 또한 대비하지 않을 수 없습니다."

이에 한왕은 주발과 시무에게 군사 5000을 이끌고 성고 서쪽 길을 막게 한 뒤 대군을 계속 출발시켰다.

초나라 장수 조구는 한나라 군사가 움직이고 있다는 소식을 듣고 군사를 보내 추격하려 했다. 그때 정탐병이 주발과 시무가 병력을 거느리고 성고 서쪽 길을 막고 있다고 보고했다. 이 때문에 조구는 군사를 감히 보낼 수 없었다. 하루 밤낮 동안 한나라 군사는 모두 물러갔다. 주발과 시무도 초나라 군사가 출진하지 않자 뒤이어 삼군을 재촉하여 앞

부대를 따라갔다. 조구는 한나라 군사가 이미 멀리 갔다는 소식을 탐문한 뒤에 마침내 성고로 들어가서 백성을 위무하고 사방 성문을 튼튼하게 지켰다.

한왕은 대군을 거느리고 밤새도록 조성으로 달려가 성에서 50리 떨어진 곳에 먼저 군영을 세웠다. 그리고 마침내 10여 명의 경무장 기병과 함께 한신의 군영으로 치달려갔다. 때는 바야흐로 날이 희뿌옇게 밝아오는 여명 무렵이었다. 한신과 장이는 지난밤에 술을 마시고 깊이 잠들어 아직 일어나지 못하고 있었다. 한왕은 말을 타고 중군을 한 바퀴 돌고 나서 대원수의 장막으로 들어섰다. 침상 머리맡에 작고 붉은 탁자가 있었고 탁자 위에는 비단 보차기로 덮인 대원수 인수가 놓여 있었다. 한왕은 측근을 시켜 보자기를 열고 인수를 가져오게 했다. 그제야 한신은 몸을 일으키다 갑자기 한왕을 보았다. 그는 놀라움과 황송함을 이기지 못하고 땅바닥에 엎드리며 말했다.

"신은 만 번 죽어 마땅합니다. 대왕마마께서 군영으로 오실 줄 몰라서 멀리까지 영접을 나가지 못했습니다!"

한왕이 탄식했다.

"경무장 기병 몇 명이 군영을 한 바퀴 돌고 바로 중군으로 진입했는데도 장군은 잠에서 깨어나지 못했고, 인수까지 탈취했는데도 좌우에서 보고하는 사람조차 없었다. 만약 자객이 한나라 사자를 사칭하고 군영으로 들어와 장군의 목을 잘랐다면 마치 주머니에서 물건을 꺼내는 것과 진배없었을 것이다! 장군은 한 나라를 진무하고 적이 새로 항복해오는 시절에 이와 같이 소홀한 모습을 보이니 어떻게 천하를 쟁패할 수 있겠는가?"

한왕이 불시에 한신의 군영을 점검하다

그 말을 듣고 한신은 부끄러움으로 낯빛이 붉어지며 일어설 수조차 없었다. 잠시 뒤 장이도 달려와 머리를 땅에 찧으며 죄를 자복했다. 한왕이 또 장이를 꾸짖었다.

"너는 부장의 몸이니 군사 업무를 도우며 밤낮으로 적이 우리의 허실을 염탐하지 못하도록 더욱 신중하게 방비해야 했다. 그래야 절제를 아는 군사를 만들 수 있을 것이다. 이제 너의 군영이 엄격함을 잃고 방비가 치밀하지 못해 사람이 마음대로 말을 타고 왕래할 수 있게 되었으니, 이는 진정 어린아이의 장난과 같다. 너 역시 죄가 없을 수 없다. 군법으로 논하면 바로 한신을 몰아내고 너를 참수하여 군사들을 경계해야 마땅하다. 허나 너희가 여러 번 세운 공로를 생각하고, 아울러 지금 천하가 혼란하여 마침 사람을 써야 할 때이니 잠시 두 사람의 죄를 용서한다. 만약 또다시 이같이 소홀한 짓을 하면 결단코 군법으로 바로잡겠다!"

한신과 장이는 세 번 머리를 조아리며 사죄했다. 한왕은 마침내 대원수 인수를 거두어 본영으로 귀환했다. 한신과 장이도 한왕의 뒤를 따라 걸어서 본영으로 들어가 다시 사죄했다. 후세에 사관이 이 일을 시로 읊었다.

한신이 군대 몰고 조성으로 들어간 후,	韓臣驅兵入趙城,
교만하고 게으르게 병무를 처리했네.	軍驕將惰枉談兵.
갑작스레 한왕이 대장 인수 박탈하여,	漢王遽奪元戎印,
영웅을 쓰러뜨리고 경계심을 가르쳤네.	顚倒英雄敎戒名.[1]

한왕은 본영으로 들어가 장수들을 모두 불렀다.

"한신과 장이의 군대가 규율이 없어서 내가 잠시 들어가 인수를 박탈했는데도 내가 온 사실조차 몰랐소. 적병이 빈틈을 노리고 들어갔다면 어떻게 제압할 수 있었겠소? 다시 장수로 쓸 수 없을 듯하니 나는 이참에 자리를 바꿔 다른 사람을 임용하고 싶소. 여러분은 어떻게 생각하시오?"

장량과 진평이 몰래 아뢰었다.

"안 됩니다! 한나라 군영의 장수 중에서 한신의 능력보다 뛰어난 사람은 없습니다. 오늘 한 가지 실수를 했을 뿐입니다. 어찌 작은 일 때문에 큰일을 버릴 수 있겠습니까? 옛날 위나라 군주에게 구변(苟變)이란 장수가 있었습니다. 그가 일찍이 백성에게 세금을 받을 때 백성의 계란 두 개를 받아먹었는데, 이 때문에 위나라 군주가 마침내 그를 등용하지 않았습니다. 이에 대해 자사(子思)는 이렇게 말했습니다. '성인께서 관리를 임용하는 것은 목수가 목재를 쓰는 것과 같아서 좋은 부분은

1_ 원본에는 이 시 뒤에 다음과 같은 '역사 논평'이 달려 있다. "귀산(龜山) 양씨(楊氏)는 말했다. '한신은 임기응변에 능한 재주를 갖고 있다. 따라서 고향으로 돌아가고 싶은 군사들의 마음을 이용하여 관동 땅으로 들어갔고 연나라, 위나라, 조나라, 제나라에는 마침 견고한 성과 강한 적이 없었다. 게다가 기이한 계책을 무궁하게 구사하자 그가 가는 곳마다 바람에 휩쓸리듯 모든 적이 항복했다. 한나라가 일어난 이후 명장들 중에는 그와 비견할 만한 사람이 없었다. 수무(修武)에 주둔했을 때 장이를 시켜 한신을 보좌하게 했다. 한신과 장이 두 사람 모두 용력과 지략이 온 세상을 뒤덮을 만했다. 나는 한왕이 스스로 한나라 사자라고 하며 조나라 방어벽 안으로 말을 타고 들어가 곧바로 한신의 침실 안에서 인수와 부절을 박탈하고 장수들을 불러 직무를 교체했는데도 한신은 알지 못했다는 사실이 매우 이상하게 생각되었다. 이것은 외적 방어에 소홀함을 드러낸 모습인데, 패상에서 창을 꽂아두고 군문(軍門)으로 삼은 일과 무엇이 다른가? 적병이 그 사이로 잠입하여 몰래 두 사람을 잡으려 했다면 둘 모두 포로가 되었을 것이다. 이 어찌 "훈련을 잘 받은 군사(有制之兵)"라는 옛말에 한신이 한참이나 미치지 못한 광경이란 말인가?'"

쓰고 나쁜 부분은 버립니다. 이 때문에 한 아름이 넘는 좋은 나무가 있으면 거기에 썩은 부분이 몇 자 있다 해도 훌륭한 목수는 그 나무를 버리지 않습니다. 지금 주군께서는 전쟁이 빈번한 세상에 살면서 용맹한 장수를 선발해야 할 때인데, 계란 두 개 때문에 나라의 간성(干城) 같은 장수를 버렸습니다. 이런 일은 절대 이웃나라에 알려져서는 안 됩니다.'2 위나라 군주는 자사의 말에 따라 마침내 구변을 등용했습니다. 지금 한신은 이런 실수를 저질렀지만 어찌 평소의 장점을 모른 체할 수 있겠습니까?"

한왕은 마침내 한신과 장이를 불러들였다.

"내가 형양과 성고에서 곤경에 처했을 때 그대들은 구원병을 보내지 않았다. 무슨 이유인가?"

한신이 대답했다.

"연나라와 제나라 땅은 변화가 막심하여 군사를 이동하면 다시 변란이 일어날까 두려웠습니다. 근래에 형양이 포위되었다는 소문은 들었지만 진실인지 알지 못해 감히 출병하지 못했습니다."

"조나라를 격파하고도 이처럼 오래 제나라를 함락시키지 못한 것은 무엇 때문인가?"

"군사는 오래 부리면 지치고, 장수는 오래 지키게 하면 나태해지고, 나라는 오래 포위하면 피폐해지고, 적군은 오래 대적하면 곤궁해집니다. 신은 수만의 군사를 이끌고 여러 번 전쟁을 하여 승리했습니다. 제나라와 위나라 사이를 왕래하며 수천 리를 행군했습니다. 그런데도 군

2_ 이 대목의 이야기는 『자치통감(資治通鑑)』 「주기(周紀)」 일(一)에 나온다. 각종 판본에 '구섭(苟燮)'이라고 기록된 것은 '구변(苟變)'의 오류다. 『자치통감』에 '구변(苟變)'으로 되어 있다.

사와 군마에 휴식을 주지 않고 갑자기 행진하게 하기도 했습니다. 이때 만약 적군이 편안한 상태에서 피로한 우리 군사를 맞이하면 우리 군사는 반드시 패배하게 됩니다. 신은 잠시 이곳에 주둔한 채 군사들을 조금 풀어주었습니다. 이 때문에 삼군이 태만하게 된 것입니다. 신은 근래에 마침 제나라 정벌을 논의하고 있었는데 뜻밖에도 대왕마마의 어가가 왕림했습니다. 신은 며칠 뒤에 바로 제나라를 정벌하고 육국을 평정하겠습니다. 대왕마마께서는 수무(修武, 허난성 수우현修武縣)에 주둔하여 다시 성고를 빼앗으십시오. 신이 제나라를 정벌한 다음 바로 대왕마마와 군사를 합쳐 초나라를 정벌하고 천하를 평정하겠습니다."

한왕은 매우 기뻐하며 이날 한신을 대상국(大相國)에 봉하고 여전히 대원수 인수를 잡게 했다. 또 장이를 조왕에 봉하여 조나라 땅을 지키게 했다. 그리고 한왕은 한신의 말에 따라 수무에 군영을 세웠다. 어느날 역생이 조용히 한왕에게 아뢰었다.

"옛날 은 탕왕은 하 걸왕을 추방했고 주 무왕은 은 주왕을 정벌했습니다. 그뒤 두 사람은 모두 망한 나라의 후예를 제후로 분봉했습니다. 그런데 진(秦)나라는 제후국을 정벌하고도 그들의 사직을 모두 없앴습니다. 지금 대왕마마께서 육국의 후예를 다시 세워주신다면 군신과 백성 들이 모두 대왕마마의 덕망을 받들고 대의를 사모하며 서로 신하가 되기를 바랄 것입니다. 그리하여 대왕마마께서 남쪽을 향해 앉아 패주(霸主)를 칭하시면 초나라는 반드시 옷깃을 여미고 조공을 바칠 것입니다."

한왕이 말했다.

"대단히 훌륭한 계책이오."

한왕은 바로 장인(匠人)에게 육국의 인수를 만들게 하여 역생에게 주고 장차 육국의 후예를 봉하라고 했다. 논의를 정했으나 아직 시행하지 않은 때에 장량이 밖에서 들어와 한왕을 알현했다. 한왕은 식사를 하다 역생과 논의한 내용을 모두 장량에게 알렸다. 장량은 깜짝 놀라며 말했다.

"누가 대왕마마에게 이런 계책을 마련했습니까? 제가 젓가락을 빌려 대왕마마를 위해 헤아려보겠습니다. 옛날 탕왕과 무왕이 걸왕과 주왕의 후예를 봉한 것은 그들의 목숨을 제어할 수 있었기 때문입니다. 지금 대왕마마께서는 항왕의 목숨을 제어할 수 있습니까? 무왕이 은나라에 들어가 곡식과 돈을 풀고, 무기를 녹여 그릇을 만들고, 군대에서 쓰는 말과 소를 방목한 것은 이제 다시 그런 것을 쓰지 않겠다는 의지를 보여준 것입니다. 지금 대왕마마께서 다시 그 일을 본받을 수 있습니까? 또 천하의 유세객들이 일가친척을 버리고 조상의 분묘를 떠나 대왕마마를 따르며 유세하는 것은 자신들의 공명을 이룰 수 있다고 여기기 때문입니다. 지금 다시 육국의 후예를 제후로 세우면 유세객들은 각각 돌아가 자신의 주인을 섬길 터인데, 대왕마마께서는 누구와 천하를 쟁취하시겠습니까? 또 육국은 옛날 초나라보다 강한 나라가 없었는데, 그 후예를 세우면 다시 몸을 굽히고 초나라를 따를 것입니다. 그럼 대왕마마께서 어찌 초나라를 신하로 삼을 수 있겠습니까? 이 계책을 쓰면 큰일을 이루실 수 없습니다."

한왕은 먹던 밥을 뱉어내며 욕설을 퍼부었다.

"멍청한 샌님이 함부로 계책을 꾸며 내 일을 망칠 뻔했구나!"

한왕은 바로 장인에게 인수를 녹이게 했다. 역생은 한왕에게 욕설을 들은 뒤 며칠 간 자괴감에 시달렸다.

장량은 그것이 역생의 계책임을 알고 그를 위로했다.

"저 장량은 진실로 나라를 위한 대책을 세우느라 다른 사람과 사사롭게 관계가 나빠지는 것도 피하지 않았는데, 뜻밖에도 이것이 공의 계책이었구려. 지금 비로소 사실을 알고 마음이 매우 불안하오. 허나 국사를 논할 때는 시세의 강약을 살펴야 하오. 지금 우리 한나라는 초나라의 절반을 차지했지만 항왕은 여전히 강성하오. 그러니 어찌 육국의 후예를 봉하여 자립하게 할 수 있겠소? 이것은 공이 탕왕이나 무왕 같은 한왕의 장점만 보고 한나라가 은나라나 주나라와 다른 점은 보지 못했기 때문이오."

역생이 말했다.

"삼가 선생의 가르침을 받들겠습니다. 어찌 사사롭게 사이가 나빠지겠습니까?"

후세에 사관이 이 일을 시로 읊었다.

한왕은 현명하게 물처럼 간언 듣고,　　　　納諫如流漢主賢,
먹던 밥 뱉어내고 미리 일을 처리했네.　　轉圜吐哺得幾先.
게다가 장량은 화목하게 사람 끌어,　　　張良更有調和術,
군신과 상하를 한몸으로 만들었네.　　　能使君臣上下全.

하루는 역생이 또 장량과 국사를 논의했다.

"초나라는 형양을 얻고 나서도 오창(敖倉, 허난성 싱양시 아오산敖山)은 버려두고 지키지 않습니다. 우리 한나라가 다시 형양을 빼앗아야 합니다. 제 의견이 어떻습니까?"

장량이 말했다.

"참으로 좋은 의견이오. 선생께서 서둘러 대왕마마께 여쭈시오."

이에 역생은 장량과 함께 다시 한왕에게 아뢰었다.

"임금은 백성을 하늘로 삼고 백성은 밥을 하늘로 삼습니다. 대저 오창은 천하의 수송 통로가 된 지 오래입니다. 소문을 들으니 그곳에 저장된 군수품이 매우 많다고 합니다. 초나라는 형양을 탈취하고도 오창을 튼튼히 지키지 않고 군사를 이끌고 동쪽으로 돌아갔습니다. 이것은 하늘이 한나라를 돕는 것입니다. 서둘러 군사를 보내 형양을 다시 취하여 오창의 식량에 의지하고, 성고의 험준한 땅에 요새를 설치하고, 태항산의 길을 막고, 비호구(飛狐口)3에 걸터앉아 백마진(白馬津)4을 지키면서 제후들의 좋은 땅을 제어하면 천하 여러 나라가 귀의할 곳을 알게 될 것입니다."

한왕은 장량을 돌아보며 물었다.

"이 의견은 어떠하오?"

"이것은 정확한 의견입니다."

한왕은 마침내 군사를 일으켜 다시 형양을 탈취했다. 뒷일이 어떻게 될지는 다음 회를 보시라.

〈3권에 계속〉

3_ 지금의 이름은 베이커우위(北口峪)다. 허베이성 장자커우시(張家口市) 위현(蔚縣) 쑹자좡향(宋家莊鄉)에 있다. 타이항 산맥의 동쪽 끝에 해당하는 군사 요새다.

4_ 지금의 허베이성 화현(滑縣) 서북쪽 5킬로미터 거리 황하 남쪽에 나루터가 있다. 옛날 군사와 여행객이 황허 강을 건널 때 이용하던 중요한 남북 통로다.

원본 초한지 2

1판 1쇄 2019년 2월 18일
1판 7쇄 2024년 1월 15일

지은이 견위 | 옮긴이 김영문

편집 박민영 이희연 이고호 | 디자인 윤종윤 이주영 | 마케팅 김선진 배희주
브랜딩 함유지 함근아 고보미 박민재 김희숙 박다솔 조다현 정승민 배진성
저작권 박지영 형소진 최은진 서연주 오서영 | 모니터링 황지연
제작 강신은 김동욱 이순호 | 제작처 한영문화사

펴낸곳 (주)교유당 | 펴낸이 신정민
출판등록 2019년 5월 24일 제406-2019-000052호

주소 10881 경기도 파주시 회동길 210
문의전화 031.955.8891(마케팅) | 031.955.2680(편집) | 031.955.8855(팩스)
전자우편 gyoyudang@munhak.com

인스타그램 @gyoyu_books | 트위터 @gyoyu_books | 페이스북 @gyoyubooks

ISBN 978-89-546-5493-7 04910
        978-89-546-5491-3 (세트)